"十四五"职业教育国家规划教材
本教材第二版曾获首届全国教材建设奖
全国优秀教材一等奖

出纳岗位实务

(第三版)

丛秀云 徐 俊 主编

中国财经出版传媒集团
中国财政经济出版社
·北京·

图书在版编目（CIP）数据

出纳岗位实务 / 丛秀云，徐俊主编． -- 3 版． -- 北京：中国财政经济出版社，2024.7

"十四五"职业教育国家规划教材

ISBN 978 - 7 - 5223 - 3041 - 9

Ⅰ.①出⋯ Ⅱ.①丛⋯ ②徐⋯ Ⅲ.①出纳－会计实务－职业教育－教材 Ⅳ.①F231.7

中国国家版本馆 CIP 数据核字（2024）第 072154 号

责任编辑：温彦君　　　　　责任印制：张　健
封面设计：卜建辰　　　　　责任校对：胡永立

出纳岗位实务（第三版）
CHUNA GANGWEI SHIWU（DISANBAN）
中国财政经济出版社 出版
URL：http://www.cfeph.cn
E - mail：cfeph@ cfeph.cn
（版权所有　翻印必究）
社址：北京市海淀区阜成路甲 28 号　邮政编码：100142
营销中心电话：010 - 88191522
天猫网店：中国财政经济出版社旗舰店
网址：https://zgczjjcbs.tmall.com
北京中兴印刷有限公司印刷　各地新华书店经销
成品尺寸：185mm×260mm 16 开 19.25 印张 456 000 字
2024 年 7 月第 3 版　2024 年 7 月北京第 1 次印刷
定价：55.00 元
ISBN 978 - 7 - 5223 - 3041 - 9
（图书出现印装问题，本社负责调换，电话：010 - 88190548）
本社图书质量投诉电话：010 - 88190744
打击盗版举报热线：010 - 88191661　　QQ：2242791300

本教材系"十四五"职业教育国家规划教材,本教材第二版曾获首届全国教材建设奖全国优秀教材一等奖。

出纳岗位是职业院校财经类专业毕业生从事较多的工作岗位之一,随着互联网金融、财经大数据分析等新一代信息技术的深入应用,出纳工作岗位做什么、怎么做,是大家十分关注的问题。本教材编写组充分考虑到智能化大数据时代出纳岗位工作职责、工作内容的变革,重构了本教材教学内容,形成项目任务式的基本框架,同时开发了精品在线课程,建设了配套的数字化教学资源,按照工作过程的逻辑及教、学、做一体的要求实施线上线下混合式教学,促进德能兼备会计职业人才的培养。

本教材具有以下特色和亮点:

1. 教材内容思想导向正确,重视会计职业素养的培养。出纳岗位主要进行现金、银行存款等货币资金的核算与管理,专业性、政策性很强,特别是廉洁自律职业道德的培养非常重要。本教材秉承《会计法》要求,从出纳人员的岗位职责入手细化工作标准,精选案例,并设计了"寓德于技""职场链接"等栏目,培养学生的专业精神、职业精神和工匠精神,让学生在专业学习的过程中掌握适应岗位需求的能力、践行道德情操,将课程思政落地。

2. 校企双元开发,对接岗位真实工作内容。本教材融入丰富的企业调研成果并积极对接财务数字化转型要求,多名企业专家参与教材编写,基于典型企业典型工作任务,将企业实践专家工作经验、工作技巧呈现于具体工作任务中,与工作岗位近距离对接。并设计了"实战训练"等挑战性栏目,提升、拓展出纳岗位综合职业能力。

3. 以工作任务为导向,融合"岗课赛证"综合育人。本教材紧跟数字化、智能化时代财务工作转型升级的步伐,融合智能财税证书标准及技能大赛规程,以企业出纳典型工作任务为载体,以"守法合规、廉洁自律"为思政主线,对接知识技能点,设计了银行账户开立、货币资金收支、企业日常费用管理、社会保险办理等25项工作任务,每个任务按照"任务布置—任务分析—任务实施—任务总结"设计,都有明确的思政元素主题和实施路径,支持项目化、案例式、模块化等教学方法,支持分类、分层教学。

4. 配套精品在线课程,实施数字化场景现场教学。本教材以最新颁布的《会计法》《小企业会计准则》《票据法》及相关税法为根本遵循,对接新经济、新技术、新业态、新场景的人才培养新需求,配套精品在线课程资源及教学平台,且融入财务机器人、金融科技等新技术应用,充分利用虚拟仿真资源,实施数字化场景现场教学,"科技赋能"栏目一方面引领学习应用新技术,另一方面培养学习者与时俱进、勇于进取的学习精神。

5. 寓媒体智慧于教育平台,促进"三教改革"。本教材编排方式灵活、图文并茂,充分运用多元信息化技术，制作了电子课件、微课、视频、动画等配套资源，突出交互性、时效性、个性化等特征，充分满足学习者需求。运用财务共享服务平台、会计信息化软件、银行账户及企业内部资金管理系统等资源实现"能学辅教"，教师可以在线有选择性调用资源，课件可在固定页码处加入对应的课堂活动和拓展资料，采用翻转课堂、活动设计、在线考评等灵活的备课形式实现自主备课，即时查看统计学生课堂参与度，为教师线下教学活动提供指引，提高线下教学活动的效果。

本教材由北京市商业学校正高级讲师丛秀云、武汉市第一商业学校正高级讲师徐俊担任主编。吕芙蓉、李佳培编写项目一；邓博超、杨国萍编写项目二；李瑜琨、李颖超编写项目三；井建华、包琳编写项目四；周书美、陈蔚编写项目五；王雯倩、金文东编写项目六；董海婷、张墨、李杰编写项目七。

本教材为使用者提供《出纳岗位实务》国家级在线精品课程平台，备有电子课件、习题、微课、动画、案例等数字化教学资源，用书学校任课老师可以电子邮件形式向中国财政经济出版社索取（请注明：学校、全书名、版次），Email：caijingjiaocai@163.com，也可登录如下网址下载：http：//jiaocai.cfeph.cn。

限于编者理论知识和实践水平，教材难免出现疏漏，恳请读者批评指正。

编者

2024 年 1 月

目　录

项目一　出纳岗位认知 ……………………………………………………………（1）
　　任务一　认知出纳工作职责和内容 …………………………………………（1）
　　任务二　胜任出纳岗位工作应具备的综合职业能力 ………………………（9）

项目二　银行账户开立 ………………………………………………………………（17）
　　任务一　开立与管理基本存款账户 …………………………………………（18）
　　任务二　开立与管理专用存款账户 …………………………………………（33）
　　任务三　开立与管理外汇存款账户 …………………………………………（40）

项目三　现金结算业务核算与管理 …………………………………………………（49）
　　任务一　办理现金销售收入业务 ……………………………………………（49）
　　任务二　办理现金送存银行业务 ……………………………………………（56）

项目四　银行转账结算核算与管理 …………………………………………………（64）
　　任务一　办理支票结算业务 …………………………………………………（65）
　　　　子任务1　支票结算付款业务 ……………………………………………（65）
　　　　子任务2　支票结算收款业务 ……………………………………………（73）
　　任务二　办理商业汇票结算业务 ……………………………………………（79）
　　　　子任务1　商业汇票结算付款业务 ………………………………………（79）
　　　　子任务2　商业汇票结算收款业务 ………………………………………（88）
　　任务三　办理网银结算业务 …………………………………………………（95）
　　　　子任务1　网银结算对公业务 ……………………………………………（95）
　　　　子任务2　网银结算个人业务 ……………………………………………（104）
　　任务四　办理第三方支付平台结算业务 ……………………………………（113）
　　　　子任务1　办理支付宝结算业务 …………………………………………（114）
　　　　子任务2　办理微信结算业务 ……………………………………………（129）
　　任务五　办理数字货币结算业务 ……………………………………………（141）
　　任务六　办理跨境收付结算业务 ……………………………………………（149）
　　　　子任务1　办理跨境收款结算业务 ………………………………………（149）
　　　　子任务2　办理跨境付款结算业务 ………………………………………（159）

任务七　办理银行对账业务 …………………………………………………（169）

项目五　企业日常费用核算与管理 ………………………………………………（177）
　　任务一　预算管理日常费用 ……………………………………………………（178）
　　任务二　核算与管理独立核算企业日常费用 …………………………………（189）
　　　　子任务1　预借差旅费 ………………………………………………………（189）
　　　　子任务2　报销差旅费 ………………………………………………………（196）
　　　　子任务3　报销办公费 ………………………………………………………（206）
　　任务三　核算与管理财务共享模式下企业日常费用 …………………………（214）

项目六　企业资金内部控制与管理 ………………………………………………（226）
　　任务一　归集与管理企业货币资金 ……………………………………………（227）
　　任务二　管理网银U盾与电子账户 ……………………………………………（239）
　　任务三　管理财务印鉴 …………………………………………………………（243）
　　任务四　编制资金日报表 ………………………………………………………（249）

项目七　其他业务办理 ……………………………………………………………（256）
　　任务一　领用与开具发票 ………………………………………………………（257）
　　　　子任务1　领用发票 …………………………………………………………（257）
　　　　子任务2　开具发票 …………………………………………………………（266）
　　任务二　办理社会保险业务 ……………………………………………………（278）
　　任务三　变更银行结算账户 ……………………………………………………（285）
　　任务四　交接出纳工作 …………………………………………………………（292）

项目一
出纳岗位认知

出纳，从字面意思来讲，"出"即为支出，"纳"即为收入。企业出纳岗位的工作内容是按照有关的规定和制度，办理企业现金收付、银行结算等业务，保管库存现金、有价证券、财务印章及相关票据。而从事出纳岗位工作的人员即为出纳人员。

本项目按照出纳岗位工作内容和职责，设计了两个学习任务：认知出纳工作职责和内容；胜任出纳岗位工作应具备的综合职业能力。任务的主要知识点、技能点、素养点如图1-1所示。

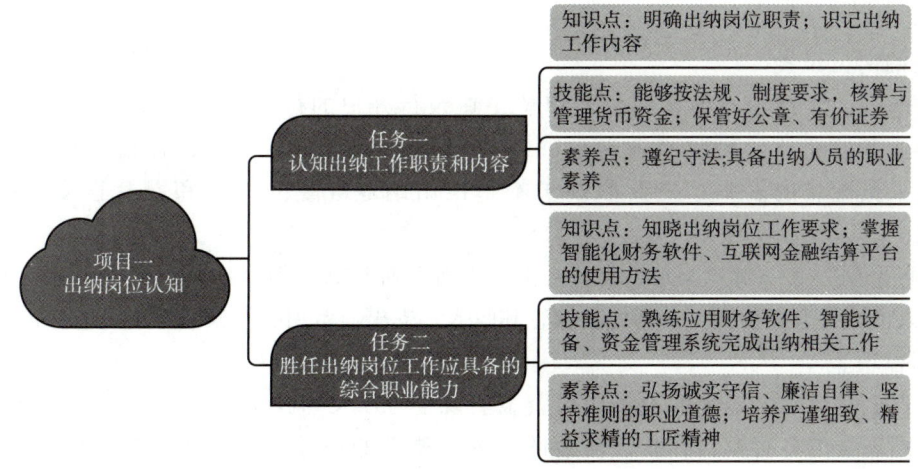

图1-1 项目一 知识、技能、素养要点

任务一 认知出纳工作职责和内容

【学习目标】

- 知晓出纳工作的内容
- 明确出纳岗位具体工作职责
- 识记空白票据、印章等重要单证管理规定

出纳岗位实务（第三版）

【任务描述】

2023 年 2 月，北京翔宏润达工贸有限责任公司（以下简称"翔宏润达公司"）出纳凯越即将退休，公司招聘了一名新员工徐琳，作为公司新上岗的出纳，首先要了解公司的基本情况及相关制度，其次是明确出纳岗位职责和内容，为从事出纳工作做好准备。

【知识准备】

1. 出纳与会计的关系

提起出纳，很多人都会与会计联系到一起，其实二者联系紧密但并不相同，在企业日常工作中，财务管理分为两部分：一是管"账"，即记录钱财的支出与收入；二是管"钱"，即负责收钱与付账。前者即是会计工作，后者即是出纳工作，顾名思义，"出"即支出，"纳"即收入。出纳岗位是主要从事货币资金收付核算与管理的专门的会计工作岗位，简称"出纳"。

2. 出纳岗位设置

一般来讲，实行独立核算的企业单位，在银行开户的行政事业单位，有经常性现金收入和支出业务的企业、行政事业单位，都应配备专职或兼职出纳，担任本单位的出纳工作。出纳人员配备的多少，主要取决于本单位出纳业务量的大小和繁简程度，以业务需要为原则。

一般可采用一人一岗、一人多岗、一岗多人等几种形式。但《中华人民共和国会计法》规定，出纳人员不得兼任稽核、会计档案保管和收入、支出、费用、债权债务账目的登记工作。

3. 库存现金

库存现金是流动性最强的一种货币资金。现金有广义与狭义之分。广义的现金包括库存现金和视同现金的各种银行存款、流通证券等。狭义的现金是指企业所拥有的硬币、纸币，即由企业出纳保管作为零星业务开支使用的库存现金。

4. 有价证券

有价证券是一种具有储蓄性质、最终可以兑换货币的票据。目前，我国发行的有价证券主要有股票和各种债券。股票是股份制企业投资人的凭证，它代表对企业的股权，可凭股份分得利润。债券主要包括政府债券、企业债券和不动产抵押债券，它代表债权，可以按期取得利息，到期取回本金。

5. 空白票据

空白票据又称空白授权票据，是指出票人在签发票据时有意识地对票据的法定必要记载事项不记载完全，而是授权持票人在出票后作补充记载，依照票据的记载事项产生法律效力的票据。空白票据包括预留收款人的空白票据、预留出票日的空白票据、预留票据到期日的空白票据、预留票据金额的空白票据等。

6. 印章

印章是用作印于文件上表示鉴定或签署的文件。

寓德于技

徐琳为什么会被录取

徐琳和李晓娜同时应聘公司的出纳岗位。面试中,财务经理对她们的表现都很满意,一时不知道该录取谁?在等待面试结果期间,她们分别接到财务经理的电话:公司的会计因病休假一个月,你能兼任会计的工作吗?

徐琳说:这个不合适吧,出纳不可以兼任会计。

李晓娜说:没问题。年轻人就应该多锻炼。

你觉得谁会被录用?

最后公司财务部录用了徐琳为出纳。为什么会被录用呢?

《中华人民共和国会计法》对出纳的职责规定了限制性的条款。即第三十七条:会计机构内部应当建立稽核制度。出纳人员不得兼任稽核、会计档案保管和收入、支出、费用、债权债务账目的登记工作。《会计基础工作规范》也规定,各单位应当根据会计业务需要设置会计工作岗位。会计工作岗位,可以一人一岗、一人多岗或者一岗多人。但出纳人员不得兼管稽核、会计档案保管和收入、费用、债权债务账目的登记工作。

【任务实施】

徐琳作为新出纳,首先要了解所在公司的基本情况,其次是知晓出纳岗位的工作内容,明确工作职责,熟记出纳一日工作内容。具体任务完成步骤如下:

第一步:了解所在公司的基本情况

本教材使用的模拟主体企业信息如表1-1所示。

表1-1　　　　　　　　　　模拟主体企业相关信息

企业名称	北京翔宏润达工贸有限责任公司(以下简称"翔宏润达公司")
法人代表	黄世园
公司地址及电话	北京市东城区安定门大街64号 010-64051871
开户银行及账户	中国工商银行安定门支行 0200014509067592846
专用账户	中国工商银行安定门支行 0200013609067568973
增值税纳税人类型	增值税一般纳税人
统一社会信用代码	911101047262499728
企业性质	民营高新技术公司
经营范围	集成电路芯片及有关电子产品的研发、加工、生产、销售业务
主要产品	高精度智能显示器
财务部相关责任人	徐琳(出纳)、李娜(会计)、方蓉佳(财务主管)
公司主要部门设置	总经理办公室、财务部、行政部、研发部、销售部、采购部
相关财务信息	采用专用记账凭证;备用金采用非定额备用金制度;增值税、企业所得税、城市维护建设税、教育费附加、地方教育附加税率分别为13%、15%、7%、3%、2%

第二步：学习《中华人民共和国会计法》《会计基础工作规范》等会计法律法规，明确出纳岗位职责

（1）按照国家有关现金管理和银行结算制度的规定，办理现金收付和银行结算业务。

出纳人员应严格遵守现金开支范围，非现金结算范围的不得用现金收付；遵守库存现金限额规定，超限额的现金按规定及时送存银行；现金管理要做到日清月结。账面余额与库存现金每日下班前应核对。发现问题时，及时查对；银行存款日记账与银行对账单也要及时核对，如有不符，应立即通知银行。

（2）办理收付业务时，要严格审核有关原始凭证。

根据会计制度的规定，出纳人员在办理现金和银行存款收付业务时，要严格审核有关原始凭证，再据以编制收付款凭证，然后根据编制的收付款凭证逐笔顺序登记现金日记账和银行存款日记账，并结出余额。

（3）按照国家外汇管理和结汇、购汇制度的规定及有关批件，办理外汇出纳业务。

外汇出纳业务是政策性很强的工作，随着国际经济交往日益频繁，外汇出纳业务也越来越重要。出纳人员应熟悉国家外汇管理制度，及时办理结汇、购汇、付汇，避免国家外汇损失。

（4）掌握银行存款余额，不准签发空头支票，不准出租出借银行账户为其他单位办理结算。

这是出纳人员必须遵守的一条纪律，也是防止经济犯罪、维护经济秩序的重要方面。出纳人员应严格执行支票和银行账户的使用及管理规定，从出纳这个岗位上堵塞结算漏洞。

（5）保证库存现金和各种有价证券（如国库券、债券、股票等）的安全与完整。

企业应建立适合本单位情况的现金和有价证券保管责任制，如发生短缺，属于出纳人员责任的，出纳人员要进行赔偿。

（6）保管有关印章、空白收据和空白支票。

印章、空白票据的安全保管十分重要，在实际工作中，因丢失印章和空白票据给单位带来经济损失的不乏其例。对此，出纳人员必须高度重视，建立严格的管理办法。通常，单位财务公章和出纳名章要实行分管，交由出纳人员保管的出纳印章要严格按规定用途使用，各种票据要办理领用和注销手续。

（7）日常费用管理与控制。

随着费用控制系统的完善以及财务共享中心的费用报销流程优化，出纳人员应熟悉费用报销流程，有效提升日常费用管理的科学度、精准度，促进企业实现高质量发展。

（8）企业资金内部控制与管理。

企业资金内部控制与管理是指在整个企业的生产经营活动中，建立适合企业的管理制度及机制，从而合理地调控与使用企业内部资金，在保证安全完整的情况下，满足企业生产经营活动的资金需求。在时间价值的驱动下，高效地调控与使用企业内部资金，能够提高企业内部资金的使用价值和使用效益，促进企业稳步提升企业价值与经济收益。出纳人员应参与企业资金内部控制与管理，做好企业货币资金归集与管理、网银U盾与电子账户管理、财务印鉴管理，编制与分析货币资金日报表。

第三步：知晓、领会出纳岗位的工作内容

1. 保管库存现金

库存现金，是指存放在企业并由出纳人员保管的现金，包括库存的人民币和各种外币。保管库存现金主要是保证库存现金的使用及安全完整，保管的重点部位在出纳办公室和保险柜。

2. 保管有价证券

有价证券平时一般存放于保险柜中，应经常查看保存情况。值得注意的是，要对各种有价证券的面额和号码予以保密。出纳人员在收到有价证券时应在备查簿中进行登记，注意票据到期日，及时办理兑换手续。

有价证券具体内容

> **知法用法**
>
> **《会计基础工作规范——现金收支》相关规定**
>
> 1. 必须在规定的范围内使用现金，不得超限额留存现金。开户单位现金收入应当于当日送存开户银行。当日送存确有困难的，由开户银行确定送存时间。
>
> 2. 现金收付都必须履行合法手续，现金支出必须有经过授权的合法凭证，手续完备；借款必须有经过批准的借据。
>
> 3. 开户单位支付现金，可以从本单位库存现金限额中支付或者从开户银行提取，不得坐支现金；因特殊情况需要坐支现金的，应报经开户银行审查批准，由开户银行核定坐支范围和限额；坐支单位应当定期向开户银行报送坐支金额和使用情况。
>
> 4. 不得用不符合制度的凭证顶替库存现金，即不得"白条抵库"，不得谎报用途提取现金，即不得"套取现金"；不得用银行账户代替其他单位和个人存入或支取现金，即不得"出租出借"账户；不得将本单位收入的现金以个人名义存储，不得保留账外公款，即不得私设"小金库"。

3. 保管空白票据

（1）空白支票。空白支票是空白票据的主要内容，企业对空白支票必须严格管理，明确指定专人负责保管，要贯彻票、印分管的原则，空白支票和印章不得由一人负责保管。单位撤销、合并、结清账户时，应将剩余的空白支票填列一式两联清单，全部交回银行注销；要严格控制携带空白支票外出采购；设置"支票领用登记簿"，实行空白支票领用销号制度。经单位领导批准，出纳人员签发空白支票后，应在"支票领用登记簿"上加以登记。

（2）收据。收据是企事业单位在经济活动中使用的原始凭证，主要是指财政部门印制的盖有财政票据监制章的付款凭证。空白收据一经填制，并加盖有关印鉴后，即可成为结算的一种书面证明。空白收据一般应由主管会计人员保管，根据业务需要派发给出纳或其他有关人员。领用时应由领用人签字，用完后要及时归还、核销。不得将空白收据带出工作单位使用，作废的收据要加盖"作废"印鉴。

支票领用登记簿
具体内容

4. 保管印章

企业有多种印章，翔宏润达公司财务部保管的印章主要有八种，如表1-2所示。

表1-2　　　　　　　　财务部保管的主要印章

序号	名称	用途	保管人	样章
1	公章	是单位的行政章，具有行政效力，代表公司对外签章	一般由行政办公室指定专人保管	
2	财务专用章	是开具支票、汇票等票据及背书等的用印。主要用于公司资金收付用章，一般与法人章一起作为银行预留印章	一般由财务负责人或指定的会计保管	
3	法人章	代表公司的法定代表人认可，一般不单独使用，与公章合用表示法人认可，与财务章合用于银行预留印鉴	法人自己保管或指定专人保管	
4	发票专用章	开具发票时使用	一般由财务部门指定专人保管	
5	现金收讫章	出纳收到现金时在相关收款单据上加盖，作为收款证明	出纳人员	现金收讫
6	现金付讫章	出纳付出现金后在相关凭证上加盖，作为付款证明	出纳人员	现金付讫
7	银行收讫章	出纳收到现金时在相关收款单据上加盖，作为收款证明	出纳人员	银行收讫
8	银行付讫章	出纳付出现金后在相关凭证上加盖，作为付款证明	出纳人员	银行付讫

财务印章应指派专人分开管理，出纳人员使用的印章必须妥善保管，严格按照规定的用途使用，不得将印章随意存放或带出工作单位，用于签发支票的各种预留银行印鉴不能由出纳一人保管，一般应由主管会计人员或其他指定人员保管，各种印章的保管应与现金的管理

相同，以防违法乱纪人员有机可乘，给国家和单位造成不必要的经济损失。

5. 办理日常现金收付

出纳人员在办理现金收付时，应严格按照国家有关现金管理制度的规定，根据稽核人员审核签章的收付款凭证进行复核，办理款项收付，对于重大的开支项目，必须经过财务主管人员、总会计师或单位领导审核签章后方可办理。收付款后，要在收付款凭证上签章，并加盖"收讫"／"付讫"戳记。为保证现金收支的合法合规，开户单位应当依据相关规定办理现金收付。

6. 办理银行结算

独立核算企业必须在当地银行开设账户，以办理存款、取款、转账等结算业务。出纳人员在办理转账结算时，必须遵守银行结算的各项管理制度。

（1）出纳人员在办理银行存款的收付结算时，应认真执行国家政策、法令，遵守银行信贷、结算和现金管理规定。企业在银行的账户必须有足够的资金保证支付，企业的各种经济往来，除按照国家规定可以使用现金的情形外，都必须办理转账结算，严格遵守银行结算纪律。

> **知法用法**
>
> **办理转账结算，严格遵守银行结算纪律**
>
> 1. 不准出租、出借或转让账户；
> 2. 不准套取银行信用，签发空头支票、印章与预留印鉴不符支票和远期支票；
> 3. 不准无理拒付，任意占用卖方资金；
> 4. 不准利用多头开户转移资金、逃避债务。

（2）出纳人员在日常收付核算中，要认真审核收付款项的合法性、合理性、准确性，并及时登记银行存款日记账。所有收入的银行结算票据应及时解存银行，发现有不符合规定的或有退票情况出现，应立即向主管人员报告并采取措施追索款项；所有银行支付事项，必须先经主管人员批准，及时办理；及时掌握应收未收款项的信息，组织货币资金回笼，加速资金周转，及时与银行对账，发现差错及时查明原因，予以纠正。

7. 货币资金核算与监督

企业货币资金收支过程中会面临很多消极因素，为了保证货币资金收支的安全，必须对其实施有效的监督。出纳监督是依据国家有关的法律法规和企业的规章制度，在维护财经纪律、执行会计制度的工作权限内，坚决抵制不合法的收支和弄虚作假的行为。出纳人员在办理现金和银行存款各项业务时，要严格按照财经法规进行，对违反规定的业务一律拒绝办理。随时检查和监督财经纪律的执行情况，以保证出纳工作的合法性、合理性，保护单位的经济利益不受侵害。

第四步：熟记出纳人员一天的工作内容

出纳工作的范围很广，不仅包括企业会计部门的票据、货币资金收付业务处理，而且包括企业业务部门的货币资金收付、管理等方面的工作，贯穿企业日常经济活动的全过程，为此出纳人员要熟记一天的工作内容，示例如表1-3所示。

表1-3　　　　　　　　　　　出纳一日工作内容

序号	工作内容
1	上班后第一时间，打开保险柜，检查库存现金、有价证券及其他贵重物品
2	向有关领导及财务主管请示资金安排计划
3	列明当天应处理的事项，分清轻重缓急，根据工作时间合理安排
4	按顺序办理各项收付款业务
5	下班前，将所有的收付款单据编制记账凭证登记入账
6	因特殊事项或情况，造成工作未完成的，应列明未尽事项，留待次日优先办理
7	根据单位需要，每天或每周报送一次出纳报告
8	当天下班前，出纳人员进行账实核对，必须保证库存现金实有数与现金日记账、总账相符；收到银行对账单的当天，出纳人员进行核实，使银行存款日记账、总账与银行对账单在进行余额调节后应当相符
9	每月终了前3天内，出纳人员应对其保管的支票、发票、有价证券、重要结算凭证进行清点
10	下班前，出纳人员应整理好办公用品，保持整洁，无资料遗漏或乱放现象。锁好抽屉及保险柜，保险柜的密码锁必须乱码，保险柜的钥匙出纳人员必须带走

【任务总结】

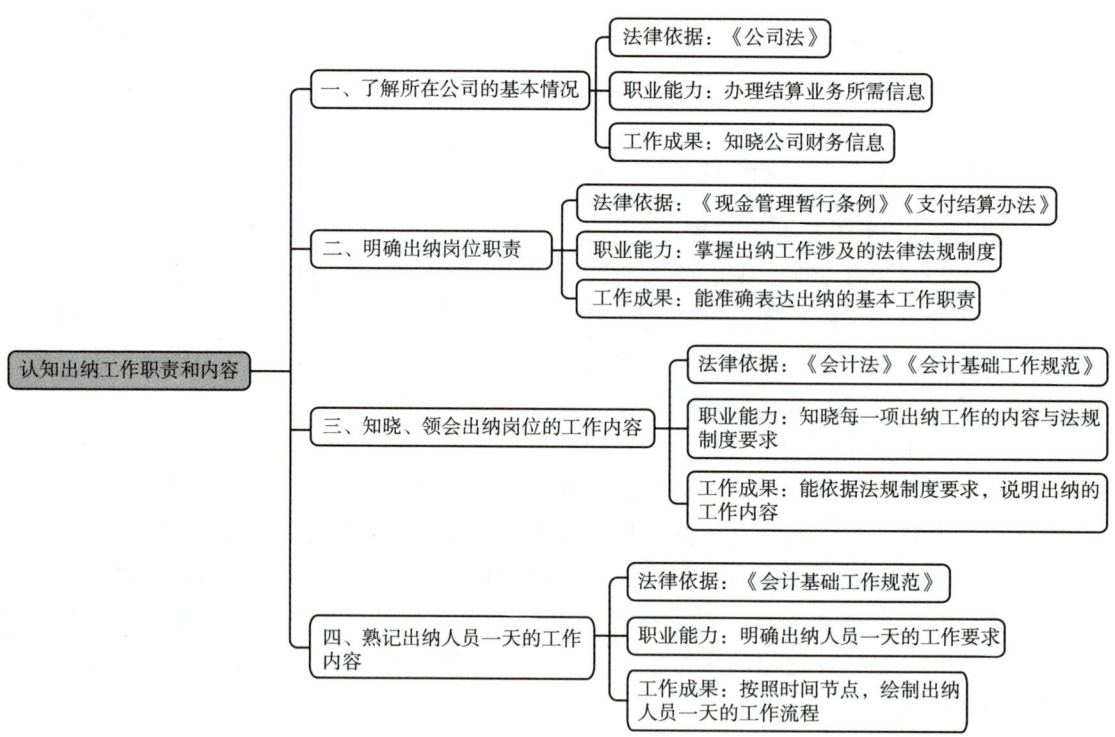

【实战训练】

（一）实战背景

2023年2月20日，新出纳徐琳通过老出纳凯越的培训后，接受面试考试。

(二) 任务目标

老出纳提问公司基本信息、出纳人员工作内容、工作职责以及工作中应遵守的法律法规等内容，新出纳徐琳如实回答。

(三) 任务实现

新出纳徐琳回答问题如下：
(1) 公司的基本财务信息、组织架构、经营情况。
(2) 结合相关法律法规，叙述出纳岗位的设置、工作内容与职责。

任务二　胜任出纳岗位工作应具备的综合职业能力

【学习目标】

- 知晓出纳岗位工作应具备的专业技能
- 能够辨别人民币的真伪
- 正确使用保险柜，掌握人民币清点技巧
- 领会出纳岗位应具备的综合职业能力
- 能够描述出纳岗位应具备的综合职业能力

【任务描述】

北京翔宏润达工贸有限责任公司新聘出纳徐琳，在老出纳凯越师傅的前期培训中，在熟悉公司的基本情况、明确出纳岗位职责和内容后，提示徐琳想要成为一名合格的出纳，需要有过硬的技能，她主要了解并掌握了以下几方面技能：会计数字书写、计算工具使用、人民币真伪识别、人民币清点以及保险柜使用等。除此之外，还要提升自身综合职业能力，以适应未来的发展。

【知识准备】

1. 综合职业能力的含义

综合职业能力是一个人能胜任职业活动的主观条件，是指个体执行或完成职业活动或成功地适应职业活动中发生特殊情况的表现，是一个人具有的职业素质。

2. 综合职业能力的内容

综合职业能力可以分解为从事职业活动所需要的专业能力、方法能力、社会能力和实践能力。

（1）专业能力是指从事职业活动所需要的运用专业知识、技能的能力，强调对职业活动技术领域的应用性、针对性。

（2）方法能力是指从事职业活动所需要的工作方法、学习方法方面的能力，强调在职业活动中运用这些方法的合理性、逻辑性和创新性。

（3）社会能力是指从事职业活动所需要的社会行为能力，强调在职业活动中对社会的适应性，重视从业者应具有积极的人生态度。

（4）实践能力是指人们在改造自然和改造社会的有意识的活动中体现出来的能力，强调在改造自然、改造社会的过程中表现出来的能动性和实际作用。

【任务实施】

出纳人员肩负着企业货币资金、有价证券的收支、保管和核算任务，掌管着本单位全部票据，是名副其实的"管家"，应具有较强的综合职业能力。具体任务完成步骤如下：

第一步：践行出纳人员职业道德

1. 谨记会计职业道德，树立爱岗敬业的良好职业风尚

出纳人员必须具备良好的职业道德修养，要热爱本职工作，敬业、精业；要科学理财，充分发挥资金的使用效益；要遵纪守法，严格监督，并且以身作则；要洁身自好，不贪、不占公家便宜，要实事求是，真实客观地反映经济活动的本来面目；要注意保守机密；要竭力为本单位的中心工作、为单位的总体利益、为全体员工服务。

寓德于技

2023年财政部出台《会计人员职业道德规范》

一、坚持诚信，守法奉公。牢固树立诚信理念，以诚立身、以信立业，严于律己、心存敬畏。学法知法守法、公私分明、克己奉公，树立良好职业形象，维护会计行业声誉。

二、坚持准则，守责敬业。严格执行准则制度，保证会计信息真实完整。勤勉尽责、爱岗敬业，忠于职守、敢于斗争，自觉抵制会计造假行为，维护国家财经纪律和经济秩序。

三、坚持学习，守正创新。始终秉持专业精神，勤于学习、锐意进取，持续提升会计专业能力。不断适应新形势新要求，与时俱进、开拓创新，努力推动会计事业高质量发展。

---

2. 知法、懂法、不违法，不断提高履职水平

出纳工作是一项政策性很强的工作，工作的每一环节都必须依照国家相关规定进行，如《会计法》《现金管理暂行条例》《支付结算办法》《会计基础工作规范》等，还有本单位的

财务管理规定等。如果对这些法规、制度不熟悉、未掌握，就做不好出纳工作；不按这些政策法规办事，就违反了财经纪律。所以，要做好出纳工作，必须学习、了解、掌握财经法规和制度，提高政策水平。

3. 勤学苦练，提升业务技能

出纳工作需要很强的操作技巧及深厚的基本功。作为专职出纳人员，不但要具备处理一般会计事务的财会专业基本知识，还要具备较高的处理出纳事务的出纳专业知识水平，并要求熟练运用现代化办公工具。提高出纳业务技术水平关键在手上——计算技能、点验钞票技能、书写技能等。注重财务共享模式下、智能财税等会计信息化下新技能的学习。作为一名合格的出纳人员，必须在日常工作中勤练业务技能，逐步提升业务能力。

4. 培养良好的工作作风

出纳人员每天和金钱打交道，稍有不慎就会造成意想不到的损失。要做好出纳工作，首先要热爱出纳工作，并养成与出纳职业相符合的工作作风，概括起来就是：精力集中、有条不紊、严谨细致、沉着冷静。

（1）精力集中：工作起来就要全身心地投入，不为外界所干扰。

（2）有条不紊：计算器具摆放整齐，钱款票据存放有序，办公环境洁而不乱。

（3）严谨细致：认真仔细，做到收支计算准确无误，手续完备，不发生工作差错。

（4）沉着冷静：在复杂的环境中随机应变，化险为夷，增强安全意识。

第二步：强化出纳人员专业技能

1. 会计数字书写技能

《会计基础工作规范》第五十二条规定：

阿拉伯金额数字应当一个一个地写，不得连笔写。

会计职业道德的具体要求

（1）阿拉伯金额数字前面应当书写货币币种符号或者货币名称简写。币种符号与阿拉伯金额数字之间不得留有空白。凡阿拉伯金额数字前写有币种符号的，数字后面不再写货币单位。例如：￥1 000.00。

（2）所有以元为单位（其他货币种类为货币基本单位，下同）的阿拉伯金额数字，除表示单价等情况外一律填写到角分，无角分的，角位和分位可写"00"，或者符号"-"，例如327元，应写成￥327.00或￥327.-；有角无分的，分位应当写"0"，不得用符号"-"代替。例如￥456.30，不能写成￥456.3-。

（3）汉字大写金额数字如零、壹、贰、叁、肆、伍、陆、柒、捌、玖、拾、佰、万、亿等，一律用正楷或者行书体书写，不得用0、一、二、三、四、五、六、七、八、九、十等简化字代替，不得任意自造简化字。

职场链接

汉字大写金额数字书写"整"字的用法

1. 汉字大写金额数字到元的，在"元"字之后必须写"整"字；例如1 692.00元，应写成：人民币壹仟陆佰玖拾贰元整。

> 2. 汉字大写金额数字有分的，在"分"字之后不能写"整"字；例如16.92元，应写成：人民币壹拾陆元玖角贰分。
>
> 3. 汉字大写金额数字有"角"无"分"的，在"角"字之后"整"字可写、也可以不写；例如169.20元，应写成：人民币壹佰陆拾玖元贰角整或人民币壹佰陆拾玖元贰角。

（4）汉字大写金额数字前未印有货币名称的，应当加填货币名称，货币名称与金额数字之间不得留有空白。汉字大写金额数字前未印"人民币"字样的，应加填"人民币"字样。

（5）阿拉伯金额数字中间有"0"时，汉字大写金额数字要写"零"字。例如：¥1 508.30，应写成"人民币壹仟伍佰零捌元叁角整"；阿拉伯数字金额中间连续有几个"0"时，汉字大写金额数字中可以只写一个"零"字，例如：¥4 006.12，应写成"人民币肆仟零陆元壹角贰分"；阿拉伯金额数字元位是"0"，或者数字中间连续有几个"0"、元位也是"0"，但角位不是"0"时，汉字大写金额数字可以只写一个"零"字，也可以不写"零"字，例如：¥1 570.28，应写成"人民币壹仟伍佰柒拾元零贰角捌分"，或者写成"人民币壹仟伍佰柒拾元贰角捌分"。

2. 计算工具使用技能

出纳工作需要很强的数字运算能力。出纳人员的数字运算往往是在结算过程中进行的，速度要快、又不能出错。不管用计算机、算盘、计算器，还是其他计算工具，都必须具备较快的速度和非常高的准确性。在快和准的关系上，作为出纳人员，要把准确放在第一位，准中求快。计算器的使用是出纳人员必须掌握的技能之一。具体应用如表1-4所示。

数字书写具体要求

表1-4　　　　　　　　电子计算器的应用

电子计算器的种类	简单型计算器：功能较少，只能进行一般的加、减、乘、除四则运算
	多功能型计算器：功能较多，除进行四则运算以外，还能进行三角函数、对数、复数等各种运算
电子计算器常用按键功能	ON/OFF：电源开关键，用于开启或关闭计算器电源
	AC：全部清除键，用于清除所有数值
	CE：清除输入键，用于清除当前输入的数值
	M+：记忆加法键，将当前显示的数值存入或将存入的数值加上当前显示的数值
	M-：记忆减法键，将当前显示的数值存入或将存入的数值减去当前显示的数值
	MRC：记忆恢复或清除键，首次按下将显示存入的数值，再次按下将清除存入的数值
	GT：记忆结果累加键，每次计算结果都将会累积在总和中，按下一次可显示总和，连续按下两次，可清除总和
	MU：损益运算键，按下此键将完成以下计算规则： A＋B MU 执行100×(A＋B)/B A－B MU 执行100×(A－B)/B A·B MU 执行 A·(1＋B/100) A/B MU 执行 A/(1－B/100)

3. 人民币真伪识别技能

出纳人员在日常工作中，经常接触大量的现金，掌握识别人民币真伪的知识很有必要。伪造人民币的技术一般较高，因此应采用多种方法综合识别，最常用的方法是"一看、二摸、三听、四测"。

（1）一看

①看水印：第五套人民币（2015版、2019版、2020版）各券别纸币的固定水印位于各券别纸币票面正面左侧的空白处，迎光透视，可以看到立体感很强的水印。第五套人民币100元、50元面值纸币，采用人像水印，图案为毛泽东头像。20元、10元、5元、1元纸币，采用花卉水印，图案分别为荷花、月季花、兰花、水仙花。

②看安全线：第五套人民币（2019版）采用的是光变镂空开窗安全线，位于票面正面右侧。改变钞票观察角度，安全线颜色在红色和绿色之间变化。透光观察可见"10""20""50"和"100"。

③看光彩光变面额数字：第五套人民币（2019版）面额数字采用了光彩光变面额数字，位于票面正面中部。改变钞票观察角度，面额数字"10"的颜色在绿色和蓝色之间变化，面额数字"20"的颜色在金色和绿色之间变化，面额数字"50"的颜色在绿色和蓝色之间变化，面额数字"100"的颜色在金色和绿色之间变化，并可见一条亮光带上下滚动。

④看白水印：位于票面正面左侧下方。透光观察，可见面额数字"10""20""50"和"100"。

⑤看胶印对印图案：票面正面左下角和背面右下角均有面额数字"10""20""50"和"100"的局部图案。透光观察，正背面图案组成一个完整的面额数字。

（2）二摸

①摸人像、盲文点、中国人民银行行名等处是否有凹凸感。

第五套人民币纸币各券别正面主景均为毛泽东头像，采用手工雕刻凹版印刷工艺，形象逼真、传神，凹凸感强，易于识别。

②摸纸币是否薄厚适中，挺括度好。

（3）三听

通过抖动钞票使其发出声响，根据声音来分辨人民币真伪。人民币的纸张具有挺括、耐折、不易撕裂的特点。手持钞票用力抖动、手指轻弹或两手一张一弛轻轻对称拉动，能听到清脆响亮的声音。

（4）四测

借助一些简单的工具和专用的仪器来分辨人民币真伪。如借助放大镜可以观察票面线条清晰度，胶、凹印缩微文字等；用紫外灯光照射票面，可以观察钞票纸张和油墨的荧光反应；用磁性检测仪可以检测黑色横号码的磁性。

第五套人民币防伪指南

> **知法用法**
>
> **以案为鉴，提高技能，守法奉公**
> ——发现假币如何处理？
>
> 公司出纳王莉在处理销售部差旅费报销业务中，清点退回的多余款项时，发现有一张100元的钞票有问题。她该怎么处理呢？

出纳人员在收付现金时如发现假币，应立即送交附近银行鉴别，由银行开具没收凭证予以没收处理，如有追查线索的应及时报告就近的公安部门，协助侦破；出纳人员如发现可疑钱币不能断定真假时，不得随意加盖假币戳记和没收，应向持币人说明情况，开具临时收据连同可疑钱币及时报送当地银行。假币没收权属于银行、公安和司法部门。

4. 人民币清点技能

库存现金送存银行前，首先由出纳人员清点票币，纸币应按照票面金额（券别）分类整理，纸币分为主币和辅币。主币包括100元、50元、20元、10元、5元、1元。出纳应将各种纸币打开铺平，然后按币别每100张为一把，用纸条或橡皮筋箍好，每10把扎成一捆。比如，100元券的纸币一把即为1万元，一捆即为10万元；10元券一把即为1 000元，一捆即为1万元。不满100张的，按券别从小到大放好。

铸币包括1元、5角、1角、5分、2分、1分。铸币也应按币别整理，同一币值每100枚或50枚为一卷，用纸紧紧卷好，每十卷为一捆。例如：5角的铸币每一卷即为50元，每一捆即为500元。不满100枚或50枚的硬币，用纸包好另行存放。

> **职场链接**
>
> **出纳人员常用的点钞方法**
>
> 准确而快速地点钞，是出纳人员的一项基本功。目前常用的点钞方法有：手持式点钞法、手按式点钞法、扇面式点钞法等。
>
> 出纳人员收到票币前，应保持桌面干净整齐，不得乱放其他杂物，尤其是现金，避免出现混杂不清的情况。收到票币后，先按硬币和纸币分类，再按不同的面值分类。硬币应当码齐，纸币应当平放铺开，挑出损伤券，粘好断裂的纸币，退回破损严重难以辨认的损伤票币，伪造的票币必须当场向有关当事人声明，同时予以退回或作废处理，挑净选好后，将票币码齐，准备清点。
>
> 出纳人员清点数量时，按券别由大到小，按一定的要求清点张（枚）数，进行一次初点。初点后，应采用不同的点钞方法重点一次，核对无误后即可捆扎并写好数量。根据复点无误的数量和相应的票币面值进行计算，得出现钞的实有金额，最后统计并与收款依据核对金额，确认无误后收好现钞并出具收款单据，完成点钞工作。

票面撕裂、损缺或因自然磨损、侵蚀，外观、质地受损，颜色变化，图案不清晰，防伪特征受损，不宜再继续流通使用的人民币，根据《中国人民银行残缺污损人民币兑换办法》的相关规定进行兑换处理。残缺污损人民币兑换规定如表1-5所示。

表1-5　　　　　　　　残缺污损人民币兑换规定

全额兑换	能辨别面额，票面剩余3/4（含3/4）以上，其图案、文字能按原样连接的残缺、污损人民币，金融机构应向持有人按原面额全额兑换
半额兑换	能辨别面额，票面剩余1/2（含1/2）以上、3/4以下，其图案、文字能按原样连接的残缺、污损人民币，金融机构应向持有人按原面额的一半兑换；纸币呈正十字形缺少1/4的，按原面额的一半兑换

5. 保险柜使用技能

为了保证财产的安全和完整，各单位财务部门通常都配备专用保险柜，专门用于库存现金、各种有价证券、银行票据、印章及其他票据的保管。

人民币的挑残与兑换具体内容

保险柜要配备两把钥匙，一把由出纳人员保管，供出纳人员日常工作开启使用；另一把交由保卫部门封存，或由单位总会计师或财务部门负责人负责保管，以备特殊情况下经有关领导批准后开启使用。保险柜密码应由出纳人员严格保密，并做好开启记录。

出纳人员工作交换时，应及时更换密码。保险柜钥匙或密码丢失或发生故障，要立即报请领导处理，不得随意找人修理或配钥匙。更换保险柜要有报批手续，注明更换情况备查。

每日终了后，出纳人员应将其使用的空白支票（包括现金支票和转账支票）、收据、印章等放入保险柜内。保险柜内存放的现金应设置和登记现金日记账，其他有价证券、存折、票据等应按种类造册登记，贵重物品应按种类设置备查簿登记其质量、金额等，所有财物应与账簿记录核对相符。按规定，保险柜内不得存放私人财物。

寓德于技

单位出纳10年挪用公款2 500多万元

2017年11月9日上午，西安市新城区法院公开审理一起挪用公款案，检察院指控，2005年2月至2016年4月，被告人闵某担任陕西省某厅出纳及下属陕西省某管理站出纳期间，先后多次从其单位账户上挪用公款2 560余万元。

10多年前，闵某就热衷于炒股，一开始用自己的钱炒股，虽有盈利，但投入少，获利并不大。闵某当时是陕西省某管理站的出纳，为了投入更多的钱炒股，他就动起了歪念，最初自己的钱很少，就那一两万元钱，就想用一下公家的钱，赚了，给公家垫上就行了，结果一发不可收拾，越陷越深。一开始闵某采取套现的方式挪用公款后来担心时间长了被发现。2005年2月，闵某找到了和自己关系要好的西安莲湖区某钣金加工部的李某，闵某声称自己单位要用钱，现金不好提，所以把单位账户30万元资金转到钣金加工部账户，然后再由李某转给闵某本人，2005年和2006年，闵某通过这样的手段套取现金62万元。之后，为了挪用公款更方便，闵某干脆自己拿着现金支票，盖上单位财务专用章和财务负责人印章后，直接去银行提取公款。2008年后，由于股市行情不好，闵某挪用公款炒股亏损较多，为了及时回本，他开始融资炒股、炒商品期货、股指期货，但亏损居多。这期间闵某还大量买彩票，想以中奖弥补挪用公款的亏空，光购买彩票就花了300多万元，但是一直没能中上大奖。2007年之后，闵某几乎每月都以各种名义，从单位账户提款，少则三四万元、多则一二十万元。为了掩人耳目，闵某找人私刻了银行印章，每个月伪造银行对账单交由会计做账。2016年5月，由于挪用公款亏空太大，无法继续隐瞒，闵某投案自首。

案例分析：财务印鉴本来应该分人管理，有些领导的印章应该自己管理，现实中因为很多原因，都由闵某一个人控制，所以才让他有机可乘。作为一名出纳人员，天天与钱打交道，必须具备高度的法制观念和高尚的职业道德。一旦思想防线出现漏洞，就会导致道德缺失，给单位带来经济损失，等待自己的也将会是法律的制裁。

【任务总结】

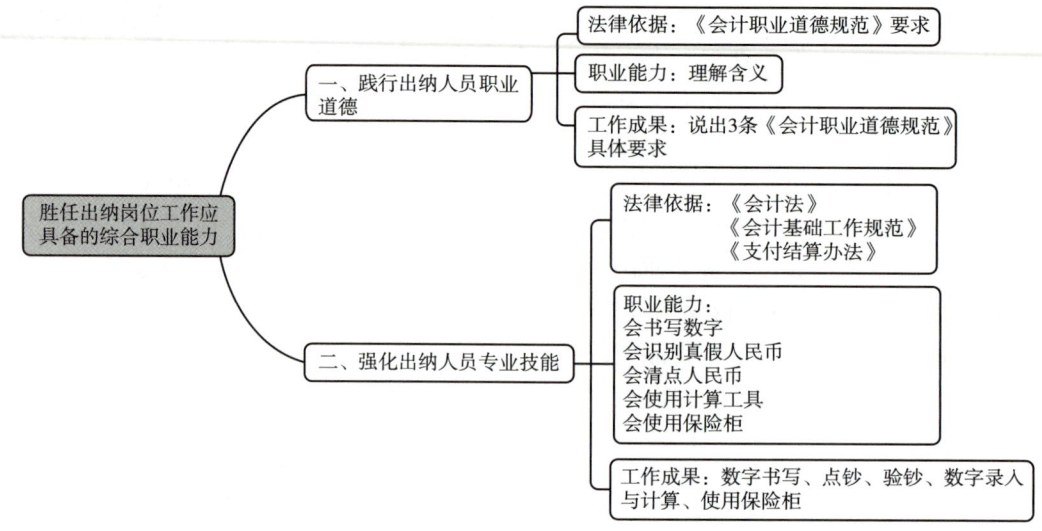

【实战训练】

（一）实战背景

2023年3月25日，经过一个多月的专业能力培训，老出纳凯越对新出纳徐琳进行点钞与验钞、数字书写能力业务考核。

（二）任务目标

根据公司业务情况，对新出纳徐琳进行如下专业技能考核，要求如下：

1. 点钞：单把测试，完成拆、点、捆、盖四环节，要求100张一把，做到点数正确、扎把美观、速度45秒。

2. 数字金额大小写转化10题，要求书写规范、无错字。

（三）任务实现

新出纳徐琳按照要求进行考核，完成任务操作，老出纳凯越对照标准进行审核。

项目一测试
（习题、答案）

项目二
银行账户开立

公司在领取营业执照后，需要到银行开户。银行账户是客户在银行开立的存款账户、贷款账户、往来账户的总称。公司的一切经营活动资金往来都必须通过对公账户来完成。而且，公司后续办理社保账户、公积金账户、缴纳税款等前提都是必须开设有对公账户。目前社保征收由税务局管理，不缴纳社保将会受到严惩。公司账户开立有利于方便资金管理、便于交易结算、提升公司信用度、符合法律要求。根据单位结算账户的性质不同，本项目主要设计三项工作任务：开立与管理基本存款账户；开立与管理专用存款账户；开立与管理外汇存款账户。任务的主要知识点、技能点、素养点如图2-1所示。

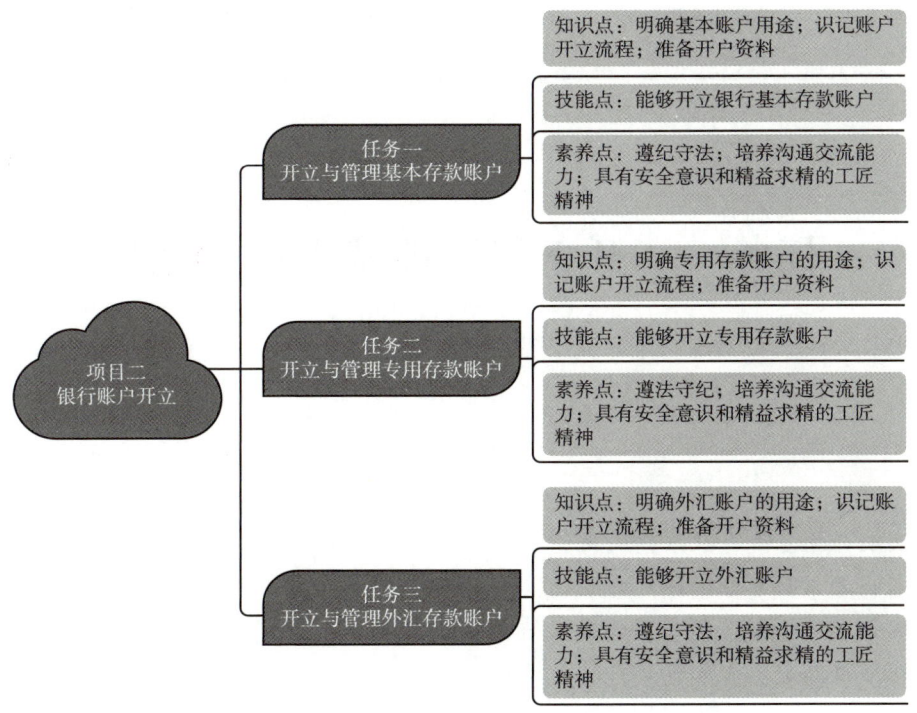

图2-1 项目二 知识、技能、素养要点

本项目使用的模拟主体企业信息如表2-1所示。

表 2-1　　　　　　　　　模拟主体企业相关信息

企业名称	北京翔宏润达工贸有限责任公司（以下简称"翔宏润达公司"）
法人代表	黄世园
公司地址及电话	北京市东城区安定门大街 64 号 010-64051871
开户银行及账户	中国工商银行安定门支行 0200014509067592846
增值税纳税人类型	增值税一般纳税人
统一社会信用代码	911101047262499728
企业性质	民营高新技术公司
经营范围	集成电路芯片及有关电子产品的研发、加工、生产、销售业务
主要产品	高精度智能显示器
财务部相关责任人	徐琳（出纳）、李娜（会计）、方蓉佳（财务主管）
公司主要部门设置	总经理办公室、监事、财务部、行政部、研发部、销售部、采购部
相关财务信息	采用专用记账凭证；备用金采用非定额备用金制度；增值税、企业所得税、城市维护建设税、教育费附加、地方教育附加税率分别为 13%、15%、7%、3%、2%
相关制度健全	公司章程、企业财务会计制度、内部控制制度、费用审批制度、差旅费报销制度等健全
企业效益	企业以追求卓越无止境、与时俱进创未来为经营理念，以创中国精品、世界品牌为目标，在奉献中实现企业与员工的价值，在提高经营效益，促进企业发展的同时，回报社会，企业信誉良好，产品购销两旺，前景广阔！

任务一　开立与管理基本存款账户

【学习目标】

- 明确开立基本存款账户的用途
- 掌握开立基本存款账户的流程
- 能够规范填写"开立单位银行结算账户申请书"、预留印鉴卡片
- 能够按照要求生成银行存款日记账

【任务布置】

（一）任务描述

2023 年 6 月 1 日，翔宏润达公司基于自主原则与就近原则，选择了公司所在地附近的

银行，由法人委托出纳前来办理银行开户业务，并在开户完成后收取股东的投资资金500万元。

（二）工作要求

以出纳的身份完成以下工作：
(1) 明确开立银行基本存款账户的流程；
(2) 整理开立银行基本存款账户所需的证明资料；
(3) 规范填写"单位银行结算账户申请书"、预留印鉴卡片；
(4) 取得入资凭证；
(5) 正确生成银行存款日记账。

（三）工作成果

(1) 开立的银行基本存款账户；
(2) 取得入资款的银行业务回单；
(3) 银行存款的收款凭证；
(4) 银行存款日记账。

（四）评价标准

依据《人民币银行结算账户管理办法》《会计基础工作规范》《企业会计信息化工作规范》《小企业会计准则》等要求，正确开立银行基本存款账户，规范录入记账凭证并生成银行存款日记账。

【任务分析】

（一）工作思路

(1) 选择开户银行；
(2) 签订法人授权委托书；
(3) 提交开户所需证明资料；
(4) 填写"开立单位银行结算账户申请书"；
(5) 与银行签订账户管理协议，预留印鉴卡片；
(6) 取得投资业务回单，交由会计录入记账凭证；
(7) 智能生成银行存款日记账。

（二）工作流程

翔宏润达公司由法人代表黄世园授权财务部徐琳（出纳）办理开户及入资手续，李娜（会计）生成记账凭证及银行存款日记账，方蓉佳（财务主管）审核会计凭证及会计账簿。同时需要银行对公业务柜员协助完成相关手续。基本工作流程如图2-2所示。

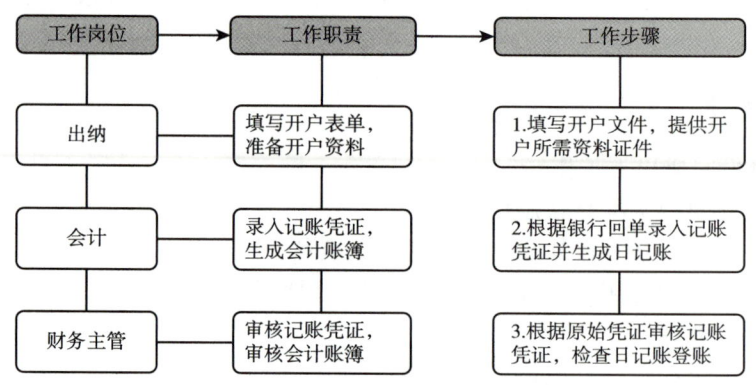

图 2-2 开立基本存款账户工作流程图

（三）知识准备

1. 基本存款账户的概念及用途

（1）基本存款账户的概念。基本存款账户是办理转账结算和现金收付的主办账户，经营活动的日常资金收付以及工资、奖金和现金的支取均可通过该账户办理。存款人只能在银行开立一个基本存款账户。开立基本存款账户是开立其他银行结算账户的前提。

（2）基本存款账户的用途：

①企业资金收付、现金支取、往来款的收入与支出，有银行流水会使账面更加清晰，利于企业合理掌控资金使用情况。

②方便后期因公司的需要可以申请一般纳税人。

③申报纳税，税款可直接从中扣除，不必亲自前去税局窗口缴纳。

④办理社保、住房公积金都需要对公账户。

⑤进出口贸易，首先要办理对公账户，才能办理进出口经营权。

⑥企业店铺等一些电商平台入驻不仅要营业执照，还需要公司的对公账户。

2. 开立基本存款账户的资格条件

《人民币银行结算账户管理办法》第十一条规定，下列存款人可以申请开立基本存款账户：企业法人、非法人企业、机关、事业单位、团级（含）以上军队、武警部队及分散执勤的支（分）队、社会团体、民办非企业组织、异地常设机构、外国驻华机构、个体工商户、居民委员会、村民委员会、社区委员会、单位设立的独立核算的附属机构、其他组织。

3. 选择开户行应考虑的因素

企业可以根据自己的需要选择开户银行。选择开户银行时，一般应考虑以下几个因素：

（1）选择企业附近、交通方便的银行，一方面办理提现业务时相对安全；另一方面可以节省路途时间。

（2）选择结算方式齐全的银行。如办理信汇、电汇、委托收款、托收承付等，这样可以满足企业办理结算的需要。

（3）选择结算手段先进的银行，如通汇网点多、开通全国电子联

《人民币银行结算账户管理办法》相关规定（第64条、第65条）

行业务等，这样可以减少资金的在途时间，提高资金利用率。

（4）选择信誉高、服务好的银行，如对划入的款项、交存的现金及时准确入账，没有任意压单、退票现象，与企业及时对账等。

（5）选择经营业绩好的银行。一方面存入的资金没有风险，另一方面企业缺少资金时，可以获得贷款支持。

在实际工作中，企业选择开户银行十分重要。因为目前企业绝大部分的交易事项都需要通过银行完成，后期企业在涉及融资问题时，银行也将起到重要的作用。

寓德于技

坚守职业初心的好出纳

银行对公客户经理为了完成任务指标，与公司出纳人员主动联系，承诺只要在其所在网点开户，开户之后可以给予出纳人员一定金额的奖励。但是出纳人员经过认真分析后，发现该网点的业务办理效率低下，交通也不便利，因此最终没有答应银行客户经理的要求，而是选择了一家业务熟练、距离公司位置较近的银行进行开户。该出纳人员的行为体现了诚实守信、廉洁自律、客观公正的职业道德。也是财务人员应该坚守的职业初心。

（四）技能准备

1. 明确开户流程

出纳人员可以充分利用网络资源，学习相关银行开户的法律法规，并且收集办理银行开户的手续及流程，或者前往银行咨询对公业务柜员，了解办理银行开立账户的手续及要求，确定办理开户的流程，如图2-3所示。

图2-3 开立基本存款账户的流程

2. 整理文件技能

根据开户要求，一律采用A4纸张复印清晰、整理齐全相关提交的文件资料，准备好单位公章、财务章、法人印章。

3. 填写表单技能

办理银行开户需要填写"开立单位银行结算账户申请书"，按照要求逐项学习项目填写说明，使用签字笔规范填写，字迹工整，内容完整，项目齐全。

"开立单位银行结算账户申请书"，是企业申请开立银行结算账户的重要依据，也是企业开户资料信息的重要来源。企业在填写开户申请书时应注意如下事项：

（1）企业有营业执照的，应填写经营范围；有注册资金的，还应填写注册资金金额，注册资金为外币的，以当日的汇率折算成人民币。

（2）企业为从事生产、经营活动纳税人的，应填写社会信用代码证号。

（3）企业开立专用存款账户的，应根据其特定的专项资金的性质填写资金性质。

（4）企业申请开立临时存款账户的，银行应根据有关开户证明文件确定的期限，填写临时存款账户的有效日期。

（5）企业有上级法人或主管单位的，还应在开户申请书上填写上级法人或主管单位的信息，具体内容包括：上级法人或主管单位的名称、法定代表人或负责人的姓名及其身份证种类和号码、社会信用代码证号；存款人有关联企业的，须在开户申请书上如实填写关联企业的名称。

4. 预留印鉴卡

预留印鉴卡是企业与银行事先约定的一种具有法律效力的付款依据，银行在为企业办理结算业务时，凭开户单位在印鉴卡片上预留的印鉴审核支付凭证的真伪。如果支付凭证上加盖的印章与预留的印鉴不符，银行就可以拒绝办理付款业务，以保障开户单位款项的安全。印鉴卡片上填写的户名必须与存款人名称一致，同时要加盖开户存款人公章、存款单位负责人或财务机构负责人、出纳人员三枚图章。在开立基本存款账户时，存款人应将盖有存款人印章的印鉴卡片递交银行。《人民币银行结算账户管理办法》有关预留印鉴卡的注意事项如下：

（1）预留印鉴的建立必须由存款人有权人本人办理。

（2）存款人开户申请通过集中审批后，受理网点方可将未使用的空白预留印鉴卡交企业加盖预留签章。

（3）存款人需离柜加盖预留签章的，在预留印鉴卡交存款人前，应要求存款人当面填写存款人名称、账号等信息，并进行交接登记，由单位有权人本人当面签收。

（4）预留印鉴卡交存款人后，受理网点应要求存款人在 3 个工作日内加盖预留签章并交回预留印鉴卡，确属特殊情况的，可适当延长。

（5）存款人交回的预留印鉴卡号码、客户名称、账号等信息应与发放时的登记记载事项一致，预留印鉴卡签名确认栏应由单位有权人在经办柜员与业务负责人目视范围内当面签字。

（6）受理人员审查存款人交回的预留印鉴卡无误后，分别在预留印鉴卡上加盖个人名章，作为结算账户档案留存归档，完成预留印鉴建立手续。

（7）存款人损坏的预留印鉴卡应由经办柜员按照空白重要凭证的管理要求进行作废处理；因客户遗失等原因不能交回的应由存款人提供书面说明，并注明由此引起的一切责任由存款人承担。

【任务实施】

本任务由黄世园（法人代表）授权公司徐琳（出纳）办理，具体步骤如下：

第一步：选择开户银行

由于中国工商银行安定门支行交通便利，服务也更符合企业需要，徐琳（出纳）选择了中国工商银行安定门支行作为开立基本存款账户的银行。

> **职场链接**
>
> **开户行选择技巧**
>
> 企业选择开户银行需要经过多维度的对比分析，尽量去选择一家交通便利、业务熟练、产品丰富、服务优质、融资便捷的开户银行。

银行账户管理和
使用的基本原则

中国工商
银行的服务

第二步：准备开户资料

企业开立账户需要准备以下资料：
（1）企业法人营业执照正本、副本原件及复印件。
（2）法人代表身份证原件及复印件。
（3）授权委托书。
（4）受委托人身份证原件及复印件。
（5）单位公章、财务专用章、法人章。
按照要求整理复印的资料如图2-4至图2-9所示。

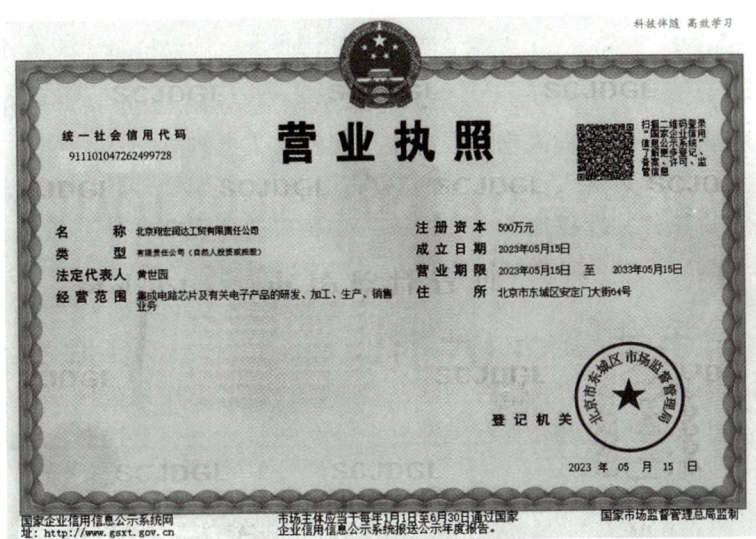

图2-4 法人营业执照正本

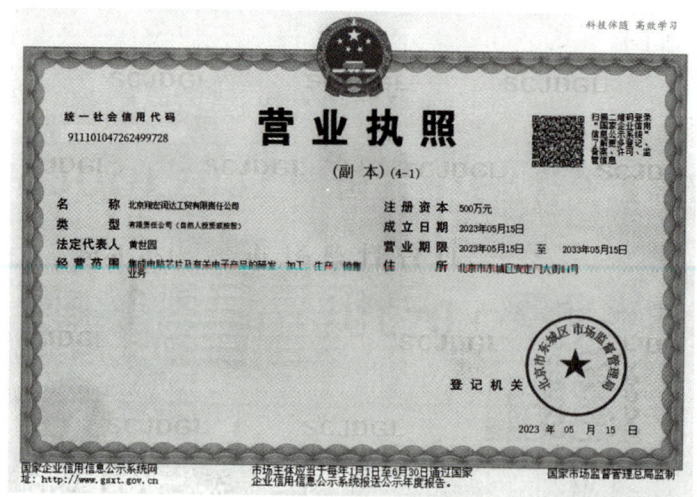

图2-5　法人营业执照副本

图2-6　法人代表身份证

《人民币银行结算账户管理办法》第二十六条规定：存款人申请开立单位银行结算账户时可由法定代表人或单位负责人直接办理也可授权他人办理。

由法定代表人或单位负责人直接办理的除出具相应的证明文件外，还应出具法定代表人或单位负责人的身份证件；授权他人办理的除出具相应的证明文件外，还应出具其法定代表人或单位负责人的授权书及其身份证件以及被授权人的身份证件。

第三步：签订授权委托书

授权委托书是委托他人代表自己行使自己的合法权益，委托人在行使权力时需出具委托人的法律文书。黄世园委托徐琳办理相关开户业务，并签订授权委托书，如图2-7所示。

主要项目填写说明：

（1）填写法人代表，本例为"黄世园"。

（2）填写企业（单位）名称，本例为"北京翔宏润达工贸有限责任公司"。

（3）受委托人的有关信息资料，本例为：姓名：徐琳，性别：女，证件类型：身份证，身份证号：110108199203049721。

单位银行结算账户相关业务授权委托书

致：___中国工商银行安定门支行_____

本单位___北京翔宏润达工贸有限责任公司_____（名称）因办理业务需要，做如下授权：

一、被授权人

被授权人（本单位在职人员）姓名：___徐琳_____，职务：___出纳_____，证件类型：__身份证_____，证件号码：____110108199203049721_____。被授权人持本授权委托书从事的行为，包括但不限于填写或者签订相关业务申请表、合同、附件及其他法律文本、缴纳业务办理相关费用等，为我单位向贵行作出的真实意思表示，构成贵行认为被授权人有权从事该等行为的合理依据，该等行为的法律后果均由我单位承担。除双方另有约定或者法律法规另有规定的情形外，被授权人不得将委托事项转委托他人。

二、授权期限

本授权书的期限如下：（选择项打"√" 不选择项打"×"）

☑自__2023__年__06__月__01__日起生效，至__2023__年__06__月__30__日终止。

☑本授权委托书自__2023__年__06__月__01__日起生效，除本单位另行书面通知贵行撤销该授权书外，本授权委托书长期有效。

三、授权事项

授权权限包括办理如下业务：（请在对应业务权限的选项框中勾选；未列明的业务，请在第（五）款"其他业务"中填写。）

（一）单位银行账户服务共___项。（大写，小写无效）

☑开立银行结算账户　　　　　□撤销银行结算账户　　　　□变更银行结算账户信息
银企对账（□签约/□维护/□解约）　　　支付密码（器）（□领购/□变更/□解锁/停用/□注销）
对公人民币结算账户服务套餐（□签约/□维护/□解约）　预留印鉴（□建立/□变更/□挂失）
回单自助打印（□签约/□维护/□解约）　　　□账户使用身份服务申请
账户支付限额管理（□开通/□维护/□注销）　　□购买重要空白凭证

（二）电子银行业务共___项。（大写，小写无效）

金融服务平台（□开通 □维护 □注销 □开通国际业务 □开通现金管理 □开电子商业汇票）
消息服务（□签约/□维护/□注销/□缴费）　　电话银行（□签约/□维护/□注销）

网上代收/代付（□签约/□维护/□解约）

（三）对公理财业务共___项。（大写，小写无效）

□柜面开通　　　　　　□网上银行开通　　　　□现金管理客户端开通
□理财客户风险类型评估　□理财业务签约　　　　□自动理财签约
□理财业务签约变更　　　□理财预约认购　　　　□理财认购申购
□自动理财签约信息修改　□理财委托撤销　　　　□理财交割单打印
□理财产品赎回　　　　　□理财实物转换　　　　□理财业务解约
□自动理财解约

（四）单位结算卡业务共___项。（大写，小写无效）

□开卡　　　　　　　　　□销卡　　　　　　　　□补/换卡
□关联账户变更　　　　　□卡密码修改/解锁/重置　□持卡人（信息）变更
□（口头/书面/密码）挂失/解挂　□附加安全认证方式变更　□动账通知
□手机安全认证码签约/解约/修改　□功能/限额变更　　　　□电子凭证申请
□电子回单箱开通/关闭

（五）其他业务共___项。（大写，小写无效）_____
_____。

四、其他事项

本单位日常业务联系，使用以下预留人员的联系方式及对账地址。如因本单位原因变更上述信息时，本单位将提前提出变更申请，变更申请到达贵行经办网点之时生效。

财务联系人姓名：___方蓉佳___　　　　联系电话：___139112348512___
对账单邮寄地址（电子对账无需填写）：☑注册地址　□其他：_____

声明：农业银行经办机构已依法向我方提示了授权委托书的相关条款，应我方要求对相关概念、内容及法律效果做了说明，我方已经知悉并理解上述条款，愿意承担本授权委托产生的法律责任。

预留印鉴　　　　　　　　　　　委托单位（公章）：

　　　　　　　　　　　　　　　法定代表人/单位负责人（签字）：

　　　　　　　　　　　　　　　　　2023年　　06月　　01日

图 2-7　授权委托书

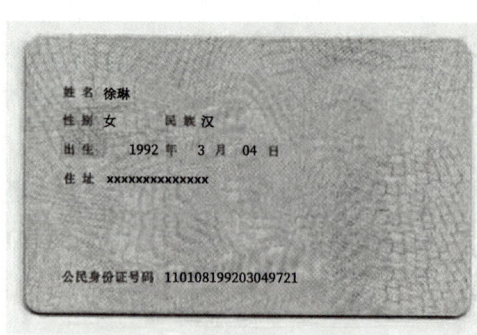

图 2-8　受委托人身份证

图 2-9 单位公章、财务专用章、法人章

（4）授权权限，本例为"开户"。

（5）授权期限，本例为"2023 年 06 月 01 日起至 2023 年 06 月 30 日止"。

第四步：提交开户所需资料

开立基本存款账户需要准备以下资料：

（1）本公司法人营业执照正本、副本原件及复印件。

（2）印章：公章、财务专用章、法人章。

（3）法人代表的身份证原件及复印件。

（4）受委托人的身份证原件及复印件。

（5）租赁协议。

第五步：填写"开立单位银行结算账户申请书"

办理开户手续时，办理人应到银行填制"开立单位银行结算账户申请书"。如表 2-2 所示。

表 2-2　　　　　　　　　　　单位银行结算账户申请书

存款人名称	北京翔宏润达工贸有限责任公司		电话	010-64051871
地址	北京市东城区安定门大街 64 号		邮编	100037
存款人类别	企业	社会信用代码		911101047262499728
法定代表人（√）单位负责人（　）	姓名		黄世园	
	证件种类	身份证	证件号码	310104197403022454
行业分类	A（　）B（　）C（√）D（　）E（　）F（　）G（　）H（　）I（　）J（　）K（　）L（　）M（　）N（　）O（　）P（　）Q（　）R（　）S（　）T（　）			
注册资金	500 万元	地区代码		310
经营范围	集成电路芯片及有关电子产品的研发、加工、生产、销售			
证明文件种类	企业法人营业执照	证明文件编号		911101047262499728
关联企业		关联企业信息填列在"关联企业登记表"上		
账户性质		基本（√）一般（　）专用（　）临时（　）		
资金性质		有效日期至		年　月　日
本请开立银行结算账户，并承诺所提供的开户资料真实、有效。存款人（公章）2023 年 06 月 01 日		开户银行审核意见经办人（签章）：刘伟2023 年 06 月 01 日		人民银行审核意见：经办人（签章）：王星2023 年 06 月 04 日

（1）填写存款人有关信息（必填）：填写办公地址、邮编与联系电话。本例为：名称："北京翔宏润达工贸有限责任公司"；电话：010-64051871；地址：北京市东城区安定门大街64号；邮编：100037。

（2）存款人类别：按照营业执照上机构类型及社会信用代码填列。本例为：企业代码：911101047262499728。存款人类别由银行机构填写。

（3）法定代表人、证件种类（必填）：黄世园，身份证号码：310104197403022454。

（4）行业分类、注册资金：注册资金按营业执照或登记证书上标注填写，若无标注可不填。本例行业分类在C后打"√"，注册资金500万元。地区代码由银行机构填写。

（5）经营范围（必填）：按照营业执照或法人证书上的经营范围填写。本例为：集成电路芯片及有关电子产品的研发、加工、生产、销售业务。

（6）证明文件种类、证件编号（必填）：证明文件种类填写营业执照、法人证书、非正规就业劳动组织证书种类；证书编号填写营业执照、批文、法人证书、非正规就业劳动组织证书号。本例：证明文件种类为企业法人营业执照，证书编号为：911101047262499728。

（7）账户性质：在对应的类别处打"√"。本例在"基本"后打"√"。

（8）加盖公章：北京翔宏润达工贸有限责任公司公章。

第六步：与银行签订账户管理协议，预留印鉴

1. 签订银行账户管理协议

银行结算账户管理协议一式三份，甲、乙双方各持一份，报中国人民银行备案一份，效力相同。如表2-3所示。主要项目填写说明：

填写"乙方"有关信息（甲方相关信息由开户银行填写）：

（1）名称：填写全称，北京翔宏润达工贸有限责任公司。

（2）授权代理人：黄世园；电话：010-64051871；邮编：100037。

（3）地址：北京市东城区安定门大街64号。

（4）盖章：公司章和法人章。

表2-3　　　　　单位人民币银行结算账户管理协议

2. 填写"印鉴卡片"

（1）填写相关信息：户名：北京翔宏润达工贸有限责任公司，地址：北京市东城区安定门大街64号；电话：010-64051871，启用日期：2023年6月5日。

（2）盖章：财务专用章；财务主管签字盖章；出纳签字盖章。

> **职场链接**
>
> **开立银行账户所需印鉴**
>
> 企业在银行开设账户时，需要在银行预留印鉴，也就是财务专用章和法人代表名字的印章，印鉴要盖在一张卡片纸上，留在银行。当企业需要通过银行对外支付时，先填写对外支付申请，申请必须有印鉴。银行经过核对，确认对外支付申请上的印鉴与预留印鉴相符，即可代企业进行支付。

出纳填写"印鉴卡片"，如表2-4所示。

表2-4　　　　　　　　　中国工商银行安定门支行印鉴卡

户名	北京翔宏润达工贸有限责任公司		
地址	北京市东城区安定门大街64号	电话	010-64051871
启用日期	2023年6月5日		
申请开户单位印鉴	（北京翔宏润达工贸有限责任公司印章）	银行印鉴	（中国工商银行北京东城区安定门支行业务专用章）
单位财务专用章	（北京翔宏润达工贸有限责任公司财务专用章）	财务主管	签章 方蓉佳
		出纳人员	签章 徐琳
印鉴使用说明			

3. 银行备案

《关于试点取消企业银行账户开户许可证核发的通知》（银发〔2018〕125号），开启取消开户许可证的试点。自2018年6月11日起，在试点地方企业开立基本账户由核准制改为备案制，不再核发基本存款账户开户许可证。改为打印《基本存款账户信息》，如图2-10所示。

基本存款账户信息

账户名称：　　　北京翔宏润达工贸有限责任公司

账户号码：　　　0200014509067592846

开户银行：　　　中国工商银行安定门支行

法定代表人：　　黄世园
（单位负责人）

基本存款账户编号：01003148548041

2023 年 06 月 02 日

图 2-10　基本存款账户信息

第七步：取得入资凭证，交由会计录入记账凭证

法人代表（黄世园）通过个人银行网银向基本存款账户注入资金 500 万元，出纳（徐琳）前往开户银行取得入资款项的银行业务回单，如图 2-11 所示，并交会计（李娜）审核无误后录入银行存款收款凭证，如图 2-12 所示，财务主管（方蓉佳）审核会计凭证。

中国工商银行股份有限公司　业务回单（收款）

日期：2023 年 06 月 15 日
回单编号：13043791896

付款人户名：黄世园
付款人开户行：中国银行总行
付款人账号（卡号）：642272134008

收款人户名：北京翔宏润达工贸有限责任公司
收款人开户行：中国工商银行安定门支行
收款人账号（卡号）：0200014509067592846

金额：伍佰万元整　　　小写：¥5,000,000.00 元

业务(产品)种类：　　凭证种类：9251598357　　凭证号码：86559909394678574

摘要：入资款　　用途：入资款　　币种：人民币

交易机构：3446101412　　记账柜员：76781　　交易代码：61726　　渠道：超级网银

（中国工商银行北京海淀中关村支行业务专用章 123456789012）

本回单为第　　次打印，注意重复　　打印日期：2023 年 06 月 15 日　　打印柜员：李红

图 2-11　入资款银行业务回单

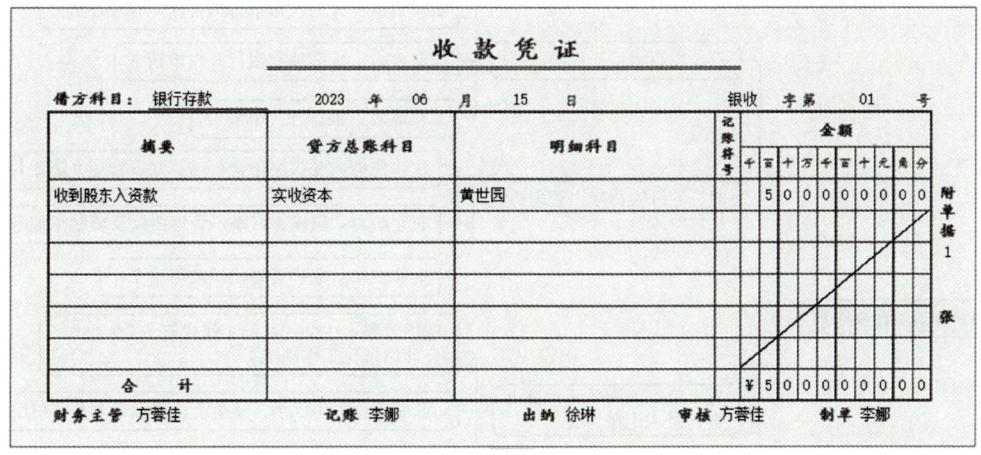

图 2-12 收到入资款记账凭证

第八步：生成银行存款日记账

会计（李娜）审核银行入资业务回单的原始凭证及记账凭证无误后，生成银行存款日记账，如图 2-13 所示。

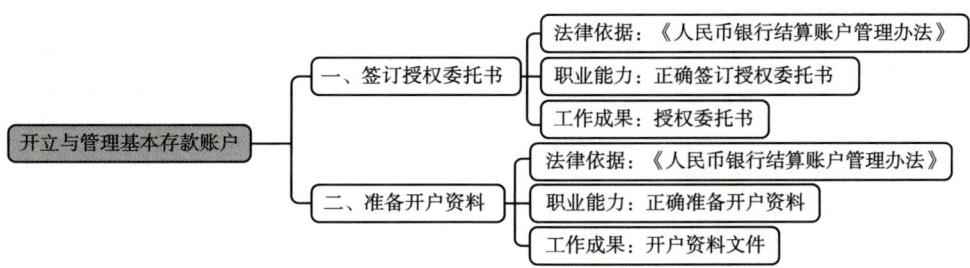

图 2-13 银行存款日记账

【任务总结】

```
                                    ┌─ 法律依据：《人民币银行结算账户管理办法》
                    ┌─ 一、签订授权委托书 ─┼─ 职业能力：正确签订授权委托书
                    │                    └─ 工作成果：授权委托书
开立与管理基本存款账户─┤
                    │                    ┌─ 法律依据：《人民币银行结算账户管理办法》
                    └─ 二、准备开户资料 ──┼─ 职业能力：正确准备开户资料
                                         └─ 工作成果：开户资料文件
```

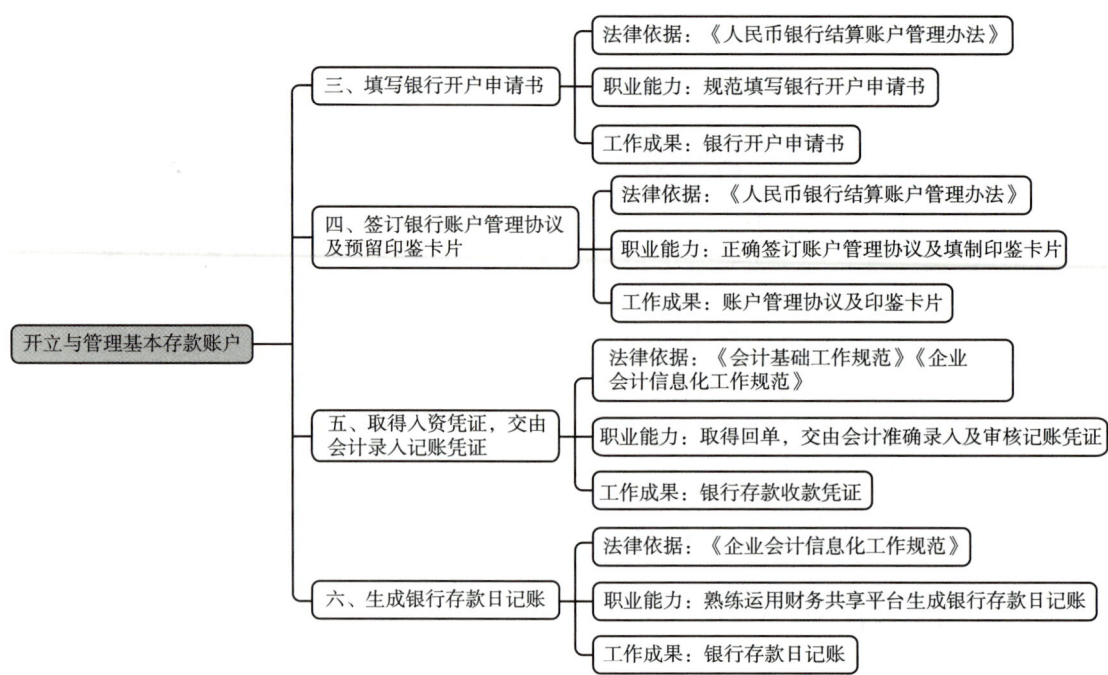

【实战训练】

（一）实战背景

2023年4月5日，北京翔鸿电子科技有限公司法人代表高鸿委托出纳赵宇前往银行办理开立基本存款账户的手续。企业信息资料如表2-5所示。

表2-5　　　　　　　　　　企业背景相关资料

企业名称	北京翔鸿电子科技有限公司
法人代表	高鸿
公司地址及电话	北京市昌平区定泗路36号 010-62076792
基本户开户银行及账号	中国工商银行定泗路支行 010627243418
增值税纳税人类型	增值税一般纳税人
统一社会信用代码	91310113989743266
企业性质	民营高新技术公司
经营范围	电子产品的研发、加工、生产、销售业务
主要产品	智能扫地机
财务部相关责任人	财务经理（刘芳）、出纳（赵宇）、成本会计（程东）、往来会计（王来）、总账会计（宗奎）

（二）任务目标

出纳人员依据《人民币银行结算账户管理办法》《会计基础工作规范》《企业会计信息化工作规范》《小企业会计准则》等要求，携带相关材料前往银行，填写"开立单位银行结算账户申请书"、签订银行账户管理协议，预留印鉴，完成基本存款账户的开立。

（三）任务实现

出纳人员整理银行开户资料，填写"开立单位银行结算账户申请书"、签订银行账户管理协议，预留印鉴，完成开立基本存款账户工作：

操作1：出纳人员参考本任务操作说明，整理开立基本存款账户所需资料。
操作2：填写"开立单位银行结算账户申请书"。
操作3：签订银行账户管理协议。
操作4：制作印鉴卡片。

任务二　开立与管理专用存款账户

【学习目标】

- 明确开立专用存款账户的用途
- 掌握开立专用存款账户的流程
- 能够规范填写"开立单位银行结算账户申请书"、预留印鉴卡片
- 能够智能生成银行存款日记账

【任务布置】

（一）任务描述

2023年6月12日，翔宏润达公司出于安全和方便携带考虑，授权出纳人员办理单位银行卡，并以转账方式从基本存款账户转入10万元备用金。

（二）工作要求

以出纳的身份完成以下工作：
（1）确定开立银行专用存款账户的流程；
（2）整理开立银行专用存款账户所需的证明资料及资格条件；
（3）规范填写"开立单位银行结算账户申请书"、预留印鉴卡片；
（4）取得转入备用金回单凭证，交由会计录入会计凭证；
（5）正确生成银行存款日记账。

（三）工作成果

（1）开立的银行专用存款账户；
（2）取得转入备用金业务回单；
（3）银行存款的收款凭证；
（4）银行存款日记账。

（四）评价标准

依据《人民币银行结算账户管理办法》《会计基础工作规范》《企业会计信息化工作规范》《小企业会计准则》等要求，正确开立银行专用存款账户，并生成银行存款日记账。

【任务分析】

（一）工作思路

（1）选择开户银行；
（2）签订法人授权委托书；
（3）提交开户所需证明资料；
（4）填写"开立单位银行结算账户申请书"；
（5）与银行签订账户管理协议，预留印鉴；
（6）取得转入备用金业务回单，交由会计录入记账凭证；
（7）智能生成银行存款日记账。

（二）工作流程

单位银行开户工作，可以由法定代表人或单位负责人直接办理，也可以由法定代表人或单位负责人授权他人办理。翔宏润达公司由法人代表（黄世园）授权财务部徐琳（出纳）办理开户及入资手续，李娜（会计）生成记账凭证及银行存款日记账，方蓉佳（财务主管）审核会计凭证及会计账簿。同时需要银行对公业务柜员协助完成相关手续。基本工作流程如图2-14所示。

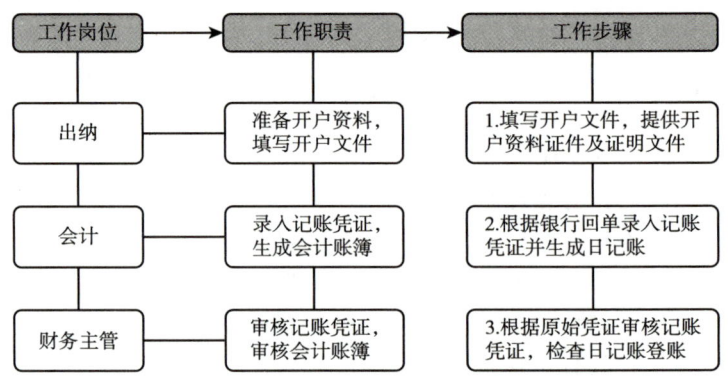

图2-14 开立专用存款账户工作流程图

（三）知识准备

1. 专用存款账户的特性

专用存款账户用于办理各项专用资金的收付，现金支取应按照《人民币银行结算账户管理办法》及国家现金管理的规定办理。要求：专款专用、专项管理、可转账结算和现金收付。

2. 专用存款账户使用规定

专用存款账户使用时应注意以下几点：

（1）单位银行卡账户的资金必须由其基本存款账户转账存入。银行卡账户不得办理现金收付业务。

（2）财政预算外资金、证券交易结算资金、期货交易保证金和信托基金专用存款账户不得支取现金。

（3）基本建设资金、更新改造资金、政策性房地产开发资金、金融机构存放同业资金账户支取现金的，应在开户时中国人民银行当地分支行批准的范围内办理。

（4）粮、棉、油收购资金、社会保障基金、住房基金和党、团、工会经费等专用存款账户的现金支取应严格按照国家现金管理的规定办理。

（5）收入汇缴账户除向基本存款账户或预算外资金财政专用存款户划缴款项外，只收不付，且不得支取现金。

（6）业务支出账户除从基本存款账户拨入款项外，只付不收，且现金支取必须按照国家现金管理的规定办理。

（7）人民币特殊账户资金不得用于放款或提供担保。

（四）技能准备

1. 明确开户流程

出纳人员可以充分利用网络资源，学习相关银行开户的法律法规，并且收集办理银行开立专用账户的流程，或者前往银行咨询对公业务柜员，了解办理银行开立账户的手续及要求，确定办理专用账户开户的流程，如图2-15所示。

图2-15 开立专用存款账户的流程

2. 填写表单技能

办理银行开户需要填写"开立单位银行结算账户申请书"，按照要求逐项学习项目填写说明，使用签字笔规范填写，字迹工整，内容完整，项目齐全。

【任务实施】

本任务由黄世园（法人代表）授权公司徐琳（出纳人员）办理，具体步骤如下：

第一步：选择开户银行

依据银行账户管理规定，开立专用存款账户时，可以继续选择已经开立了基本存款账户的银行，也可以选择其他商业银行。由于翔宏润达公司已经在中国工商银行安定门支行开立了基本存款账户，徐琳（出纳）按照公司业务要求，继续选择中国工商银行安定门支行作为开立专用存款账户的银行。

第二步：签订授权委托书

除授权期限外，银行卡开户授权委托书与开立基本存款账户时填制的内容一致。（授权委托书省略）

第三步：提交开户所需资料

企业申请开立专用存款账户，应向银行出具企业开立专用存款账户所规定的证明文件、基本存款账户信息单和下列证明文件：

（1）若是基本建设资金、更新改造资金、政策性房地产开发资金、住房基金、社会保障基金，应出具主管部门批文。

（2）若是财政预算外资金，应出具财政部门的证明。

（3）若是粮、棉、油收购资金，应出具主管部门批文。

（4）若是单位银行卡备用金，应按照中国人民银行批准的银行卡章程的规定出具有关证明和资料。

（5）若是证券交易结算资金，应出具证券公司或证券管理部门的证明。

（6）若是期货交易保证金，应出具期货公司或期货管理部门的证明。

（7）若是金融机构存放同业资金，应出具其证明。

（8）若是收入汇缴资金和业务支出资金，应出具基本存款账户存款人有关的证明。

（9）若是党、团、工会设在单位的组织机构经费，应出具该单位或有关部门的批文或证明。

（10）若是其他按规定需要专项管理和使用的资金，应出具有关法规、规章或政府部门的有关文件。

（11）法人身份证件原件、经办人身份证原件。

（12）授权他人办理，需提交授权委托书。

本例所需提交的资料是：开立专用存款账户所规定的证明文件，按照中国人民银行批准的银行卡章程的规定需提供的有关证明和资料。

职场链接

开立专用存款账户提交资料

申请开立专用存款账户，除需要提交开立基本存款账户所规定的文件资料、基本存款账户信息单以外，还需要根据专用存款账户的不同需求，提供相应证明文件或者批文。

第四步：填写"开立单位银行结算账户申请书"

办理银行卡开户手续时，办理人应到银行填制"开立单位银行结算账户申请书"，同时携带"基本存款账户信息"表。本申请书的内容除"账户性质"为"专用"外，其余项目内容与前面开立基本存款账户时填写的申请书相同，如表2-6所示。

表2-6　　　　　　　　　　　　　单位银行结算账户申请书

存款人名称	北京翔宏润达工贸有限责任公司		电话	010-64051871
地址	北京市东城区安定门大街64号		邮编	100037
存款人类别	企业	社会信用代码		911101047262499728
法定代表人（√）单位负责人（）	姓名		黄世园	
	证件种类	身份证	证件号码	310104197403022454
行业分类	A（）B（）C（√）D（）E（）F（）G（）H（）I（）J（）K（）L（）M（）N（）O（）P（）Q（）R（）S（）T（）			
注册资金	500万元	地区代码		310
经营范围	集成电路芯片及有关电子产品的研发、加工、生产、销售			
证明文件种类	企业法人营业执照	证明文件编号		911101047262499728
关联企业	关联企业信息填列在"关联企业登记表"上			
账户性质	基本（）一般（）专用（√）临时（）			
资金性质		有效日期至		2023年6月12日
本请开立银行结算账户，并承诺所提供的开户资料真实、有效。 （存款人公章：北京翔宏润达工贸有限责任公司） 存款人（公章） 2023年06月12日		开户银行审核意见 （中国工商银行北京东城区安定门支行业务专用章） 经办人（签章）：刘伟 2023年06月12日		人民银行审核意见： （中国人民银行北京东城区账户管理专用章 123456789012） 经办人（签章）：王星 2023年06月12日

第五步：与银行签订账户管理协议，预留印鉴

办理银行卡开户所需签订的账户管理协议及预留的印鉴，其内容、格式与前面开立基本存款账户时所签署的账户管理协议及预留印鉴相同。

> **职场链接**
>
> **预留印鉴特殊要求**
>
> 　　某园林绿化公司雇佣农民工百余人，长期从事城市绿化工作，准备开立专用存款账户，用于支付农民工的工资。银行为了加强资金管理，不仅让该公司提交所有开立基本存款账户的相关资料，还要求提供所有农民工人员名单及身份证复印件、绿化工程项目证明文件，银行审核通过了开户申请。并且建议该公司预留印鉴除单位公章和法人印章外，需要单独刻制一枚财务专用章，以区别基本账户预留的财务专用章，该印章由"公司名称+项目名称+农民工工资"组成。印章由40多个字构成，此做法目的在于资金的专款专用，监管资金安全，保障农民工合法权益。目前适用于党、团经费专户，大型施工公司支付建筑工人工资专户等项目。

特别提示：如果开立预算类专用存款账户，需要由中国人民银行当地分支行备案。单位银行卡账户的资金必须由其基本存款账户转账存入，该账户不得办理现金收付业务。

第六步：取得转入备用金业务回单，交由会计录入记账凭证

徐琳（出纳）前往银行，从翔宏润达公司的基本存款户转到专用存款户10万元作为备用金，取得银行业务回单，如图2-16所示。会计（李娜）审核银行回单无误，录入记账凭证，如图2-17所示。

图2-16　存入备用金的银行业务回单

第七步：生成银行存款日记账

会计（李娜）审核银行回单及记账凭证无误，生成银行存款日记账，如图2-18、图2-19所示。

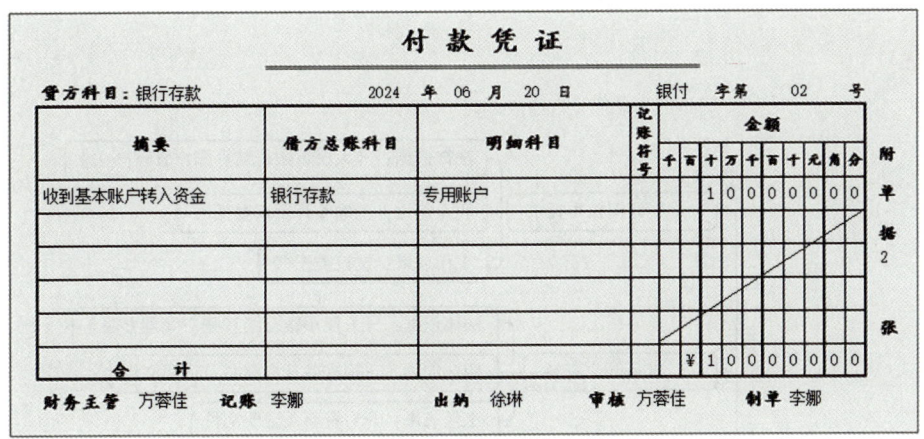

图 2-17 存入备用金记账凭证

图 2-18 银行存款日记账（基本存款账户）

图 2-19 银行存款日记账（专用存款账户）

【任务总结】

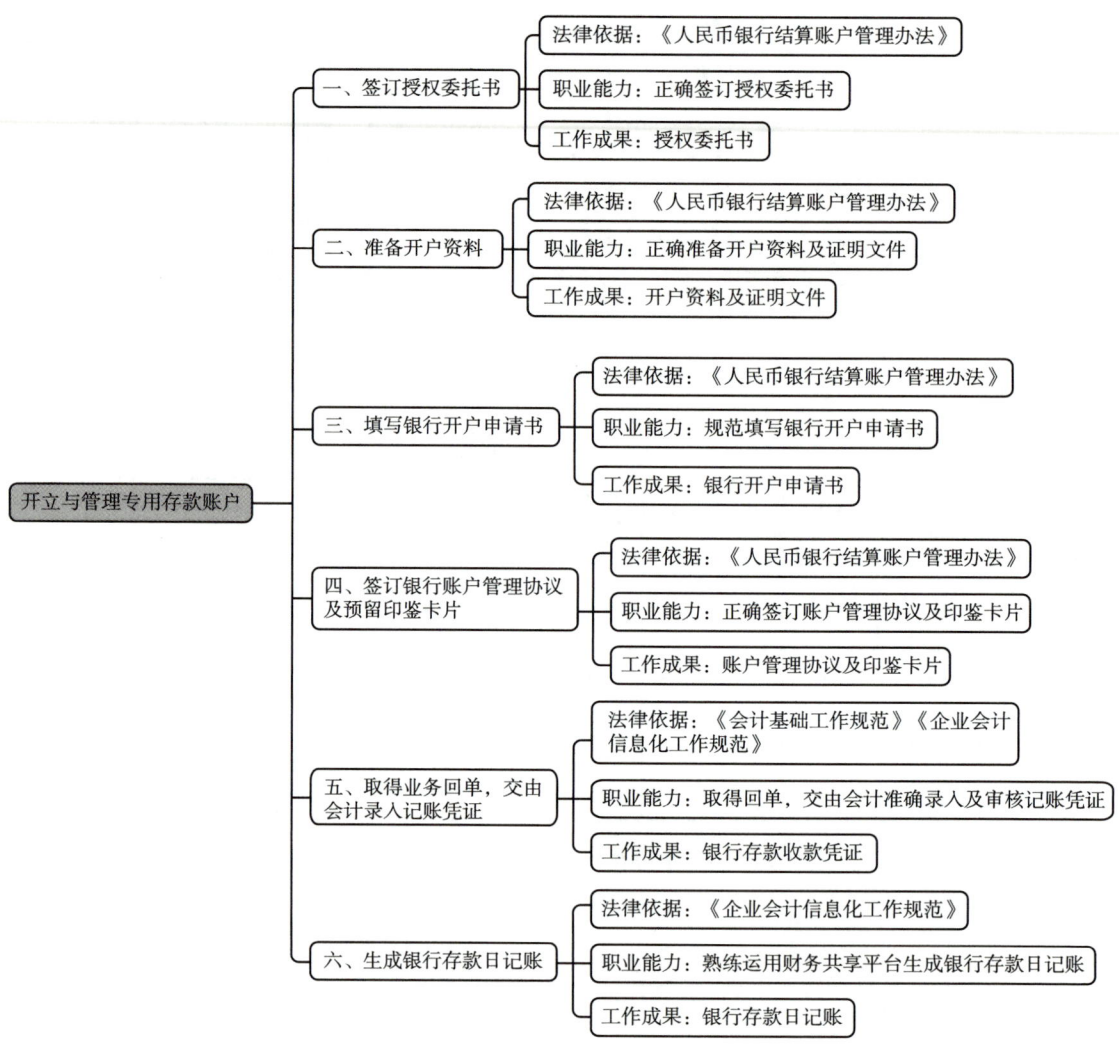

任务三　开立与管理外汇存款账户

【学习目标】

- 明确开立外汇存款账户的用途

- 掌握开立外汇存款账户的流程
- 能够规范填写"开立机构外汇账户申请书"、预留印鉴卡片
- 能够按照要求生成银行外汇存款日记账

【任务布置】

（一）任务描述

2023年6月16日，翔宏润达公司出于业务需要，授权出纳人员开立银行外汇存款账户。

2023年6月28日发生出口业务，对外销售晶圆从境外收到货款10万美元，根据银行回单及记账凭证生成外汇账户银行存款日记账，2023年6月28日，外汇市场人民币汇率中间价为1美元兑人民币7.2101元。

（二）工作要求

以出纳的身份完成以下工作：
（1）确定开立银行外汇存款账户的流程；
（2）整理开立银行外汇存款账户所需的资料及证明文件；
（3）规范填写"开立机构外汇账户申请书"；
（4）能够规范填写"外汇账户管理协议"，预留印鉴卡片；
（5）取得货款收入的银行回单，交由会计准确录入会计凭证；
（6）正确生成外汇账户银行存款日记账。

（三）工作成果

（1）开立的银行外汇存款账户；
（2）取得货款收入的银行回单；
（3）银行存款的收款凭证；
（4）银行外汇存款日记账。

（四）评价标准

依据《境内外汇账户管理规定》《会计基础工作规范》《企业会计信息化工作规范》《小企业会计准则》等要求，正确开立银行外汇存款账户，生成外汇账户银行存款日记账。

【任务分析】

（一）工作思路

（1）选择开户银行；
（2）签订法人授权委托书；

(3) 提交开户所需证明资料；
(4) 填写"开立机构外汇账户申请书"；
(5) 与银行签订外汇账户管理协议，预留印鉴；
(6) 取得销售收入存入银行回单，交由会计录入记账凭证；
(7) 智能生成银行外汇存款日记账。

（二）工作流程

翔宏润达公司由黄世园（法人代表）授权财务部徐琳（出纳）办理外汇开户手续，取得境外收入凭证，李娜（会计）生成记账凭证及银行存款日记账，方蓉佳（财务主管）审核会计凭证及会计账簿。同时需要银行对公业务柜员协助完成相关手续。基本工作流程如图 2-20 所示。

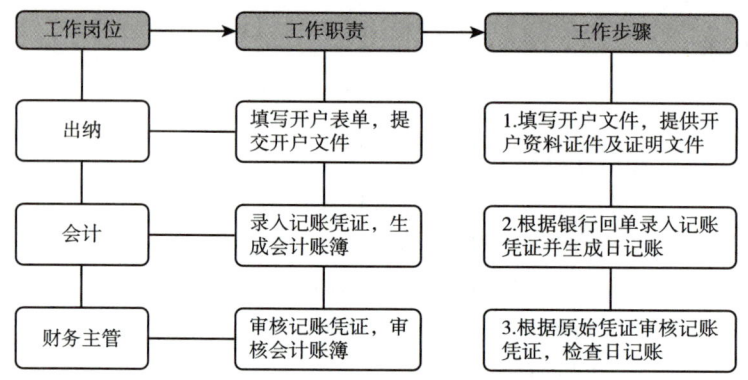

图 2-20 开立外汇存款账户流程图

（三）知识准备

1. 外汇存款账户

外汇账户是指境内机构、驻华机构、个人按照有关账户管理规定在经批准经营外汇存款业务的银行和非银行金融机构以可自由兑换货币开立的账户。

2. 外汇存款账户的类型

（1）按外汇账户的性质划分，可以将外汇账户分为经常项目外汇账户和资本项目外汇账户。经常项目外汇账户收入主要来自贸易、服务和其他活动收支。资本项目外汇账户的收入主要来自资本账户，如外商投资企业的资本账户和特殊外债账户。

（2）按外汇账户的功能划分，可以将外汇账户分为外汇结算账户和专项账户。外汇结算账户主要指企业为方便外币业务在其代理结算银行开立的账户。专项账户是指用于特定项目的收支的账户，如境外捐助账户、临时账户等。

《境内外汇账户
管理规定》
第11条、第13条

项目二 银行账户开立

> **温故知新**
>
> ### 记账本位币的相关规定
>
> 1. 记账本位币是指企业经营所处的主要经济环境中的货币。
> 2. 我国《会计法》规定，业务收支以人民币以外的货币为主的单位，可以选定其中一种货币作为记账本位币，但是编制的财务会计报告应当折算为人民币。
> 3. 企业因经营所处的主要经济环境发生重大变化，确需变更记账本位币的，应当采用变更当日的即期汇率将所有项目折算为变更后的记账本位币，折算后的金额作为新的记账本位币的历史成本。

（四）技能准备

1. 明确开立外汇存款账户基本流程

出纳人员可以充分利用网络资源，学习《中华人民共和国外汇管理条例》《境内外汇账户管理规定》等法律法规，并且收集办理外汇账户开户的要求；前往外汇管理局咨询及办理《开立外汇账户批准书》，或者去银行咨询对公业务柜员，了解开立外汇账户的手续；最终确定办理外汇账户的基本流程，如图 2-21 所示。

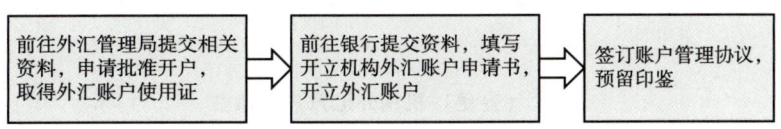

图 2-21　开立外汇存款账户的基本流程

2. 整理文件技能

根据外汇账户开户要求，一律采用 A4 纸张复印清晰、整理齐全相关提交的文件资料及证明文件，准备好单位公章、财务专用章、法人印章。

3. 填写表单技能

开立外汇账户需要填写"开立机构外汇账户申请书"，按照要求逐项学习项目填写说明，使用签字笔规范填写，字迹工整，内容完整，项目齐全。

【任务实施】

本任务由黄世园（法人代表）授权公司徐琳（出纳）办理开立外汇存款账户，具体步骤如下：

第一步：选择开户银行

根据银行账户管理规定，开立外汇存款账户时，可以继续选择已经开立了基本存款账户的银行，也可以选择其他商业银行。由于翔宏润达公司已经在中国工商银行安定门支行开立了基本存款账户，徐琳（出纳）按照公司业务要求，继续选择中国工商银行安定门支行作

43

为开立外汇存款账户的银行。

第二步：签订授权委托书

除授权期限外，银行开户授权委托书与开立基本存款账户时填制的内容一致。（授权委托书省略）

第三步：提交开户所需资料

企业申请开立外汇存款账户，应向银行出具企业开立基本存款账户所规定的证明文件、基本存款账户开户信息表单和下列证明文件：

1. 外汇管理局核准的《开立外汇账户申请书》，申请书的第二联即为外汇局批准账户通知书。本例因公司业务需要，开立经常项目外汇账户，所需提交的资料是：外汇管理局的批准文件。

2. 驻华机构外汇账户备案表。

第四步：填写"开立机构外汇账户申请书"

办理外汇账户开户手续时，办理人应到银行填制"开立机构外汇账户申请书"，同时携带"基本存款账户信息"表。本申请书的内容除"申请账户性质"为"结算户"外，"申请账户币种"为"美元"，其余项目内容与前面开立基本存款账户时填写的申请书相同，如表2-7所示。

表2-7　　　　　　　　开立（变更）机构外汇账户申请书

申请日期　2023年06月16日

单位名称	中文	北京翔宏润达工贸有限责任公司					
	英文						
单位地址	中文	北京市东城区安定门大街64号 010-64051871					
	英文						
经营范围		集成电路芯片及有关电子产品的研发、加工、生产、销售业务					
注册资金及币别		500万元人民币		实收资本及币别		500万元人民币	
组织机构代码		726249972		到期日		2033年	
营业执照号码		911101047262499728		到期日		2033年	
法定代表人	黄世园	证件种类	身份证	证件号码	310104197403022454	证件到期日	2035年
联系人	徐琳		电话	010-64051871		传真	
开户资料：☐营业执照复印件　☐组织机构代码证复印件　☐法人代表证件复印件 ☐外商投资企业批准证书复印件　☐经营者对外贸易登记备案表复印件　☐经办人复印件 ☐其他							
申请账户性质		☐资本金　✓结算户　☐外债户　☐其他					
申请账户币种		✓美元　☐日元　☐港币　☐欧元　☐其他					

续表

人民币账号	0200014509067592846	开户银行	中国工商银行安定门支行
以下栏目由开户银行审核后填写			
账号			
核心客户号		客户代码	
本单位申请开立（变更）外汇账户，并承诺所提供的开户资料真实、有效。 （北京翔宏润达工贸有限责任公司 公章） 存款人（公章） 2023 年 06 月 16 日		开户银行审核意见 经办人（签章） （中国工商银行北京东城区安定门支行业务专用章） 开户银行（签章） 2023 年 06 月 23 日	

此申请书采用 A4 纸打印，为一式三联套印，其中：第一联由银行留存；第二联为外汇局批准账户通知书；第三联为外汇账户登记书，向外汇局备案。

第五步：与银行签订账户管理协议，预留印鉴

办理开立外汇存款账户后，所需签订的账户管理协议及预留的印鉴，其内容、格式与前面开立基本存款账户时所签署的账户管理协议及预留印鉴相同。

为了简化外汇账户管理工作，企业也可以直接去开户银行办理外汇结算业务。

职场链接

简化外汇存款管理

公司因境外业务比重极小，为简化业务办理流程，经公司出纳人员认真学习相关规定及与银行对公经理沟通，决定暂不申请开立外币结算账户，外币资金可直接收取至开户银行的外币账户下，公司再提供相应手续去开户银行办理结汇业务手续，开户银行在办理完毕相关手续后直接将外币转化成为人民币转入公司基本账户中，这样可以减少企业账户管理及账户维护的工作。

第六步：取得销售收入存入银行回单，交由会计录入记账凭证

本例中，翔宏润达公司于 2023 年 6 月 28 日对外销售晶圆，从境外收到货款 10 万美元，当日外汇市场人民币汇率中间价为 1 美元兑人民币 7.2101 元。因公司外汇项目较少，为简化收款流程，本次翔宏（润达公司）采用简化外汇存款管理的流程，直接将境外货款收至开户行外汇账户中，再由出纳办理相关结汇手续，直接将外汇转换成人民币存入公司基本账户中。取得相关销售收入存入银行的业务回单，如图 2－22 所示，交会计（李娜）审核无误后录入银行收款记账凭证，如图 2－23 所示，财务主管（方蓉佳）审核会计凭证。

中国工商银行股份有限公司　业务回单（收款）

日期：2023 年 06 月 28 日

回单编号：32785347398

付款人户名：Mimi Technology Co.Ltd　　付款人开户行：Bank of Amercia Head Office

付款人账号(卡号)：2342151231

收款人户名：02000145090675928846　　收款人开户行：中国工商银行安定门支行

收款人账号(卡号)：北京翔宏润达工贸有限责任公司

金额：柒拾贰万壹仟零壹拾元整　　小写：¥721,010.00 元

业务(产品)种类：　　凭证种类：5396238310　　凭证号码：9528255479726568

摘要：汇入汇款　　用途：汇入汇款　　币种：人民币

交易机构：803368051　　记账柜员：22656　　交易代码：17700　　渠道：超级网银

中国工商银行 安定门支行 业务专用章 123456789012

本回单为第　　次打印，注意重复　　打印日期：2023 年 06 月 28 日　　打印柜员：5

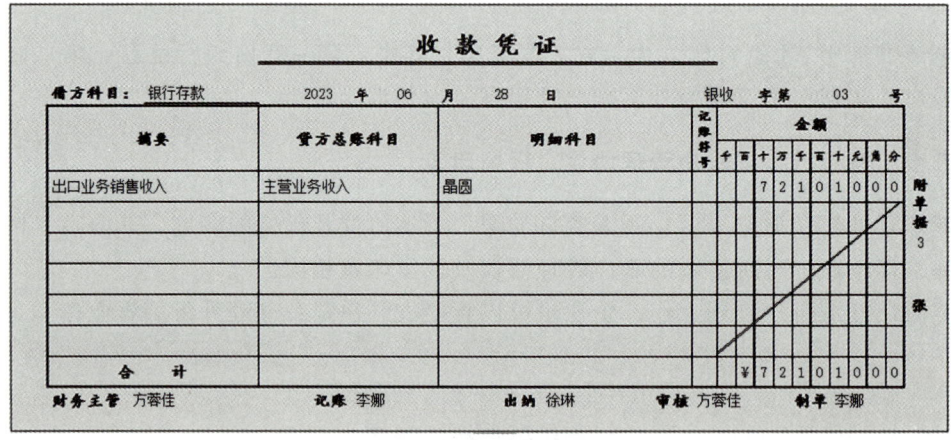

图 2－22　销售收入存入银行业务回单

收款凭证

借方科目：银行存款　　2023 年 06 月 28 日　　银收 字第 03 号

摘要	贷方总账科目	明细科目	记账符号	千	百	十	万	千	百	十	元	角	分
出口业务销售收入	主营业务收入	晶圆				7	2	1	0	1	0	0	0
合计					¥	7	2	1	0	1	0	0	0

附单据 3 张

财务主管 方蓉佳　　记账 李娜　　出纳 徐琳　　审核 方蓉佳　　制单 李娜

图 2－23　销售收入记账凭证

知法用法

外币交易的会计处理

（1）外币交易的记账方法有外币统账制和外币分账制两种，外币统账制是指企业在发生外币交易时，即折算为记账本位币入账。外币分账制是指企业在日常核算时分别币种记账，在资产负债表日，分别货币性项目和非货币性项目进行调整。货币性项目按资产负债表日即期汇率折算，非货币性项目按交易日期即期汇率折算。

（2）目前我国绝大多数企业采用外币统账制，即收到外币交易时，即折算为记账本位币入账。

（3）折算时汇率的选择——即期汇率。即期汇率是相对于远期汇率而言的，远期汇率是指在未来某一日交付时的结算价格。因此结算时的买入价、卖出价、中间价都属于即期汇率。

（4）会计准则中企业用于记账的即期汇率一般是指当日中国人民银行公布的人民币汇率的中间价。

第七步：生成银行存款日记账

会计（李娜）审核银行回单及记账凭证无误，生成银行存款日记账。如图 2-24 所示。

开户行	中国工商银行安定门支行
账号	0200014509067592846

银行存款日记账

2023 年		记账凭证		对方科目	摘要	结算凭证		借方	贷方	借或贷	余额
月	日	字	号			种类	号码				
6	15	银收	01		收到股东入资款			5,000,000.00		借	5,000,000.00
6	20	银付	02		收到基本账户转入资金				100,000.00		4,900,000.00
6	28	银收	03		出口业务销售收入			721,010.00			5,621,010.00

图 2-24 银行存款日记账

【任务总结】

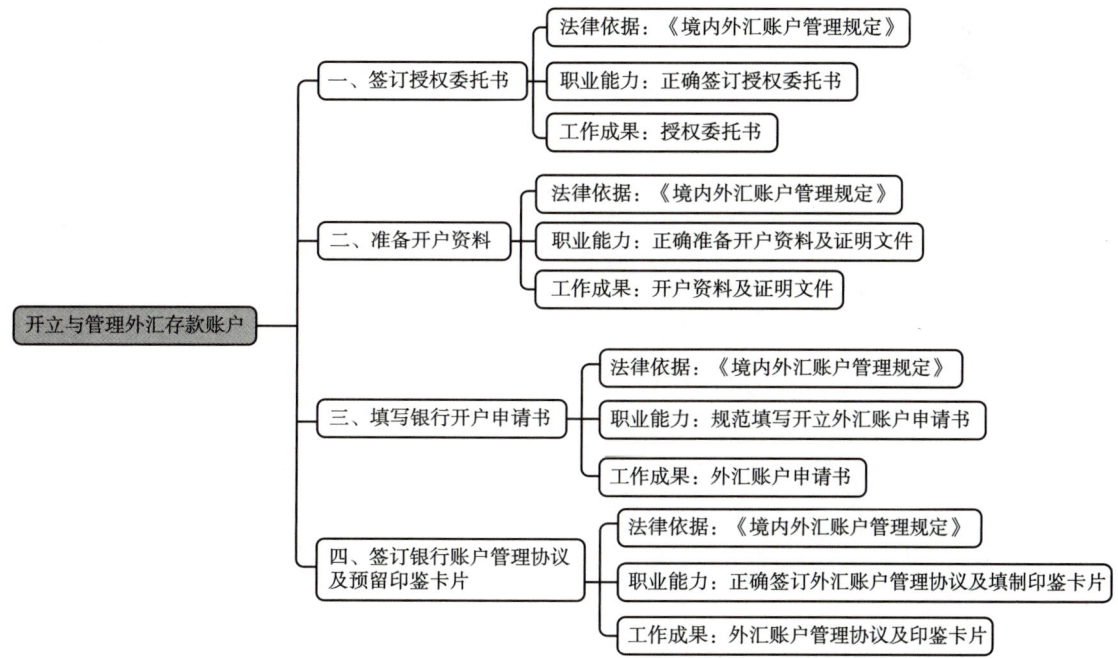

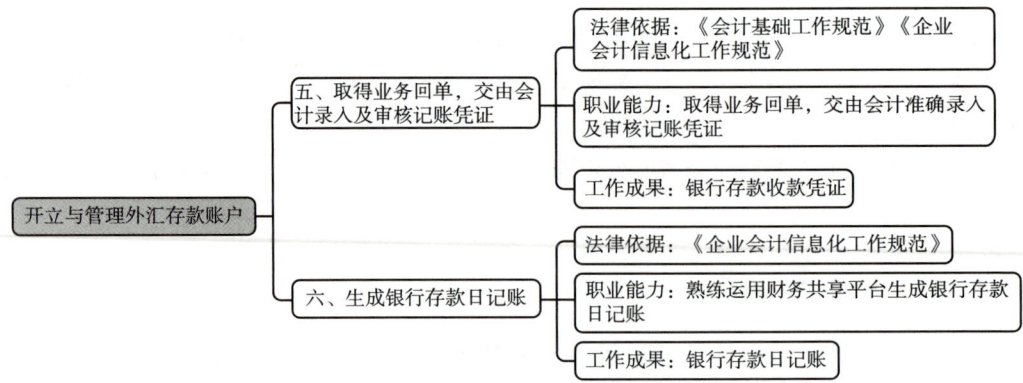

项目二测试

（习题、答案）

项目三
现金结算业务核算与管理

随着互联网金融的快速发展，现金结算正逐步被快速、安全、便利的支付宝、微信、数字货币等结算方式所替代，而主要面向个体消费的线下商品零售业，因其消费者的需求，还有现金结算业务。本项目主要以超市、便利店等线下零售业销售业务中收取现金业务进行学习，这里的"现金"是指收银员收取的人民币，包括纸币、铸币。本项目设计了两个工作任务：办理现金销售收入业务；办理现金送存银行业务。任务的主要知识点、技能点、素养点如图3-1所示。

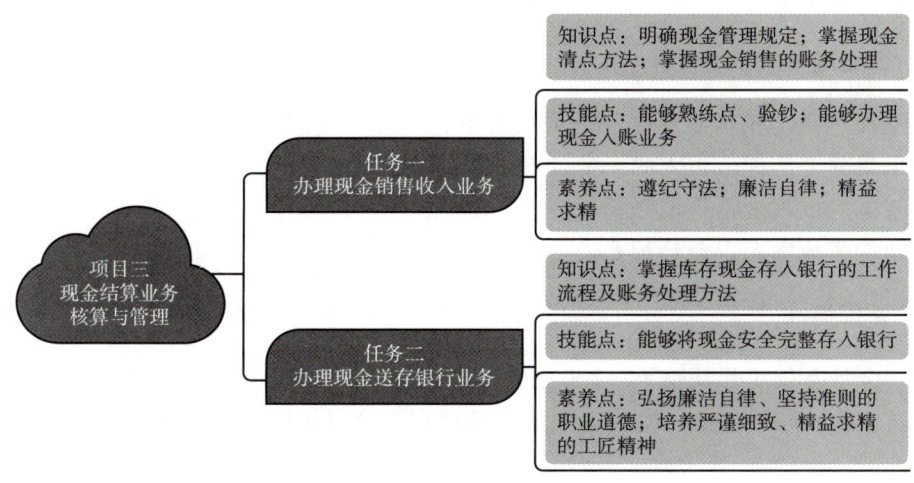

图3-1　项目三　知识、技能、素养要点

任务一　办理现金销售收入业务

【学习目标】

🞂 熟记现金收入管理要求

- 能够扫描生成"现金销售明细表"
- 智能生成记账凭证及库存现金日记账

【任务布置】

（一）任务描述

2023年6月7日，北京翔宏润达工贸有限责任公司（以下简称"翔宏润达公司"）通过自家销售门店，以收取现金结算方式销售公司产品共计6 892元，收银员将货款交与出纳。

（二）工作要求

分别以收银员岗、出纳岗、会计岗、财务主管岗完成以下工作：
（1）熟悉现金收入的相关管理规定；
（2）知晓现金收入交接的流程；
（3）能够准确清点现金及识别假币；
（4）能够正确录入记账凭证、生成库存现金日记账。

（三）工作成果

（1）审核"现金销售明细表"无误后签章；
（2）采集并上传现金收入的影像资料；
（3）智能生成现金销售记账凭证；
（4）智能生成库存现金日记账。

（四）评价标准

依据《会计基础工作规范》《企业会计信息化工作规范》《小企业会计准则》等要求，规范采集现金收入原始凭证，生成记账凭证及库存现金日记账。

【任务分析】

（一）工作思路

（1）清点现金收入；
（2）审核"现金销售明细表"；
（3）采集并上传现金收入的原始凭证；
（4）智能生成并审核现金销售记账凭证；
（5）智能生成库存现金日记账。

（二）工作流程

核算现金销售收入业务主要由财务部徐琳（出纳）、李娜（会计）、方蓉佳（财务主管）来完成，需要企业销售部门的人员相互配合，基本工作流程如图 3-2 所示。

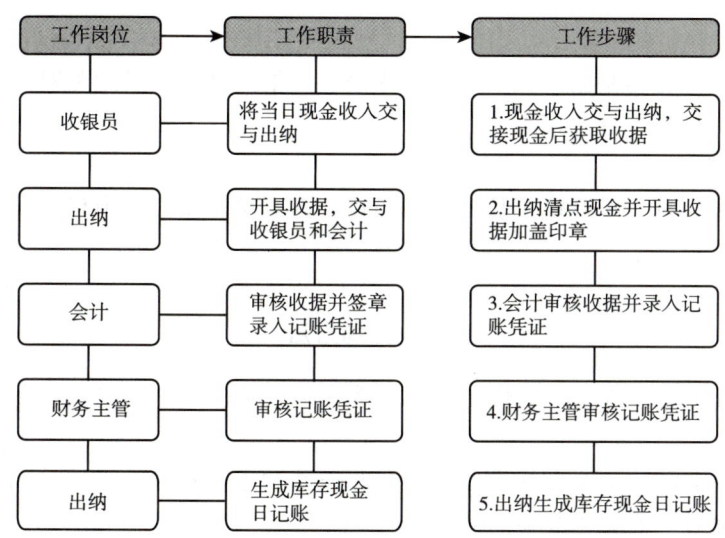

图 3-2　现金销售收入业务工作流程图

（三）知识准备

《现金管理暂行条例》第十一条规定：

1. 企业现金收入应于当日送存银行，当日送存有困难的，由开户银行规定送存时间。

2. 企业支付现金，可从企业库存现金中支付或从开户银行中提取，不得从本企业的现金收入中直接支付，即不得"坐支"现金；因特殊情况需要坐支现金的，应事先提出限额及用途，报请开户银行核定，并在事后将坐支情况通知银行。

3. 不准用不符合财务制度的凭证顶替库存现金，即不得"白条顶库"，不准谎报用途套取现金；不准用银行账户代其他单位和个人存入现金；不准用单位收入的现金以个人名义存储；不得保留账外公款，即不得"公款私存"，不得设置"小金库"等。

《现金管理暂行条例》

> **寓德于技**
>
> ### 不能私设"小金库"
>
> 花冠商贸公司每日发生收取现金销售款项业务，由于客户不开发票，企业将现金款项存入保险柜，以方便企业支付现金，定期再存入老板的个人账户，不料发生被盗十几万元，造成经济损失。这种销售收入不入账、公款存入个人账户的现象俗称"小金库"，同时不开发票的收入不入账，也是偷税行为。
>
> 按照现金管理暂行条例规定：企业不准用单位收入的现金以个人名义存储；不得保留账外公款，即不得"公款私存"，不得设置"小金库"等。

（四）技能准备

1. 点钞技能

掌握正确的点钞技巧是出纳人员必备的素质，出纳人员要通过刻苦锻炼，掌握一种或几种手工点钞方法，做到点钞快而准。

2. 票据填写技能

识记几种常用票据，提高电子凭证开具速度，票据填写要做到准确无误。

职场链接

伪钞鉴别方法

第一招：看纸质。低劣较柔软，较真纸币易损，光洁度和挺括度较差。抖动时发出的声响沉闷。

第二招：看水印。正面左侧透光能看到与面额相等的数字，还有专有的图案。反面右侧透光也能看到。不管新旧都能看到。

第三招：变色数字。正面左侧有个青绿色的数字，将它折一下能看到变成藏蓝色或荧光绿。当然不可能变成大红大紫。

第四招：面额100元到面额5元反面中间都能看到一条银色的条子。这个条子上面印有与面额相等的数字。

第五招：摸人像的头发和衣服，有凹凸颗粒质感。

【任务实施】

现金销售工作任务主要由收银员、财务部徐琳（出纳）、李娜（会计）、方蓉佳（财务主管）来完成。具体工作步骤如下：

第一步：收银员交来现金收入

收银员持销售凭证（如销售明细表），连同现金一起到财务部门交与出纳，交接现金后从出纳处获取收据。销售凭证是指在消费者购物时由商场或其他商业机构给用户留存的销售凭据，如表3-1所示。销售凭证一般采用一式三联，第一联存根联；第二联客户联；第三联记账联。现在除了少数手写的销售凭证之外，大多为收银机打印。在国内，目前内部购物凭证多数不能作为正式发票使用，其上面一般都有在规定时间之内可以开发票的说明，需要换正式发票才能入账。

职场案例

职场链接

验钞机使用方法

1. 首先开启点钞机电源开关，当只需清点张数而不需鉴伪时，按功能键选择到"计数"工作方式。

2. 然后将一叠纸币捻成一定斜度，平放在滑钞板上，机器即自动完成点钞工作，待滑钞板上纸币全部输送完毕机器停止计数，此时显示屏上显示的数字就是该叠纸币的数量。

3. 取出接钞架钞票，每次清点纸币时显示器上显示的数值自动控制将清零后重新计数。

4. 点钞时需整理钞票，最好是按不同的面值分开并清除钞票上的纸条及污染物，再将钞票散开成小斜坡状，成捆钞票应先拍松再散开，垂直放入滑钞轮。

表3-1　　　　　　　　　北京翔宏润达工贸有限责任公司销售明细表
部门：销售部门　　　　　　　　　　　　　　日期：2023年6月7日

商品名称	商品编码	数量	单价（元）	金额（元）
智能手表元件A	120-20	20	150.00	3 000.00
智能手表元件B	120-21	30	100.00	3 000.00
智能手表元件C	120-22	10	89.20	892.00
合计	（大写）陆仟捌佰玖拾贰元整			￥6 892.00

第二联　交款联

销售人员：董冬　　　　　　　　　　　　　销售经理：赵杰

第二步：出纳清点现金

出纳人员审核销售凭证，应与经办人一起当面点清现金，手工清点及使用验钞机复点，查验有无假币，在清点过程中发生短缺、假币等问题，当时退还经办人员更换现金。出纳人员收妥现金后加盖"现金收讫"章，将现金放入企业保险柜内进行保管，并将第一联交回由销售部门留存，客户留存第二联，出纳人员留存第三联。

职场链接

纸币现金整理方法

纸币应按照票面金额（即币别）分类整理，纸币可分为主币和辅币，主币包括100元、50元、10元、5元、2元和1元，辅币包括5角、2角、1角、5分、2分、1分。出纳人员应将各种纸币打开铺平，然后按币别每100张为一把，用纸条和橡皮筋箍好，每10把扎成一捆。比如100元券的纸币一把即为10 000元，一捆即为100 000元；10元券的纸币一把即为1 000元，一捆即为10 000元。不满100张的，从大到小平摊摆放。

第三步：智能生成和审核记账凭证

1. 账户设置

"库存现金"账户设置如下：

"库存现金"是资产类账户，借方记增加，贷方记减少，余额在借

增值税税率

方。具体如图 3-3 所示。

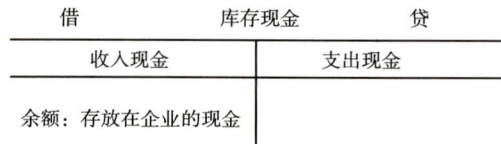

图 3-3　库存现金账户

> **职场链接**
>
> ### 增值税价税分离
>
> 零售企业售出商品的售价中是含增值税的，即售价＝不含税售价＋增值税，会计人员在进行会计核算时要进行价税分离，即：不含税售价＝含税售价/（1＋增值税税率）。按照现行《中华人民共和国增值税暂行条例规定》增值税执行13%、9%、6%、0税率。

2. 生成并审核记账凭证

现行录入记账凭证的过程都是通过财务云共享平台实现的。

（1）会计核算岗在审核相关原始凭证无误后，在云平台录入票据的关键信息后系统会自动生成记账凭证。

（2）进入智能凭证中心查看已生成的记账凭证，如果发现问题，调整并及时修改错误数据、科目等信息。

（3）确保无误后保存记账凭证，并将任务转入财务主管审核岗，进行审核。

（4）主管审核时进入云平台，重点审核自动生成的记账凭证应借应贷的会计科目是否正确，是否有原始凭证为依据，所附原始凭证的内容是否与记账凭证一致。

本例中，进入财务云共享平台生成并审核的收款凭证如图 3-4 所示。

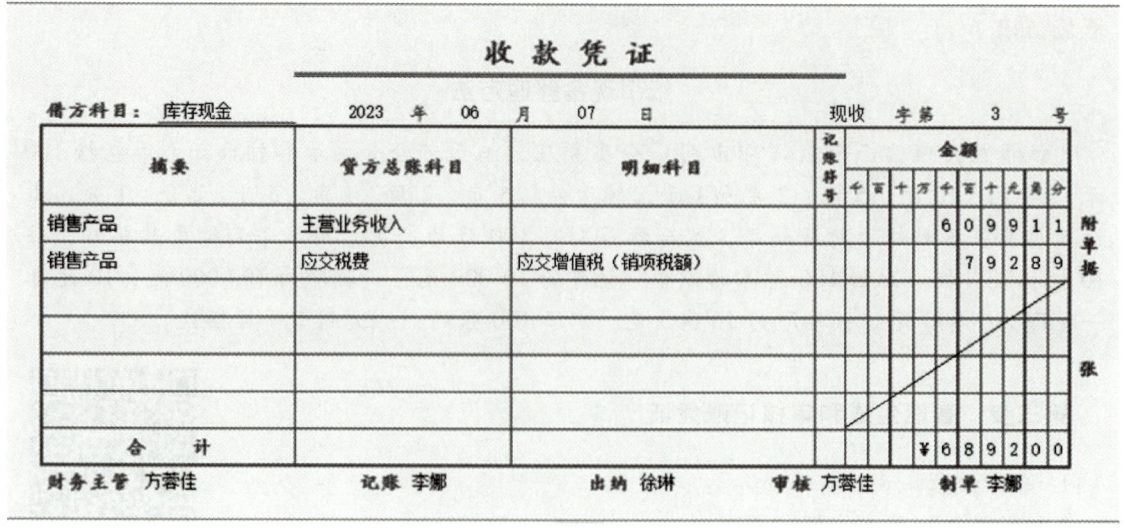

图 3-4　收款凭证

第四步：智能生成"库存现金日记账"

库存现金日记账是企业必须设置用于登记库存现金收、支、存情况的重要账簿，一般由出纳人员依据记账凭证及所附原始凭证，按照现金收付款业务发生的先后顺序序时登账，每日业务终了，进行结账，做到"账实相符"。库存现金日记账分为三栏式和多栏式两种，企业一般使用三栏式。

出纳人员根据已审核无误的会计凭证登记"库存现金日记账"，如图 3-5 所示。相关会计人员根据已审核无误的会计凭证登记"主营业务收入""应交税费——应交增值税（销项税额）"账户。记账后则表示凭证的数据已全部登记到账簿上。

库存现金日记账

2023年		记账凭证		对方科目	摘要	借方	贷方	√	余额
月	日	字	号			千百十万千百十元角分	千百十万千百十元角分		千百十万千百十元角分
06	01				期初余额				5 0 0 0 0 0
06	01	现付	1	其他应收款	支付预借差旅费		2 0 0 0 0 0		3 0 0 0 0 0
06	07	现收	1	主营业务收入 应交税费	销售产品	6 8 9 2 0 0			9 8 9 2 0 0
06	07	现付	2	银行存款	现金存银行		6 8 9 2 0 0		3 0 0 0 0 0

图 3-5　库存现金日记账

【任务总结】

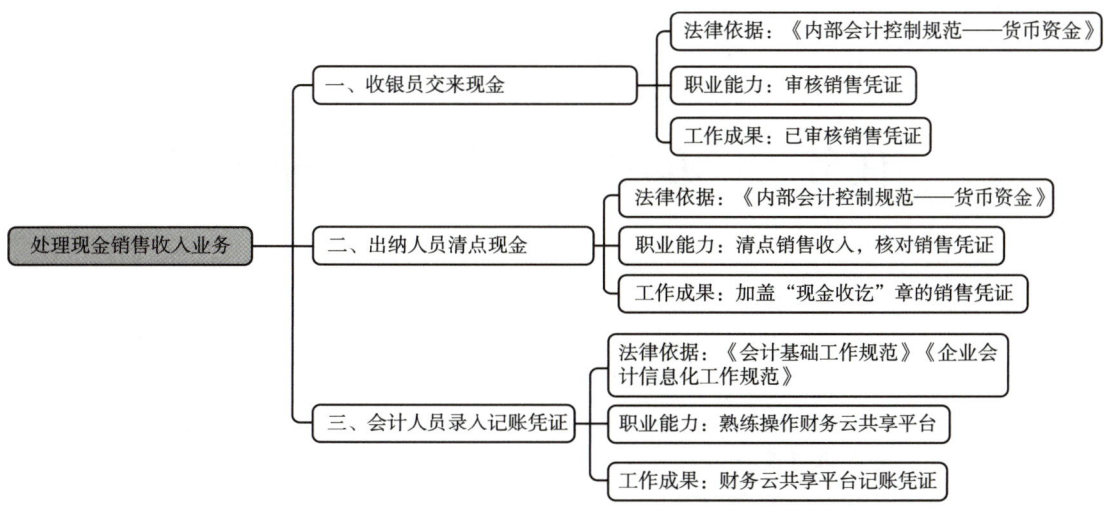

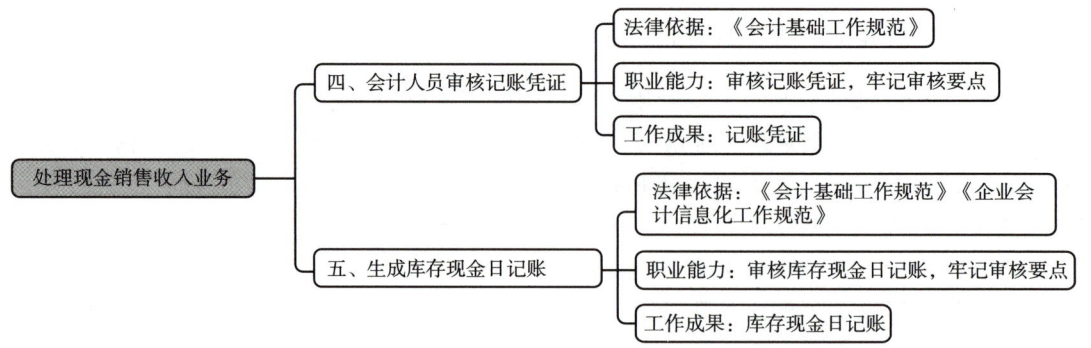

【实战训练】

（一）任务背景

2023年9月13日，星星商贸公司出纳刘丽霞收到现金业务收入150元，出纳开出收据，并收取现金。经出纳清点，收取现金；100元1张、10元5张。

（二）任务目标

出纳审核"现金销售明细表"并采集、上传现金收入的影像资料，依据《会计基础工作规范》《企业会计信息化工作规范》《小企业会计准则》等要求，生成记账凭证及库存现金日记账。

（三）任务实现

出纳审核销售凭证，应与经办人清点现金，手工清点及使用验钞机复点，加盖"现金收讫"章，将现金放入企业保险柜内，根据智能记账软件操作指南或根据任务一操作步骤，编制记账凭证、登记库存现金日记账。

任务二 办理现金送存银行业务

【学习目标】

- 知晓现金送存银行业务流程
- 准确填写"现金送款簿"
- 确认安全环境，将现金送存银行
- 正确录入记账凭证、生成库存现金日记账

【任务布置】

（一）任务描述

翔宏润达公司出纳人员将 2023 年 6 月 7 日销售产品现金收入 6 892 元送存银行。

（二）明确任务

出纳、会计、主管会计岗位完成以下工作：
（1）填写"现金送款簿"；
（2）在确认环境安全情况下，将现金及"现金送款簿"一起送存银行；
（3）能够正确录入记账凭证、生成库存现金日记账。

（三）工作成果

（1）根据"现金送款簿"回单联正确录入记账凭证、生成库存现金日记账；
（2）智能生成记账凭证、库存现金日记账。

（四）评价标准

依据《会计基础工作规范》《企业会计信息化工作规范》等要求，规范采集现金收入原始凭证，生成记账凭证及库存现金日记账。

【任务分析】

（一）工作思路

（1）知晓现金送存银行工作流程；
（2）填写"现金送款簿"；
（3）现金送存银行；
（4）智能生成记账凭证、库存现金日记账。

（二）工作流程

办理现金送存银行业务主要由出纳人员来完成，但需要财务部门及银行的工作人员相互配合，基本工作流程如图 3-6 所示。

（三）知识准备

1. 库存现金限额

库存现金限额是指国家规定由开户银行给各单位核定的保留现金的最高额度。

核定单位库存限额的原则：既要保证日常零星现金支付的合理需要，又要尽量减少现金的使用。

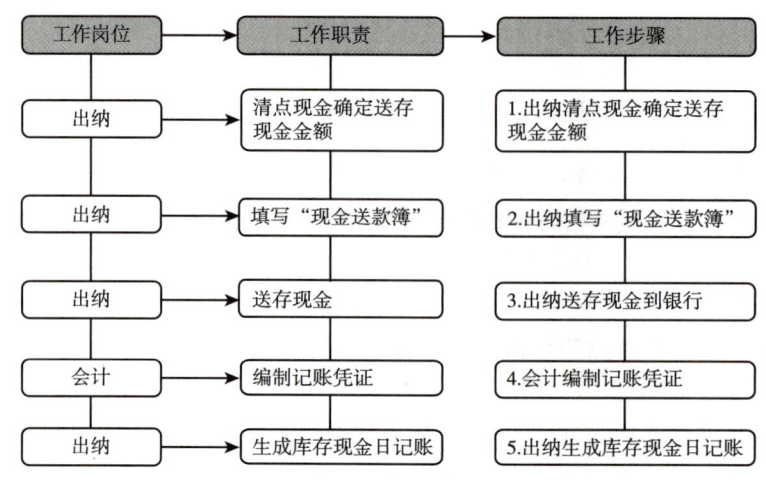

图 3-6 现金送存银行业务工作流程图

2. 库存现金限额的确定

库存现金限额由开户银行和开户单位根据具体情况商定。按照规定，库存现金限额每年核定一次。一般情况下，开户银行根据开户单位零星开支的实际需要，核定 3~5 天的日常零星开支数额作为该单位的库存现金限额。距离银行较远的且交通不便地区的开户单位，其库存现金限额的核定天数可适当放宽，但最多不得超过 15 天的日常零星开支的需要量。这里所说的日常零星开支，是指除去定期性的大额现金支出（工资奖金等）和不定期的大额现金支出（如新闻出版单位的稿费支出等）以外的零星的日常费用支出等。

3. 库存现金限额的核定

（1）由开户单位与开户银行协商核定库存现金限额。

公式：库存现金限额 = 每日零星支出额 × 核定天数

每日零星支出额 = 月（或季）平均现金支出额/月（或季）平均天数

其中：月（或季）平均现金支出额，不包括定期性的大额现金支出和不定期的大额现金支出

（2）由开户单位根据银行核定的库存现金限额填报"库存现金限额申请批准书"。

（四）技能准备

1. 填写现金进账单

出纳清点款项核对无误后，填写"现金进账单"或现金存款凭条存入银行。填写现金进账单时，要用双面复写纸复写。字迹必须清楚、规范，不得涂改。

2. 现金进账单一般由出纳人员填写：

（1）收款人（单位）：填写交款单位的名称、开户银行名称、账号，本例填写收款人：北京翔宏润达工贸有限责任公司；开户银行：中国工商银行安定门支行；账号：0200014509067592846；款项来源：现金多余款等。

（2）金额：填写收取款项的大、小写金额，小写金额前要加人民币符号"￥"。票面额填写区按照现金的票币种类分别填写张数及金额，本例填写 6 892 元。

（3）盖章：银行加盖"现金收讫"章，盖在下方的空白处，不影响文字和数字的清晰度。

【任务实施】

办理现金送存银行业务主要由财务部徐琳（出纳）、李娜（会计）、方蓉佳（财务主管）、银行人员来完成，具体工作步骤如下：

第一步：清点现金确定送存现金金额。

出纳送存现金之前，需要清点现金收入 6 892 元。

第二步：填写“现金送款簿”

出纳清点款项核对无误后，填写“现金送款簿”或现金存款凭条存入银行，如图 3－7 所示。填写“现金送款簿”时，要用双面复写纸复写，字迹必须清楚、规范，不得涂改。

职场链接

填写现金缴款单或现金存款凭条要点提示

（1）交款日期必须填写交款的当日。
（2）收款人名称应填写全称。
（3）款项来源要如实填写。
（4）大小写金额的书写要标准。
（5）解款张数按实际送款时各种币别的张数分别填写。

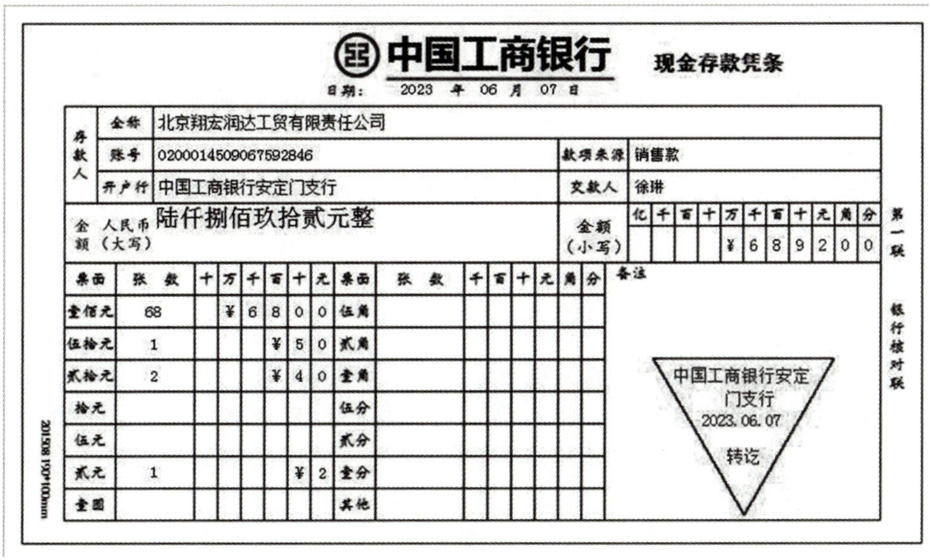

中国工商银行 现金存款凭条

日期：2023 年 06 月 07 日

存款人 全称：北京翔宏润达工贸有限责任公司
账号：0200014509067592846　款项来源：销售款
开户行：中国工商银行安定门支行　交款人：徐琳

金额 人民币（大写）：陆仟捌佰玖拾贰元整　金额（小写）：¥689200

券面	张数	十	万	千	百	十	元	券面	张数	千	百	十	元	角	分
壹佰元	68		¥	6	8	0	0	伍角							
伍拾元	1				¥	5	0	贰角							
贰拾元	2				¥	4	0	壹角							
拾元								伍分							
伍元								贰分							
贰元	1					¥	2	壹分							
壹圆								其他							

备注

图 3－7　现金存款凭条

职场链接

现金送存银行注意事项

出纳人员按规定整理现金并填写现金交款单后，将现金连同现金交款单一起送存银行。经银行柜台业务人员当面清点无误后，将现金交款单第二联客户回单联加盖银行现金收讫章后退还给企业出纳人员。出纳人员接到客户回单联后应当立刻进行检查，待确认为本企业交款回单，且银行有关手续已经办妥后方可离开银行柜台。若企业因交款数额较大，银行当面点清确有困难的，可事先与银行协商，双方规定有关条件，并签订协议书，采取"封包交款"的办法交款。封包交款是指交款企业把要交存银行的现金，按照有关要求进行整理，并按照银行的规定捆包好，在捆包上加贴封签，写明金额，加盖公章，连同填写好的"现金交款单"一并送交银行。

第三步：出纳送存现金

出纳携带清点好的现金及现金送款簿，在企业其他会计人员或保安人员陪同下，前往银行送存现金。银行接受现金及送款簿后，按程序核对无误后，加盖"现金收讫"章，将盖有银行"现金收讫"章的第1联（回单联）交与送存人（出纳）。

职场链接

送存现金时的注意事项

（1）交款人最好是现金整理人，这样可以避免发生差错时难以明确责任。

（2）凡经整理好准备送存银行的现金，在填好现金缴款单后，一般不宜再调换票面，如确需调换的，应重新复点，同时重新填写现金缴款单。

（3）送存途中必须注意安全。当送存金额为较大的款项时，最好使用专车，并派人护送。

（4）临柜交款时，交款人必须与银行柜台收款员当面交接清点，做到一次交清，不得边清点边交款。

（5）交款人交款时，如遇到办理业务人员较多，应按次序等候。等候过程中，应做到钞票不离手，以防发生意外。

第四步：编制记账凭证

目前录入记账凭证的过程都是通过财务云共享平台实现的。本例中具体工作步骤如下：

出纳徐琳属于会计扫描岗人员，将发票（记账联）扫描至财务云共享平台，财务主管方蓉佳属于会计审核岗人员，在财务云共享平台审核原始凭证，会计李娜属于会计核算岗人员，录入销售类票据的关键信息系统自动生成记账凭证并将凭证转入主管审核岗。

（1）贷方科目：在借贷记账法下，在付款凭证左上方所填列的贷方科目，应是"库存现金"或"银行存款"科目。本任务是现金存入银行，所以是贷记"库存现金"科目。

（2）日期：按经济业务发生的日期填写，也可以按编制会计凭证的日期填写。

（3）凭证的字号、编号：如果是支付现金业务，写出"现付"字；如果是银行存款付款业务，写成"银付"字；编号分别按"现付字"类或"银付字"类，从每月初开始进行顺序排序，本例填写现付004。

（4）相对应的科目。本任务是现金存入银行，银行存款增加，其相对应的是"银行存款"科目。

（5）金额：填列经济业务实际发生的数额，本例填写6 892.00。

（6）附件张数：在凭证右侧填写所附原始凭证张数。一般用阿拉伯数字填写，本例填写1张。

（7）凭证金额合计：收款凭证金额栏最后一行进行借方金额的合计，合计数前一位数字栏写"￥"，并将凭证的空行划线注销。注销线两端不能画到金额数字的行次上。

（8）签章：在出纳及制单处签名或盖章。本例制单处是会计李娜盖章，系统传递给财务主管审核时方蓉佳盖章，系统传递给出纳登记日记账时徐琳盖章。付款凭证如图3-8所示。

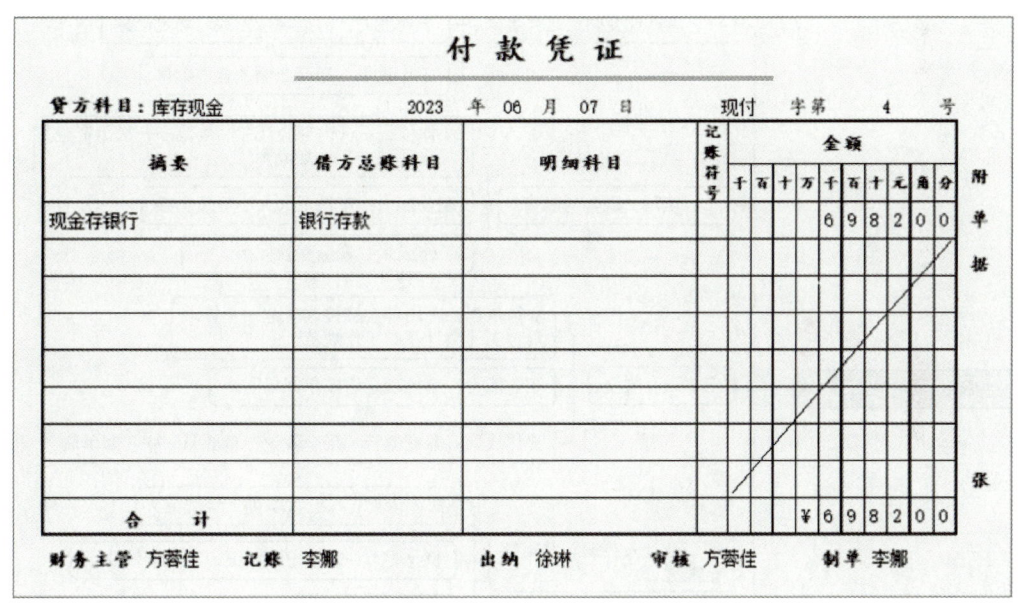

图3-8 现金付款凭证

第五步：登记库存现金日记账

出纳徐琳根据审核无误后的记账凭证，登记库存现金日记账。

（1）日期：记账凭证上记载的日期，一般情况下应与库存现金实际收付日期一致。

（2）凭证号数栏：登记记账凭证的编号，如现金付款凭证第2号，可简写成"现付2号"；又如银行付款凭证10号，可简写成"银付10号"。本例填写"现付004"。

（3）摘要栏：简单说明登记入账的库存现金收付业务的内容。本例抄写"现付004"凭证上摘要栏内容，如"现金送存银行"。

（4）对方科目栏：登记形成现金收入来源及支出用途的主要科目。本例中抄写"现付

004"凭证上借方科目名称,如"银行存款"。

(5)贷方:现金付款凭证贷方金额,本例抄写"现付004"凭证上贷方金额,为"6 892.00"。

(6)余额:根据"上日余额+本日借方-本日贷方=本日余额"的公式,逐日结出现金余额,登记在"结余"栏中。与库存现金实存数核对,以检查每日现金收付是否有误。

(7)过次页:本页合计数应当为自本月初起至本页末止的发生额合计数,包括收入、支出、金额。

出纳登记完日记账后,在"现付004"凭证的合计行上"记账符号"栏处,打上"√",表示库存现金日记账登账完结。

【任务总结】

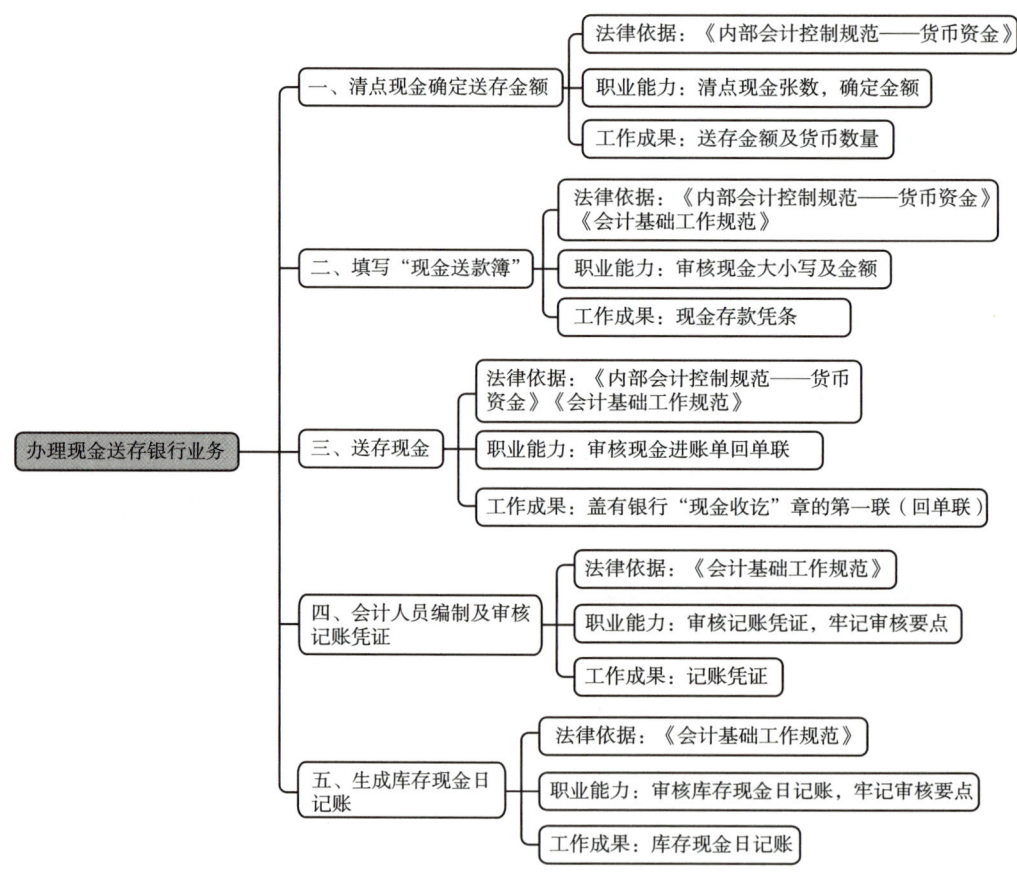

【实战训练】

(一)任务背景

2023年9月11日,出纳徐琳收到销售部门交来的海防公司所欠零星货款226元。系该公司采购A材料10公斤,每公斤20元(不含增值税),增值税26元,共计226元。财务部开出发票，并收取货款，经出纳清点，收取现金；100元2张、5元5张、1元1张。

（二）任务目标

出纳填写"现金送款簿"并将现金及"现金送款簿"一起送存银行，依据《会计基础工作规范》《企业会计信息化工作规范》等要求，生成记账凭证及库存现金日记账。

（三）任务实现

出纳人员规范填写"现金送款簿"并将现金及"现金送款簿"安全送存银行，根据智能记账软件操作指南或根据任务二操作步骤，编制记账凭证，登记库存现金、银行存款日记账。

项目三测试
（习题、答案）

项目四
银行转账结算核算与管理

银行结算是指通过银行账户资金转移来实现资金收付的行为，也称为支付结算业务，简称"结算"。结算分为现金结算和转账结算，根据中国人民银行《支付结算办法》规定，除按照规定可以收取现金、使用现金的部分业务以外，企业发生的大部分收支业务均应通过银行办理转账结算。企业常用的转账结算方式包括支票、银行汇票、银行本票、商业汇票、汇兑、托收承付、委托收款、信用卡等。近年来，随着互联网、大数据等新技术的广泛应用，金融科技迅速发展，银行转账结算方式也在发生变化，本项目依据现行常用的结算方式，主要设计了七项工作任务：办理支票结算业务；办理商业汇票结算业务；办理网银结算业务；办理第三方支付平台结算业务；办理数字货币结算业务；办理跨境收付结算业务；办理银行对账业务。任务的主要知识点、技能点、素养点如图4-1所示。

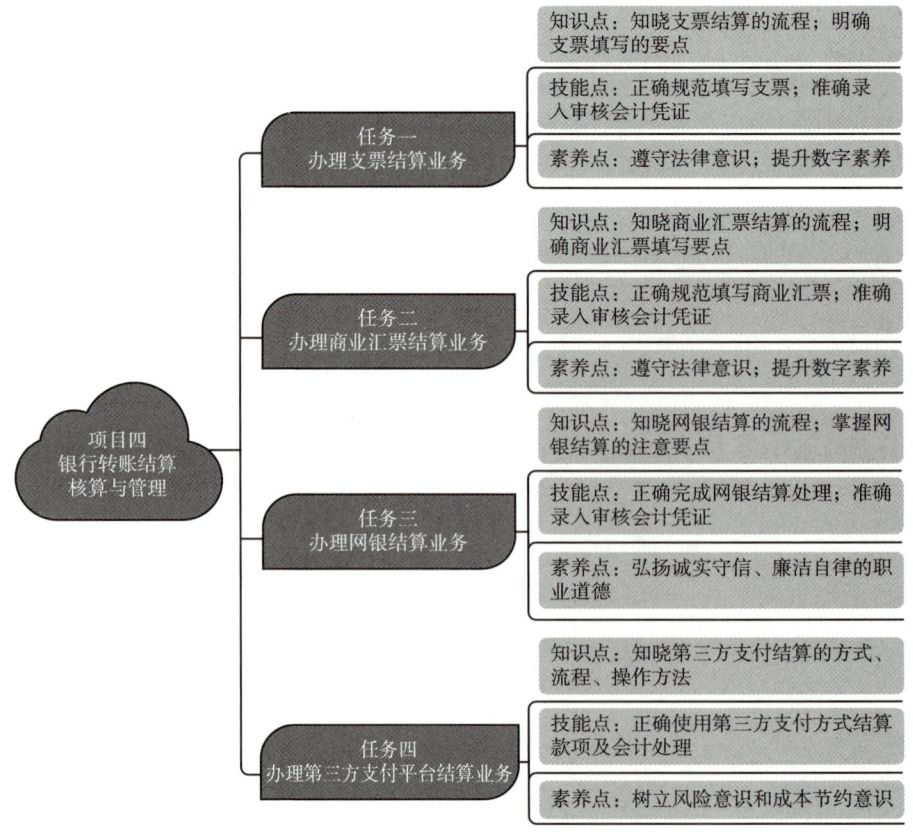

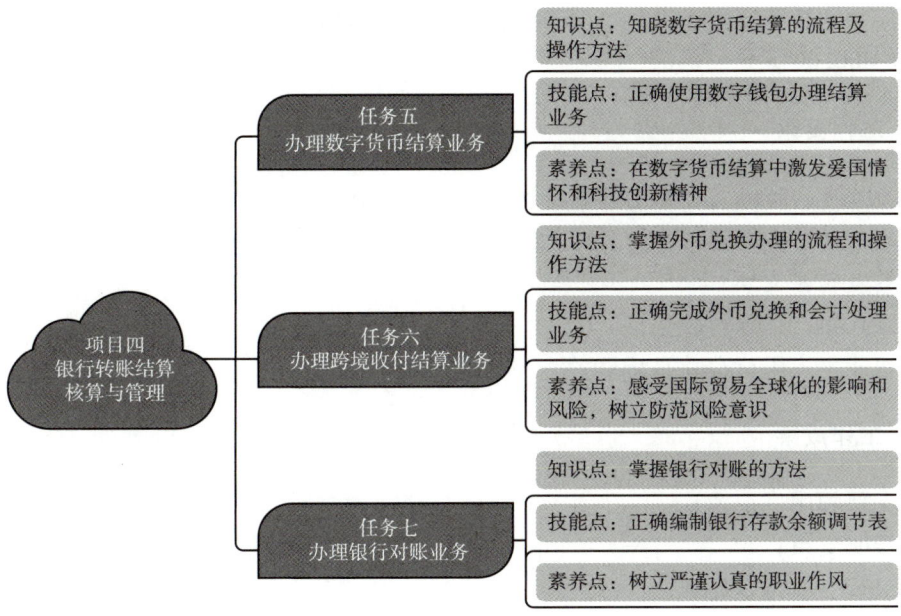

图 4-1　项目四　知识、技能、素养要点

任务一　办理支票结算业务

【学习目标】

- 明确支票结算种类、适用范围
- 知晓转账支票结算的业务流程
- 能够准确并规范签发转账支票
- 能够准确填写进账单
- 智能生成记账凭证及银行存款日记账

子任务 1　支票结算付款业务

【任务布置】

（一）任务描述

2023 年 8 月 6 日，北京翔宏润达工贸有限责任公司（以下简称"翔宏润达公司"），徐

琳（出纳）领用转账支票，办理支票领用手续，签发转账支票，支付北京诚信会计师事务所审计费 6 000.00 元。

（二）工作要求

分别以出纳、会计、财务主管的身份完成以下工作：
（1）领取转账支票；
（2）签发转账支票；
（3）录入银行存款付款凭证；
（4）智能生成银行存款日记账。

（三）工作成果

（1）支票领用登记簿；
（2）转账支票；
（3）银行存款付款凭证；
（4）银行存款日记账。

（四）评价标准

依据《会计基础工作规范》《企业会计信息化工作规范》《小企业会计准则》等要求，规范填写转账支票，生成记账凭证及银行存款日记账。

【任务分析】

（一）工作思路

（1）填写支票领用登记簿，送交财务主管审核、签字；
（2）签发现金支票，送交财务主管审核盖章；
（3）剪裁转账支票交给经办人；
（4）录入记账凭证；
（5）智能生成银行存款日记账。

（二）工作流程

支票结算付款业务主要由财务部徐琳（出纳）、李娜（会计）、方蓉佳（财务主管）来完成，需要企业管理部门的人员相互配合，基本工作流程如图 4-2 所示。

（三）知识准备

1. 支票的种类及用途

支票是出票人签发的，委托办理存款业务的银行或其他金融机构，在见票时无条件支付确定的金额给收款人或者持票人的票据。支票分为普通支票、现金支票、转账支票三种。

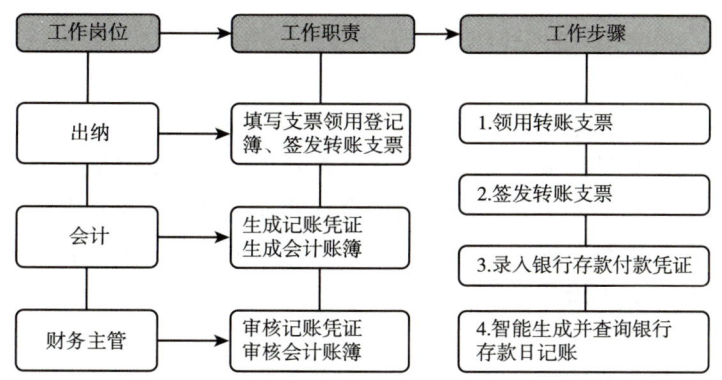

图 4－2　支票结算付款业务工作流程图

（1）现金支票只能用于支取现金，它可以由存款人签发到银行为本单位提取现金，也可以签发给其他单位和个人用来办理结算或者委托银行代为支付现金给收款人。

（2）转账支票只能用于转账，它适用于存款人给收款单位划转款项，以办理商品交易、劳务供应、清偿债务和其他往来款项结算。

（3）普通支票可以用于支取现金，也可以用于转账。但在普通支票左上角划两条平行线的，为"划线支票"，只能用于转账，不能支取现金。

2. 转账支票结算特点

支票结算的特点概括起来就是：简便、灵活、迅速、可靠。

（1）简便，是指使用支票办理结算手续简便，只要付款人在银行有足够的存款，它就可以签发支票给收款人，银行凭支票就可以办理款项的划拨或现金的支付。

（2）灵活，是指按照规定，支票可以由付款人向收款人签发以直接办理结算，也可以由付款人出票委托银行主动付款给收款人，另外，转账支票还可以背书转让。

（3）迅速，是指使用支票办理结算，收款人将转账支票和进账单送交银行，一般当天或次日即可入账，而使用现金支票当时即可取得现金。

（4）可靠，是指银行严禁签发空头支票，各单位必须在银行存款余额内才能签发支票，因而收款人凭支票就能取得款项，一般不存在得不到正常支付的情况。

3. 支票上必须记载的事项

《中华人民共和国票据法》第八十四条规定，支票必须记载下列事项：

（1）表明"支票"的字样。

（2）无条件支付的委托。

（3）确定的金额。

（4）付款人名称。

（5）出票日期。

（6）出票人签章。

支票上未记载前款规定事项之一的支票无效。

（四）技能准备

1. 支票填写技能

根据《中华人民共和国票据法》规定，银行、单位和个人填写的各种票据和结算凭证是办理支付结算和现金收付的重要依据，直接关系到支付结算的准确、及时和安全。票据和结算凭证是银行、单位和个人凭以记载账务的会计凭证，是记载经济业务和明确经济责任的一种书面证明。因此，填写票据和结算凭证，必须做到标准化、规范化，要素齐全、数字正确、字迹清晰、不错漏、不潦草，防止涂改。

2. 使用支票打印机开具支票技能

支票打印机是一种重要的支付结算工具，学会并使用支票打印机开具支票，不仅可以帮助企业加快支付流程，还可以提高工作效率。

支票填写技能

使用支票打印机开具支票技能

寓德于技

禁止签发空头支票

小黄刚担任公司出纳，一天接到公司老总打来的电话，要求马上支付三园公司 20 万元的款项。小黄马上填好转账支票到银行办理。一路上，小黄还在想办完后如何跟老总汇报，想说：我能做事了。到了银行，兴高采烈的小黄将填好的票据交给柜台里的大姐，柜台里的大姐看着活泼可爱的小黄笑着说："你是新来的吧？你知道你公司账户有多少钱吗？"小黄一时纳闷："你问这个跟我办这个事有关系吗？过了一会儿，小黄好像想到了什么，难道……"

《中华人民共和国票据法》第八十七条规定：出票人签发的支票金额超过其付款时在付款人处实有的存款金额的，为空头支票，禁止签发空头支票。

【任务实施】

银行转账结算业务主要由财务部徐琳（出纳）、李娜（会计）、方蓉佳（财务主管）来完成。具体工作步骤如下：

第一步：领取转账支票

支票领用人申领支票时，需要按程序填写"转账支票领用登记簿"，用于记录领用支票的日期、支票号码、领用人、收款单位、金额等内容，不作任何会计处理，以翔宏润达公司支付审计费为例，填写出票日期"2023.08.06"，支票号码"20230806"，金额"6 000.00"，用途为"审计费"，经手人是会计人员"李娜"，领用人是出纳"徐琳"。如图4-3所示。

支票领用登记簿

出票日期	支票号	金额	收款单位	用途	经手人签章	领用人签章	备注
2023.08.06	20230806	6,000.00	北京诚信会计师事务所	审计费	李娜	徐琳	

图4-3　支票领用登记簿

> **知法用法**
>
> **《内部会计控制规范——货币资金》相关规定**
>
> 根据《内部会计控制规范——货币资金》规定，单位应当加强与货币资金相关的票据的管理，明确各种票据的购买、保管、领用、背书转让、注销等环节的职责权限和程序，并专设登记簿进行记录，防止空白票据的遗失和被盗用。出纳填写"支票领用登记簿"，主要记载领用支票的日期、支票号码、领用人、用途、收款单位、支票限额、批准人、经手人、销号记录等内容，并报财务主管审批。

8月6日，徐琳（出纳）领用转账支票，先办理支票领用手续，填写"支票领用登记簿"，并报财务主管审批。

第二步：签发转账支票

财务主管方蓉佳签字后，出纳徐琳领用"转账支票"一张。转账支票有正面与背面之分，正面又分为存根和正联两部分。存根和正联之间有一条虚线，存根（左边部分）是会计人员核算的依据，作为原始凭证留存；正联（右边部分）是银行从出票人开户银行转出款项的凭证，企业填写完整并加盖预留银行印鉴后送达银行，由银行留存，背面作背书之用。以"支付审计费"为例，出纳根据应付款项的有关内容，运用支票打印机，规范填写支票内容，加盖预留银行印章后，办理转账手续，如图4-4所示。

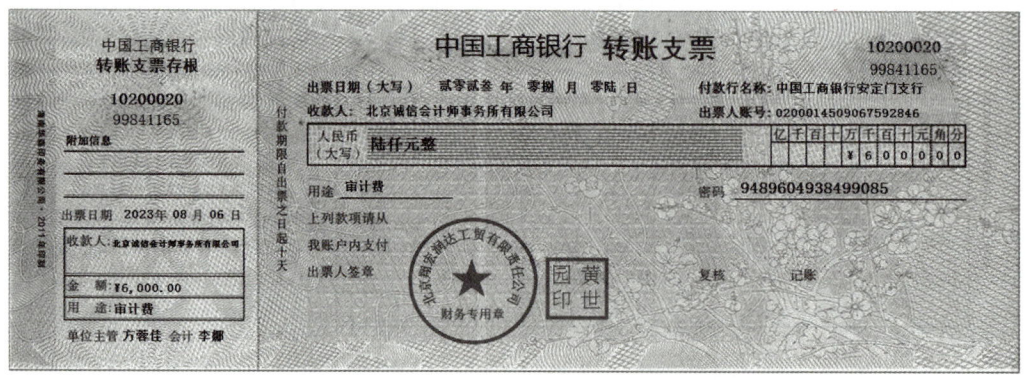

图4-4 填写转账支票

> **职场链接**
>
> **加盖印鉴的技巧**
>
> 加盖印鉴时,蘸墨应适当,支票下面垫上胶垫或书本,将印鉴摆正,盖在规定位置。具体加盖时,双手用力使印章每个方向均匀着墨。印鉴之间不得重叠且必须清晰无划痕;加盖转账支票时,印鉴不可压磁码线。加盖印鉴不齐全,银行不予受理。

> **寓德于技**
>
> **以案为鉴,坚持诚信,守法奉公**
> ——国企出纳向公款伸出"黑手"涉案1 000万+
>
> 被告人梅某某担任公司出纳期间,利用其保管公司现金支票、转账支票、财务专用章、出纳印章等职务便利,通过支取备用金、虚列人工工资、虚列材料款等手段,将单位公款以取现、转款方式至其个人名下,供其个人消费。经查实,梅某某一年中贪污公款762.9万元,挪用公款300万元,以上款项用于生活开支、购买高档烟酒、名牌手表、衣物等。案发后共归还赃款430.04万元。梅某某面对法庭出具的贪污、挪用公款犯罪的大量证据追悔莫及。
>
> 贪如火,不遏则燎原;欲如水,不遏则滔天。事实证明,深陷痴迷贪图享乐的泥潭不能自拔,丢弃初心,偏离轨道,必将走向不归路。
>
> 作为出纳人员,要时刻保持警觉,严格遵守职业道德和法律法规,不得违背职业操守和道德规范,要做到坚持诚信,守法奉公。

第三步:录入银行存款付款凭证

出纳徐琳将转账支票存根交给会计李娜,会计李娜根据转账支票存根录入银行存款付款凭证。

会计李娜将出纳徐琳交来的转账支票存根联,以及北京诚信会计师事务所开来的审计费发票联，如图4-5所示，交由财务部负责人审核后，录入银行存款付款凭证，如图4-6所示。

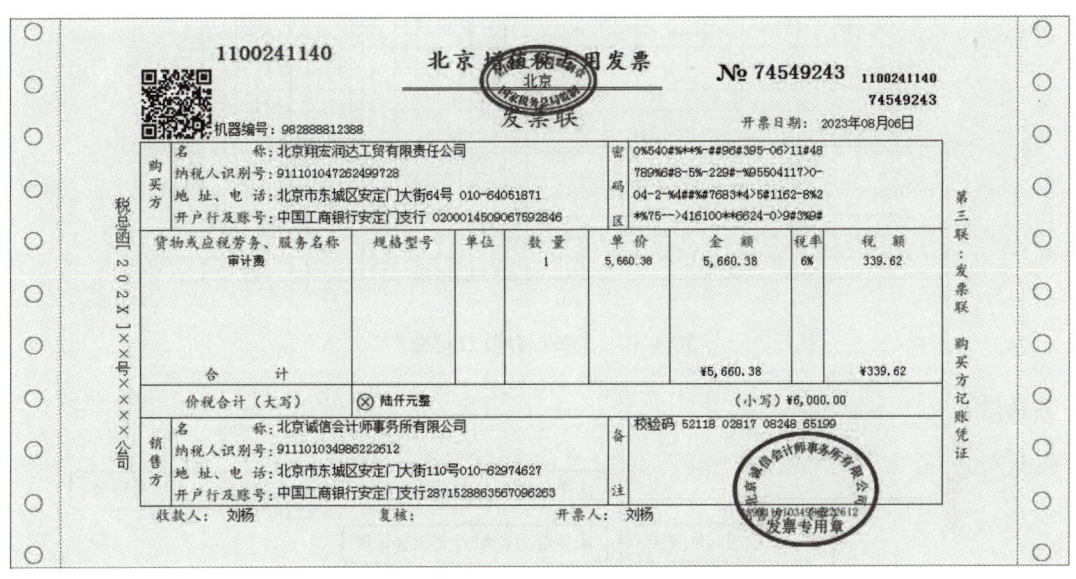

图4-5 "支付审计费"取得增值税发票

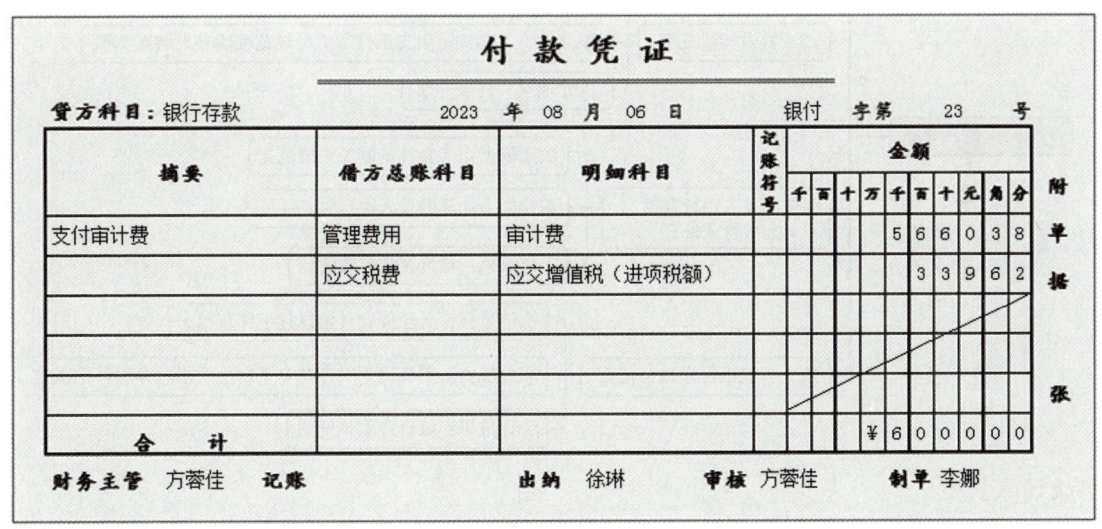

图4-6 银行付款凭证

第四步：生成银行存款日记账

出纳根据审核无误的记账凭证生成银行存款日记账，查询银行存款日记账的余额，关注企业资金的动态，适时提出合理化建议。如图4-7所示。

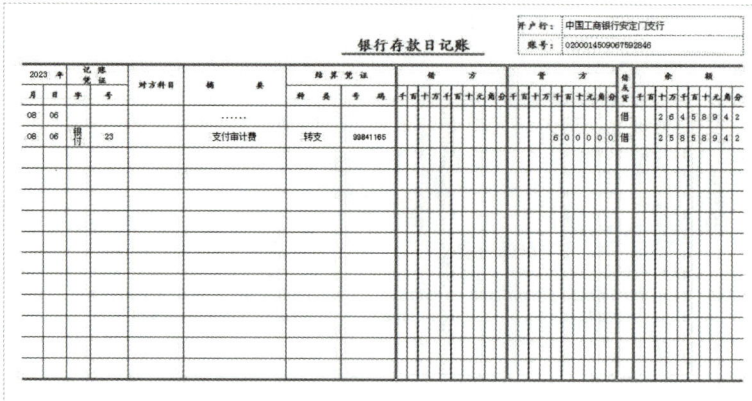

图 4-7 "银行存款日记账"

【任务总结】

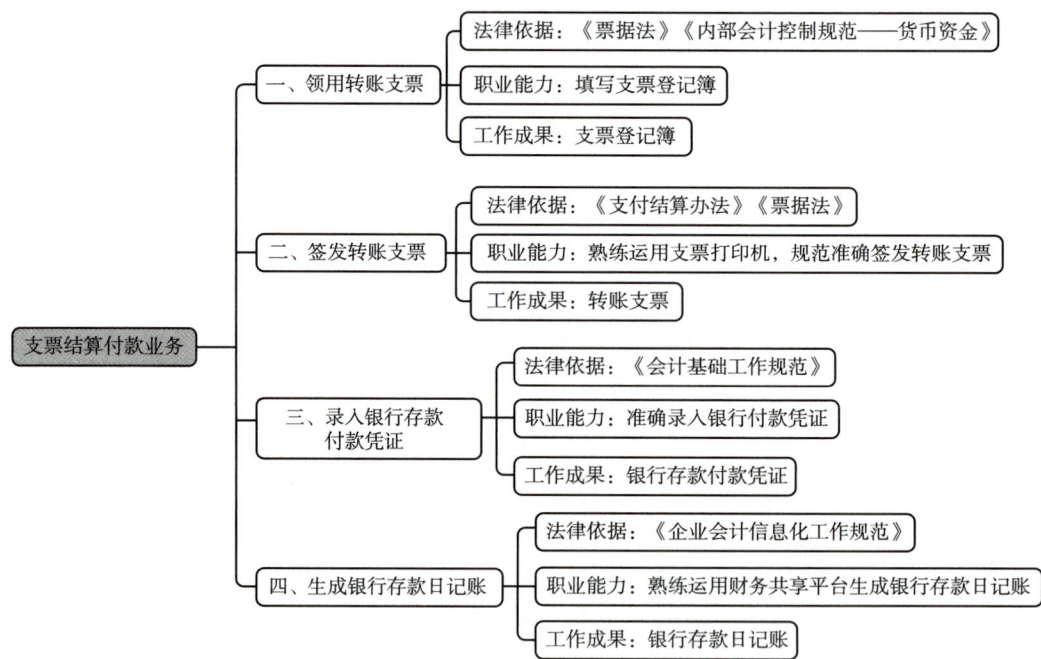

【实战训练】

（一）实战背景

2023年10月21日，蓝风叶公司出纳王浩开具转账支票支付广州友谊公司货款22 600.00元。

（二）任务目标

出纳审核支付业务的相关原始凭证，查询公司银行存款账户的余额，确保足额支付。按照《支付结算办法》《票据法》《会计基础工作规范》的要求领用、签发、传递转账支票，完成转账支票付款结算业务。

（三）任务实现

出纳领用转账支票，规范填写支票领用登记簿；调试支票打印机，根据开票软件操作指南，或参照子任务 1 操作步骤，完成任务操作。

子任务 2　支票结算收款业务

【任务布置】

（一）任务描述

2023 年 8 月 6 日，北京翔宏润达工贸有限责任公司（以下简称"翔宏润达公司"），出纳徐琳收到北京中芯科技有限公司的转账支票 1 张，金额为 11 300.00 元，开出增值税专用发票，系销售商品款 10 000.00 元，增值税税额为 1 300.00 元。

| Kh001 | 北京中芯科技有限公司 | 91310116798987841 | 中国银行黄庄支行 | 300834567019 | 高精度智能显示器 |

（二）工作要求

分别以出纳、会计、财务主管的身份完成以下工作：
（1）收取、审核转账支票；
（2）在转账支票背面进行背书；
（3）填制进账单，连同转账支票送交银行；
（4）录入银行存款收款凭证；
（5）智能生成银行存款日记账。

（三）工作成果

（1）已经背书的转账支票；
（2）进账单；
（3）银行收款凭证；
（4）银行存款日记账。

（四）评价标准

根据《会计基础工作规范》《企业会计信息化工作规范》《小企业会计准则》等要求，规范审核转账支票，填写进账单，生成记账凭证及银行存款日记账。

【任务分析】

（一）工作思路

（1）出纳审核原始凭证，办理支票背书；
（2）出纳填写进账单，将转账支票存入银行；
（3）会计审核进账单回单及发票；
（4）会计录入银行存款收款凭证；
（5）智能生成银行存款日记账。

（二）工作流程

支票结算收款业务，主要由财务部徐琳（出纳）、李娜（会计）、方蓉佳（财务主管）来完成，需要企业销售部门的人员相互配合，基本工作流程如图4-8所示。

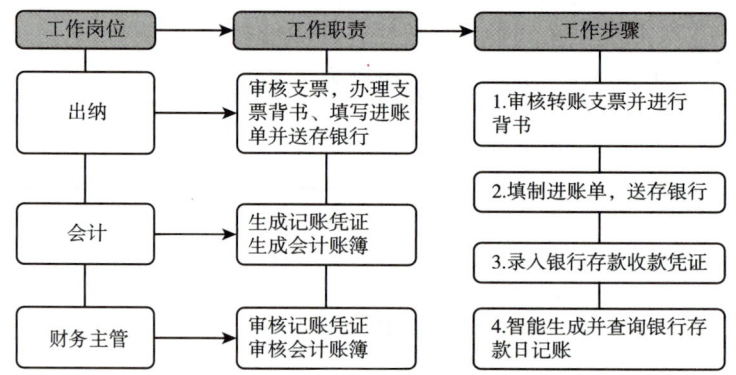

图4-8 支票结算收款业务工作流程图

（三）知识准备

1. 支票的提示付款期

票据持有人向银行提交某项单据并要求银行付款的行为称为"提示付款"，提示付款期就是提示付款的有效期。支票的提示付款期自出票日起 10 日（到期日最后一日遇例假顺延），超过提示付款期限提示付款的，持票人开户银行不予受理，付款人不予付款。

2. 开具发票注意事项

（1）开票方在发票使用前，要认真检查有无缺面、销号、有无发票监制章或印制不清楚等现象，如发现问题应报送税务机关处理。

（2）发票开始使用后，应做到按号码顺序填写，填写项目齐全，内容真实，字迹清楚，全部联次一次复写、打印，内容完全一致。填开的发票不得涂改、挖补、撕毁。

（3）开具发票要按照规定的时限，逐栏填写，并加盖单位财务印章或者发票专用章。未经税务机关批准，不得自行扩大专用发票的使用范围。

（4）填开发票的单位和个人必须在发生经营业务、确认营业收入时开具发票，未发生业务一律不准开具发票。

（5）开票方应在规定的使用范围内开具发票，不准买卖、转借、转让和代开。

（6）开票方使用电子计算机开具发票，须经主管税务机关批准，并使用税务机关统一监制的机打发票，开具后的存根联要按照顺序号装订成册。

（7）发票不得跨省、直辖市、自治区使用。发票限于领购单位和个人在本省、自治区、直辖市开具。发票领购单位未经批准不得跨规定使用区域携带、邮寄、运输空白发票，禁止携带、邮寄或者运输空白发票出入境。

（8）开具发票的单位和个人应当按照税务机关的规定存放和保管发票，不得擅自损毁。已经开具的发票存根联，应当保存五年。保存期满，报经税务机关查验后销毁。

（四）技能准备

1. 审核转账支票的技能

出纳收到对方开来的转账支票时，应审查支票的事项：

（1）支票填写是否清晰，是否用墨汁或碳素墨水填写或者用专用票据机打印。

（2）支票的各项内容是否填写齐全，是否在签发单位盖章处加盖单位印鉴，大小写金额和收款人有无涂改，其他内容如有改动是否加盖了预留银行印鉴。

（3）支票收款单位是否为本单位。

（4）支票大小写金额填写是否正确，两者是否相符。

（5）支票是否在付款期内。

（6）背书转让的支票其背书是否正确，是否连续。

2. 填写进账单的技能

根据中国人民银行《正确填写票据和结算凭证的基本规定》要求，银行进账单的填写规范如下：

（1）出票人全称：开具支票的单位全称。

（2）出票人账号：支票上显示的单位账号。

（3）出票人开户银行：支票上显示的单位开户银行。

（4）金额：按照支票上的金额进行填写。

（5）收款人全称：本公司全称。

（6）收款人账号：本公司账号。

（7）收款人开户银行：本公司开户银行。

（8）票据种类：按照支票上显示的票据种类填写。

（9）票据张数：按照实际票据张数填写。

（10）票据号码：按照支票右上角的号码填写。

【任务实施】

转账支票收款业务工作任务主要由财务部徐琳（出纳）、李娜（会计）、方蓉佳（财务主管）来完成。具体工作步骤如下：

第一步：审核并背书转账支票

出纳徐琳审核北京中芯科技有限公司转来的转账支票，如图4-9所示。

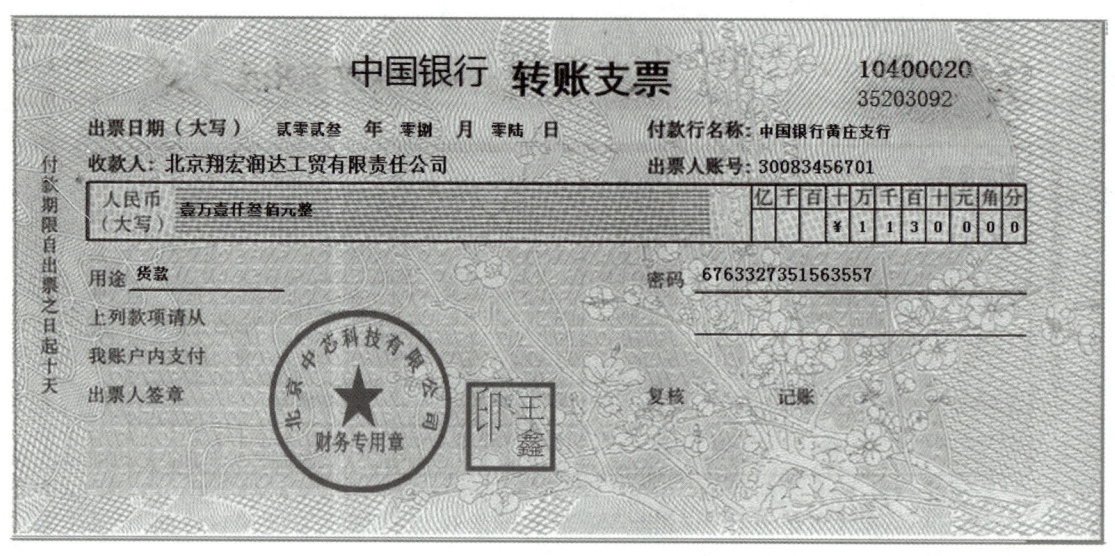

图4-9 转账支票正联

出纳确认支票无误后，在转账支票背面进行背书，背书是指收款人以转让汇票权利为目的在支票背面或粘单上签章并作必要的记载所做的一种附属票据行为。如图4-10所示。

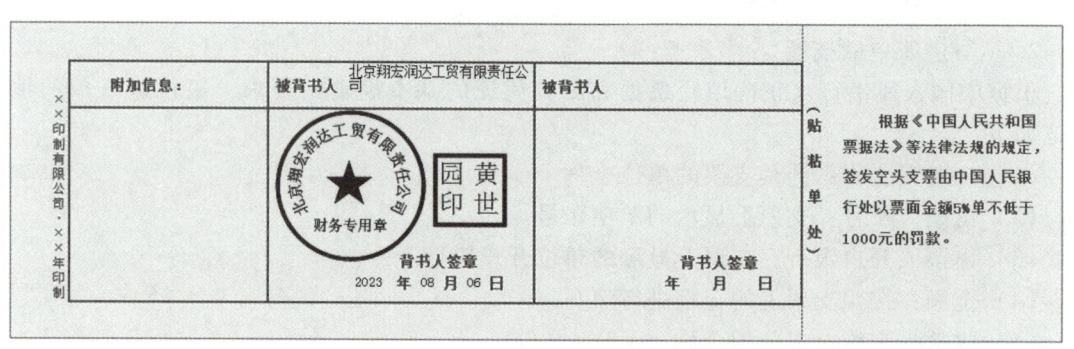

图4-10 转账支票的背书

第二步：填写进账单

银行进账单是持票人或收款人将票据款项存入收款人所在银行账户的凭证。持票人填写银行进账单时，必须清楚地填写票据种类、票据张数、票据号码、收款人名称、收款人开户银行及账号、付款人名称、付款人开户银行及账号、票据金额大小写等栏目，连同相关票据一并交给银行经办人员。银行进账单一式三联，第一联为回单联，是开户银行交给出票人的回单；第二联为贷方凭证联，由收款人开户银行作贷方凭证；第三联为收账通知联，是收款人开户银行交给收款人的收款通知。

办理支票结算时银行进账单的填写可能是收款人也可能是付款人（出票人）。以收到北京中芯科技有限公司的转账支票为例，日期为"2023年8月6日"，出票人为"北京中芯科技有限公司"，账号为"300834567019"，开户银行为"中国银行黄庄支行"，收款人全称为"北京翔宏润达工贸有限责任公司"，账号为"0200014509067592846"，开户银行为"中国工商银行安定门支行"，金额为"11 300.00"，票据种类为"转账支票"，票据张数为"1"，票据号码为"35203092"，如图4-11所示。

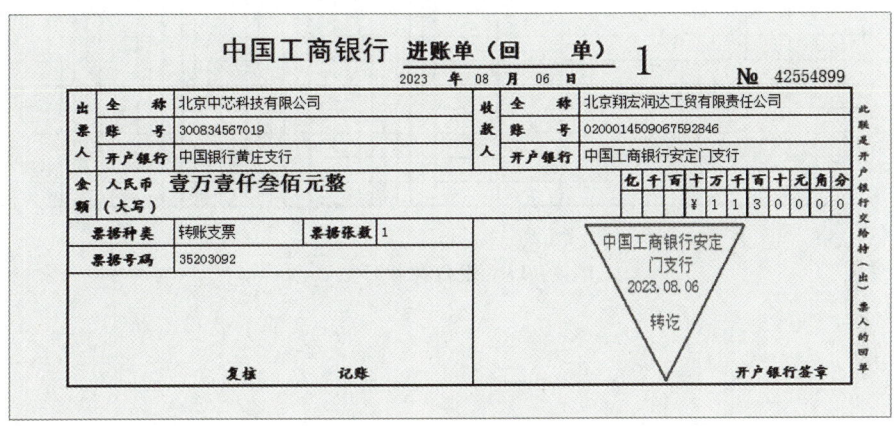

图4-11 银行进账单

第三步：录入银行收款凭证

银行办妥进账手续后，出纳徐琳将盖有"银行受理"章的"进账单"（回单联），经由财务部负责人审核后，交给会计录入银行存款收款凭证，并生成银行存款日记账。如图4-12所示。

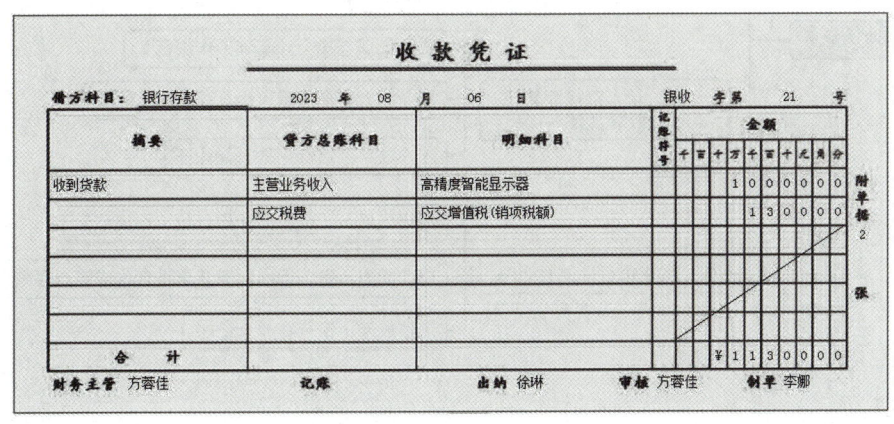

图4-12 银行收款凭证

第四步：生成银行存款日记账

出纳徐琳根据审核无误后的银行存款收款凭证，生成银行存款日记账。如图4-13所示。

图 4-13 银行存款日记账

【任务总结】

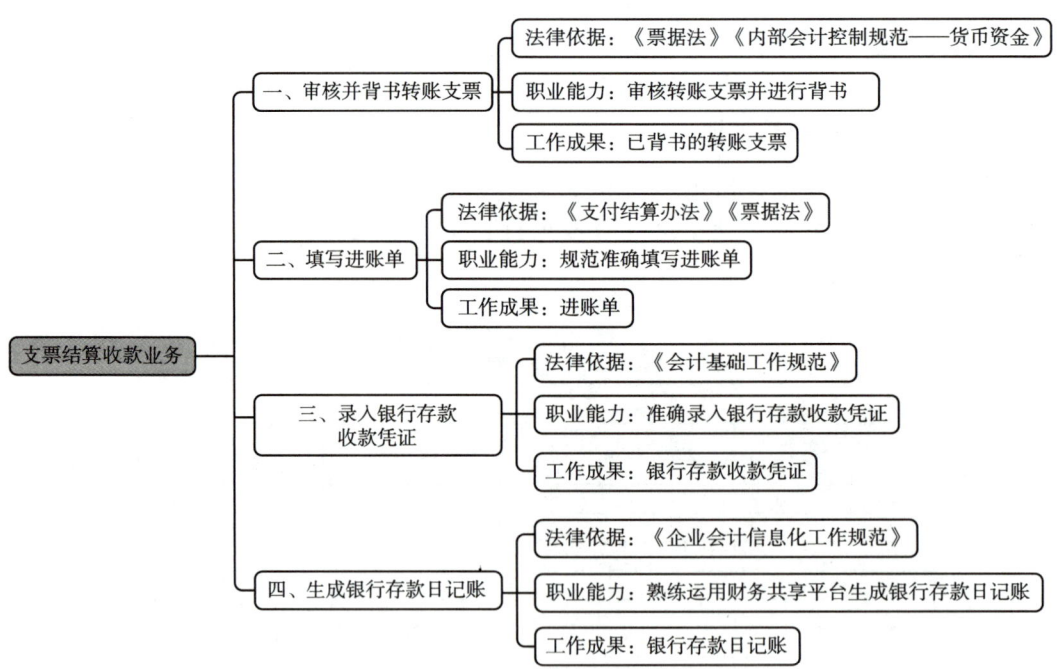

【实战训练】

（一）实战背景

2023 年 10 月 26 日，蓝风叶公司出纳王浩收到新阳贸易有限公司转账支票一张，金额 56 500.00 元，用于偿还本公司的销货款。

（二）任务目标

出纳按照《支付结算办法》《票据法》《会计基础工作规范》的要求审核收到的转账支票，履行签章的手续，在转账支票上进行背书，填写"进账单"，连同转账支票一并送存银行，完成转账支票收款结算业务。

（三）任务实现

出纳准备好空白进账单据、财务专用章等，根据子任务 2 操作步骤，完成任务操作。

任务二　办理商业汇票结算业务

【学习目标】

- 知晓银行承兑汇票结算的业务流程
- 熟记商业汇票结算管理的有关规定
- 能够规范使用商业汇票，办理收款、付款结算业务
- 智能生成记账凭证及银行存款日记账

子任务 1　商业汇票结算付款业务

【任务布置】

（一）任务描述

北京翔宏润达工贸有限责任公司（以下简称"翔宏润达公司"），8 月 10 日向上海电子半导体材料加工有限公司采购了一批总金额为 565 000.00 元的半导体材料，交货期限为一个月。为缓解资金短缺的困难，与上海电子半导体材料加工有限公司商议，采用银行承兑汇票方式结算，付款期为三个月。合同签订后，翔宏润达公司向其开户行中国农业银行上海田林支行申请办理银行承兑汇票，签订了承兑协议。

| Gys002 | 上海电子半导体材料加工有限公司 | 913101167989786488 | 中国工商银行上海市南京东路第一支行 | 1001293529100035885 | 半导体材料 |

（二）工作要求

分别以出纳、会计、财务主管的身份完成以下工作：
（1）填写"银行结算业务申请书"；
（2）使用商业汇票办理结算；
（3）登记"应付票据备查簿"；
（4）录入转账凭证。

（三）工作成果

（1）银行结算业务申请书；
（2）转账凭证；
（3）应付票据备查簿。

（四）评价标准

依据《会计基础工作规范》《企业会计信息化工作规范》《小企业会计准则》等要求，规范填写银行结算业务申请书，录入转账凭证，登记"应付票据备查簿"。

【任务分析】

（一）工作思路

（1）出纳办理银行承兑汇票；
（2）银行签发银行承兑汇票；
（3）使用银行承兑汇票进行结算；
（4）录入转账凭证；
（5）登记"应付票据备查簿"。

（二）工作流程

银行承兑汇票结算付款业务，主要由财务部徐琳（出纳）、李娜（会计）、方蓉佳（财务主管）来完成，需要企业采购部门的人员相互配合，基本工作流程如图4-14所示。

（三）知识准备

1. 商业汇票的概念、种类

商业汇票是出票人签发的，委托付款人在指定日期无条件支付确定的金额给收款人或持票人的票据。商业汇票适用于同城或异地结算。

项目四 银行转账结算核算与管理

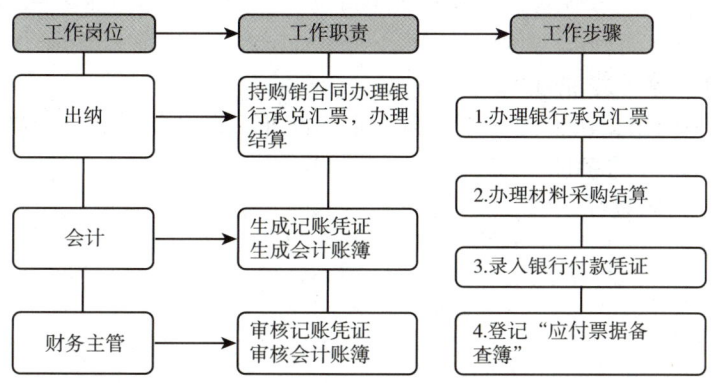

图4-14 商业汇票结算付款业务工作流程图

商业汇票按其承兑人的不同,可以分为商业承兑汇票和银行承兑汇票两种。

(1) 银行承兑汇票在汇票到期日是由银行来承兑,有银行信用作保证,能保证收款人按时收到款项,所以,它的信誉度高,被普遍认可。实际业务中,企业大多使用银行承兑汇票,而商业承兑汇票则较少使用。

(2) 商业承兑汇票是由银行以外的付款人承兑的票据。商业承兑汇票可以由付款人签发并承兑,也可以由收款人签发交由付款人承兑。商业汇票的付款人为承兑人。商业承兑汇票的出票人,为在银行开立存款账户的法人以及其他组织,与付款人具有真实的委托付款关系,具有支付汇票金额的可靠资金来源。

科技赋能

电子商业汇票

为促进商业汇票的使用安全和便利,中国人民银行于2008年1月创建了电子商业汇票系统(ECDS),并在2009年10月正式启动。ECDS有利于减轻商业汇票的欺诈和操作风险。它允许以电子方式处理交易,防止伪造的纸质汇票,同时提供交易线索的可见性。当交易双方同意使用商业汇票进行交易时,一般认为当收款人从付款人处收到商业汇票时,发票或合同就已支付,尽管收款的时间可能与发票日期有很大的不同。

电子商业汇票的优点:对付款人而言,付款人不需要在商业汇票的付款到期日之前与银行结算,这可以为付款人在付款到期日之前腾出资金。这也是商业汇票成为当今中国流行的付款方式的原因之一。

对收款人而言,资金在汇票付款之日之前不会在收款人的账户上结算,从而延长了现金接收和现金转换周期的时间,贴现和转让汇票是尽快释放现金的可行。不过,贴现是有成本的,而且收款人自己的供应商可能不愿意接受汇票转让,因此,在决定是否接受商业汇票作为支付方式时,现金流的影响是收款人考虑的因素之一。

办理商业汇票必须以真实的交易关系和债权债务关系为基础,出票人不得签发无对价的商业汇票用以骗取银行或其他票据当事人的资金。

符合条件的商业汇票持有人在资金暂时不足的情况下，可以将未到期的商业汇票向银行办理贴现。

2. 商业汇票上必须记载的事项

《中华人民共和国票据法》第二十二条规定，商业汇票必须记载下列事项：

（1）表明"汇票"的字样。
（2）无条件支付的委托。
（3）确定的金额。
（4）付款人名称。
（5）收款人名称。
（6）出票日期。
（7）汇票到期日。
（8）出票人签章。

以上八项内容缺一不可，否则汇票无效。

职场链接

汇票到期兑付

商业承兑汇票到期时，购货企业的开户银行凭汇票将票款划给销货企业或提现银行。销货企业在提示付款期限内通过开户银行委托收款或直接向付款人提示付款。如果购货企业的存款不足以支付票款，开户银行应将汇票退还销货企业，银行不负责付款，由购销双方自行处理。

（四）技能准备

电子银行承兑汇票是一种便捷的票据结算方式，适用于企业之间的商业交易。办理电子银行承兑汇票操作流程如下：

1. 申请开立承兑汇票

企业申请开立承兑汇票时，需要向银行提供相应的资料，如企业资质证明、财务报表、授信额度等。银行审核通过后，企业可通过网银或柜面提交电子承兑汇票开立申请。

2. 承兑行审核电子汇票

承兑行收到电子承兑汇票申请后，需要对申请进行审核。审核内容包括票面信息是否合规、企业资信情况、申请人是否有权限等。通过审核后，承兑行将签发电子承兑汇票并进行承兑。

3. 企业出票

企业通过电子承兑汇票向收款方出票。在出票时，需要填写票据到期日、金额、收款人信息等票面信息，并上传扫描件或发送电子版至收款方。同时，企业需要将电子承兑汇票签发给收款方，以便收款方到期兑付。

4. 收款方验票

收款方在收到电子承兑汇票后，需要进行验票。验票内容包括：票据是否真实有效、票据到期日是否合规等。如票据正常，收款方可进行兑付操作。

5. 承兑行兑付

票据到期日，收款方可通过电子银行承兑汇票的方式进行兑付。收款方将电子承兑汇票送至承兑行，承兑行对票据进行核验后，将票款划入收款方账户。

电子银行承兑汇票的操作流程便捷、安全、高效。出纳人员在使用时要注意保护账户安全，防止资金遭受风险。

【任务实施】

银行承兑汇票结算付款业务主要由财务部徐琳（出纳）、李娜（会计）、方蓉佳（财务主管）来完成，具体工作步骤如下：

第一步：出纳申请银行承兑汇票

1. 填写"银行结算业务申请书"：使用银行承兑汇票结算货款，需要付款人向开户银行提出申请，填写"银行结算业务申请书"，如图 4-15 所示。

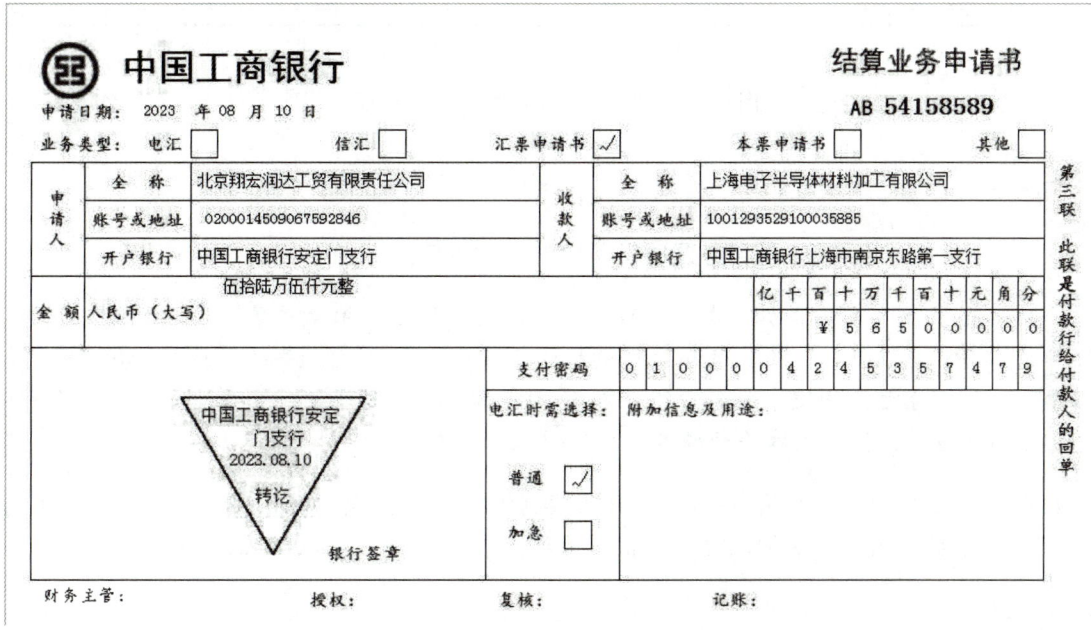

图 4-15 银行承兑汇票申请书

2. 银行受理、审核银行结算业务申请书。银行审核无误后，同意为其办理银行承兑汇票业务并收取手续费。按规定金额签发银行承兑汇票后，将银行结算业务申请书回单、收费凭证，如图 4-16 所示，交给出纳徐琳。

3. 审核银行承兑汇票及收费凭单。办理银行承兑汇票手续费记入"财务费用——手续费"。银行付款凭证录入完毕后，交付主管审核。

中国工商银行业务收费凭证

币别：人民币　　2023 年 08 月 10 日　　流水号：720908236615859134

付款人：北京翔宏润达工贸有限责任公司　　账号：0200014509067592846

项目名称	工本费	手续费	电子汇划费	其他	金额
银行承兑汇票		手续费			282.50

金额（大写）：贰佰捌拾贰元伍角整　　　　　¥282.50

付款方式：

财务主管　　授权　　复核　　记账

图 4-16　中国工商银行业务收费凭证

职场链接

办理银行承兑汇票的手续费

按照《银行承兑汇票办理协议》的规定，付款单位办理承兑手续应向承兑银行支付手续费，由开户银行从付款单位存款户中扣收。按照现行规定，手续费按银行承兑汇票出票金额的万分之五计收，每笔手续费不足 10 元的按 10 元计收。如果申请办理银行承兑汇票 100 万元，银行收取手续费是多少？记入什么账户？

8 月 10 日，企业支付承兑手续费，出纳填制银行承兑汇票，开户银行在银行承兑汇票上签章表示承兑。出纳徐琳带回办妥的银行承兑汇票（第二、三联），如图 4-17 所示。

温故知新

银行授信

银行授信是指商业银行向非金融机构客户直接提供的资金，或者对客户在有关经济活动中可能产生的赔偿、支付责任做出的保证，包括贷款、贸易融资、票据融资、融资租赁、透支、各项垫款等表内业务，以及票据承兑、开出信用证、保函、备用信用证、信用证保兑、债券发行担保、借款担保、有追索权的资产销售、未使用的不可撤销的贷款承诺等表外业务。

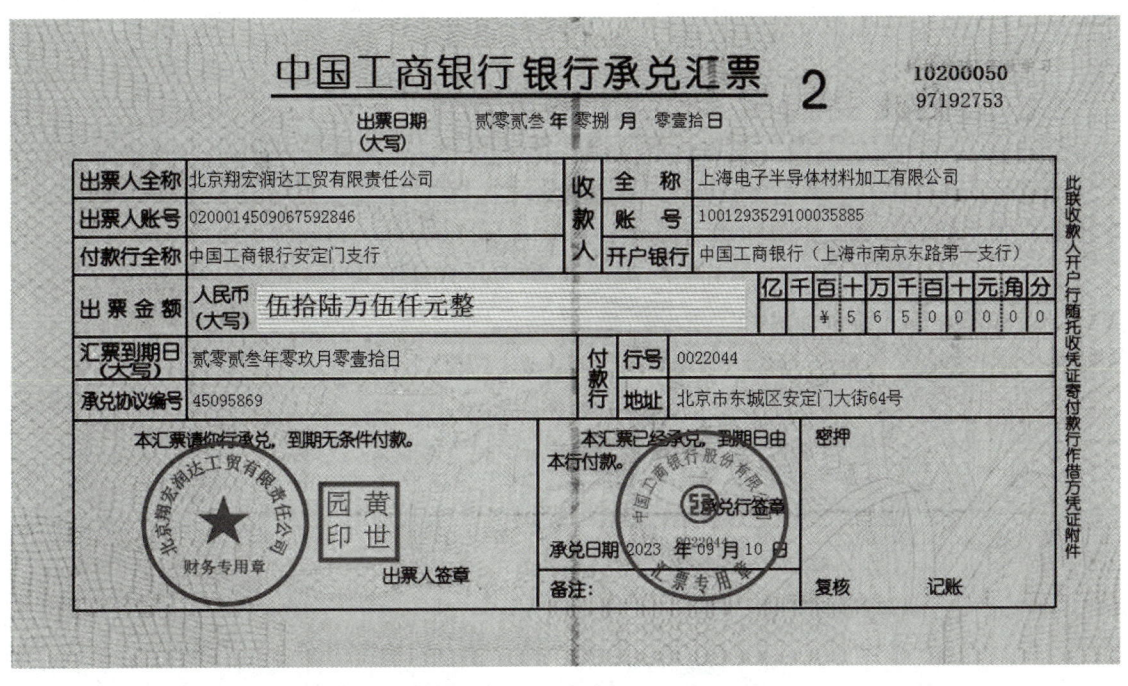

图 4-17 银行承兑汇票

4. 出纳徐琳将已办好的银行承兑汇票申请书、汇票以及承兑手续费单据交给会计李娜生成记账凭证，如图 4-18 所示。

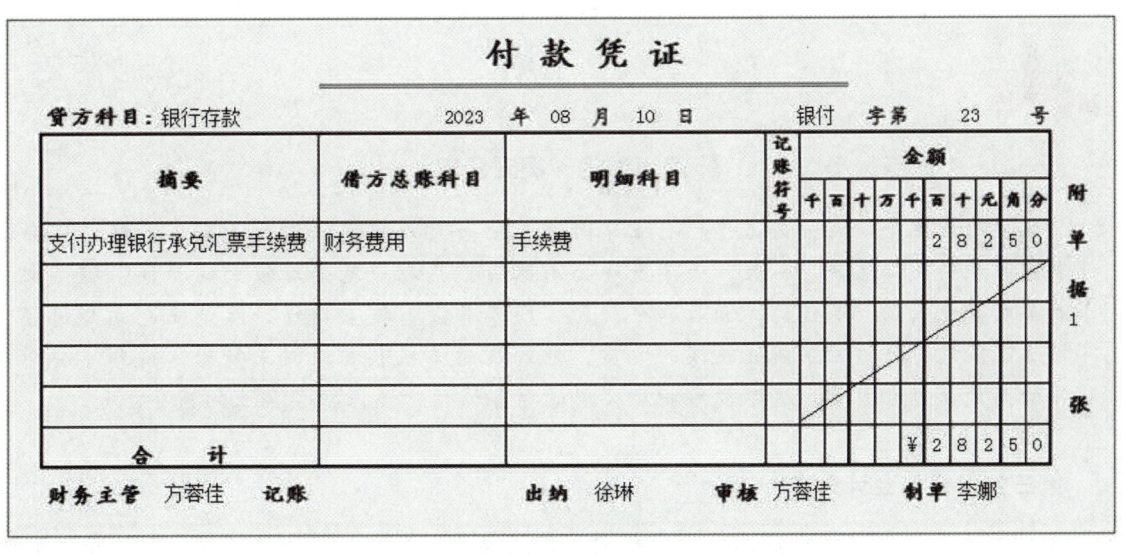

图 4-18 支付手续费付款凭证

第二步：办理商业汇票结算

将银行承兑汇票（第二联）交给承兑申请人转交收款人。

8月12日，采购员持银行承兑汇票前往上海电子半导体材料加工有限公司采购了一批半导体材料2 500套，取得增值税专用发票一张，价款500 000.00元，税额65 000.00元，材料已验收入库。如图4-19所示。

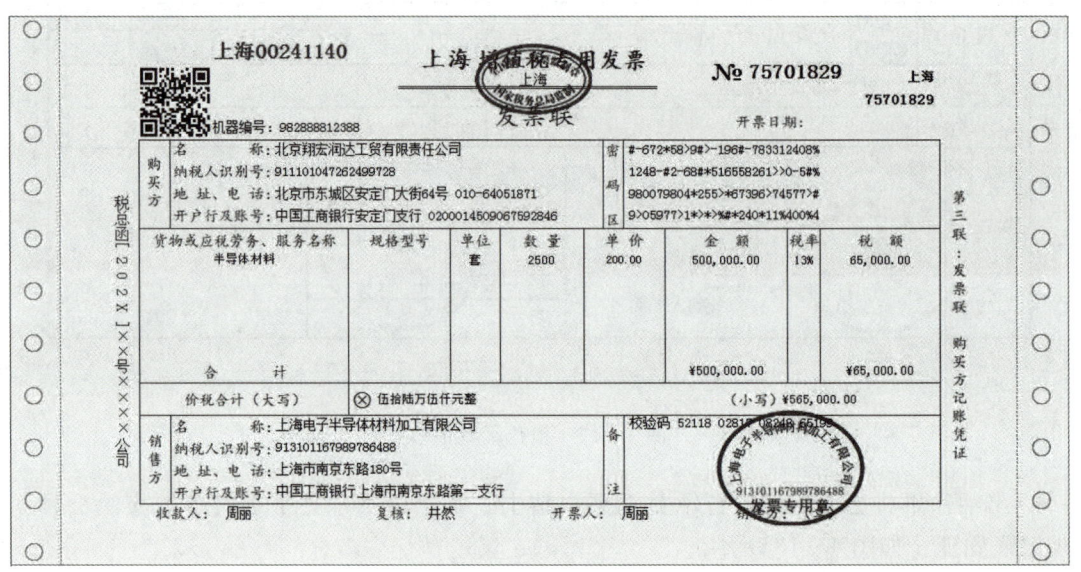

图4-19　购买材料的增值税专用发票

> **寓德于技**
>
> **践行诚信，提升素养**
>
> 某公司出纳小李在公司工作已有五年时间，他一直以诚实守信为原则，严格遵守会计准则和相关法律法规。一天，小李发现公司账目中存在一笔金额较大的错误，这是由于财务人员录入错误导致的。面对这个问题，小李并没有掩盖错误，而是立即向公司领导报告了情况，并提出了纠正错误的方案，他的及时举报和积极纠正行为，得到了公司领导的高度认可和赞赏。这不仅维护了公司的财务诚信，还保护了企业的声誉。

第三步：录入会计凭证

根据上海电子半导体材料加工有限公司开具的增值税专用发票及银行承兑汇票的复印件录入记账凭证，如图4-20所示。

第四步：登记"应付票据备查簿"

应付票据备查簿的登记内容主要包括：销货单位或收款人、合同号码、摘要、票据种

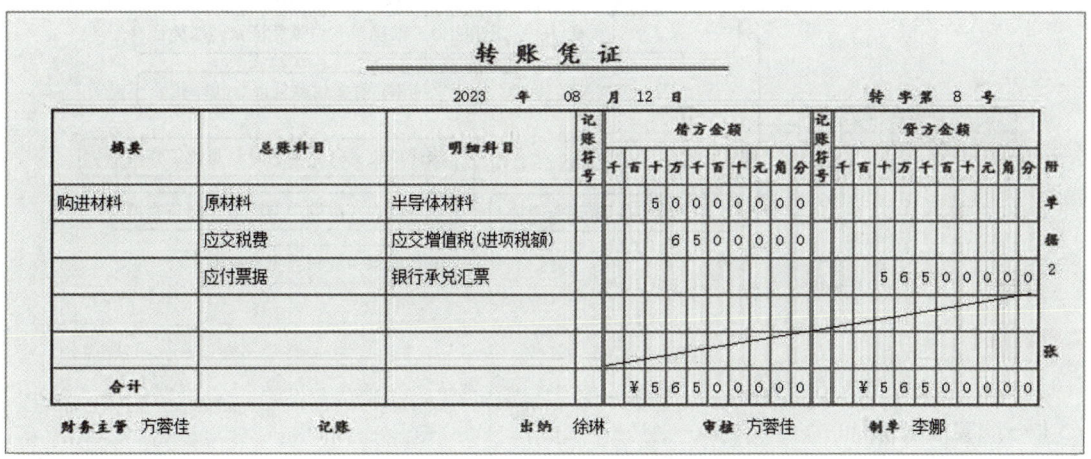

图 4-20 录入转账凭证

类、汇票号码、汇票签发日期、汇票到期日期、汇票金额、付款日期、付款金额，如图 4-21 所示。

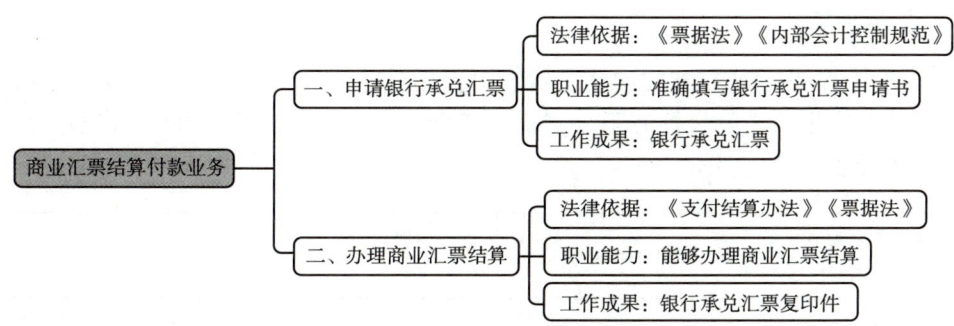

图 4-21 应付票据备查簿

【任务总结】

商业汇票结算付款业务
- 一、申请银行承兑汇票
  - 法律依据：《票据法》《内部会计控制规范》
  - 职业能力：准确填写银行承兑汇票申请书
  - 工作成果：银行承兑汇票
- 二、办理商业汇票结算
  - 法律依据：《支付结算办法》《票据法》
  - 职业能力：能够办理商业汇票结算
  - 工作成果：银行承兑汇票复印件

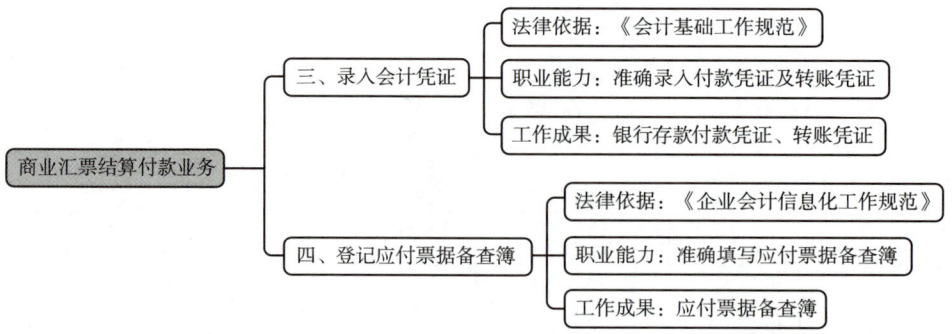

【实战训练】

（一）实战背景

2023 年 10 月 28 日，蓝风叶公司采购部交来采购合同，系向宏盛有限公司采购一批 A 材料，材料价款为 339 000.00 元，交货期限为一个月。为缓解资金短缺的困难，与宏盛有限公司商议，采用银行承兑汇票方式结算，付款期限为三个月。

（二）任务目标

出纳按照《支付结算办法》《票据法》《会计基础工作规范》的要求办理银行承兑汇票，支付手续费，将已办好的银行承兑汇票申请书、汇票及承兑手续费单据传递给会计人员，完成商业汇票付款结算业务。

（三）任务实现

出纳通过模拟银行办理银行承兑汇票，根据子任务 1 操作步骤，完成任务操作。

子任务 2　商业汇票结算收款业务

【任务布置】

（一）任务描述

2023 年 8 月 15 日，北京翔宏润达工贸有限责任公司（以下简称"翔宏润达公司"），销售商品收到的浙江未来光电仪器有限公司商业汇票一张共计 339 000.00 元到期，企业向其开户银行办理托收手续。

| Kh003 | 浙江未来光电仪器有限公司 | 913355027463411432 | 中国工商银行平湖支行 | 1204080019814010789 | 半成品显示屏 |

（二）工作要求

分别以出纳、会计、财务主管的身份完成以下工作；
（1）填写"托收凭证"，并在银行承兑汇票上背书；
（2）银行收妥款项；
（3）登记应收票据备查簿；
（4）生成银行存款日记账。

（三）工作成果

（1）托收凭证；
（2）收款凭证；
（3）应收票据备查簿；
（4）银行存款日记账。

（四）评价标准

依据《会计基础工作规范》《企业会计信息化工作规范》《小企业会计准则》等要求，规范填写托收凭证，录入收款凭证，登记"应收票据备查簿"，生成银行存款日记账。

【任务分析】

（一）工作思路

（1）出纳收取银行承兑汇票，填制托收凭证；
（2）银行收妥款项，生成收款凭证；
（3）登记应收票据备查簿；
（4）智能生成银行存款日记账。

（二）工作流程

银行承兑汇票结算收款业务，主要由财务部徐琳（出纳）、李娜（会计）、方蓉佳（财务主管）来完成，需要企业销售部门的人员相互配合，基本工作流程如图4-22所示。

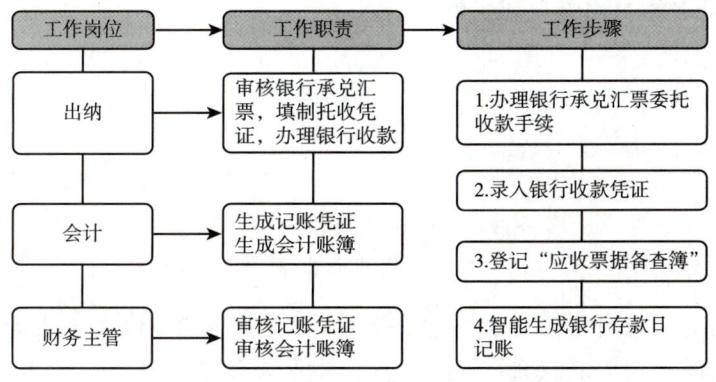

图4-22 商业汇票结算收款业务工作流程图

（三）知识准备

1. 使用商业汇票结算的注意事项

（1）商业汇票的适用范围相对较窄，各单位之间只有根据购销合同进行合法的商品交易，才能签发商业汇票。除此之外的其他结算，如债务清偿等均不可采用商业汇票结算方式。

（2）商业汇票的使用对象也相对较少。商业汇票的使用对象是在银行开立账户的法人。使用商业汇票的收款人、付款人以及背书人、被背书人等必须同时具备两个条件：一是在银行开立账户，二是具有法人资格。个体工商户、农村承包户、个人、法人的附属单位等不具有法人资格的单位或个人，以及虽具有法人资格但没有在银行开立账户的单位都不能使用商业汇票。

2. 商业汇票的其他规定

（1）承兑期限。纸质商业汇票最长不超过 6 个月，电子商业汇票最长为一年。承兑申请人在银行承兑汇票到期未付款的，按规定计收逾期罚息。《支付结算办法》第 89 条规定，承兑期限计算从出票日起，至汇票到期日止。并在汇票上记载具体到期日。

（2）商业汇票一律记名并允许背书转让。商业汇票到期后，一律通过银行办理转账结算，银行不支付现金。商业汇票的提示付款期限自汇票到期日起 10 日内。

（3）商业汇票采用定日付款形式，出票人签发汇票时，应在汇票上记载具体的到期日。

（4）已承兑的商业承兑汇票丧失，可由失票人通知承兑人或承兑人开户银行挂失止付；已承兑的银行承兑汇票丧失，应及时向承兑银行办理挂失注销手续。

（四）技能准备

单位和个人收到的商业承兑汇票到期时，需要办理委托收款结算。委托收款在同城、异地均可以使用，托收凭证一式五联。委托收款应记载以下事项：

（1）表明"委托收款"的字样；
（2）确定的金额大小写；
（3）付款人的名称、账号及开户银行；
（4）收款人的名称、账号及开户银行；
（5）托收凭证名称及附寄单证张数；
（6）委托日期；
（7）收款人签章。

寓德于技

以案为鉴

——出纳会计挪用企业商业汇票 2 000 万元！

某热电公司的出纳刘某某买通公司会计吴某某，挪用 2 000 万元左右承兑汇票换票、倒票、出借，两年时间非法获利 92.59 万元。热电公司进行盘点，这才导致案发。经清查，公司账面应收票据金额 3 100 万元，经盘点承兑汇票实物仅有 2 450 万元，账面实际差额 650 万元整。了解这一情况后，财务经理张某某立即将此事汇报给领导，并报了警。该案件给公司造成直接损失 571 万元。因犯挪用资金罪，刘某某获刑五年，吴某某获刑两年缓刑两年。

票据的签发、取得和转让必须遵循诚实信用的原则，具有真实的交易和债权债务关系。在票据业务交易中，面对损害票据权利的现象，要使用法律维护票据权利，保护公司的经济利益。

【任务实施】

出纳徐琳办理银行承兑汇票结算收款业务的具体工作步骤如下：

第一步：办理委托收款手续

根据双方合同约定，翔宏润达公司收到的购货单位开出的银行承兑汇票到期时，办理托收手续，并录入相关记账凭证。

【要点提示】收到银行承兑汇票时记账凭证的编制，如图 4-23 所示。

摘要	总账科目	明细科目	记账符号	借方金额 千百十万千百十元角分	记账符号	贷方金额 千百十万千百十元角分	附单据
销售半成品显示屏	应收票据	银行承兑汇票		3 3 9 0 0 0 0 0 0			
	主营业务收入	半成品显示屏				3 0 0 0 0 0 0 0 0	3张
	应交税费	应交增值税（销项税额）				3 9 0 0 0 0 0 0	
合计				¥3 3 9 0 0 0 0 0 0		¥3 3 9 0 0 0 0 0 0	

转账凭证　2023 年 07 月 15 日　转字第 15 号

财务主管 方蓉佳　记账　出纳 徐琳　审核 方蓉佳　制单 李娜

图 4-23　收到银行承兑汇票时录入转账凭证

翔宏润达公司于 8 月 15 日向其开户银行办理托收手续，填制托收凭证。如图 4-24 所示。

在银行承兑汇票的背面（第二联）进行背书，如图 4-25 所示。

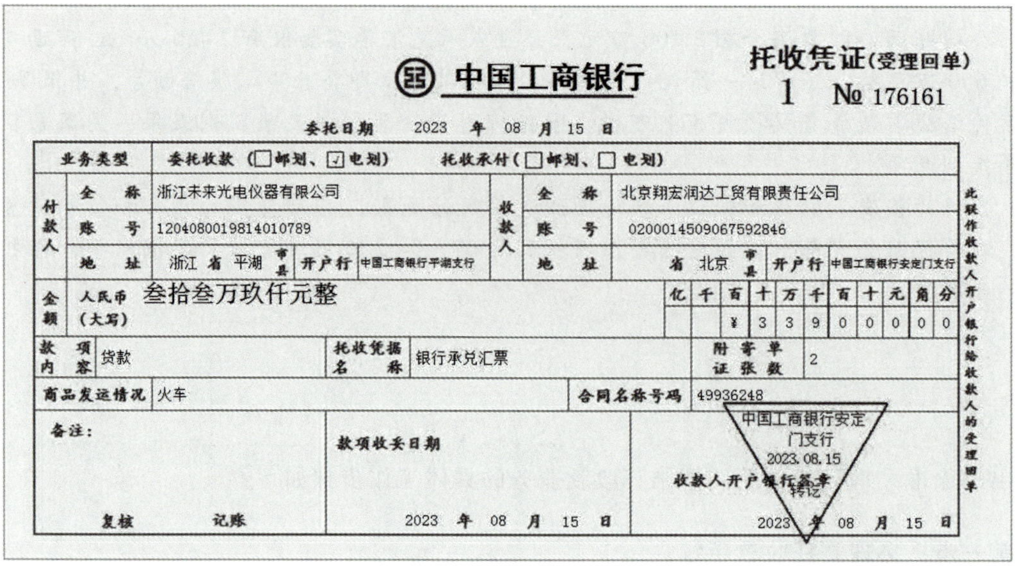

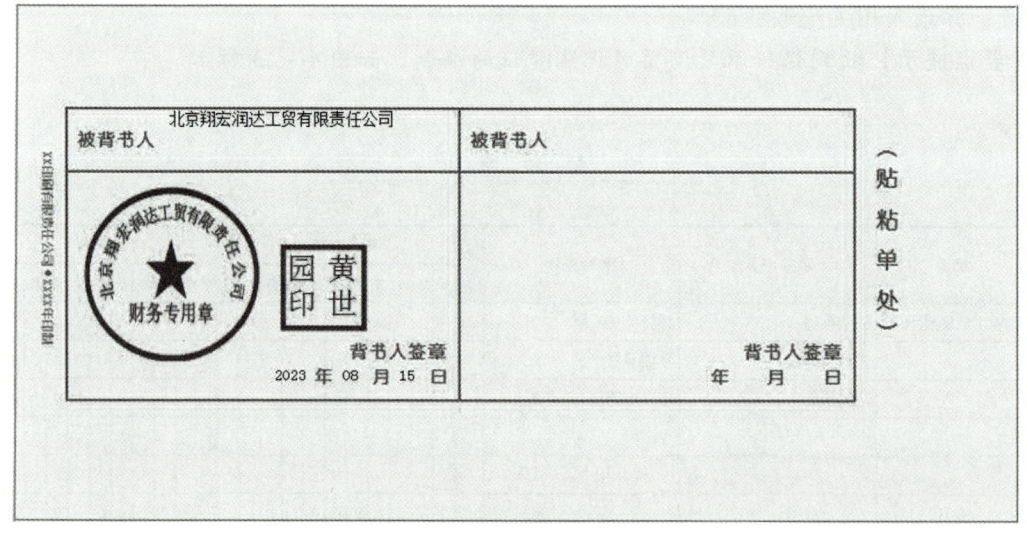

中国工商银行　托收凭证（受理回单）1　№ 176161

委托日期　2023 年 08 月 15 日

业务类型	委托收款（□邮划、☑电划）		托收承付（□邮划、□电划）		
付款人	全称	浙江未来光电仪器有限公司	收款人	全称	北京翔宏润达工贸有限责任公司
	账号	1204080019814010789		账号	0200014509067592846
	地址	浙江 省 平湖 市/县　开户行 中国工商银行平湖支行		地址	省 北京 市/县　开户行 中国工商银行安定门支行
金额	人民币（大写）	叁拾叁万玖仟元整		亿千百十万千百十元角分	¥ 3 3 9 0 0 0 0 0
款项内容	货款	托收凭据名称	银行承兑汇票	附寄单证张数	2
商品发运情况	火车		合同名称号码	49936248	
备注： 复核　记账	款项收妥日期 2023 年 08 月 15 日		收款人开户银行签章 2023 年 08 月 15 日		

中国工商银行安定门支行 2023.08.15 转讫

此联作收款人开户银行给收款人的受理回单

图 4－24　办理托收手续

被背书人 北京翔宏润达工贸有限责任公司	被背书人
北京翔宏润达工贸有限责任公司 财务专用章　黄世园印　背书人签章 2023 年 08 月 15 日	背书人签章 年 月 日

（贴粘单处）

图 4－25　银行承兑汇票背面背书

职场链接

纸质银行承兑汇票兑付

银行承兑汇票到期前十天，收款单位填制一式五联的托收凭证。同时，在银行承兑汇票的第二联、第三联的背面加盖预留银行印鉴后，将汇票的第二联、第三联和托收凭证一并送交银行办理收款手续。

第二步：录入银行收款凭证

收款单位接到银行收款通知（托收凭证第四联）时，录入记账凭证。如图4-26所示。

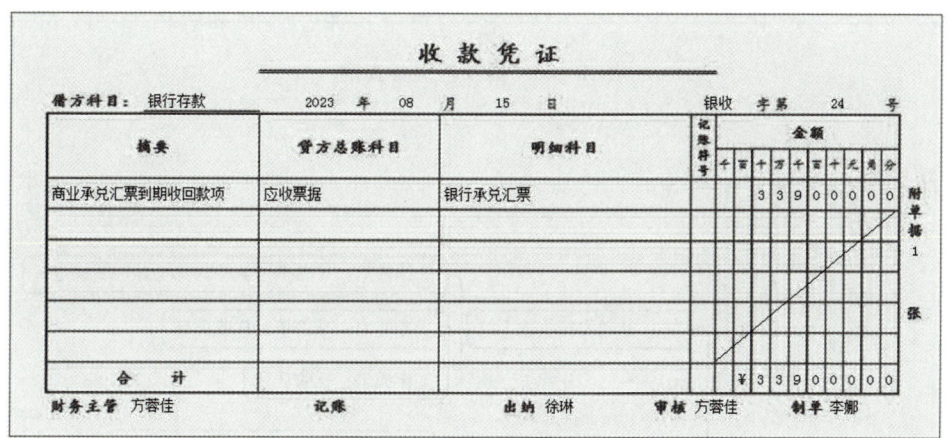

图4-26 银行承兑汇票到期收回款项的收款凭证

第三步：生成银行存款日记账

根据银行收款凭证生成银行存款日记账，查询银行存款的余额，关注企业资金变动情况，适时汇报资金变动情况。如图4-27所示。

图4-27 生成银行存款日记账

第四步：登记"应收票据备查簿"

应收票据到期结清票款后，应在备查簿内逐笔注销。出纳人员依据商业汇票的业务发生情况及时登记应收票据备查簿。如图4-28所示。

应收票据备查簿

序号	票据号	票据内容	票据性质	出票人名称	出票日期	票面金额	到期日	贴现日期	贴现天数	贴现净额	备注
01	0715	货款	银行承兑汇票	浙江未来光电仪器有限公司	2023-07-15	339,000.00	2023-08-15				

图 4-28 应收票据备查簿

【任务总结】

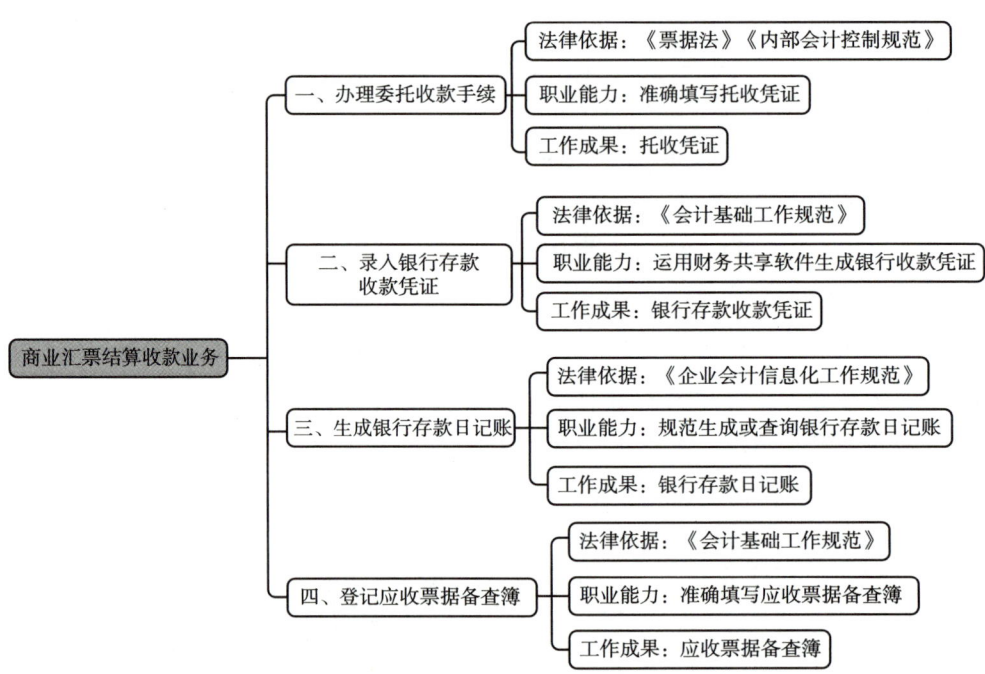

【实战训练】

（一）实战背景

2023年9月29日，蓝风叶公司收到美庭商贸有限公司交来的银行承兑汇票一张，金额452 000.00元，到期日10月29日。2023年10月29日票据到期后，向其开户银行办理托收手续，取得银行的收账通知，办理收款结算。

（二）任务目标

出纳按照《支付结算办法》《票据法》《会计基础工作规范》的要求办理银行承兑汇票委托收款手续，取得银行托收凭证（回单），并传递给会计人员。票据到期后，出纳取得托收凭证（收账通知）联，查询银行存款账户金额，关注银行存款账户的变动情况，将托收凭证（收账通知）联传递给会计人员，完成商业汇票收款结算业务。

（三）任务实现

出纳通过模拟银行办理银行承兑汇票收款业务，根据子任务2操作步骤，完成任务操作。

任务三　办理网银结算业务

【学习目标】

- 知晓网银结算的业务流程
- 熟记网银结算管理的有关规定
- 能够规范使用网银系统，办理收款、付款结算业务
- 智能生成记账凭证及银行存款日记账

子任务1　网银结算对公业务

【任务布置】

（一）任务描述

北京翔宏润达工贸有限责任公司（以下简称"翔宏润达公司"）生产设备一台，货款共计67 800.00元，生产设备已验收入库，款项以网银支付。

| Gys013 | 安格斯（上海）设备工程有限公司 | 91310117607216321E | 中国银行上海市松江工业区支行 | 444259224773 | 生产设备 |

（二）工作要求

分别以出纳、会计、财务主管的身份完成以下工作：
（1）开通网银结算功能；
（2）填写网银结算单；
（3）录入付款凭证；

(4) 生成或查询银行存款日记账。

(三) 工作成果

(1) 网银结算单；
(2) 付款凭证；
(3) 银行存款日记账。

(四) 评价标准

根据《会计基础工作规范》《企业会计信息化工作规范》《小企业会计准则》等要求，规范填写网银结算单，录入银行存款付款凭证，生成或查询银行存款日记账。

【任务分析】

(一) 工作思路

(1) 开通网银支付功能；
(2) 使用网银办理支付结算；
(3) 录入银行存款付款凭证；
(4) 智能生成银行存款日记账。

(二) 工作流程

网银结算对公业务主要由财务部徐琳（出纳）、李娜（会计）、方蓉佳（财务主管）来完成，需要企业采购部门的人员相互配合，基本工作流程如图 4-29 所示。

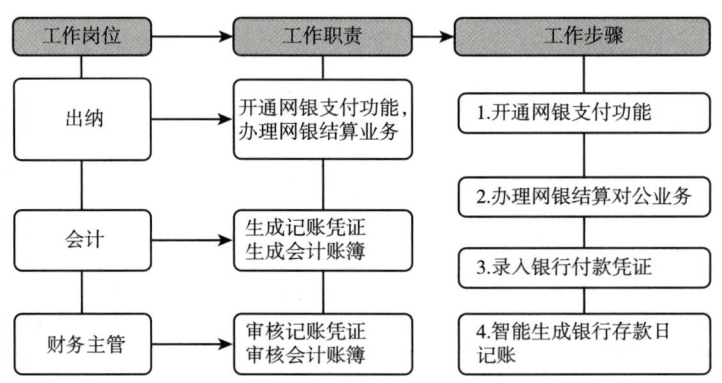

图 4-29 网银结算对公业务工作流程图

(三) 知识准备

1. 网上银行

网上银行企业服务，是指银行通过计算机和互联网为企业客户提供的金融服务，是一个基于 Internet 的网上银行平台，它可以为企业提供实时、高效的账户管理、转账汇款、代收代付、电子汇票、现金管理、国际结算、贷款服务、投资理财、电子商务、资产托管、信用卡服务等金融服务。

2. 网上银行的渠道

网上银行企业服务提供 Web 渠道和银企对接渠道两种方式。Web 渠道是指客户通过 Internet 浏览器访问网上银行，并获得标准化网银服务的方式。银企对接渠道是指企业财务系统与企业网上银行系统进行系统间直接数据交互连接（包括互联网及专线连接方式），企业通过其财务系统界面获得银行服务的方式，企业可根据需要自行在其财务系统中订制更多个性化功能。

3. 网上银行的版面类型

根据不同类型的企业需求，网上银行企业服务被分为不同的版面类型，目前主要版面类型包括：中小企业版、企业理财版、查询对账版和财政预算单位版（财政公务卡）。

4. 网上银行的认证工具

网上银行认证工具包括动态口令牌、数字证书令牌或文件证书。企业可根据需要选择申请使用一种或多种认证工具或认证工具组合。企业进行高风险交易时必须通过认证工具验证后才能完成相关交易操作。

科技赋能

为什么网上银行结算的使用率高？

随着互联网金融的高速发展，银行转账结算更加高效、便捷、安全，网上银行结算更突出以下特点：

（1）安全，银行对客户的资料绝对保密。客户在银行的存款和取款只能通过电子渠道进行，不能使用现金，客户的存款和取款只能通过密码和数字证书进行认证，确保客户资料安全。

（2）快捷，网上银行可以让客户足不出户就完成存款和取款。

（四）技能准备

为企业开通网银功能已成为出纳必备的技能，每个银行开通网银的流程和需要的申请资料不同，企业可以根据所开立的账户进行办理，并向相应的银行申请。开通的时间有两种，一是企业开立账户时同时开通网银业务，二是可以根据企业的业务需要，随时向银行提出申请开通。现以工商银行网上银行业务为例，如图 4-30 所示。

具体的操作流程如下：

（1）仔细阅读有关资料，包括《中国工商银行电子银行章程》《中国工商银行电子银行企业客户服务协议》及有关介绍资料。

（2）准备相关资料，包括企业营业执照正本或副本；经办人身份证件（经办人非法定代表人或单位负责人，还应出具单位负责人的身份证件及企业委托授权书，网点可能会根据实际情况，请您提供户口簿、机动车驾驶证等其他身份辅助证明材料）；预留印鉴；开户网点需要的其他材料。

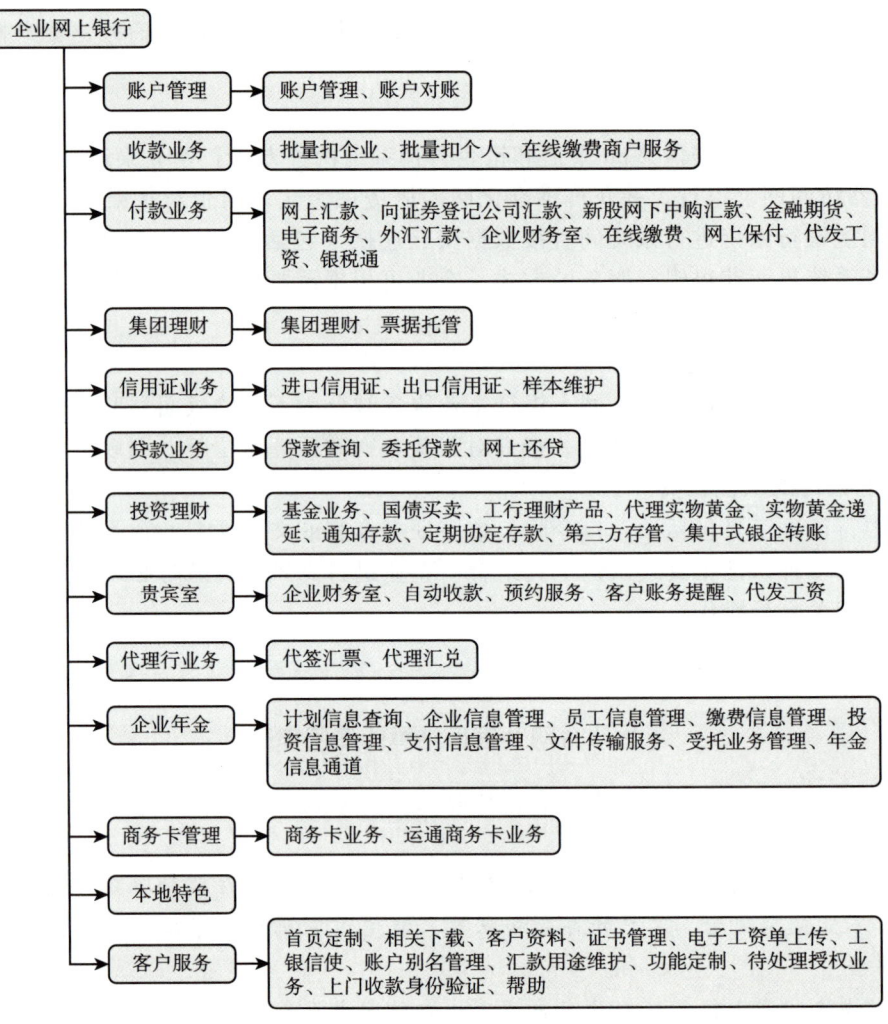

图 4-30 工商银行网上银行业务

（3）向开户行网点提交申请资料：登录中国工商银行网上银行下载并打印（或到网点领用）"网上银行企业客户注册申请表"，填写完成后加盖企业法人代表或授权代理人的印章和企业公章。

（4）将申请和准备好的资料提交给申办银行网点，等待审核通过，在收到申请表的两周之内，工行将通过电话、电子邮件或信函给予客户答复。对于未通过工行审批的，申请材料原件将退回给客户。

（5）审核通过后，支付费用，领取客户证书、密码信封以及U盾（U-key）。

（6）工行会将客户端安全代理软件发送给客户，客户按安装说明在中国工商银行官网下载并安装安全控件和证书驱动以后，就可以进行网上支付操作。

寓德于技

以案为鉴

——90后出纳使用网银违规操作被抓！疯狂挪用公款4 800万！

某单位出纳利用财务系统内部监管不力的漏洞，挪用公款4 800余万元。根据判决书显示，员工李某年仅27岁，大学专科文化，2018年12月至2020年4月，担任某公司出纳，为公司提供财务核算服务。在此期间，李某利用职务之便，不断虚假申请，虚假上报，篡改信息……。自己手握4个网银U盾，自由转账，将公司两个账户资金4 800余万元转到自己的个人账户。截至案发，李某已将挪用资金挥霍一空。

通过案例可以看出，该公司财务管理中存在以下漏洞：银行U盾保管的内控漏洞；资金收付审批管理的内控漏洞；资金核对、对账的内控漏洞；银行账户管理、收付款和信息系统的内控漏洞；资金财务分析、岗位轮换、内审等内控漏洞。

【任务实施】

第一步：开通网银支付功能

8月1日，出纳徐琳接到委托办理开通网上银行的任务，她需到银行签订办理网上银行服务协议证书空白表格（见图4－31），然后按照要求规范填写网上银行申请表，携带相关资料到开户银行柜台办理申请开通网上银行业务，也可以采取自助开通企业网上银行业务（见图4－32）。

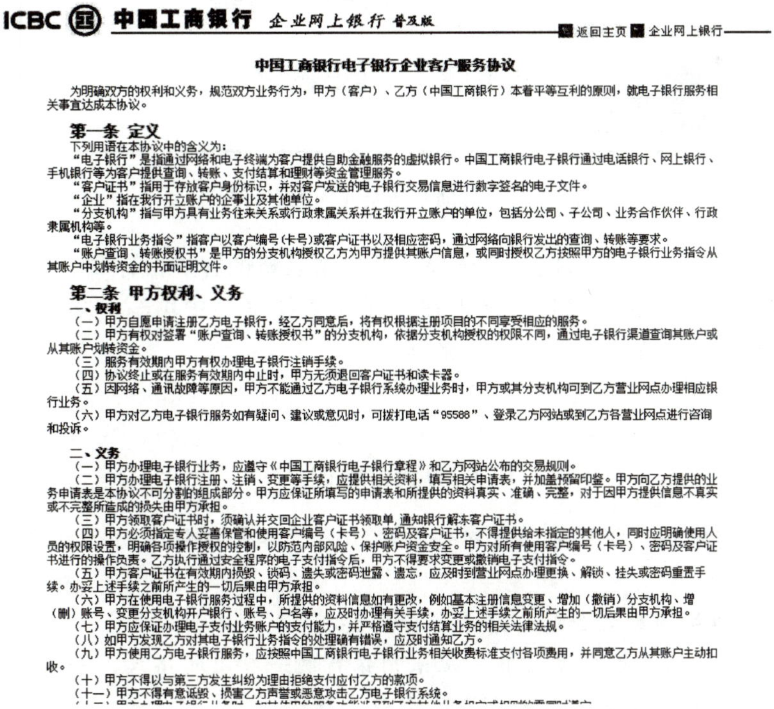

ICBC 中国工商银行 企业网上银行 普及版　返回主页　企业网上银行

中国工商银行电子银行企业客户服务协议

为明确双方的权利和义务，规范双方业务行为，甲方（客户）、乙方（中国工商银行）本着平等互利的原则，就电子银行服务相关事宜达成本协议。

第一条 定义

下列用语在本协议中的含义为：

“电子银行”是指通过网络和电子终端为客户提供自助金融服务的虚拟银行。中国工商银行电子银行通过电话银行、网上银行、手机银行等为客户提供查询、转账、支付结算和理财等资金管理服务。

“客户证书”指用于存放客户身份标识，并对客户发送的电子银行交易信息进行数字签名的电子文件。

“企业”指在我行开立账户的企事业及其他单位。

“分支机构”指与甲方具有业务往来关系或行政隶属关系并在我行开立账户的单位，包括分公司、子公司、业务合作伙伴、行政隶属机构等。

“电子银行业务指令”指客户以客户编号（卡号）或客户证书以及相应密码，通过网络向银行发出的查询、转账等要求。

“账户查询、转账授权书”是甲方的分支机构授权乙方为甲方提供其账户信息，或同时授权乙方按照甲方的电子银行业务指令从其账户中划转资金的书面证明文件。

第二条 甲方权利、义务

一、权利

（一）甲方自愿申请注册乙方电子银行，经乙方同意后，将有权根据注册项目的不同享受相应的服务。

（二）甲方有权对签署“账户查询、转账授权书”的分支机构，依据分支机构授权的权限不同，通过电子银行渠道查询其账户或从其账户划转资金。

（三）服务有效期内甲方有权办理电子银行注销手续。

（四）协议终止或在服务有效期内中止时，甲方无须退回客户证书和读卡器。

（五）因网络、通讯故障等原因，甲方不能通过乙方电子银行系统办理业务时，甲方或其分支机构可到乙方营业网点办理相应银行业务。

（六）甲方对乙方电子银行服务如有疑问、建议或意见时，可拨打电话“95588”、登录乙方网站或到乙方各营业网点进行咨询和投诉。

二、义务

（一）甲方办理电子银行业务，应遵守《中国工商银行电子银行章程》和乙方网站公布的交易规则。

（二）甲方办理电子银行注册、注销、变更等手续，应提供相关资料，填写相关申请表，并加盖预留印鉴。甲方向乙方提供的业务申请表是本协议不可分割的组成部分。甲方应保证所填写的申请表和所提供的资料真实、准确、完整，对于因甲方提供信息不真实或不完整所造成的损失由甲方承担。

（三）甲方领取客户证书时，须确认并交回企业客户证书领取单，通知银行解冻客户证书。

（四）甲方必须指定专人妥善保管和使用客户编号（卡号）、密码及客户证书，不得提供给未指定的其他人，同时应明确使用人员的权限设置，明确各项操作授权的控制，以防范内部风险、保护账户资金安全。甲方对所有使用客户编号（卡号）、密码及客户证书进行的操作负责。乙方执行通过安全程序的电子支付指令后，甲方不得要求变更或撤销电子支付指令。

（五）甲方客户证书在有效期内损毁、锁码、遗失或密码泄露、遗忘，应及时到营业网点办理更换、解锁、挂失或密码重置手续。办妥上述手续之前所产生的一切后果由甲方承担。

（六）甲方在使用电子银行服务过程中，所提供的资料信息如有更改，例如基本注册信息变更、增加（撤销）分支机构、增（删）账号、变更分支机构开户银行、账号、户名等，应及时办理有关手续，办妥上述手续之前所产生的一切后果由甲方承担。

（七）甲方应保证办理电子支付业务账户的支付能力，并严格遵守支付结算业务的相关法律法规。

（八）如甲方发现乙方对其电子银行业务指令的处理确有错误，应及时通知乙方。

（九）甲方使用乙方电子银行服务，应按照中国工商银行电子银行业务相关收费标准支付各项费用，并同意乙方从其账户主动扣收。

（十）甲方不得以与第三方发生纠纷为理由拒绝支付应付乙方的款项。

（十一）甲方不得有意诋毁、损害乙方声誉或恶意攻击乙方电子银行系统。

图4－31　签订电子银行企业客户服务业务样表（部分）

▶▶ 自助注册操作：

　　　　如果您现在还不是企业网上银行普及版客户,请按页面要求输入相关内容并确认后,即可成为我行企业网上银行普及版客户:请正确选择/输入开户地区等注册卡的信息,持卡人证件类型及证件号码是客户在银行申请开办普通卡证书所记载的证件类型及证件号码；联系人手机号将用于身份认证连续失败超过一定次数,系统发送短信通知。"

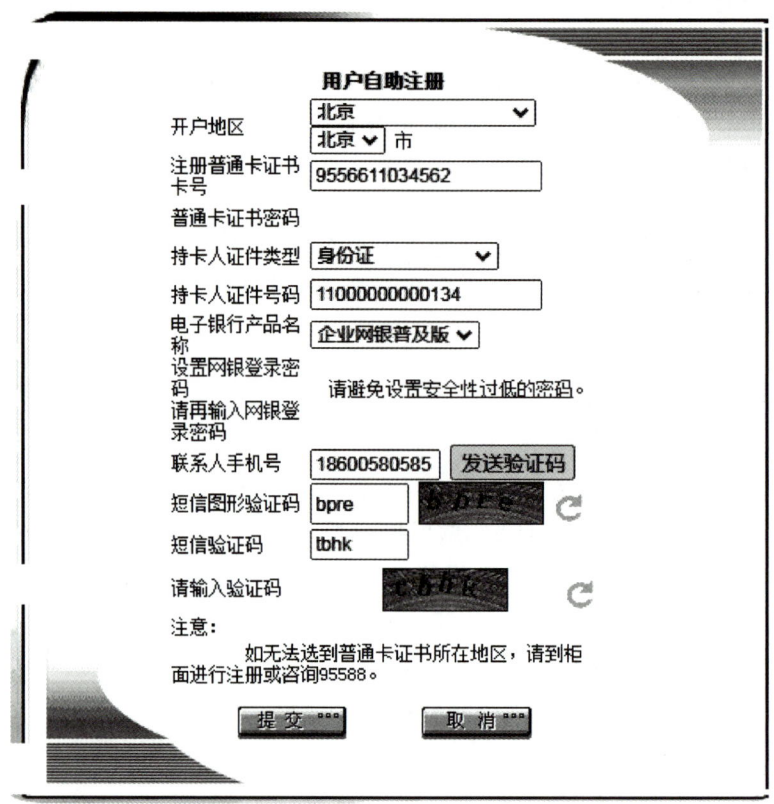

图4-32　自助开通企业网上银行操作

　　银行审核受理后，将客户回执、安全提示及申请表格的客户留存联、一份客户服务协议及所有操作员的认证工具交给徐琳，徐琳在"单位委托书"中填写"客户认证工具、密码信封领取单"。银行将收费凭证一并交给徐琳。

寓德于技

信息安全意识

　　所有材料均需提供复印件并在复印件上签注明"本复印件只用于申请××银行网上银行企业服务"。
　　（1）所有材料均须加盖企业公章或预留印鉴。
　　（2）"单位开通网上银行委托书"应采用银行统一制定的格式，一式两联。
　　（3）表格要素应填写完整，如有涂改需盖章确认。

第二步：办理网银结算对公业务

1. 出纳徐琳登录网银系统，选择企业网银登录。如图 4-33 所示。
2. 根据审核无误的原始凭证办理支付结算，录入支付信息。支付信息主要包括付款方账号信息，收款人信息，交易信息，收款人信息及交易信息输入并核对完毕后点击确定（见图 4-34），输入 U 盾（U-key）密码并发给下一级人员进行复核。

视频：网银支付流程

图 4-33　中国工商银行网上银行登录首页

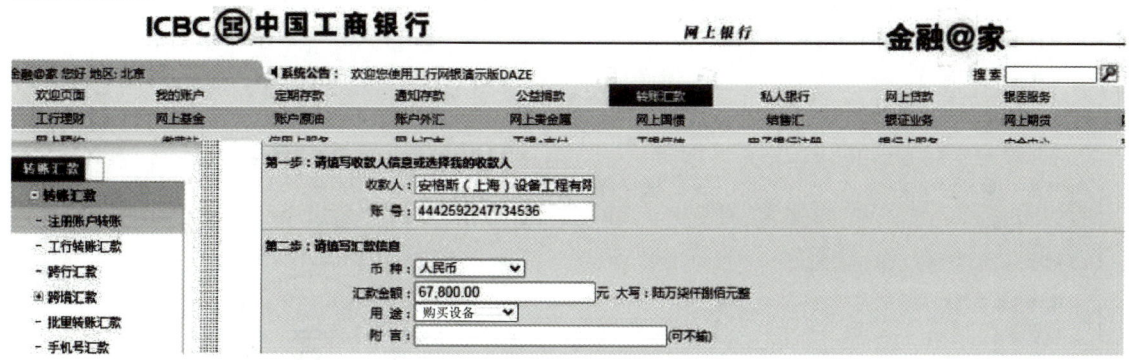

图 4-34　支付信息——收款方信息和付款信息

3. 财务主管对支付信息进行复核后，点击"提交"并输入 U 盾（U-key）密码，再点击"确定"，完成网上支付业务。转账支付流程如图 4-35 所示。

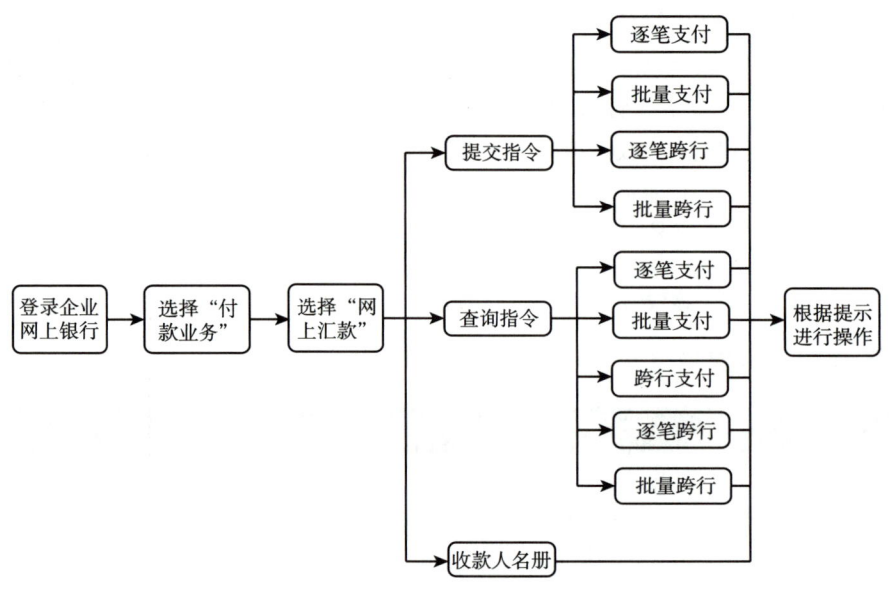

图4-35 网上银行转账结算流程图

4. 出纳可以在网上银行查找已经付款的信息，并打印出电子银行交易回单。如图4-36所示。

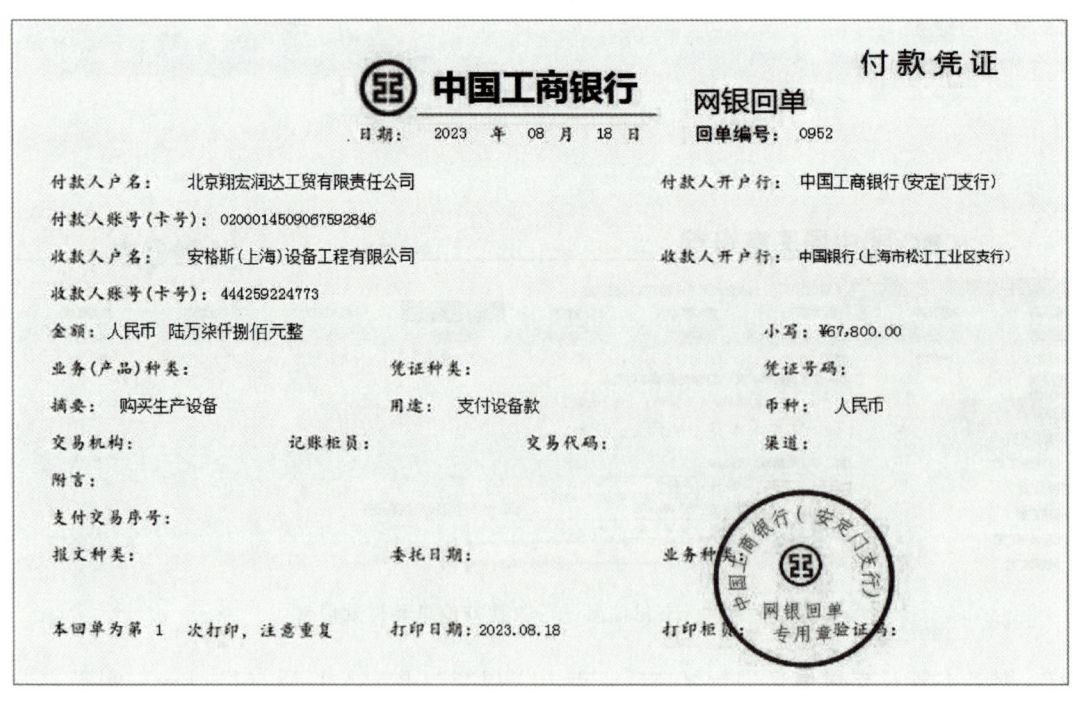

图4-36 网上银行回单

第三步：录入银行存款付款凭证

出纳徐琳将申请书、委托书、服务协议以及收费凭证交给会计李娜，会计李娜根据收费凭证录入付款凭证，如图 4－37 所示。

付款凭证

贷方科目：银行存款　　2023 年 08 月 18 日　　银付 字第 25 号

摘要	借方总账科目	明细科目	记账符号	金额（千百十万千百十元角分）
购买生产设备	固定资产			6000000
	应交税费	应交增值税（进项税额）		780000
合　计				¥6780000

附单据 3 张

财务主管 方蓉佳　记账　出纳 徐琳　审核 方蓉佳　制单 李娜

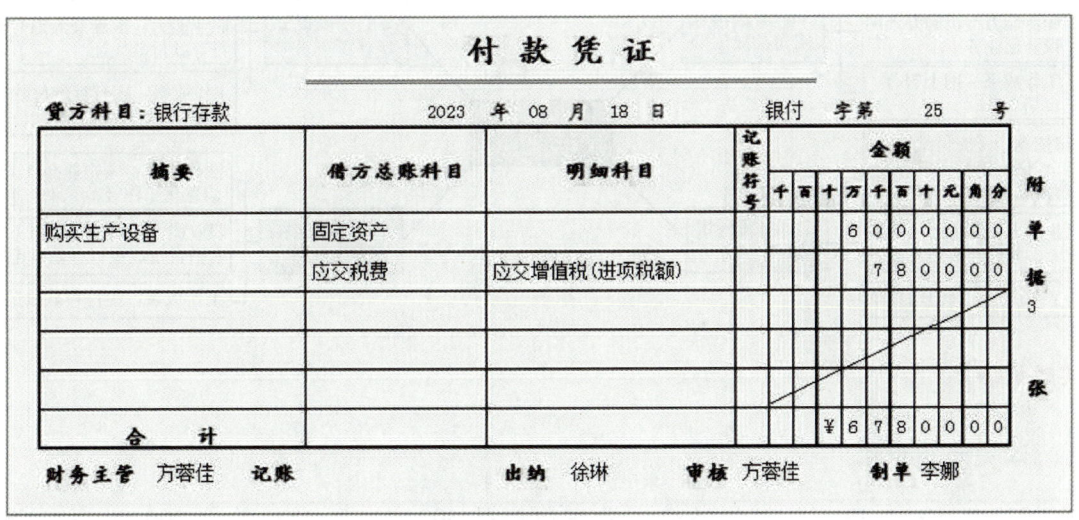

图 4－37　录入购买生产设备付款凭证

第四步：生成银行存款日记账

出纳徐琳根据审核无误的记账凭证生成“银行存款日记账”，查询银行存款日记账的余额，如图 4－38 所示。

银行存款日记账

开户行：中国工商银行安定门支行

账号：0200014509067592846

2023 年 月	日	记账凭证 字	号	对方科目	摘要	结算凭证 种类	号码	借方（千百十万千百十元角分）	贷方（千百十万千百十元角分）	借或贷	余额（千百十万千百十元角分）
08	06				……						26458942
08	06	银付	23		支付审计费	转支	99841165		600000		25858942
08	06	银收	21		收到货款	转支	35203092	1130000			26988942
08	10	银付	23		支付银行承兑汇票手续费	转账			28250		26960692
08	15	银收	24		商业汇票到期收回货款	商业汇票		33900000			60860692
08	18	银付	25		支付生产设备款	网银			6780000		54080692

图 4－38　生成的银行存款日记账

【任务总结】

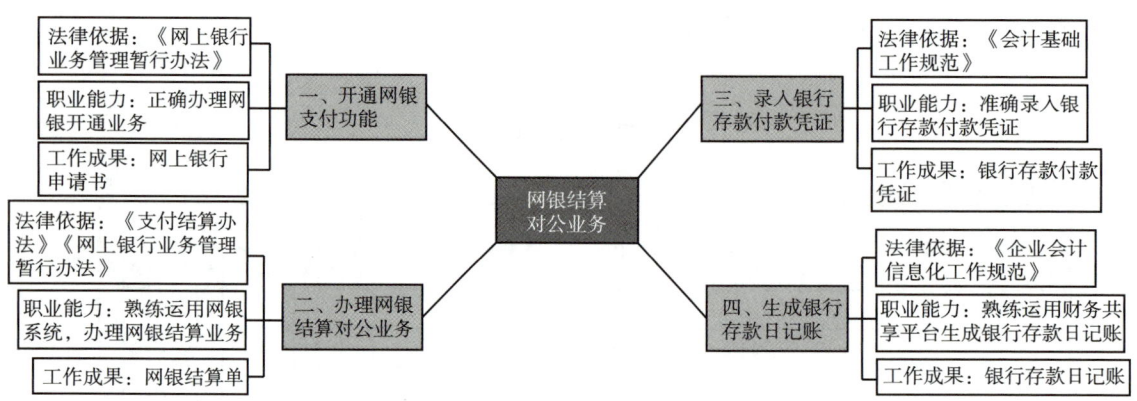

【实战训练】

（一）实战背景

2023 年 10 月 30 日，蓝风叶公司购进甲商品 500 件，不含税单价 300.00 元，金额 150 000.00 元，增值税税额 19 500.00 元，商品已验收入库，款项以网银支付。

（二）任务目标

出纳按照《支付结算办法》《票据法》《会计基础工作规范》的要求审核付款相关的原始凭证，规范登录网银系统，准确录入支付信息，完成网银支付结算业务。

（三）任务实现

出纳登录网银系统，根据网银支付操作指导书或子任务 1 的操作步骤，完成任务操作。

子任务 2　网银结算个人业务

【任务布置】

（一）任务描述

北京翔宏润达工贸有限责任公司 2023 年 8 月 25 日给销售部王晨报销差旅费 2 156.40 元。以网银结算方式支付。

（二）工作要求

分别以出纳、会计、财务主管的身份完成以下工作：
（1）熟悉网银结算业务的相关管理规定；
（2）明确网银结算业务的流程；
（3）准确办理网银对个人付款的结算；

（4）生成或查询银行存款日记账。

（三）工作成果

（1）网银结算单；
（2）付款凭证；
（3）银行存款日记账。

（四）评价标准

根据《会计基础工作规范》《企业会计信息化工作规范》《小企业会计准则》等要求，规范填写网银结算单，录入银行存款付款凭证，生成或查询银行存款日记账。

【任务分析】

（一）工作思路

（1）出纳审核原始凭证；
（2）填写网银支付信息，办理支付结算；
（3）录入银行存款付款凭证；
（4）智能生成银行存款日记账。

（二）工作流程

网银结算个人业务主要由财务部徐琳（出纳）、李娜（会计）、方蓉佳（财务主管）来完成，需要企业相关部门的人员相互配合，基本工作流程如图4-39所示。

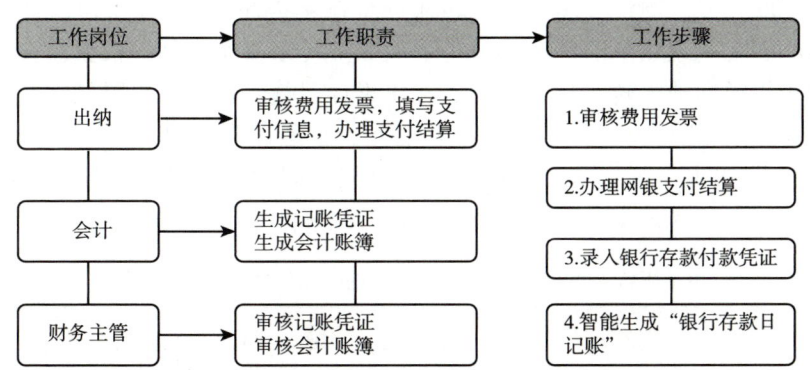

图4-39 网银结算个人业务工作流程图

（三）知识准备

1. 公司网上银行公转私的合规方式主要包括以下内容：

（1）发放工资薪金：公司每月将工资薪金通过公户发到每个员工的个人卡上，且已预扣预缴个人所得税。

（2）员工差旅费报销：公司将差旅费报销款或备用金通过公户转入出差员工个人账户，

出差回来后实报实销、多退少补。

（3）支付劳务报酬：公司通过对公账户支付授课老师的讲课费，转入老师个人卡中，讲课费是代扣个人所得税后的税后报酬。

（4）支付采购货款：公司向个人采购一批物品，取得自然人在税务部门代开的发票，公司通过对公账户把20万元货款转入自然人的个人卡中。

（5）归还个人借款：公司通过对公账户归还个人借款，包括股东或其他自然人的借款。如有借款利息，公司需代扣代缴20%的个人所得税。

（6）向个人支付赔偿金：公司根据合同、协议的约定或法院的判决书，通过公户向相关个人支付违约金、赔偿金等款项。

（7）股东税后分红：公司将缴纳股息红利个人所得税后的分红所得支付给股东。

（8）个人独资企业利润：个人独资企业定期会将扣除费用、缴纳经营所得个人所得税后的利润通过对公账户支付给个人独资企业的负责人。

> **职场链接**
>
> **及时清理欠款**
>
> 公司长期借股东钱未还，有账外资金回流的嫌疑，一旦被稽查，会被怀疑有隐瞒收入等违法行为，建议及时清理。

2. 网银转账限额

网银转账最高限额没有被严格规定，因此不同的银行的最高限额存在一定的差别，转账限额是指对银行卡的转账金额进行限制，超过限额的部分不予处理。

转账限额分为单笔转账限额和当日转账限额，比如手机银行单笔转账限额为50万元，日转账限额为100万元，则代表用户每次转账的金额不得超过50万元，每日总共转出的金额不得超过100万元。现以中国银行网银对个人账户转账限额为例，根据监管要求，客户可在柜台设置网银渠道向他人转账日累计限额和年累计限额。目前，该限额在银行端的上限分别为理财版日累计10万亿元、年累计100万亿元、日累计最多100万笔，小企业版日累计100亿元、年累计1 000亿元、日累计最多100万笔。同时，如客户向他人转账日累计限额超过100万元，转账交易提交时系统会向客户进行提示。如表4-1所示。

表4-1　　中国银行企业网银各动账类服务统一系统限额（人民币）　　　　单位：元

序号	服务名称	渠道	单笔最高限额		每日累计限额		每月累计限额
			动态口令	数字证书	动态口令	数字证书	
1	对公转账汇划	网上银行	1 000亿		5 000亿		—
		手机银行	200万	400万	2 000万	4 000万	—
		银企对接	—	1 000亿	5 000亿		
2	对私转账汇款	网上银行	500万		5 000万		
		手机银行	100万	200万	1 000万	2 000万	
		银企对接	—	2亿	10亿		

（四）技能准备

以中国工商银行的企业版网银公对私业务为例，具体的操作步骤如下：

1. 首先插入工商银行U盾，然后打开工商银行客户端，如图4－40所示。

图4－40　中国工商银行企业客户端界面

2. 打开工商银行客户端后，进入工商银行的登录界面，点击"企业网上银行登录"按钮，进入"U盾登录"界面，如图4－41所示。

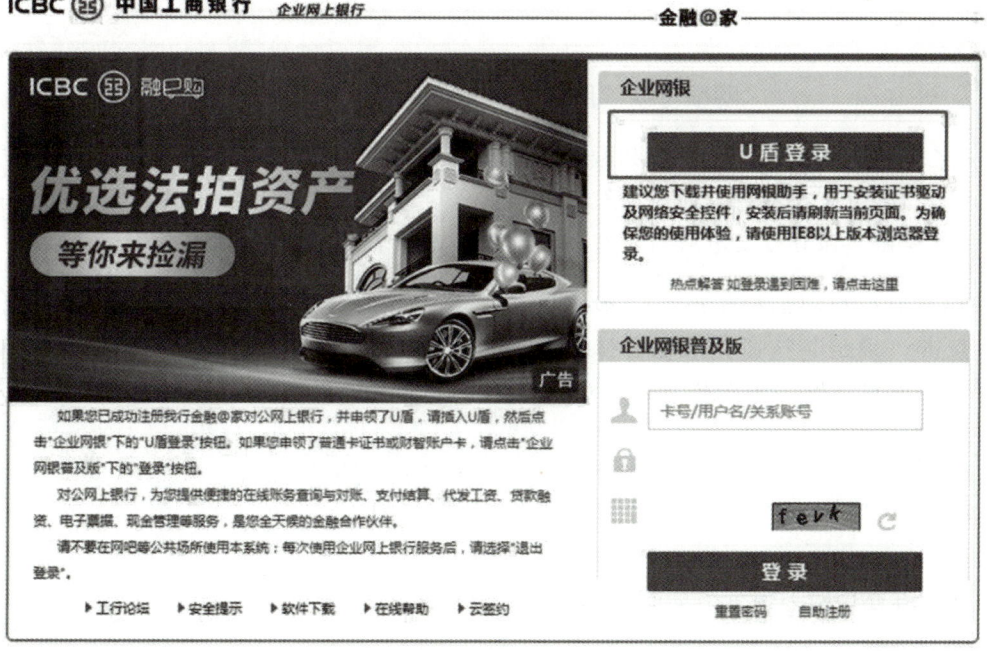

图4－41　U盾登录界面

3. 此时会弹出输入 U 盾密码的对话框，输入密码，随后进入工商银行网银操作界面，选择菜单栏的"转账汇款"，然后输入收款人的信息：收款人名称、账号、金额、汇款用途等，审核无误后，点击"提交"按钮。按照提示进行操作就可以成功地将钱转到个人账户。如图 4-42 所示。

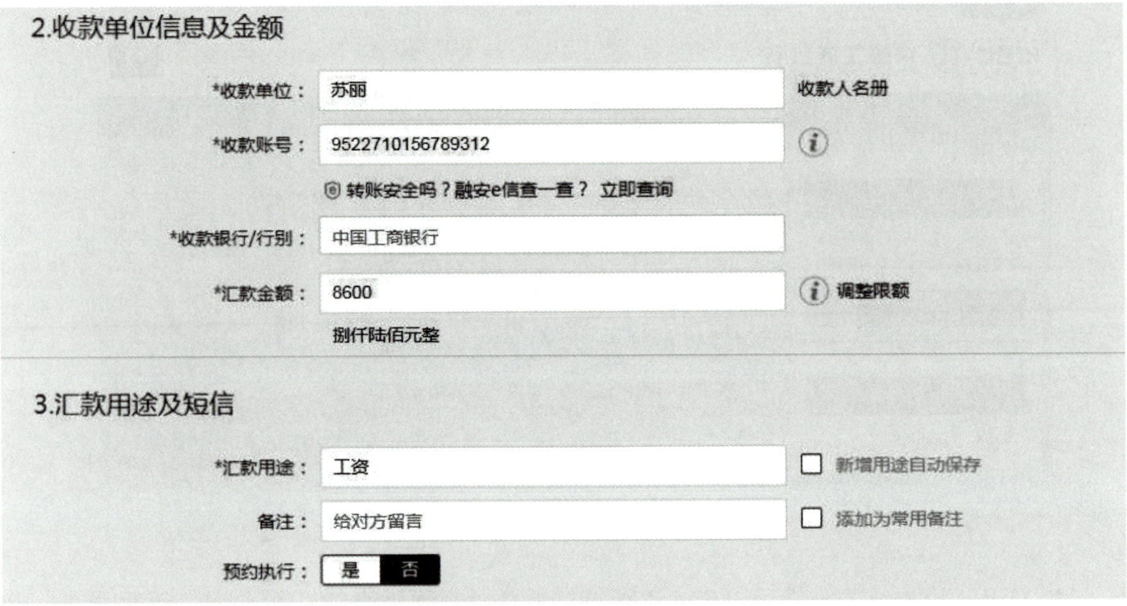

图 4-42 支付信息界面

> **职场链接**
>
> 网银付款"用途栏"根据实际用途填写
>
> 如果是公司员工，可以写报销款、出差备用金、出差补助、工资、奖金、稿费、演出费之类。如果是给公司以外的个人，可以写劳务费、服务费、个人债权或产权转让收益、保险理赔、保费退还等款项以及个人贷款转存等。

4. 具有复核权限的操作员（一般是财务主管）审核支付信息，审核无误后，输入验证码，点击"确定"按钮，系统会弹出 U 盾校验码，再次输入密码后，系统会再次弹出核对签名信息对话框，再次核对后，点击"确定"按钮，出纳可以进行支付。如图 4-43 所示。

【任务实施】

出纳徐琳办理网上银行结算业务具体工作步骤如下：

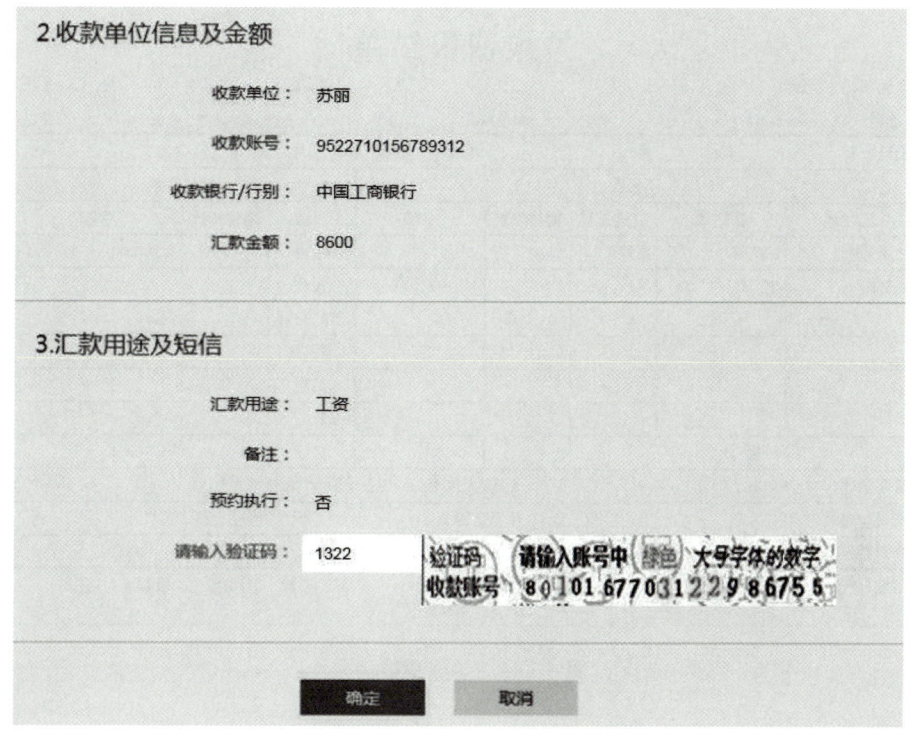

图 4-43 复核支付信息界面

第一步：审核费用发票

通过网上银行可以支付给个人，但是需要提供相关资料（比如合同、发票等），否则银行会以"公款私存"的理由拒绝处理。单位从其银行结算账户支付给个人银行结算账户的款项，每笔超过 5 万元的，应向其开户银行提供下列付款依据：代发工资协议和收款人清单；奖励证明；新闻出版、演出主办等单位与收款人签订的劳务合同或支付给个人款项的证明；证券公司、期货公司、信托投资公司、奖券发行或承销部门支付或退还给自然人款项的证明；债权或产权转让协议；借款合同；保险公司的证明；税收征管部门出具的证明农、副、矿产品购销合同；其他合法款项的证明。现以翔宏润达公司报销王晨差旅费为例，审核差旅费报销单及相关单据。如图 4-44 所示。

第二步：办理网银结算个人业务

1. 出纳（徐琳）审核差旅费报销单后，登录中国工商银行网上银行系统，办理报销金额的支付业务，出纳按照网上银行操作流程，选择"企业网上银行"模块，点击"U 盾登录"界面，输入登录密码，进入"支付信息"填写界面，准确填写各项信息，输入付款方账号"0200014509067592846"，如图 4-45 所示。收款方账号"95588082032708280"，收款方户名全称"王晨"，金额"2 156.40"，用途"报销差旅费"等内容，然后点击"确定"按钮。如图 4-46 所示。

差旅费报销单

报销部门：销售部　　　　报销日期：2023 年 08 月 25 日

出差人：王晨　　　　出差事由：

出差日期：2023 年 08 月 20 日 至 2023 年 08 月 24 日					共计：		天
车船费					其他费用		
出发地	到达地	交通工具	附件张数	金额	项目	附件张数	金额
上海虹桥	合肥南	高铁	1	213.00	住宿	1	1,260.00
合肥南	上海虹桥	高铁	1	213.00	餐饮		
					市内交通		70.40
					通讯费		
					其他		
					补助		400.00
合 计			2	¥426.00	合计	1	¥1,730.40
费用合计：¥2,156.40			元	大写(人民币)：贰仟壹佰伍拾陆元肆角整			
预借差旅：			元	补领金额：	元	退还金额：	元
核实后报销金额：			元	大写(人民币)：			

审批：方蓉佳　　财务主管：方蓉佳　　会计：李娜　　部门主管：李力行　　领款人：王晨

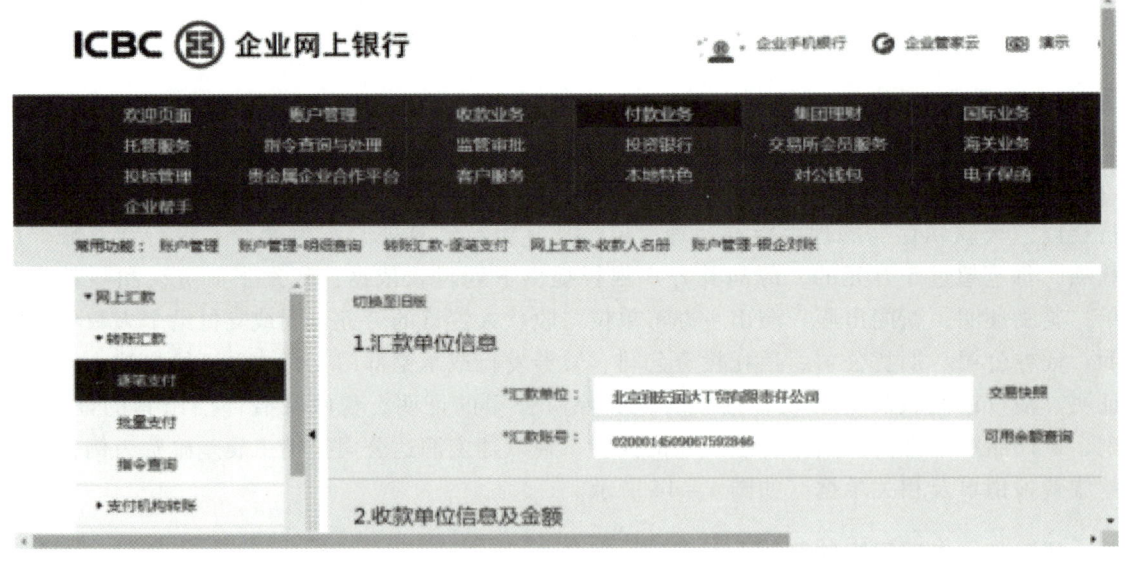

图 4－44　差旅费报销单

图 4－45　中国工商银行单据输入“支付信息——输入付款方账号”界面

2. 出纳准确录入支付信息后，系统会自动弹出支付信息确认对话框，输入校验码后，系统会弹出核对签名信息，由具有复核权限的操作员进行复核支付信息后，出纳查询已复核的支付信息记录，进行支付后，系统返回录入成功交易页面。如图 4－47 所示。

图 4-46 中国工商银行单据输入"支付信息——输入收款方信息"界面

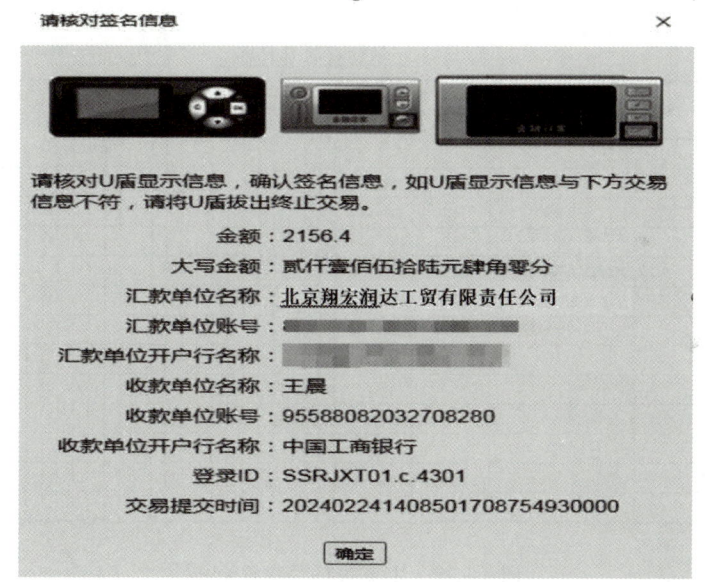

图 4-47 "报销差旅费"支付成功页面

第三步：录入银行存款付款凭证

出纳徐琳将已经支付成功的网银结算单转给会计李娜，李娜进入财务共享平台，录入报销差旅费的凭证，经过票据辨析，火车票可以抵扣9%的进项税额，住宿费取得的是增值税普通发票，不可以抵扣进项税额，如图4-48所示。

第四步：生成银行存款日记账

出纳徐琳根据审核无误的记账凭证生成"银行存款日记账"，查询银行存款日记账的余额，如图4-49所示。

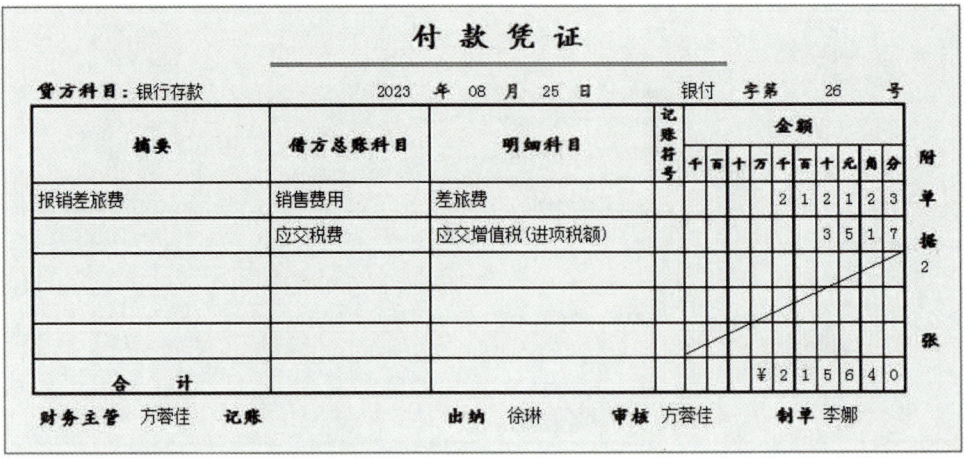

图 4-48 录入"报销差旅费"凭证

图 4-49 生成银行存款日记账

【任务总结】

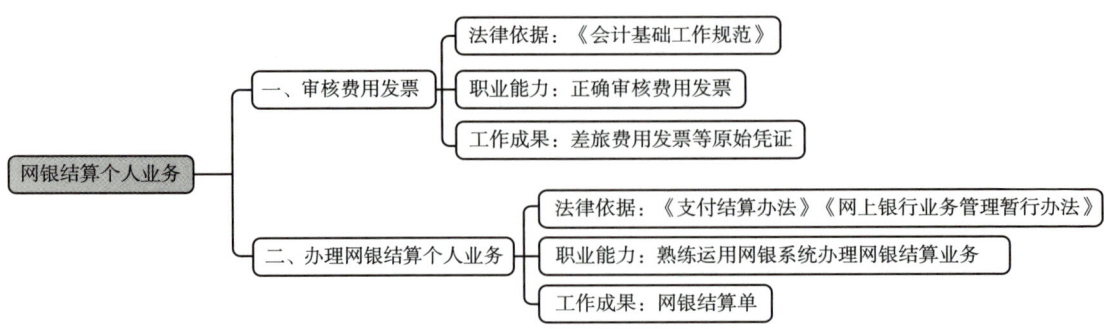

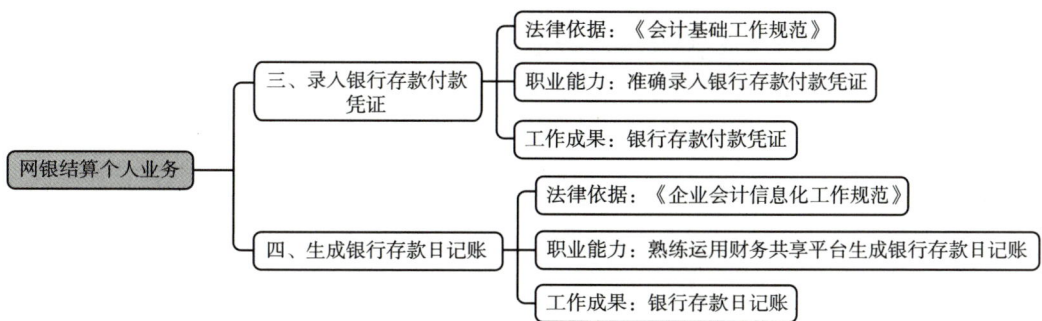

【实战训练】

（一）实战背景

2023 年 11 月 3 日，蓝风叶公司向王华个人支付劳务费 2 000.00 元，以网银支付。

（二）任务目标

出纳按照《支付结算办法》《票据法》《会计基础工作规范》的要求审核付款相关的原始凭证，规范登录网银系统，准确录入支付信息，完成网银支付结算业务。

（三）任务实现

出纳登录网银系统，根据网银支付操作指导书或子任务 2 的操作步骤，完成任务操作。

任务四　办理第三方支付平台结算业务

【学习目标】

- 熟悉第三方支付平台结算的相关管理规定
- 明确办理第三方支付平台结算的工作流程
- 智能生成记账凭证及其他货币资金明细账

子任务 1　办理支付宝结算业务

【任务布置】

（一）任务描述

2023 年 6 月，北京翔宏润达工贸有限责任公司（以下简称"翔宏润达公司"）开通线上交易平台，2023 年 6 月 18 日，翔宏润达公司交易额如下：
(1) 支付宝账户当日累计收款金额 5 600 元；
(2) 支付宝账户当日对外支付一笔维修费 3 200 元；
(3) 支付宝账户当日累计退款金额 2 500 元，因商品质量商家承担 95 元的运费。
要求：开通公司支付宝账户，分别对上述收款、付款、退款业务进行结算。

（二）工作要求

分别以出纳、会计、财务主管的身份完成以下工作：
(1) 熟悉支付宝结算的相关管理规定，开通支付宝账户；
(2) 明确支付宝交易的工作流程；
(3) 能够正确录入信息，智能生成收款、付款、退款的记账凭证、其他货币资金明细账。

（三）工作成果

(1) 注册支付宝账户；
(2) 生成收款、付款、退款的记账凭证；
(3) 生成其他货币资金明细账。

（四）评价标准

依据《会计基础工作规范》《企业会计信息化工作规范》《小企业会计准则》等要求，规范采集支付宝结算的原始凭证，生成记账凭证及其他货币资金明细账。

【任务分析】

（一）工作思路

(1) 注册支付宝账户，选择合适的服务费率；
(2) 审核"支付宝结算账单"；
(3) 采集并上传支付宝收、付、退款业务的原始凭证；
(4) 智能生成收、付、退款的记账凭证并审核无误；

（5）智能生成其他货币资金明细账。

（二）工作流程

第三方支付平台结算业务主要由财务部徐琳（出纳）、李娜（会计）、方蓉佳（财务主管）来完成，需要企业销售部门的人员相互配合，基本工作流程如图4-50所示。

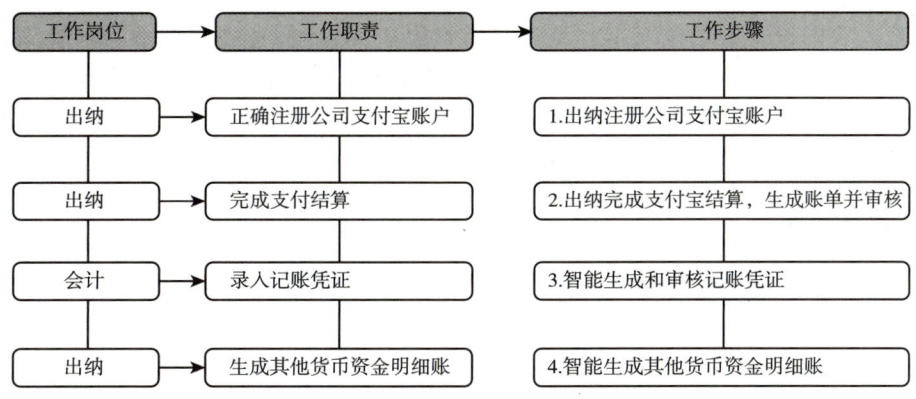

图4-50 办理支付宝结算业务工作流程图

（三）知识准备

1. 单位使用支付宝收付款的管理规定

为了支付宝的正常使用，必须先开通支付宝的实名认证，才能正常使用其功能。如果是在淘宝上开店使用支付宝，需要在网站上申请。如果审核通过，支付宝会将1元以下的款项打到公司的企业账户，支付宝会将确认链接地址发送到申请邮箱。如果在没有淘宝的公司网站上集成支付宝，需要付费。有以下三种套餐：1 800元/20万元（交易额）、3 600元/45万元（交易额）、8 000元/100万元（交易额）。超过套餐内交易量，支付宝将收取1.5%的手续费。

《支付宝收款风控规则》

> **知法用法**
>
> **条码支付监管**
>
> 2021年10月13日，央行官网发布《中国人民银行关于加强支付受理终端及相关业务管理的通知》（银发〔2021〕259号）从支付受理终端业务管理、特约商户管理、收单业务监测三个方面入手，对收单机构和清算机构提出了一系列的管理要求。与此同时，条码支付也被纳入监管，对个人收款条码的使用规范做出具体规定，即：个人收款码禁止用于经营性服务，并于2022年3月1日起施行。

2. 支付宝的收费标准

企业支付宝对个人支付宝的相关费率：免征额为每月20 000元，超出部分按0.15%收取。最低的服务费是2元/笔,最高的是25元/笔。个人限额5万元,公司限额10万元,每日限额200万元。

3. 企业支付宝转银行卡相关费率

(1) 本公司银行卡。当日到账0~10万元的收取0.2%的手续费,服务费最低2元,最高25元;当日到账10万~500万元(不含10万)收取0.025%的手续费,服务费无上限和下限。次日到账不收手续费。

(2) 他人公司或个人的银行卡。到达当天收取0.2%的服务费,服务费最低2元,最高25元。第二天到账收取0.15%的服务费,服务费最低2元,最高25元,个人5万元,公司10万元限额。每日限额200万元。

(3) 代收不收手续费,电脑收取0.1%的手续费。

(四) 技能准备

支付宝是一款广泛使用的移动支付应用程序,它提供了方便快捷的支付方式,让我们的生活更加便利。支付宝的使用操作步骤如下:

1. 添加银行卡

(1) 打开支付宝应用程序,进入"我的"页面,点击"银行卡"选项。

(2) 进入"银行卡"页面后,点击右上角的"+"(添加)按钮。

(3) 在弹出的窗口中输入您的银行卡号、银行预留手机号等信息,并按照提示完成身份验证。

(4) 验证通过后,银行卡就成功添加到支付宝中了。

2. 支付设置

添加银行卡后,需要进行支付设置,以便在支付时选择使用支付宝进行支付。以下是支付设置的步骤:

(1) 打开支付宝应用程序,进入"我的"页面,点击"设置"选项。

(2) 进入"设置"页面后,选择"支付设置"选项。

(3) 在"支付设置"页面中,可以选择支付方式、免密支付等选项,按照需求进行设置。

(4) 设置完成后,可以在购物、用餐、出行等场景中选择使用支付宝进行支付。

3. 支付流程

完成银行卡添加和支付设置后,就可以开始使用支付宝进行日常支付了。以下是使用支付宝进行支付的步骤:

(1) 打开支付宝应用程序,进入"我的"页面,选择需要支付的订单。

(2) 进入订单页面后,点击"立即支付"按钮。

(3) 在弹出的支付窗口中,选择需要使用的银行卡或其他支付方式。

(4) 根据提示输入支付密码或完成指纹识别等身份验证。

(5) 支付成功后,订单就完成了支付流程。

【任务实施】

办理支付宝结算工作任务主要由财务部徐琳（出纳）、李娜（会计）、方蓉佳（财务主管）来完成。具体工作步骤如下：

第一步：出纳注册支付宝账户

1. 要先与支付宝签约，签约成功后下载当面付的二维码收款。

（1）登录 b. alipay. com，选择注册成为商家，如图 4 - 51 所示。

图 4 - 51　支付宝注册网址

（2）选择企业账户，输入你的电子邮箱和验证码，如图 4 - 52 所示。

图 4 - 52　注册企业版支付宝

（3）输入手机号码进行验证，如图4-53所示。

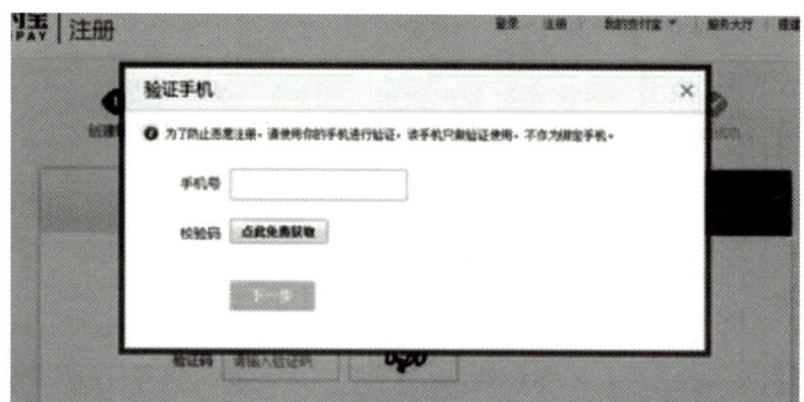

图4-53　验证用户

（4）填写账户信息，如图4-54所示。

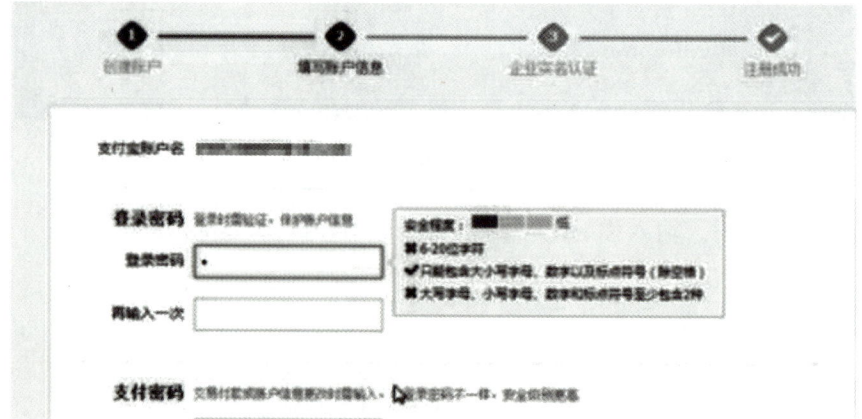

图4-54　填写账户基本信息

（5）设置密保，点击"下一步"，如图4-55所示。

图4-55　设置账户保密

（6）点击"企业信息填写"，完善企业基本信息，上传相关证明材料（营业执照、法人身份证明、银行卡信息）。

（7）最后等待审核即可，仔细阅读，支付宝会根据情况给出最晚审核时间。

> **科技赋能**
>
> 关于支付宝
>
> 支付宝是中国最大的第三方支付平台，它的创始人是马云。2003年，马云在杭州创立了支付宝，创立这个平台最初的目的是解决淘宝网的交易问题。当时，淘宝网上的交易只能通过银行转账或货到付款的方式进行，这种方式非常不便利，也存在很多安全隐患。为了解决这个问题，马云创立了支付宝。
>
> 支付宝最初的名字叫作"支付宝钱包"，它的主要功能是为淘宝网上的交易提供支付服务。当时，淘宝网上的交易非常繁忙，每天都有数百万的交易需要处理。为了解决这个问题，支付宝开发了一套高效的支付系统，这个系统可以在短时间内处理大量的交易。
>
> 随着时间的推移，支付宝的功能越来越多，它不仅可以用于淘宝网上的交易，还可以用于各种线上和线下的支付。现在，支付宝已经成为中国最大的第三方支付平台，每天处理数亿笔交易。

2. 开通支付宝商家收款二维码步骤

（1）打开手机上的支付宝App，在首页点击右下角的"我的"进入我的页面，点击进入"商家服务"，如图4-56所示。

图4-56 注册商户码

（2）进入商家服务之后，未开通商家服务的用户需要根据提示开通商家服务（绑定营业执照、经营许可证等证件），如图4-57所示。

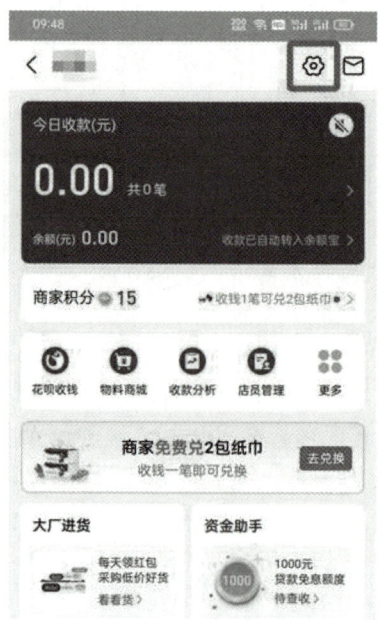

图4-57 完善注册信息

（3）在右上角点击齿轮"设置"进入设置后，再点击"我的收钱码"，完成注册。如图4-58所示。

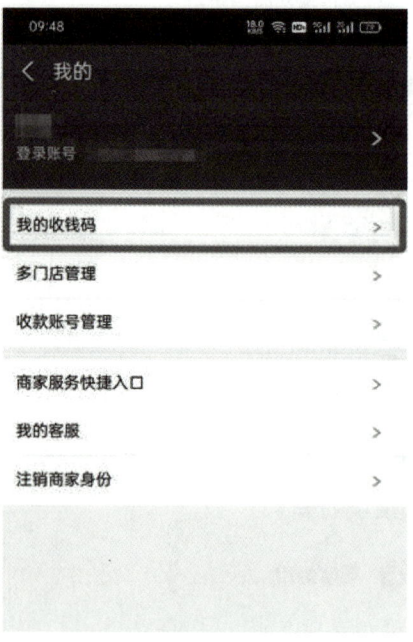

图4-58 完成商户收款码注册

> **职场链接**
>
> **企业商家支付宝收款码有什么好处？**
>
> 商家收款码可以支持信用卡收款，同时也能支持花呗收钱。商家码的手续费相对是比较便宜的，一般只有0.55%。使用商家收钱码的用户，还可以额外获得支付宝0.2%手续费的补贴。使用支付宝商家码以后，支付宝的余额能随时免费提到绑定用户的银行卡里。支付宝商家码支持支付宝的余额实时到达服务，帮商家快速地回笼资金提现。提高用户芝麻信用的评分，进而可以享受更多蚂蚁理财活动。使用商家收款码后，可参与支付宝的各种降价打折活动，这样也可以让商家从中获利。

第二步：完成结算，审核支付宝结算账单

1. 业务场景

支付宝用户付款后，平台上的商家发货，用户收到商品确认收货后，平台通过资金结算功能，将交易款结算给平台卖家指定账户。

2. 业务规则

（1）用户支付成功后，等待平台商通过 alipay. trade. settle. confirm（统一收单确认结算接口）触发结算请求。触发后资金结算到进件时设置的默认结算账户中，完成该订单的结算。如果平台商超过365天（可通过支付收单接口修改结算最长有效期，最长365天）未发起确认结算，支付宝会自动结算至二级商户进件时设置的默认结算账户。平台商可通过监听alipay. trade. settle. confirm. notify（账期确认结算通知）接口接收结算成功消息。

（2）结算只支持按整笔订单金额全部结算，确认结算前、后均可发起全额或部分退款。

3. 交易到账时间

（1）结算账号为支付宝账号：商户发起确认结算后，资金实时、单笔结算到支付宝账号，如图4-59所示。

图4-59 结算到支付宝的到账时间

（2）结算到银行卡：商户发起确认结算后，资金T+1日汇总一笔结算到银行卡。可以通过账单查询及对账核实，如图4-60所示。

图4-60 结算到银行卡的到账时间

4. 手续费开票

互联网直付通收单时,支付宝收取手续费由平台商承担,平台商通过分账接口扣取二级商户交易手续费,需平台商自行开手续费发票提供给二级商户。

(1) 开票入口。平台商请前往商家平台→对账中心→给我的发票,如图4-61所示。

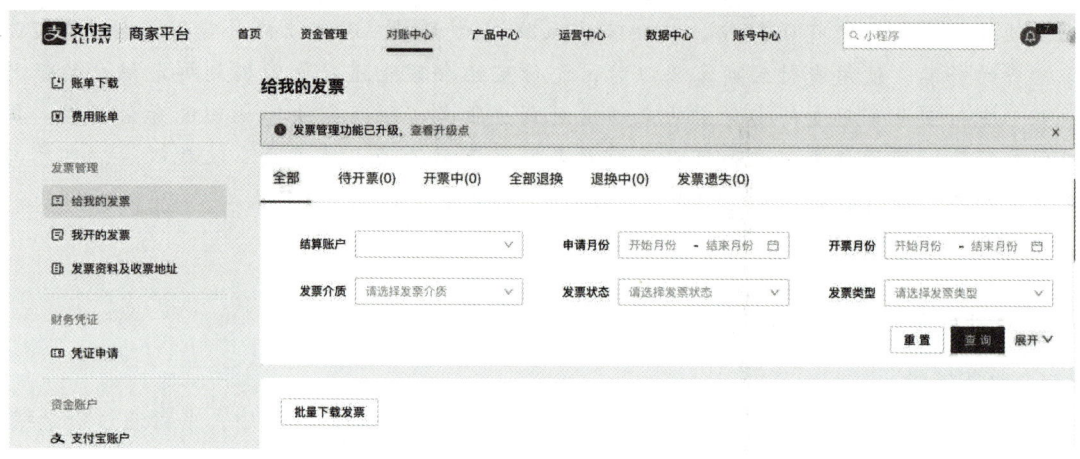

图4-61 手续费开票入口

(2) 开票流程。首次开票时,平台商请前往商家平台→对账中心→发票资料及收票地址,根据页面指引填写开票信息,如图4-62所示。(说明:基础信息录入后需要修改,可在该页面进行。)

图4-62 开票流程

纳税人类型：根据实际情况选择。若选择小规模增值税纳税人：支持切换发票类型，如图4-63所示。

图4-63 纳税人主体类型

（3）开票方式。根据开票资料里选择的方式进行发票开取，自动按月开票：选择此项后，在开票资料正常的情况下，发票系统会在生成账单的次月，第10到15个工作日期间，自动为服务商开立发票。手动申请开票：选择这种方式，发票系统不会自动为服务商开立发票，需要时请登录商家平台→对账中心→费用账单，查询到需要开票的账单并点击右下角的申请开票，如图4-64所示。

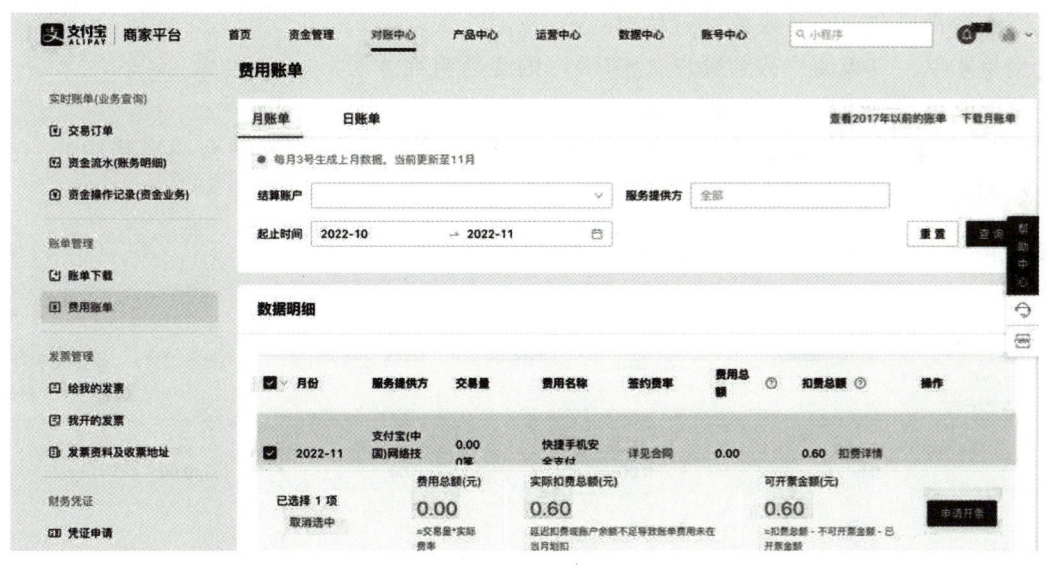

图4-64 开票方式

（4）开票情况查询。平台商请前往商家平台→对账中心→给我的发票，查询给我的发票（即收到的发票），如图4-65所示。

5. 账单查询及对账

（1）账单说明。平台商可获取业务账单进行核对。具体账单包括：

业务账单：包括交易收款以及退款的订单信息，只展示成功订单。

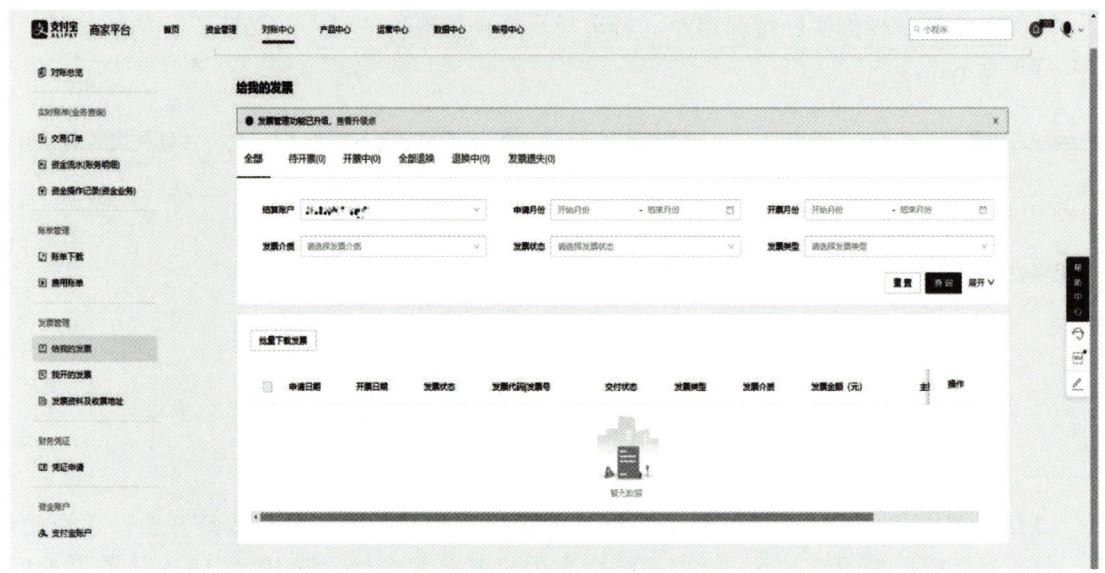

图 4-65 开票情况查询

资金账单：平台商支付宝余额账户的资金收支明细。

待结算户账单：二级商户待结算户（SMID）的资金收支明细。

二级商户可获取交易账单进行核对：

交易账单：二级商户待结算户（SMID）的交易明细。

分账账单：二级商户分账资金变动明细。

（2）查询交易订单详情方式。平台商、二级商户均可登录商家平台→对账中心→交易订单查询交易情况，如图 4-66 所示。

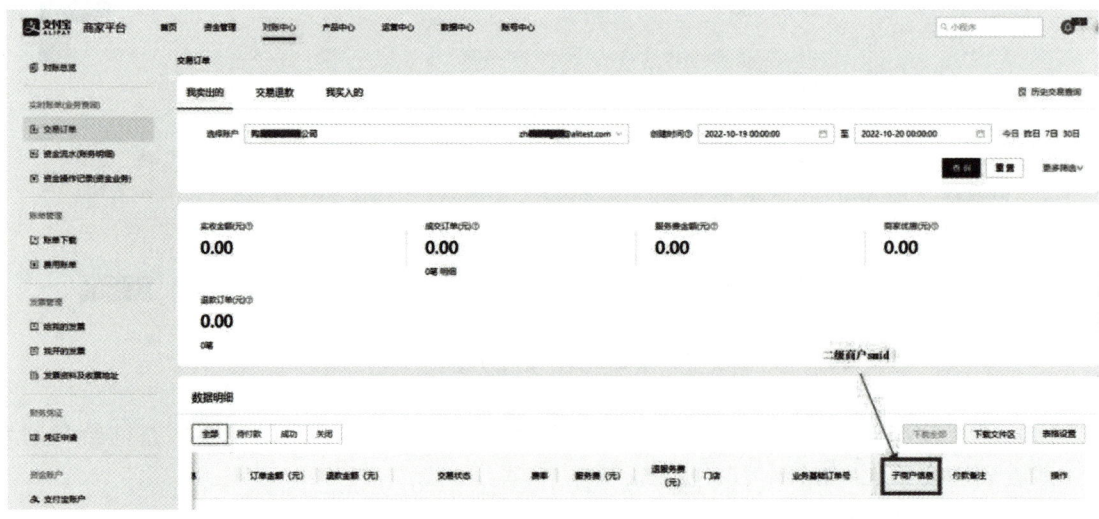

图 4-66 平台商交易订单查询

会计人员从支付宝后台接收支付宝当日结算账单进行核对，为后续生成记账凭证做准备。6月18日累计收到支付宝订单收入5 578.72（需向平台上交21.28元的服务费），累计支出3 200.00元，因质量问题发生退款2 595.00元，具体结算账单明细如图4-67所示。

```
#支付宝业务汇总查询
#账号：[2088xxx0156]
#起始日期：[2020年01月01日    2023年
00:00:00]  终止日期：[2020年01月02  6月18      终止日期  2023年6月18日 20:55:26
日 00:00:00]                            日
                                        08:20:26
#-----------------------------业务汇总列表-------------------------------
```

门店编号	门店名称	交易订单总笔数	退款订单笔数	订单金额（元）	商家实收（元）	商家实付（元）	商家优惠（元）	卡消费金额（元）	服务费（元）	分润（元）
其他	北京翔宏润达工贸有限责任公司	2	1	2595	5578.72	3200	0	0	21.28	0
合计		2	1	2595	5578.72	3200	0.00	0.00	21.28	0.00

```
#-----------------------------业务汇总列表结束---------------------------
                                       2023年
#导出时间：[2020年01月02日             6月18
06:40:33]                              日
                                       23:20:26
```

图4-67 支付宝结算账单

第三步：智能生成和审核记账凭证

1. 账户设置

其他货币资金是指企业除现金和银行存款以外的其他各种货币资金，包括外埠存款、银行本票存款、银行汇票存款、信用证保证金存款、存出投资款等。

"其他货币资金"是资产类账户，借方记增加，贷方记减少，余额在借方。具体如图4-68所示。

借	其他货币资金	贷
支付宝账户收入		支付宝账户支出
余额：存放在企业支付宝账户金额		

图4-68 其他货币资金"T"型账户

温故知新

"其他货币资金"账户

其他货币资金主要包括银行汇票存款、银行本票存款、信用卡存款、信用证保证金存款、外埠存款、存出投资款等。其他货币资金属于资产类科目。为了反映和监督其他货币资金的收支和结存情况，企业应当设置"其他货币资金"科目，借方登记其他货币资金的增加，贷方登记其他货币资金的减少，期末余额在借方，反映企业实际持有的其他货币资金的金额。

2. 编制会计分录

（1）支付宝收款，可以在"其他货币资金"科目下设支付宝二级明细，会计分录如下：

借：其他货币资金——支付宝
  贷：主营业务收入
    应交税费——应交增值税（销项税额）

支付宝提现时：

借：银行存款
  贷：其他货币资金——支付宝

（2）支付宝电子回单会计分录如下：

①当发生业务时：

借：应收账款
  贷：主营业务收入
    应交税费——应交增值税（销项税额）

②支付宝收到款项后：

借：其他货币资金——支付宝
  贷：应收账款

③收到支付宝的款项后：

借：银行存款
  贷：其他货币资金——支付宝

3. 生成并审核记账凭证

目前大部分单位录入记账凭证的过程是通过财务云共享平台实现的。

（1）会计核算岗在审核相关原始凭证无误后，在云平台录入票据的关键信息后系统会自动生成记账凭证。

（2）进入智能凭证中心查看已生成的记账凭证，如果发现问题，调整并及时修改错误数据、科目等信息。

（3）确保无误后保存记账凭证，并将任务转入财务主管审核岗进行审核。

（4）主管审核时进入云平台，重点审核自动生成的记账凭证应借应贷的会计科目是否正确，是否有原始凭证为依据，所附原始凭证的内容是否与记账凭证一致。

本例中，进入财务云共享平台生成并审核的会计凭证如图4-69、图4-70、图4-71所示。

（1）支付宝账户当日累计收款金额5 600.00元；

（2）支付宝账户当日对外支付一笔维修费3 200.00元；

（3）支付宝账户当日累计退款金额2 500.00元，因商品质量商家承担95.00元的运费。

第四步：智能生成"其他货币资金"明细账

"其他货币资金"明细账采用三栏式明细账，三栏式明细分类账簿的格式与三栏式总分类账簿的格式基本相同，设有"借、贷、余"三个基本栏次，但一般不设置反映对应科目的栏次。三栏式明细分类账由会计人员根据审核无误的记账凭证或原始凭证，按经济业务发生的时间先后顺序逐日逐笔进行登记。

转 账 凭 证

2023 年 06 月 18 日　　　　转 字第 18 号

摘要	总账科目	明细科目	记账符号	借方金额										记账符号	贷方金额									
				千	百	十	万	千	百	十	元	角	分		千	百	十	万	千	百	十	元	角	分
销售商品	其他货币资金	支付宝				5	5	7	8	7	2	0	0											
	财务费用	佣金和手续费						2	1	2	8	0	0											
	主营业务收入																4	9	5	5	7	5	0	0
	应交税费	应交增值税（销项税额）																6	4	4	2	5	0	0
合计					¥	5	6	0	0	0	0	0	0			¥	5	6	0	0	0	0	0	0

附单据 1 张

财务主管 方蓉佳　　记账　　出纳 徐琳　　审核 方蓉佳　　制单 李娜

图 4－69　支付宝收款业务

转 账 凭 证

2023 年 06 月 18 日　　　　转 字第 19 号

摘要	总账科目	明细科目	记账符号	借方金额										记账符号	贷方金额									
				千	百	十	万	千	百	十	元	角	分		千	百	十	万	千	百	十	元	角	分
支付维修费	管理费用	修理费				2	8	3	1	8	6	0	0											
	应交税费	应交增值税（进项税额）					3	6	8	1	4	0	0											
	其他货币资金	支付宝															3	2	0	0	0	0	0	0
合计					¥	3	2	0	0	0	0	0	0			¥	3	2	0	0	0	0	0	0

附单据 1 张

财务主管 方蓉佳　　记账　　出纳 徐琳　　审核 方蓉佳　　制单 李娜

图 4－70　支付宝付款业务

转 账 凭 证

2023 年 06 月 18 日　　　　转 字第 020 号

摘要	总账科目	明细科目	记账符号	借方金额										记账符号	贷方金额									
				千	百	十	万	千	百	十	元	角	分		千	百	十	万	千	百	十	元	角	分
发生退货	库存商品							2	2	1	2	3	9											
	应交税费	应交增值税（销项税额）							2	8	7	6	1											
	销售费用									9	5	0	0											
	其他货币资金	支付宝																	2	5	9	5	0	0
合计							¥	2	5	9	5	0	0					¥	2	5	9	5	0	0

附单据 1 张

财务主管 方蓉佳　　记账　　出纳 徐琳　　审核 方蓉佳　　制单 李娜

图 4－71　发生退货业务

出纳根据审核无误的会计凭证登记"其他货币资金"明细账,如图4-72所示。相关会计人员根据审核无误的会计凭证登记"主营业务收入""应交税费——应交增值税(销项税额)"。

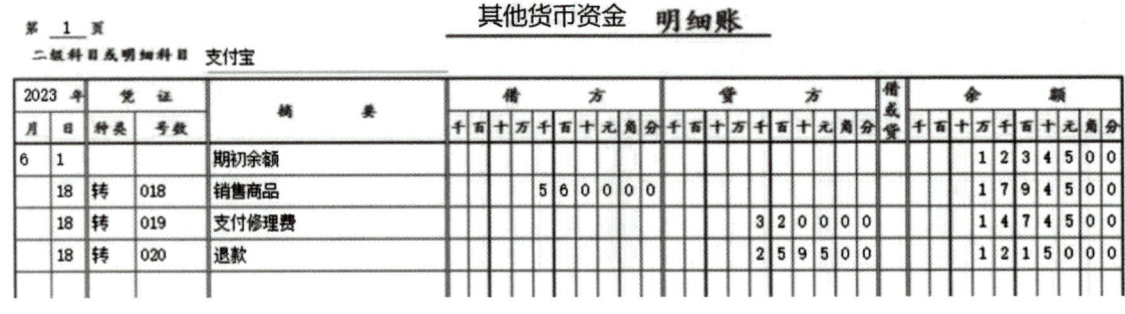

图4-72 其他货币资金明细账

【任务总结】

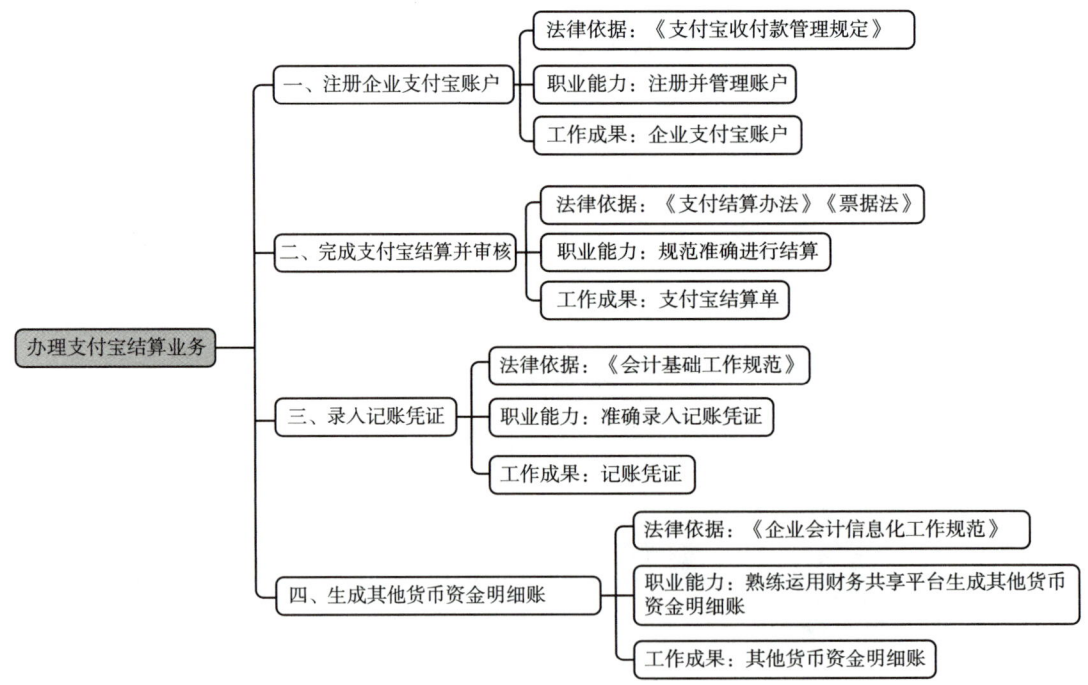

【实战训练】

（一）实战背景

2023年3月10日,天狗商贸有限公司出纳从企业支付宝账户中提现419.90元,请代出纳完成提现操作。

（二）任务目标

出纳按照《支付结算办法》《票据法》《会计基础工作规范》的要求审核付款相关的原始凭证，规范登录企业支付宝，准确录入支付信息，完成支付宝结算业务。

（三）任务实现

登录资源库平台，根据平台中的任务指南完成操作。

子任务2　办理微信结算业务

【任务布置】

（一）任务描述

2023年6月，北京翔宏润达工贸有限责任公司（以下简称"翔宏润达公司"）开通微信交易平台，2023年6月6日翔宏润达公司交易额如下：
（1）微信账户当日累计收款金额2 005.00元，实际到账金额2 000.00元；
（2）微信当日实际到账2 000.00元，提现至公司银行账户；
要求：开通公司微信账户，分别对上述收款、提现业务进行结算。

（二）工作要求

分别以出纳、会计、财务主管的身份完成以下工作：
（1）熟悉微信结算的相关管理规定，开通微信账户；
（2）明确微信交易的工作流程；
（3）能够正确录入信息，智能生成收款、提现的记账凭证、其他货币资金明细账。

（三）工作成果

（1）注册微信账户；
（2）生成收款、提现的记账凭证；
（3）生成其他货币资金明细账。

（四）评价标准

根据《会计基础工作规范》《企业会计信息化工作规范》《小企业会计准则》等要求，规范采集微信结算的原始凭证，生成记账凭证及其他货币资金明细账。

【任务分析】

（一）工作思路

（1）注册微信账户，选择合适的服务费率；
（2）审核"微信结算账单"；
（3）采集并上传微信收款、提现业务的原始凭证；
（4）智能生成收、付款的记账凭证并审核无误；
（5）智能生成其他货币资金明细账。

（二）工作流程

第三方支付平台结算业务主要由财务部徐琳（出纳）、方蓉佳（财务主管）、李娜（会计）来完成，需要企业销售部门的人员相互配合，基本工作流程如图4-73所示。

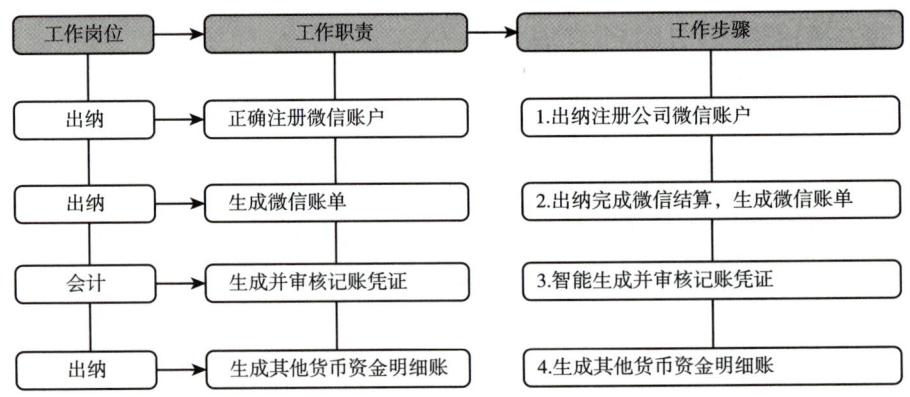

图4-73 办理微信结算业务工作流程图

（三）知识准备

1. 企业应以单位的名义开立微信账号

特别注意不要用个人的微信账号进行单位或企业收付款，应当以公司的名义开通微信的对公账户，这与单位的银行账户性质是相同的。如用个人微信账号收款既可能涉嫌偷逃税，也是税务稽查的重点，还容易构成挪用或侵占公款等违法犯罪行为。

《内部会计控制规范——基本规范（试行）》

2. 个体工商户应单独开立微信账号

虽然允许个体工商户以个人账户收款，但为了避免公私账不分，建议与其家庭消费相区分，应单独开立一个微信账号用于收付款。

3. 个人收款后应及时转入对公账号

有些时候，客户为了贪图方便，货款或服务款没有经收款方同意就划到单位个人账户，为了防止未能及时申报收入的风险，收款人应当及时将该笔收入及时转入单位的对公账户，单位可以制定专门的规定来规范此类现象。

4. 及时打印保存账单及收付凭证

微信的账单、收付凭证与银行等金融机构的收付凭证具有同等的法律效力，单位应当在每次交易结束后及时打印并保存。

5. 及时索要发票

个人用微信替单位付款之后，应当及时向卖方索要增值税发票，以"票"抵扣进项税额或用于成本费用的入账。

> **知法用法**
>
> **货币资金管理要求**
>
> 《内部会计控制规范——货币资金（试行）》部分条款摘录如下：
>
> 第六条 单位应当建立货币资金业务的岗位责任制，明确相关部门和岗位的职责权限，确保办理货币资金业务的不相容岗位相互分离、制约和监督。
>
> 出纳人员不得兼任稽核、会计档案保管和收入、支出、费用、债权债务账目的登记工作。
>
> 单位不得由一人办理货币资金业务的全过程。
>
> 第七条 单位办理货币资金业务，应当配备合格的人员，并根据单位具体情况进行岗位轮换。
>
> 第二十三条 单位应当建立对货币资金业务的监督检查制度，明确监督检查机构或人员的职责权限，定期和不定期地进行检查。

6. 微信支付商家手续费标准，如图 4-74 所示。

类别	费率	类别	费率
文化经营/文物复制品销售	0.60%	网络直播/直播平台	1%
食品生鲜	0.60%	游戏	1%
零售	0.60%	门户论坛/网络广告及推广/软件开发/其他互联网服务	1%
餐饮	0.60%	在线图书/视频/音乐	1%
停车缴费	0.60%	电商平台	0.60%
机票/票务代理	0.60%	银行还款	0.20%
船舶/海运服务	0.60%	典当	0.60%
城市公共交通	0.60%	信用还款	0.20%
城高速公路收费	0.60%	保险业务	0.60%
铁路客运	0.60%	财经/股票类资讯	0.60%
加油/加气	0.30%	房产中介	0.60%
物流	0.30%	房地产	0.60%
快递	0.30%	水电煤气缴费	0.20%
旅行社	0.60%	其他缴费	0.60%
景区/酒店	0.60%	有线电视缴费	0.60%
居民生活服务	0.60%	虚拟充值	0.60%
演出赛事	0.60%	私立/民营口腔及眼科、医疗美容医院/诊所	0.60%
院线影城	0.60%	其他私立/民营医院/诊所	0.60%
网吧	0.60%	保健器械/医疗器械/非处方药品	0.60%
游艺厅/KTV	0.60%	宠物医院	0.60%
休闲娱乐/旅游服务	0.60%	民办学校	0.30%
共享服务	0.60%	培训机构	0.60%
咨询/娱乐票务	0.60%	宗教组织	0.60%
互联网募捐信息平台	0.60%		

图 4-74 微信收取商家手续费标准

7. 微信收款商业版的主要功能

（1）提供收款记录、支持信用卡付款、自动提现、多门店/多店员管理、官方营销活动、手机扫码付款、免费官方物料、收款语音播报、经营报表分析、商品货架、积分会员。

（2）优势：

信用卡支付：顾客扫描商业版的收款码，就可以使用信用卡支付，个人二维码不行。

自动提现：商业版默认资金是自动提现到绑定的结算账户上，一般是1—3个工作日到账。

（3）多门店/多店员管理：拥有多个门店的经营者，可以使用这一功能，为每个门店生成单独的收款码，但都结算到同一账户。还可以为每个门店分配店长/店员，方便管理，管理者能够在手机上查看每个门店的收款详情。

（四）技能准备

微信支付是目前国内最为流行的移动支付方式之一，其快捷、方便、安全等特点深受广大用户的喜爱。想要开通微信支付，需要进行以下几个步骤。

1. 下载微信 App 并注册

首先需要在手机应用商店中搜索"微信"，下载并安装微信 App。然后根据提示进行注册，填写个人信息并绑定手机号码。

2. 关注微信支付公众号

在微信 App 中搜索并关注"微信支付"公众号，点击"立即关注"按钮即可。关注后可以第一时间获得微信支付的相关信息和最新资讯。

3. 绑定银行卡

在微信支付公众号中点击"银行卡管理"，选择"添加银行卡"，然后按照提示填写银行卡信息，包括卡号、开户行、身份证号等。绑定成功后，就可以使用微信支付进行在线支付了。

4. 设置支付密码

为了保证账户安全，需要在微信支付公众号中设置支付密码。在"银行卡管理"中选择"设置支付密码"，然后按照提示进行设置。支付密码需要包含数字、字母和特殊符号，长度不少于8位，设置完成后务必记住密码，不要随意泄露。

5. 进行实名认证

为了增强账号安全性，需要进行实名认证。在微信支付公众号中选择"实名认证"，然后按照提示填写真实姓名和身份证号码，最后上传身份证正反面照片进行审核。审核通过后，就可以获得更多的支付额度和更加安全的支付保障。

总之，开通微信支付需要进行下载微信 App 并注册、关注微信支付公众号、绑定银行卡、设置支付密码、进行实名认证等一系列步骤。只有完成这些步骤，才能够安全、便捷地使用微信支付进行在线支付。

【任务实施】

办理微信结算工作任务主要由财务部徐琳（出纳）、方蓉佳（财务主管）、李娜（会计）来完成。具体工作步骤如下：

第一步：出纳注册微信账户

1. 点击公众号

打开微信进入主页面，在搜索栏输入微信收款商业版，点击进入公众号，如图4-75所示。

2. 进入商业版

切换进入新的页面之后，点击页面中的"进入商业版"，如图4-76所示。

图4-75　进入微信公众号界面　　　　　图4-76　进入微信商业版

3. 点击注册商户号

进入新的页面之后，点击"注册微信支付商户号"，如图4-77所示。

4. 与微信支付签约

切换页面后，选择适合自己的商家主题，根据提示上传准备好的资料（营业执照、申请人身份证照片、收款银行卡、门店照片），与微信支付签约，如图4-78所示。

5. 点击去开通

切换页面后，点击获取收款码后的"去开通"，如图4-79所示。

图 4-77　注册微信商户号　　　　图 4-78　与微信支付签约

图 4-79　开通收款码

6. 点击确认开通，完成注册

在下一个页面里，点击"确认开通"即可申请成功了，如图 4-80 所示。

图 4-80　完成注册

> **科技赋能**
>
> 关于微信支付
>
> 　　微信支付是由张小龙团队开发的。微信 2010 年 10 月筹划启动，2011 年 1 月 21 日，张小龙打造的微信正式上线，微信时代正式开启；2013 年，张小龙继续完善微信，8 月，微信支付正式上线，起初用户增长缓慢，真正一炮而红是在 2014 年春节。凭借社交裂变＋春晚流量加持，微信红包成为当年最火的新年利是，助力微信支付短短 2 天绑定 2 亿张个人银行卡。

第二步：出纳完成微信结算，生成微信账单

1. 账单内容

微信支付商户平台提供的账单包括资金账单、交易账单、业务明细账单（如分账账单、企业付款、企业红包记录等）。

2. 账单下载

每天 11 点可以获取到前一日的资金账单，每天 10 点可以获取到前一日的交易账单，一份资金账单、交易账单的时间跨度最长为 31 天，其他业务明细账单的详细规则见各业务账单下载页面，账单的获取渠道有两种：

（1）微信支付商户平台→交易中心→交易账单/资金账单/分账账单，如图4-81所示。

图4-81 微信账单获取方式一

（2）API接口，如图4-82所示。

图4-82 微信账单获取方式二

3. 下载账单并审核

审核要点：审核微信结算单位信息、日期、金额是否准确，打印微信结算账单作为原始凭证，并将纸质版账单妥善保管。

（1）微信账户当日累计收款金额 2 005.00 元，实际到账金额 2 000.00 元，如图 4-83 所示。

图 4-83 微信收款账单

（2）微信当日实际到账 2 000.00 元，提现至公司银行账户，如图 4-84 所示。

图 4-84 微信提现账单

> **职场链接**
>
> **如何获取微信转账的原始凭证**
>
> 想要进行税前抵扣，必然需要凭证，根据凭证上注明的金额依法进行税前扣除。但微信付款方式无法像其他支付手段一样，获取如银行对账单一类的凭证。那么微信付款是如何获取凭证呢？其实，微信的支付账单或截图都可以作为凭证，只需要将其打印出来就可以证明业务的真实性，并作为原始凭证使用进行抵扣。

第三步：智能生成和审核记账凭证

1. 账户设置（同支付宝结算）
2. 编制会计分录

微信收款，可以在"其他货币资金"科目下设微信二级明细，会计分录如下：

（1）发生收款业务时：

借：应收账款
　　贷：主营业务收入
　　　　应交税费——应交增值税（销项税额）

（2）收到款项时：

借：其他货币资金——微信
　　财务费用——手续费
　　贷：应收账款

（3）提现至公司账户时：

借：银行存款
　　贷：其他货币资金——微信

（4）微信支付办公费时：

借：管理费用
　　贷：其他货币资金——微信

（温馨提示：因手续费金额较小无法取得付款证据，可在凭证后附一张带有领导签字审批的文字说明。）

3. 生成并审核记账凭证

目前录入记账凭证的过程大部分企业是通过财务云共享平台实现的。

（1）会计核算岗在审核相关原始凭证无误后，在云平台录入票据的关键信息后系统会自动生成记账凭证；

（2）进入智能凭证中心查看已生成的记账凭证，如果发现问题，调整并及时修改错误数据、科目等信息；

（3）确保无误后保存记账凭证，并将任务转入财务主管审核岗进行审核；

（4）主管审核时进入云平台，重点审核自动生成的记账凭证应借应贷的会计科目是否正确；是否有原始凭证为依据，所附原始凭证的内容是否与记账凭证一致。本例中，进入财务云共享平台生成并审核的会计凭证如图4-85、图4-86所示。

（1）微信账户当日累计收款金额 2 005 元，实际到账金额 2 000 元；

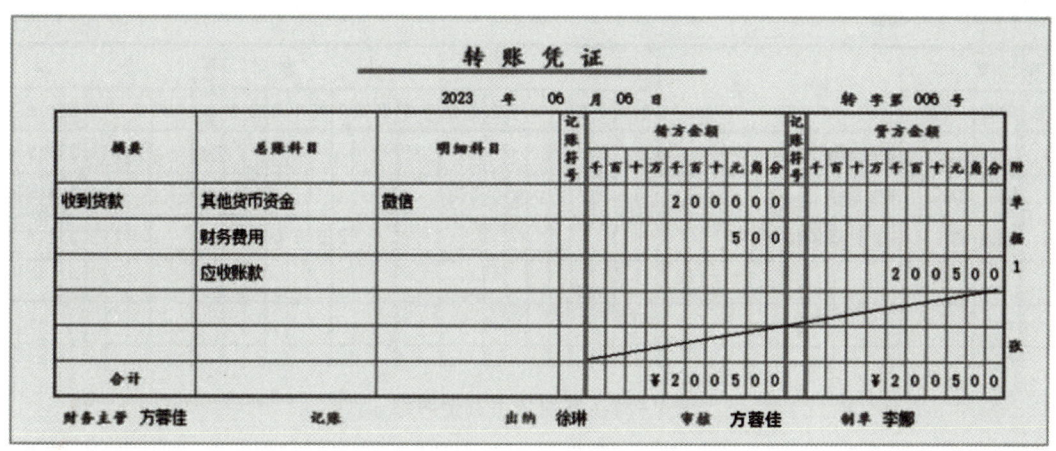

图 4-85　微信收款

（2）微信当日实际到账 2 000 元，提现至公司银行账户；

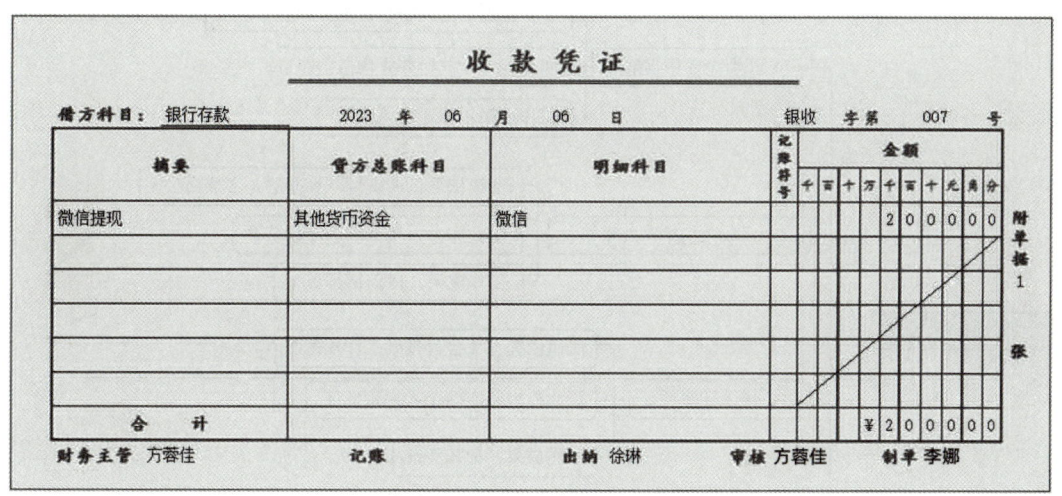

图 4-86　微信提现收款凭证

第四步：智能生成"其他货币资金"明细账

出纳根据审核无误的会计凭证登记其他货币资金明细账，如图 4-87 所示。相关会计人员根据审核无误的会计凭证登记"主营业务收入""应交税费——应交增值税（销项税额）"。

其他货币资金 明细账

第 1 页
二级科目或明细科目：微信

2023年		凭证		摘要	借方	贷方	借或贷	余额
月	日	种类	号数		千百十万千百十元角分	千百十万千百十元角分		千百十万千百十元角分
6	1			期初余额			借	1 2 3 4 5 0 0
	6	转	006	收到货款	2 0 0 0 0 0		借	1 4 3 4 5 0 0
	6	银收	007	提现至单位账户		2 0 0 0 0 0	借	1 2 3 4 5 0 0

图 4-87 其他货币资金明细账

【任务总结】

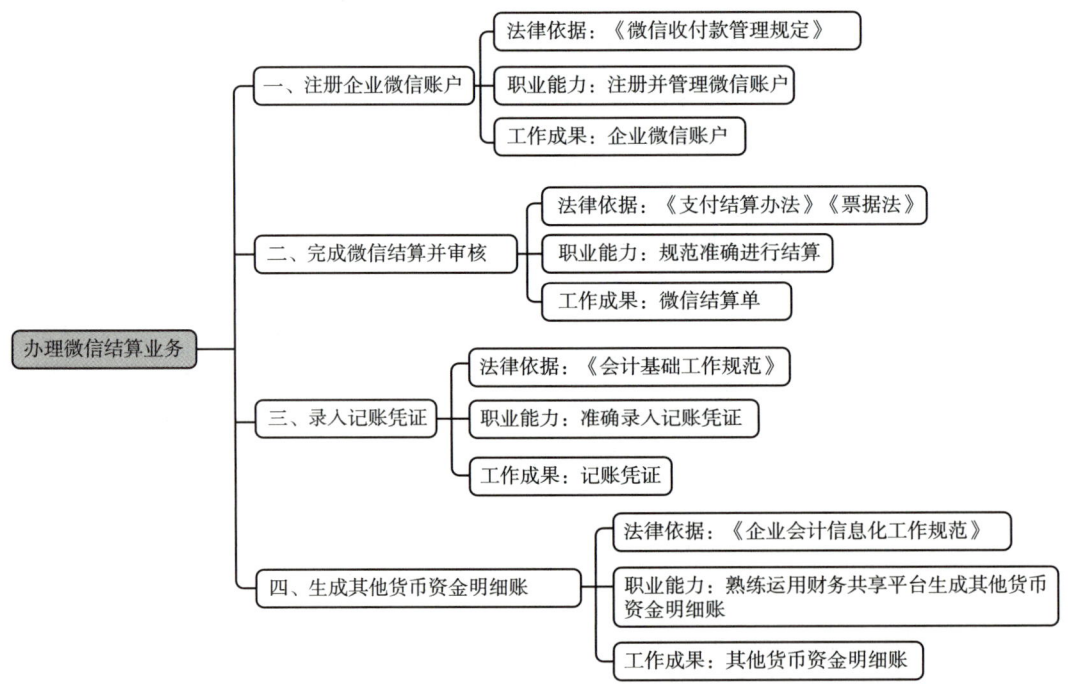

【实战训练】

（一）实战背景

2023 年 3 月 15 日，天狗商贸有限公司出纳向企业微信账户中充值 500 元，请代出纳完成充值操作。

（二）任务目标

出纳按照《支付结算办法》《票据法》《会计基础工作规范》的要求审核付款相关的原始凭证，规范登录企业微信，准确录入支付信息，完成微信结算业务。

（三）任务实现

登录资源库平台，根据平台中的任务指南完成操作。

任务五　办理数字货币结算业务

【学习目标】

- 知晓数字货币结算的业务流程
- 熟记数字货币结算管理的有关规定
- 能够规范使用数字货币，办理付款结算业务
- 智能生成记账凭证及银行存款日记账

【任务布置】

（一）任务描述

2023年8月5日，北京翔宏润达工贸有限责任公司要求使用数字人民币发放本月工资，但公司账户尚未开通数字人民币功能。员工工资于8月6日进行发放，金额51 689.34元。并完成账务处理。

（二）工作要求

分别以出纳、会计、财务主管的身份完成以下工作：
（1）熟悉开通数字人民币的相关规定；
（2）明确数字人民币结算业务的流程；
（3）准确办理数字人民币发放工资的结算；
（4）生成或查询银行存款日记账。

（三）工作成果

（1）数字人民币结算单；

（2）付款凭证；

（3）银行存款日记账。

（四）评价标准

依据《会计基础工作规范》《企业会计信息化工作规范》《小企业会计准则》等要求，规范填写数字人民币结算单，录入银行存款付款凭证，生成或查询银行存款日记账。

【任务分析】

（一）工作思路

（1）办理数字货币开通业务；

（2）审核付款业务相关原始凭证；

（3）录入银行存款付款凭证；

（4）智能生成银行存款日记账。

（二）工作流程

数字货币结算付款业务主要由财务部徐琳（出纳）、李娜（会计）、方蓉佳（财务主管）来完成，需要企业相关部门的人员相互配合，基本工作流程如图4-88所示。

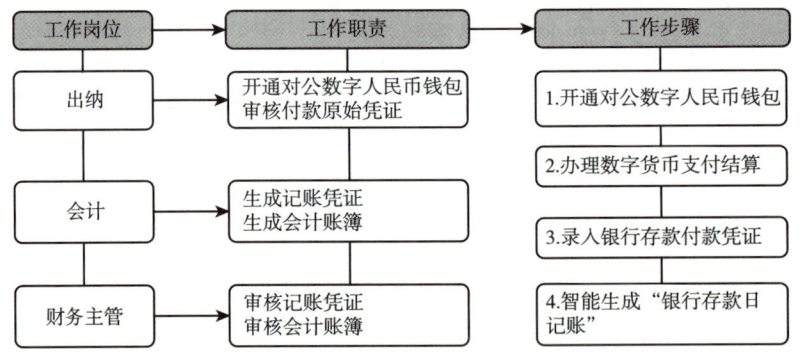

图4-88 数字货币结算付款业务工作流程图

（三）知识准备

1. 数字人民币的定义：

数字人民币（字母缩写按照国际使用惯例暂定为"e-CNY"）是由中国人民银行发行的数字形式的法定货币，由指定运营机构参与运营并向公众兑换，以广义账户体系为基础，支持银行账户松耦合功能，与纸钞硬币等价，具有价值特征和法偿性，支持可控匿名。

2. 数字货币的结算：

对公钱包可不依赖结算账户独立存在，具有收款、付款功能，绑定银

视频：什么是数字人民币

行对公结算账户后，可实现数字人民币由结算账户向钱包兑出或由钱包向结算账户兑回。如果绑定账户为可以办理现金支取的结算账户，如基本存款账户，则支持数字人民币的兑出及兑回操作；如果绑定账户为不能办理现金支取、但可以办理现金缴存的结算账户，如一般存款账户，则仅支持对公钱包兑回操作。

在小额、高频的零售领域，数字人民币可以让商户更加方便地收款。与传统的实物人民币现金相比，数字人民币携带更方便、保管更安全。数字人民币收款服务无须按照原人民币收单模式进行管理，申请更加快捷方便；低成本，无须为节约手续费而办理多家机构的机具；支付即结算，无须因 T+1 的结算而等待资金到账。

企事业等单位使用数字人民币可方便实现现金管控。对公钱包可以清晰地留存每一次交易记录，具有对账功能，方便财务会计人员进行账务管理。通过设置对公钱包的兑出限额、兑回限额、收款限额、付款限额，可进行对公钱包的风险管控。

通过使用对公母子钱包功能，单位可以对旗下的分公司、事业群、项目部的资金实施统一管理，通过定时归集等功能提高整体资金使用效率、降低资金风险及资金头寸。

3. 数字人民币的特点：

（1）双离线支付。像纸钞一样实现满足飞机、邮轮、地下停车场等网络信号不佳场所的电子支付需求；

（2）安全性更高。如果真的发生了盗用等行为，对于实名钱包，数字人民币可提供挂失功能；

（3）多终端选择。不愿意用或者没有能力用智能手机的人群，可以选择 IC 卡、功能机或者其他的硬件；

（4）多信息强度。根据掌握客户信息的强度不同，把数字人民币钱包分成几个等级。如大额支付或转账，则必须通过信息强度高的实名钱包；

（5）点对点交付。通过数字货币智能合约的方式，可以实现定点到人交付。民生资金，可以发放到群众的数字钱包上，从而杜绝虚报冒领、截留挪用的可能性；

（6）高可追溯性。在有权机关严格依照程序出具相应法律文书的情况下，进行相应的数据验证和交叉比对，为打击违法犯罪提供信息支持。即使腐败分子通过化整为零等手段，也难以逃避监管。

4. 可以申请开立对公钱包的主体，如图 4-89 所示。

（四）技能准备

数字人民币的推出将为人们的生活带来更多便利，未来数字货币将越来越普及，下面我们了解和学习数字货币的使用，为自己开通数字人民币钱包，具体的操作步骤如下：

第一步：下载钱包应用

开通数字人民币钱包需要先下载国家官方推出的数字人民币钱包应用，该应用目前只能在官方网站或政府指定的应用商店中下载。确保下载到官方版本，以免被不法分子钓鱼诈骗。目前数字人民币钱包应用支持 IOS、安卓和其他智能手机操作系统，下载后安装即可。

图 4-89 可以申请开立对公钱包的主体

第二步：实名注册

注册数字人民币钱包需要进行实名认证，这是数字人民币安全可靠的重要保障。在注册过程中，需要输入自己的身份证号、真实姓名和手机号等信息，并进行人脸识别等身份认证。只有通过实名认证的用户才能使用数字人民币进行支付和转账等操作。

第三步：绑定银行卡

在数字人民币钱包应用中，绑定银行卡可以实现数字人民币兑换人民币的功能，兑换的过程与支付宝和微信支付类似。在绑定银行卡时，需要输入银行卡号、开户行名称、持卡人姓名和手机号等信息，并进行短信验证码验证。绑定成功后，可以在钱包应用中进行数字人民币的充值和提现操作。

第四步：使用数字人民币进行支付

开通数字人民币钱包后，用户可以在支持数字人民币的商家进行支付。在支付过程中，用户需要打开钱包应用，选择支付功能，输入支付密码或进行指纹认证等操作。在确认支付信息无误后，支付成功即可。

【任务实施】

出纳徐琳办理数字人民币结算业务的具体工作步骤如下：

第一步：开通对公数字钱包

企业使用支付各项业务时，首先要开通对公数字钱包，企业开通数字钱包的具体操作流程如下：

（1）用财务主管网银盾登录企业网银；进入"服务管理——业务管理"页面，选择"开通产品"，在下拉菜单中选择"数字钱包"，点击"开通"按钮，进入"阅读协议"页面，阅读协议后，点击"确定"按钮，同意数字人民币对公钱包服务协议。如图4-90所示。

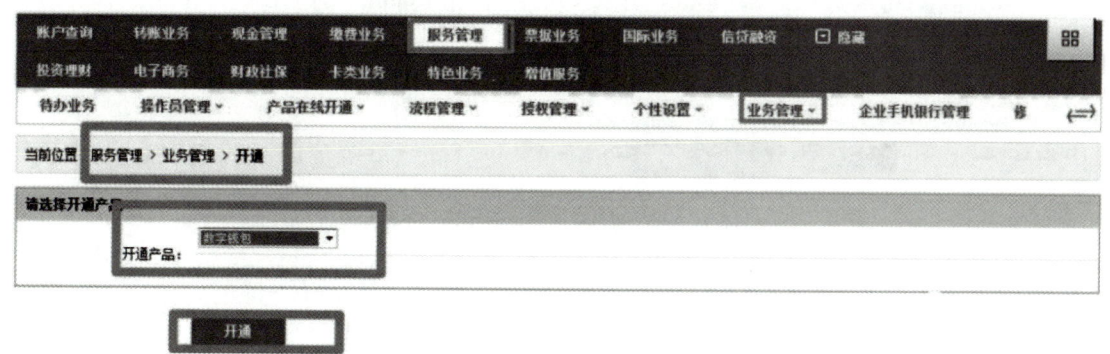

图4-90 对公数字钱包"开通"页面

（2）同意服务协议后，进入单位重要信息填写界面，输入单位联系人手机号和单位联系电话，完成后点击"下一步"按钮。如图4-91所示。

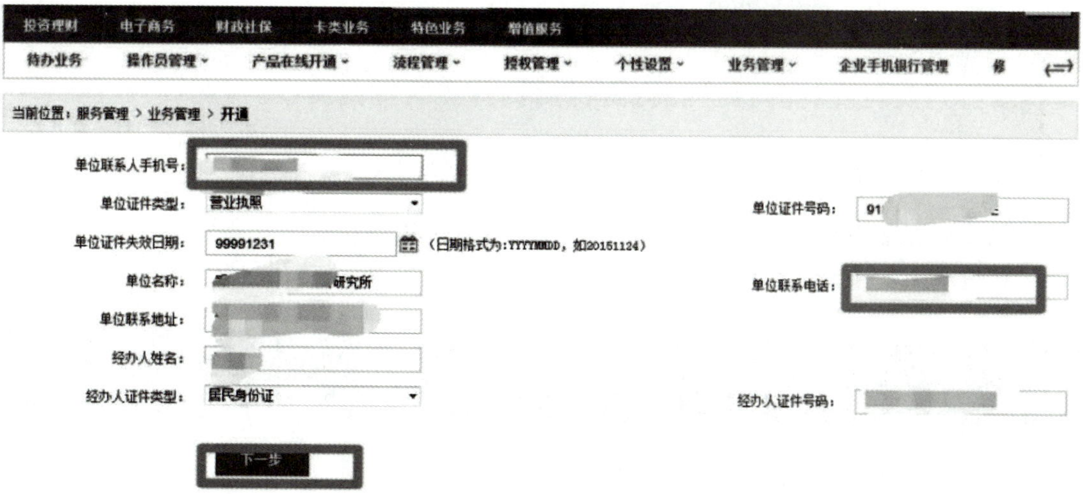

图4-91 填写单位重要信息页面

（3）确认信息，输入交易密码，点击"下一步"按钮，如图4-92所示。

（4）进入绑定银行结算账户页面，点击"绑定"按钮，绑定银行结算账户，确认钱包编号，账户类别选择为"本行"，并选择"银行结算账户"，然后点击"确认"按钮，确认绑定银行账户信息，输入网银盾密码，对公数字钱包开通成功。如图4-93所示。

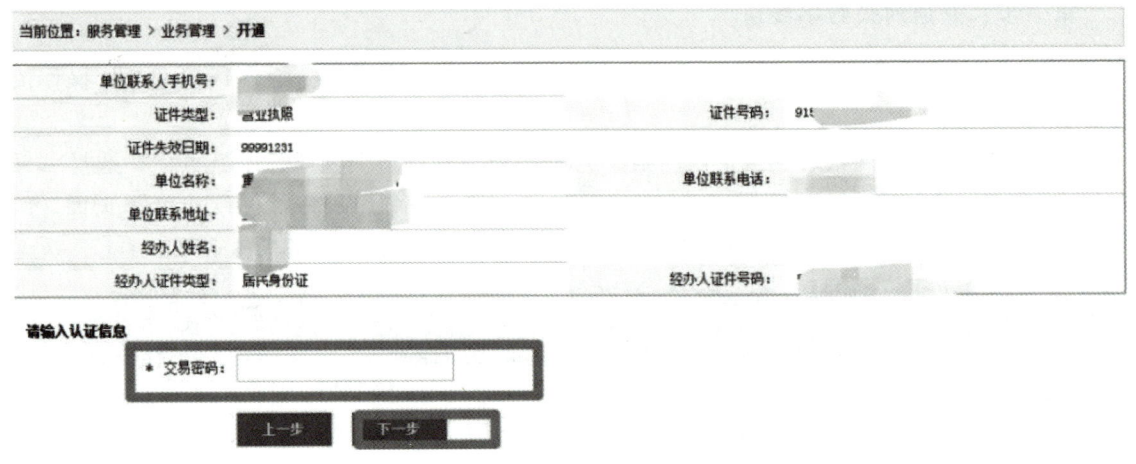

图 4-92 输入"交易密码"页面

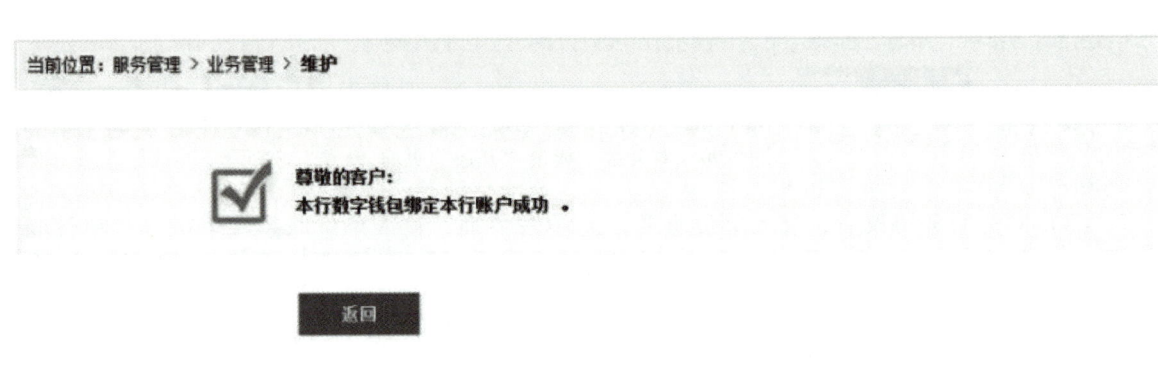

图 4-93 成功开通对公数字钱包页面

第二步：办理数字货币结算业务

（1）单位在使用数字钱包支付款项时，要从绑定的银行结算账户将资金转到数字钱包，点击"钱包充值"按钮，将需要支付的金额转到数字钱包中，如图 4-94 所示。

图 4-94 数字钱包充值页面

（2）使用数字钱包支付工资 51 689.34 元。出纳徐琳根据人力资源部提供的员工个人钱包编号，相当于现在发工资用的"银行卡账号"，通过数字人民币对公钱包，转到员工的个人钱包里面，相当于现在发工资的"批量支付"。

第三步：录入银行付款凭证

出纳徐琳使用数字人民币对公钱包发放完工资后，将支付结算清单转给会计李娜，由李娜进行会计处理，对于初次使用数字对公钱包支付核算时，根据财政部发布的《关于严格执行企业会计准则切实做好企业2022年年报工作的通知》（财会〔2022〕32号）第21项规定：企业持有由中国人民银行发行的数字人民币的，可以增设"数字货币——人民币"科目进行核算，在资产负债表中将其列报在"货币资金"项目。

（1）在会计科目中设置"数字货币——人民币"科目，如图4-95所示。

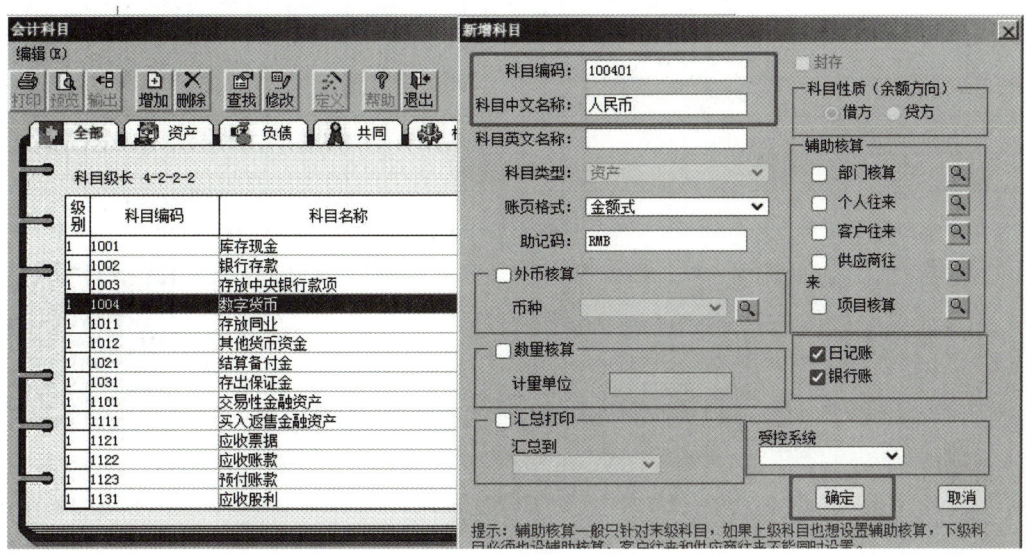

图4-95 设置"数字货币——人民币"科目

（2）录入发放工资的会计凭证。如图4-96所示。

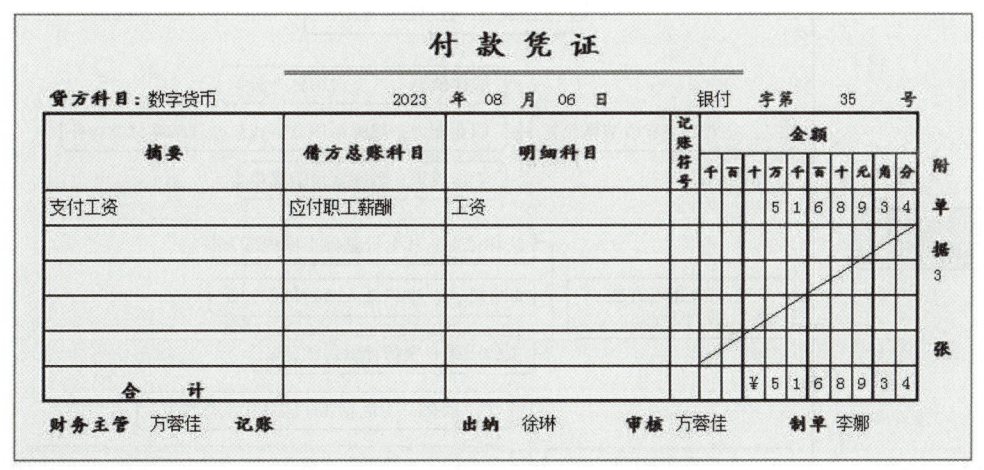

图4-96 录入数字钱包发放工资的凭证

第四步：生成"数字货币——人民币"日记账

出纳徐琳根据审核无误的记账凭证，生成"数字货币——人民币"日记账，查询"数字货币——人民币"的余额，如图4-97所示。

数字货币——人民币日记账

2023年		记账凭证		对方科目	摘要	借方	贷方	√	余额
月	日	字	号			千百十万千百十元角分	千百十万千百十元角分		千百十万千百十元角分
08	05	银收	023		为数字钱包充值	6 0 0 0 0 0 0 0			6 0 0 0 0 0 0 0
08	06	银付	001		发放工资		5 1 6 8 9 3 4		8 3 1 0 6 6

图4-97　生成"数字货币——人民币"日记账

【任务总结】

视频：数字人民币与第三方支付的区别

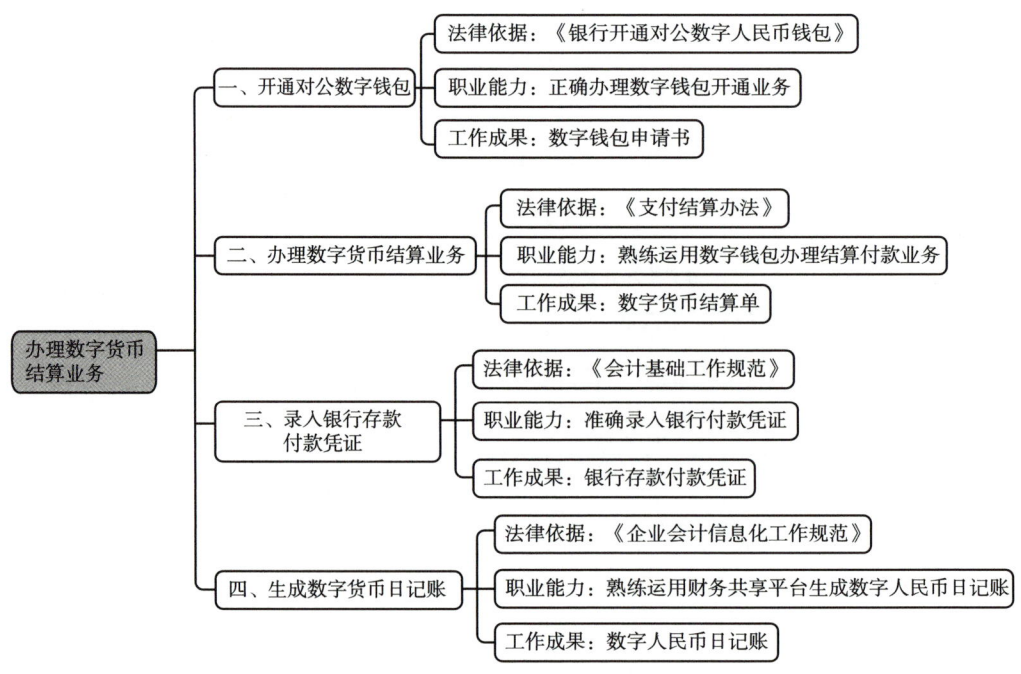

【实战训练】

(一) 实战背景

学生个人使用手机下载数字人民币 App，申请开立个人数字钱包，并向数字钱包转入 20 元，使用数字人民币购买 20 元以下的学习用品，体验数字人民币转钱、消费等相关服务。

(二) 任务目标

学生个人下载数字人民 App，安装并申请个人数字钱包，往数字钱包转款，签约钱包快付协议，通过签约钱包快付的方式在支持受理数字人民币的商户平台进行线上消费，完成数字人民币支付结算业务。

(三) 任务实现

登录数字人民币 App，按照数字人民币开通流程和支付流程，完成数字个人钱包的开通和支付任务。

任务六　办理跨境收付结算业务

【学习目标】

- 熟悉跨境收付结算业务的相关管理规定
- 明确跨境收付结算业务的工作流程
- 掌握跨境收付结算业务的账务处理

子任务1　办理跨境收款结算业务

【任务布置】

(一) 任务描述

2023年6月，北京翔宏润达工贸有限责任公司（以下简称"翔宏润达公司"）发生如下跨境交易：

6月1日，公司向美国CJ公司销售一台智能显示器，货款50 000.00美元，当日即期汇率为1美元=6.34元人民币，商品已发出，未收到款项，但满足收入确认条件。

6月5日，收到美国CJ公司回来的货款50 000.00美元，当日即期汇率为1美元=6.31元人民币。

要求：完成跨境收款结算业务。

（二）工作要求

分别以出纳、会计、财务主管的身份完成以下工作：
（1）熟悉跨境收款结算的相关管理规定；
（2）明确跨境收款业务的工作流程；
（3）能够正确录入信息，智能生成跨境收款业务的记账凭证、银行存款日记账。

（三）工作成果

（1）注册亚马逊平台账户；
（2）生成跨境收款业务的记账凭证；
（3）生成银行存款日记账。

（四）评价标准

依据《会计基础工作规范》《企业会计信息化工作规范》《外汇管理条例》等要求，规范采集跨境收款的原始凭证，生成记账凭证及银行存款日记账。

【任务分析】

（一）工作思路

（1）出纳注册亚马逊平台卖家账户；
（2）会计依据应收单及出库单，运用当日即期汇率确认收入金额；
（3）出纳领取外汇结算单，计算实际收入金额；
（4）调整收入差额，生成收款业务的记账凭证并审核；
（5）智能生成银行存款日记账。

（二）工作流程

核算跨境收款业务主要由财务部徐琳（出纳）、李娜（会计）、方蓉佳（财务主管）来完成，基本工作流程如图4-98所示。

（三）知识准备

随着信息技术的发展和全球化的进程，跨境电商已经成为全球商业中

《外汇管理条例》

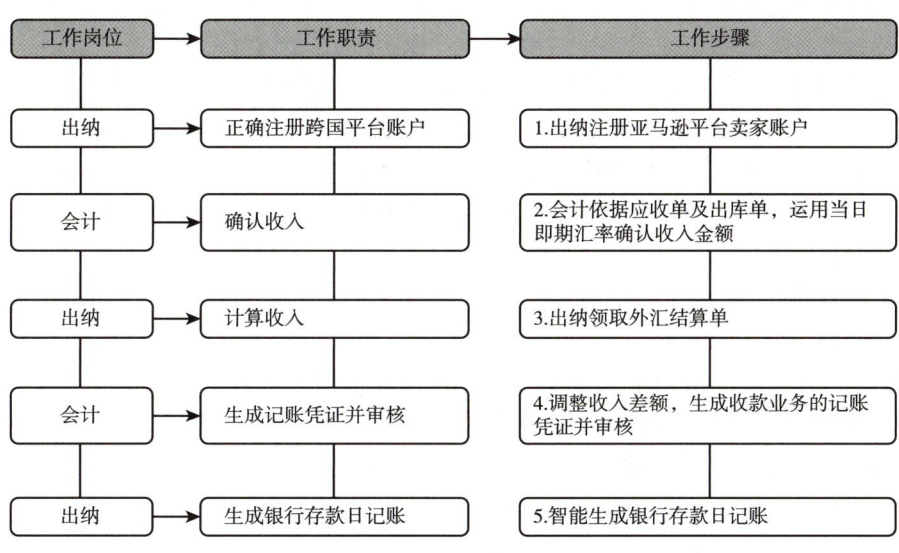

图 4-98 办理跨境收款结算业务工作流程图

不可忽视的一部分。随之而来的是外汇结算与跨境支付问题也变得愈发重要。

1. 外汇结算

在传统的境内贸易中，货币结算相对较为简单，双方可以使用同一种货币，通过银行转账、信用卡支付等方式进行结算。然而，跨境电商的货币结算面临着更多的复杂性和挑战，需要使用外汇结算。外汇结算是指在国际贸易中，以外汇的方式进行货款结算的一种方式。外汇结算是一个复杂的过程，包括货币兑换、支付和收款等多个环节。

（1）汇率问题。由于不同国家或地区的货币存在着汇率差异，跨境电商交易的结算必然涉及货币的兑换。汇率的波动会直接影响到电商企业的成本和利润。因此，电商企业需要关注市场上的汇率情况，制定合理的汇率风险管理策略。

（2）外汇管理和监管。跨境电商中的货币结算也面临着外汇管理和监管的问题。不同国家或地区的外汇政策和法规各异，电商企业需要遵守并适应不同的规定。同时，企业还需要办理相关的外汇手续，确保资金的顺利流动。

（3）多样化的支付方式。跨境电商中，消费者的支付方式多种多样，包括信用卡、支付宝、虚拟货币等。电商企业需要提供多样化的支付方式，以便满足不同地区消费者的需求。

2. 跨境支付

跨境支付是跨境电商不可或缺的一环，它是实现货币结算的关键。然而，跨境支付面临着一系列的挑战和难题。

（1）支付安全性。在跨境电商中，支付的安全性是消费者最为关心的问题之一。电商企业需要采取一些安全措施，保护消费者的支付信息不被盗取或滥用。例如，采用安全的支付网关、加密技术等。

（2）支付成本。跨境支付涉及支付机构、银行等多方的参与，因此会产生一定的支付成本。电商企业需要考虑这些成本，并在成本和服务质量之间找到平衡点。

（3）支付时效性。不同的国家和地区对于海外汇款的时效规定是不一样的。在一些国家和地区，海外汇款需要经过多个银行的转账流程，所以到账时间会比较长。同时，一些国家和地区对于海外汇款的时效规定非常严格，如果超过规定时间没有到账就会被退回。因此，在进行海外汇款时，要了解当地的具体规定，以免影响到款项的安全和到账时间。

3. 汇率的标价方法

（1）直接标价法：直接标价法是以本国的货币来表示一定单位的外国货币的汇率表示方法，目前大部分国家采用的是直接标价法，我国也采用的是直接标价法。一般是1个单位或者100个单位的外汇能够折合的本国货币的数量。

（2）间接标价法：间接标价法是以外国的货币表示一定单位的本国货币的汇率表示方法。是指1个单位或者100个单位的本币折合成多少外国货币的方法。目前只有少数的国家使用的是间接标价法，比如英镑、欧元、澳元等。

（3）美元标价法：美元标价法又称纽约标价法，在美元标价法下，各国均以美元为基准来衡量各国货币的价值（即以一定单位的美元为标准来计算应该汇兑多少他国货币的表示方法），而非美元外汇买卖时，则是根据各自对美元的比率套算出买卖双方货币的汇价，这里注意，除英镑、欧元、澳元和纽币外，美元标价法基本已在国际外汇市场上通行。

4. 亚马逊平台的结算方式

亚马逊作为全球最大的电商平台之一，为了保证买卖双方的权益，制定了一系列的结算规则。在中国，亚马逊支持四种支付方式：信用卡、储蓄卡、支付宝和微信。

（1）结算周期。亚马逊的结算周期是每两周一次，即每隔两周进行一次结算。卖家在亚马逊平台上销售的商品，每隔两周的周五会进行一次结算。卖家可以在亚马逊卖家中心的结算报告中查看详细的结算信息。

（2）结算金额。亚马逊的结算金额是指卖家在结算周期内所获得的销售收入减去相关费用后的金额。结算金额等于商品售价、运费、礼品包装费等，减去销售佣金、亚马逊服务费、退款等费用后得到的最终金额。

（3）结算方式。亚马逊提供多种结算方式供卖家选择，包括电子转账、支票和礼品卡。卖家可以根据自身需求选择最适合的结算方式。电子转账是最常用的结算方式，方便快捷，资金到账速度快。

（4）结算费用。亚马逊对卖家的结算会收取一定的费用，包括销售佣金、亚马逊服务费等。销售佣金是根据商品的售价和品类来计算的，不同品类的销售佣金有所不同。亚马逊服务费是根据卖家的销售业绩和使用的服务等级来计算的，卖家可以根据自身需求选择不同的服务等级。

知法用法

外行管理

根据我国外汇管理的规定，一切汇入的外汇，携入的外汇票据，除另有规定者外，都必须交中国银行，兑换成人民币。一切对个人或单位批准供给的外汇，必须按照外汇牌价，持等值人民币交中国银行兑换成外汇。外宾、华侨入境后，未用完的人民币，也必须交中国银行，兑换成外汇携出国境。

（四）技能准备

首先，要明确开通跨境电商支付需要一个合法的公司身份和营业执照。只有具备这些基本条件，才能进行后续的操作。其次，选择一个合适的跨境支付平台也至关重要。市场上有许多知名的跨境支付平台，如PayPal、Alipay等，可以根据自己的需求进行选择。

在选择亚马逊平台后，注册账号并提交相关的材料。通常，需要提供公司注册信息、税务登记证明、银行开户许可证明、经营范围及业务描述等材料以完成注册。并且需要注意平台对于个体和企业用户的不同要求。

微课：结汇

完成注册后，还需要与相应的金融机构进行合作。通过与银行、信用卡公司等合作，可以实现资金的转移和结算功能。这是保障交易安全的重要环节，因此选择合适的合作伙伴非常重要。

另外，为了确保网络交易的安全性，还需要开通支付安全服务。一些跨境支付平台提供了身份验证、风险控制、欺诈检测等多种安全服务，可以帮助用户降低交易风险。

【任务实施】

办理外汇兑换工作任务主要由财务部徐琳（出纳）、李娜（会计）、方蓉佳（财务主管）来完成。具体工作步骤如下：

第一步：出纳开通亚马逊平台卖家账户

1. 注册亚马逊个人卖家账户

首先，进入亚马逊官方网站，点击右上角的"卖家中心"按钮，进入卖家中心页面，选择"立即注册"按钮，进入个人卖家注册页面。在此页面上，需要填写公司的电子邮件、密码和验证码，并单击"继续"按钮。

2. 填写卖方信息

在下一页，需要填写您的卖家信息，包括姓名、公司名称（可选）、地址、电话号码、营业执照号码（可选）等。填写后，单击"继续"按钮。

3. 确认注册信息

在下一页，需要确认注册信息是否正确，如果有错误，需要及时纠正。同时，需要确认并接受亚马逊的卖家协议和隐私声明。确认后,单击"注册并继续"按钮。

4. 设置卖家账户

在下一页,需要设置自己的卖家账户,包括账户类型(个人或企业)、税务信息(可选)、收款账户信息等。

在设置收款账户信息时,需要填写自己的银行账户信息(如跨境收款账号),以便亚马逊将卖方的销售资金转入卖方的银行账户。填写后,单击"继续"按钮。

5. 开通亚马逊卖家服务

在下一页,选择您需要开通的亚马逊卖家服务,包括销售商品和使用 FBA、使用亚马逊广告等服务。不同的服务对应不同的费用和销售方式,需要根据自己的实际情况选择合适的服务。选择后,单击"完成"按钮。

6. 完成注册

注册过程结束后,将显示成功注册的提示信息,并将确认邮件发送到注册时填写的邮箱,需要根据邮件中的提示进行确认。确认后,可以登录亚马逊卖家账户并开始销售产品。需要注意的是,在亚马逊注册个人卖家账户时,需要提供真实的个人或公司信息。否则,它可能会违反亚马逊的规定,导致账户被禁止或惩罚。

第二步:会计依据应收单及出库单,运用当日即期汇率确认收入金额

依据平台推送的订单(见图 4-99),以及出库单(见图 4-100),确认收入。交易当日即期汇率为 1 美元 = 6.34 元人民币。

应收单

编制单位:北京翔宏润达工贸有限责任公司

客户	美国CJ公司
应收账款发生时间	2023年06月01日
应收账款金额	50,000.00 美元
应收账款收回时间	2023年06月05日
收到的金额	

图 4-99 应收单

第三步:出纳领取外汇结算单

出纳确认收到银行汇款,运用收款当日汇率计算实际收入金额。跨境收款业务一般汇出后 3—4 天到账,如果相同国家/地区银行汇款能做到 1—2 天到账。如图 4-101 所示。

图 4-100 出库单

图 4-101 跨境收款结算单

> **职场链接**
>
> **为什么客户汇款好几日后公司还是收不到钱?**
>
> 1. 收款信息有误;
> 2. 被银行拦截;
> 3. 汇款信息填写错误;
> 4. 付款方主动撤回;
> 5. 根据平台的变化,系统有延迟。

第四步:调整收入差额,生成收款业务的记账凭证并审核

1. 账户设置

汇兑损益属于"财务费用"科目。汇兑损益是指在持有外币货币性资产和负债期间,由于外币汇率变动而引起的外币货币性资产或负债的价值发生变动所产生的损益。外币兑换业务会产生汇兑损益。企业进行外币兑换业务时,会涉及不同货币之间的兑换,由于汇率的差异,会产生汇兑损益。

外币债权债务折算产生的汇兑损益。企业持有外币债权债务时,在期末进行折算时,由于汇率的差异,会产生汇兑损益。

外币借款利息折算产生的汇兑损益。企业向外币债权人借款时,在期末进行利息折算时,由于汇率的差异,会产生汇兑损益。

财务费用是指企业为筹集生产经营所需资金等而发生的费用。具体项目有利息净支出(利息支出减利息收入后的差额)、汇兑净损失(汇兑损失减汇兑收益的差额)、金融机构手续费以及筹集生产经营资金发生的其他费用等。"财务费用"是损益类账户,借方记增加,贷方记减少,期末一般无余额。具体如图4-102所示。

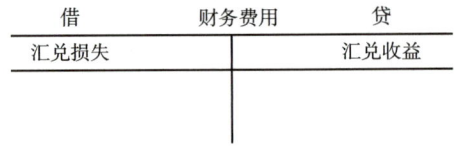

图4-102 财务费用科目

2. 编制会计分录

应对银行存款美元账户做增加记录,按照当日收到款项时的市场汇率折算为人民币,对该银行存款相对应的人民币账户做增加记录,按照应收的人民币金额对应收账款账户做减少记录,两者之间的差额作为当期财务费用。会计分录如下:

6月1日确认收入当日:

借:应收账款——CJ公司　　　　　　　　　　　　　(50 000×6.34) 317 000
　　贷:主营业务收入　　　　　　　　　　　　　　　　　　　　　　317 000

6月5日,收到CJ公司汇来的货款50 000美元,当日即期汇率为1美元=6.31元人民币。

借：银行存款——美元　　　　　　　　　　　　　（50 000×6.31）315 500
　　财务费用——汇兑损益　　　　　　　　　　　　　　　　　　　1 500
　贷：应收账款——美元　　　　　　　　　　　　　（50 000×6.34）317 000

3. 生成并审核记账凭证

现行录入记账凭证的过程都是通过财务云共享平台实现的。

（1）会计核算岗在审核相关原始凭证无误后，在云平台录入票据的关键信息后系统会自动生成记账凭证。

（2）会计核算岗进入智能凭证中心查看已生成的记账凭证，如果发现问题，调整并及时修改错误数据、科目等信息。

（3）确保无误后保存记账凭证，并将任务转入财务主管审核岗进行审核。

（4）主管审核时进入云平台，重点审核自动生成的记账凭证应借应贷的会计科目是否正确，是否有原始凭证为依据，所附原始凭证的内容是否与记账凭证一致。

（1）生成并审核确认收入记账凭证，如图4-103所示。

图4-103　确认收入

（2）生成并审核实际收到汇款记账凭证，如图4-104所示。

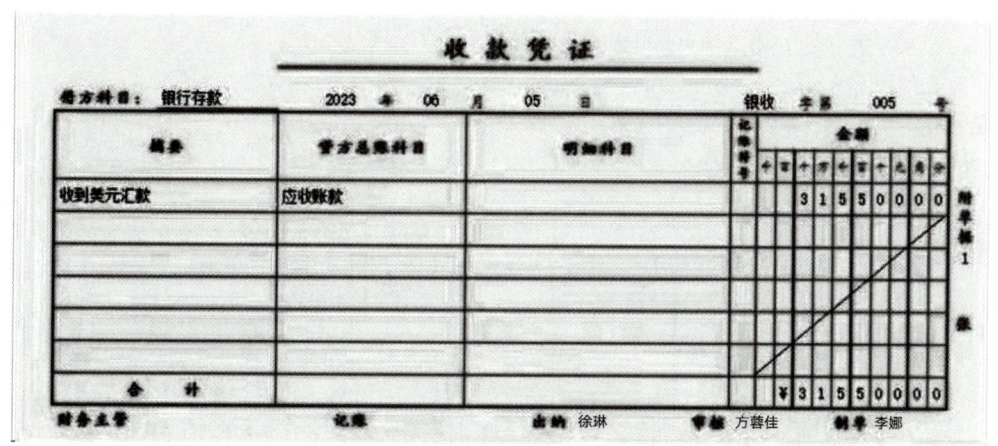

图4-104　实际收到汇款

(3) 生成并审核确认手续费记账凭证，如图 4-105 所示。

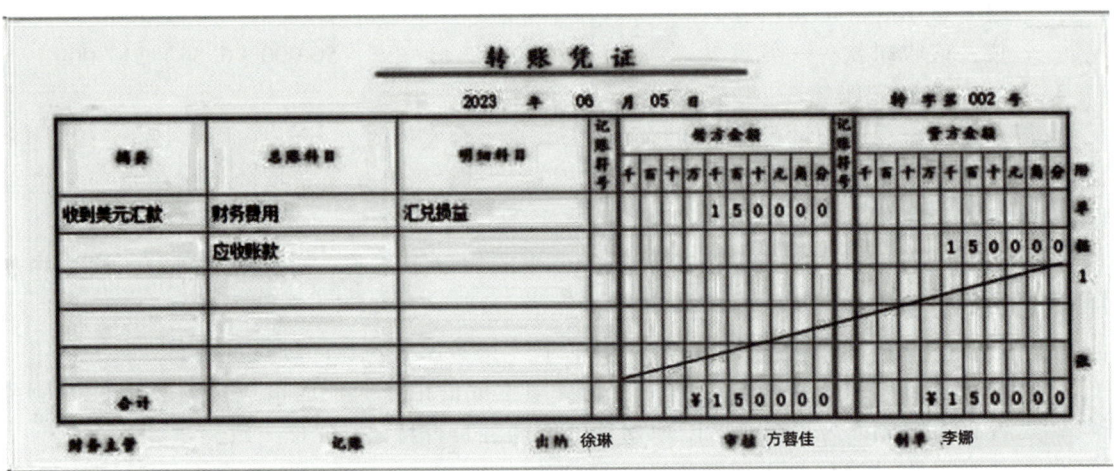

图 4-105 实际发生手续费

第五步：智能生成银行存款日记账

1. 操作步骤：先登记增加的美元存款日记账，再登记减少的人民币存款日记账。
2. 生成银行存款日记账，如图 4-106 所示。

银行存款日记账（外币）

账户名称：汇丰银行-美金账户　　　　原币余额：50,222.00　　　　人民币余额：317,010.49

日期	凭证号	内容	外币(美金)			汇率	人民币			记账
			借方	贷方	余额		借方	贷方	余额	
6月1日	转-001	收到货款	999.00		999.00	6.435	6,428.57	0.00	6,428.57	☑
6月2日	转-002	收到货款	888.00		1,887.00	6.436	5,715.17	0.00	12,143.73	☑
6月5日	转-003	收到货款	50,000.00		51,887.00	6.310	315,500.00	0.00	327,643.73	☑
										☐

图 4-106 银行存款日记账

【任务总结】

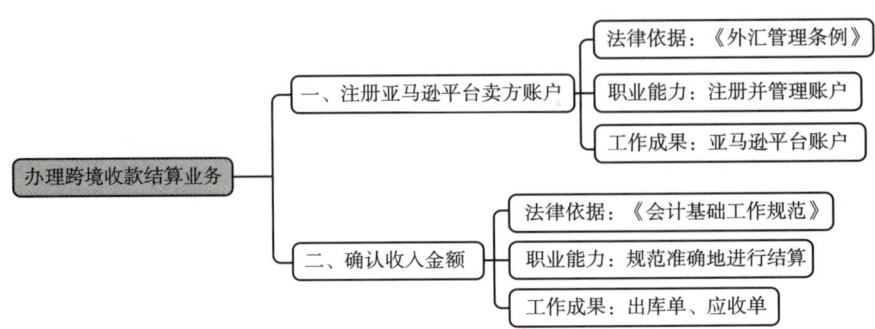

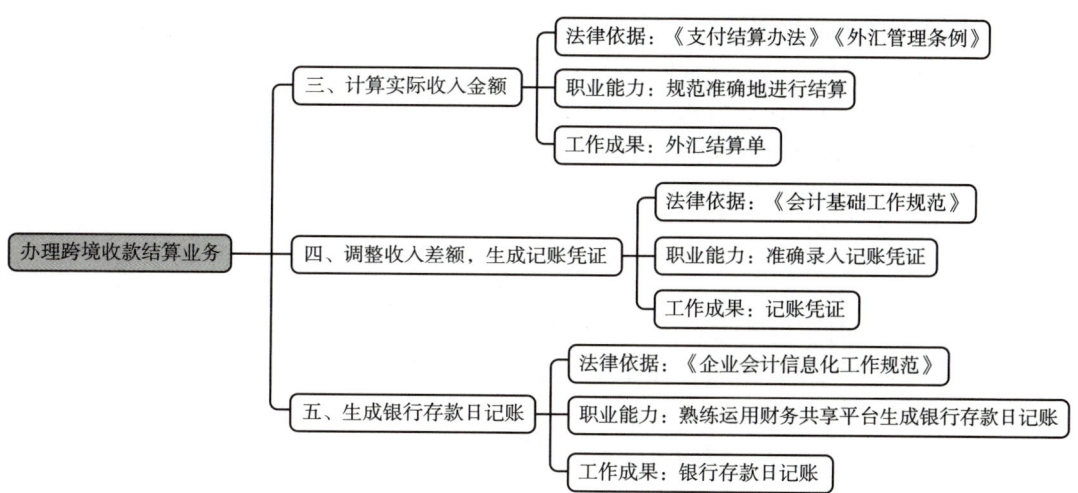

【实战训练】

（一）实战背景

2023年11月1日,沃丰公司通过亚马逊平台向美国MMK公司销售10台设备,价值10万美元,交易发生当日的汇率为1美元=7.21元人民币。11月15日收到MMK公司的汇款,当日汇率1美元=7.13元人民币。

（二）任务目标

出纳按照《支付结算办法》《外汇管理条例》《会计基础工作规范》的要求审核付款相关的原始凭证,准确录入收款信息,生成记账凭证及日记账,完成跨境收款结算业务。

（三）任务实现

登录EPC理实互动平台,按照跨境收款结算的业务流程,完成跨境结算收款业务的办理。

子任务2　办理跨境付款结算业务

【任务布置】

（一）任务描述

2023年6月,北京翔宏润达工贸有限责任公司（以下简称"翔宏润达公司"）发生如下跨境交易：

6月6日，公司向美国HY公司采购一批大型机电设备，货款20 000美元，当日即期汇率为1美元=6.70元人民币，设备已入库，款项尚未支付。

6月21日，该公司为偿还货款向银行购入外汇并支付设备款，当天的即期汇率为1美元=6.60元人民币，银行美元卖出汇率为1美元=6.80元人民币，实付人民币136 000元。

要求：完成跨境付款结算业务。

（二）工作要求

分别以出纳、会计、财务主管的身份完成以下工作：
（1）熟悉跨境付款结算的相关管理规定；
（2）明确跨境付款业务的工作流程；
（3）能够正确录入信息，智能生成跨境付款业务的记账凭证、银行存款日记账。

（三）工作成果

（1）出库单、付款申请书；
（2）生成跨境付款业务的记账凭证；
（3）生成银行存款日记账。

（四）评价标准

根据《会计基础工作规范》《企业会计信息化工作规范》《外汇管理条例》等要求，规范采集外汇兑换的原始凭证，生成记账凭证及银行存款日记账。

【任务分析】

（一）工作思路

（1）库管员依据采购订单生成入库单；
（2）采购员填写付款申请书并审核；
（3）出纳依据审核的付款申请书在网上银行办理外汇申报；
（4）会计生成付款业务的记账凭证并审核；
（5）智能生成银行存款日记账。

（二）工作流程

跨境付款业务主要由财务部徐琳（出纳）、李娜（会计）、方蓉佳（财务主管）来完成，基本工作流程如图4-107所示。

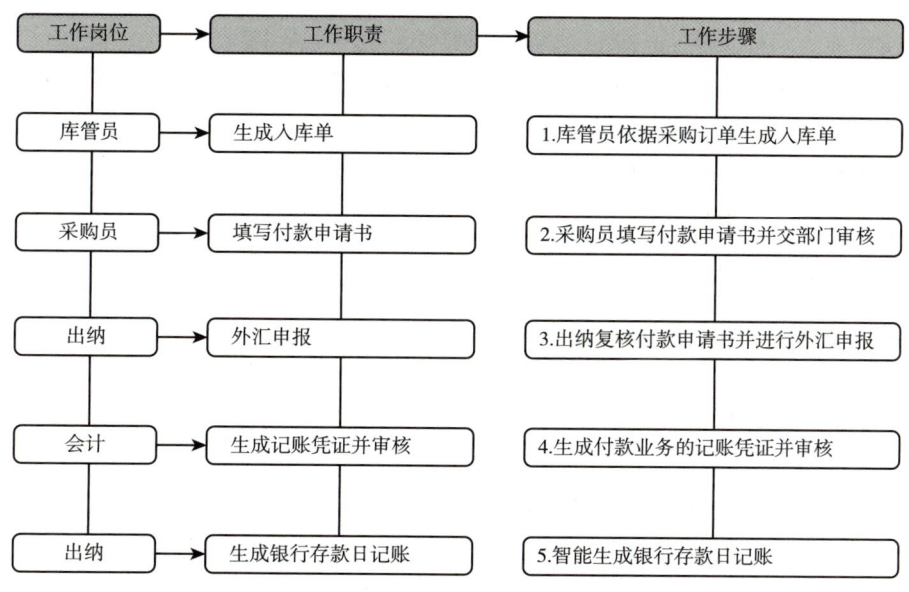

图 4-107 办理跨境付款结算业务工作流程图

(三) 知识准备

在电商跨境支付中,有多种不同的支付方式可供选择。以下列举了几种常见的跨境支付方式:

(1) 信用卡支付:信用卡是最常见的跨境支付方式之一。通过将信用卡绑定到电商平台或支付平台上,用户可以直接使用信用卡进行支付。

(2) 支付宝/微信支付:作为中国最大的第三方支付平台,支付宝和微信支付在国内外都有广泛的应用。通过扫码或者输入账号密码等方式,用户可以直接在手机上完成支付。

(3) PayPal:作为全球领先的在线支付解决方案,PayPal 被广泛接受并使用。用户可以通过 PayPal 账户来进行支付,也可以与银行账号或信用卡关联,实现资金转移和结算。

(4) 银行转账:一些用户习惯使用传统的银行转账方式进行跨境支付。这种方式相对较慢,但相对来说更加稳定和安全。

(5) 虚拟货币支付:随着虚拟货币的发展,一些电商平台开始接受比特币等虚拟货币进行支付。用户可以通过区块链技术进行跨境支付。

(四) 技能准备

外汇支付是指贸易结算、国际投资、旅游消费等跨境支付活动中,以外币形式结算的支付方式。具体而言,外汇支付通常分为向境外支付或者接收境外支付两种类型。外汇的付款流程包括以下几个步骤:

1. 按规定提供资料

企业需要按照相关规定,向银行提供相应的外汇支付申请资料,包括但不限于下列文件:外汇支付申请书、银行开户证明、合同或协议、发票

微课:购汇、付汇业务

或清单、海关单据等。

2. 确认汇率

银行会根据国际汇市行情实时为企业提供外汇支付的汇率，企业需要确认该汇率是否符合自己的适用标准。

3. 确认授权

企业需要确认授权银行进行外汇付款。授权细节通常包括以下方面：

（1）确认付款账户和收款账户信息。

（2）确认付款金额。

（3）确认支付币种及接收币种等。

4. 交易执行

当企业确认外汇付款金额、收款账户等信息之后，则由银行完成交易执行。

5. 填写交易凭证

企业需要按照相关规定，填写相应的交易凭证。

职场链接

进口结汇的注意事项

（1）操作流程合规：企业或个人在进行跨境电商进口付汇时，需要确保操作流程合规，遵守相关政策和规定，以避免不必要的风险和问题。（2）风险控制：企业或个人在进行跨境电商进口付汇时，需要注意风险控制，避免因付汇操作不当而导致的损失和风险。（3）费用和汇率：企业或个人需要了解相关费用和汇率，以避免因费用和汇率等因素而导致的不必要损失。（4）税务规定：企业或个人在进行跨境电商进口付汇时，需要了解相关税务规定，以避免因税务问题而导致的不必要损失和风险。（5）交款人交款时，如遇到办理业务人员较多，应按次序等候。等候过程中，应做到钞票不离手，以防发生意外。

【任务实施】

外汇兑换工作任务主要由财务部徐琳（出纳）、李娜（会计）、方蓉佳（财务主管）来完成。具体工作步骤如下：

第一步：库管员依据采购订单生成入库单（见图4-108、图4-109）

第二步：出纳审核付款申请书

采购部人员填写付款申请书，经部门主管审核、财务主管审核通过后，交出纳进行复核。如图4-110所示。

图 4-108 采购订单

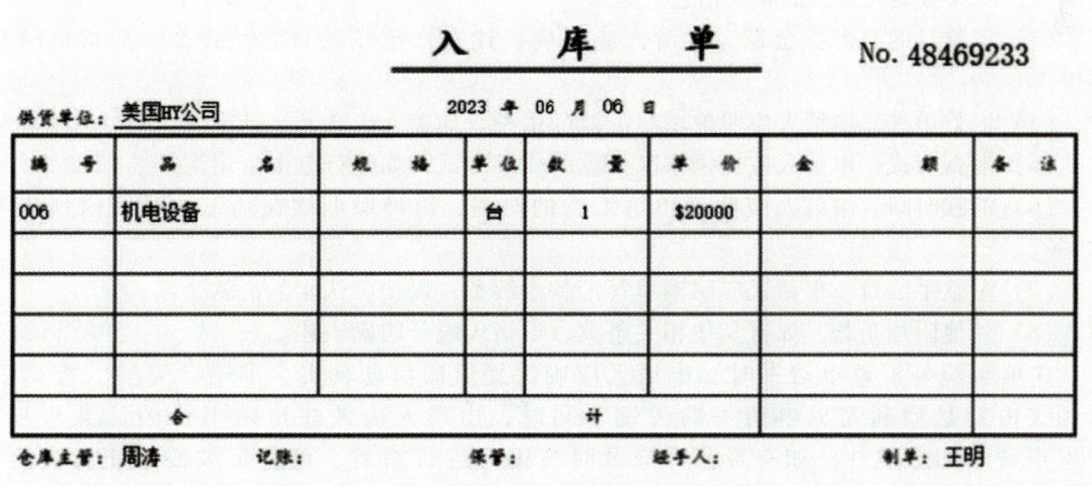

图 4-109 入库单

付款申请书

2023 年 06 月 06 日填　　　　字 006 号

收款单位	美国HY公司	付款原因
账号	6229466751345678	购买设备
开户行	汇丰银行美国新泽西州分理处	
金额	零佰壹拾叁万肆仟零佰零拾零元零角零分	
附件　张	金额(小写) ¥134,000.00	
审批	财务	

财务主管 方蓉佳　　记账 李娜　　复核　　出纳 徐琳　　制单 刘宏

图 4－110　付款申请书

第三步：出纳依据付款申请书在网上银行办理外汇申报

1. 在线填写境外汇款申请书，核对收款人信息。

境外汇款申请书的基本构成，如图 4－111 所示：

（1）申请人基本信息。申请人应提供其公司的基本信息，包括：公司名称、注册地、法定代表人（或授权代表）、联系人等。

（2）申请人业务情况。申请人应详细描述其公司的业务范围、主要产品或服务、市场情况等，以及与本次汇款的相关信息。

（3）汇款目的与汇款金额。申请人应明确表述本次汇款的目的是什么，汇款金额为多少。

（4）汇款币种。申请人应明确填写汇款的币种，如美元、欧元、港币等。

（5）汇款方式。申请人应提供本次汇款的详细方式，如银行电汇、票汇等。

（6）汇款时间。申请人应明确填写汇款的时间，以确保汇款在约定的时间内到达收款方。

（7）汇款手续费。申请人应明确填写汇款手续费，以便确认实际汇款金额。

（8）其他附加条款。如有其他相关条款，申请人应予明确表述。

在填写境外汇款申请书时，申请人应确保提供的信息真实、准确、完整。准确填写相关内容是顺利完成申请书的关键。同时，申请人应关注申请书中的注意事项，确保申请书的合规性。如有疑问，应及时与银行进行沟通，确保汇款能够正常进行。如图 4－111 所示。

2. 网上外汇申报后一般 1—3 个工作日可以完成外汇转账，在网上银行——外汇转账记录中查找相关转账成功的记录，确定销货方收到款项。

项目四 银行转账结算核算与管理

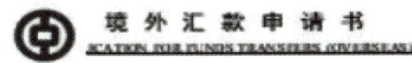

图4-111 外汇申报书

> **职场链接**
>
> ### 外汇转账
>
> 外汇转账是指将一种货币转换为另一种货币的过程。在国际贸易和跨境业务中,外汇转账是非常常见的操作。当我们进行外汇转账后,我们通常会想要查询到账明细,以确保资金安全和准确性。那么,外汇转账如何查询到账明细呢?
>
> 我们可以通过银行的网上银行系统来查询外汇转账的到账明细。大部分银行都提供了网上银行服务,通过网上银行系统,我们可以方便地查询到账明细。我们只需要登录银

行的网上银行系统,选择相应的账户,就可以在交易明细或账户明细界面中找到外汇转账相关的记录。通常我们可以看到转账的金额、转账的时间、转账的目标账户等信息。这种方式非常方便快捷,适合经常进行外汇转账的人群。

第四步:会计生成付款业务的记账凭证并审核

1. 外汇付款业务会计分录编制

依据业务内容,应对银行存款美元账户做减少记录,按照当日支付款项时的市场汇率折算为人民币,对该银行存款相对应的人民币账户做减少记录,按照实际支付的人民币金额对应付账款账户做减少记录,两者之间的差额作为当期财务费用。会计分录如下:

(1) 6月6日收到商品当日:

借:库存商品——机电设备　　　　　　　　　　　　　　　　134 000
　　贷:应付账款——美元户　　　　　　　　　(20 000×6.70) 134 000

(2) 6月21日,实际完成货款支付时:

借:应付账款——美元户　　　　　　　　　　(20 000×6.60) 132 000
　　财务费用——汇兑损益　　　　　　　　　　　　　　　　 4 000
　　贷:银行存款——人民币户　　　　　　　　(20 000×6.80) 136 000

2. 生成并审核记账凭证

目前很多企业录入记账凭证的过程是通过财务云共享平台实现的。记账凭证如图4-112、图4-113、图4-114所示。

(1) 会计核算岗在审核相关原始凭证无误后,在云平台录入票据的关键信息后系统会自动生成记账凭证。

(2) 进入智能凭证中心查看已生成的记账凭证,如果发现问题,调整并及时修改错误数据、科目等信息。

(3) 确保无误后保存记账凭证,并将任务转入财务主管审核岗进行审核。

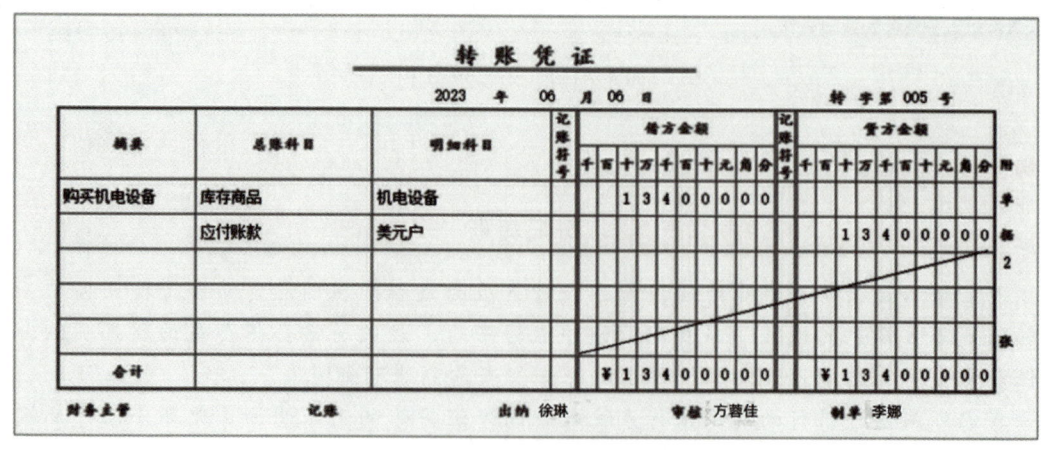

图4-112　收到商品,款项未付的转账凭证

（4）主管审核时进入云平台，重点审核自动生成的记账凭证应借应贷的会计科目是否正确，是否有原始凭证为依据，所附原始凭证的内容是否与记账凭证一致。

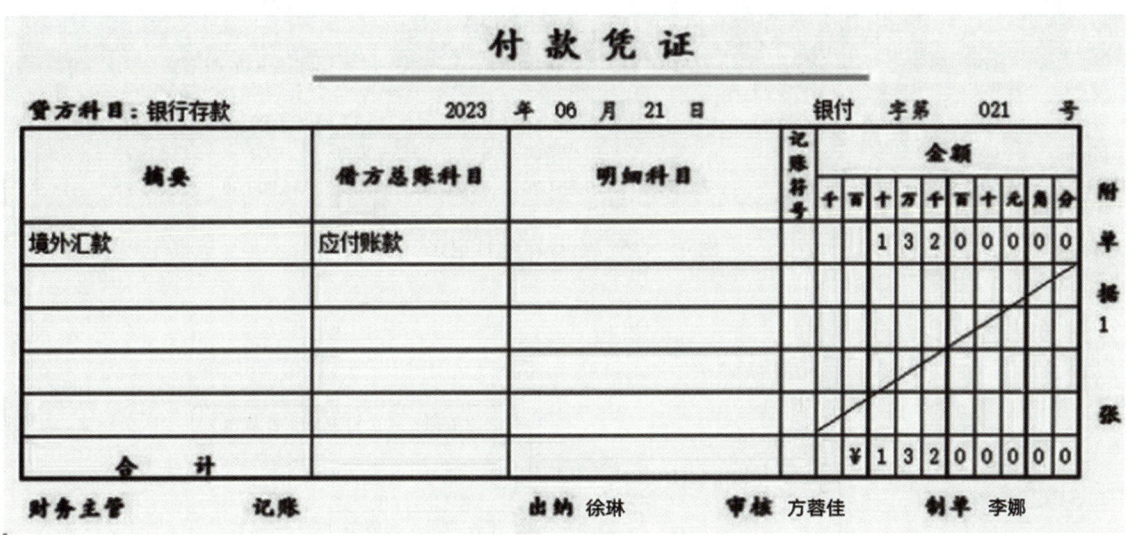

图 4-113 外汇到账并完成支付的付款凭证

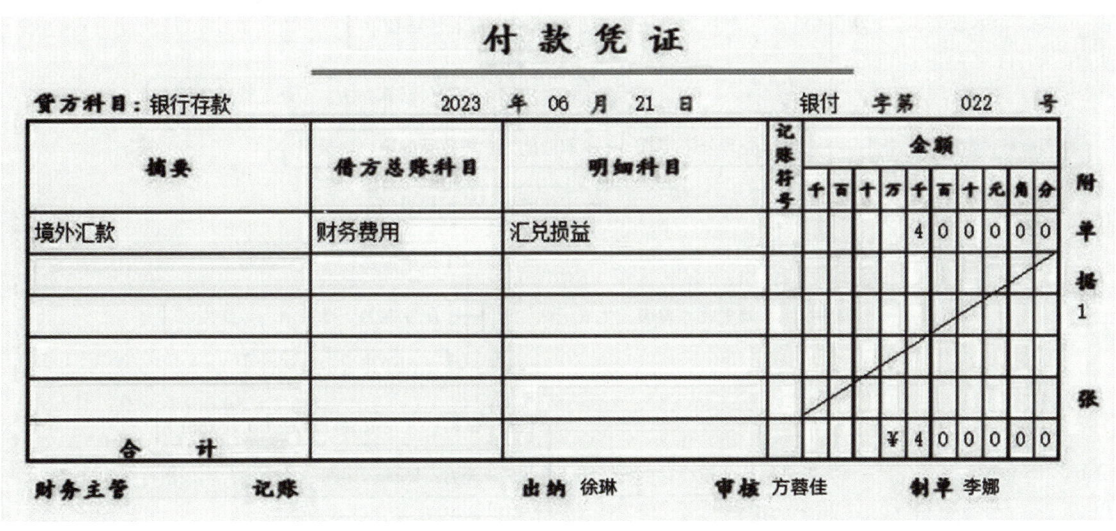

图 4-114 发生手续费的付款凭证

第五步：智能生成银行存款日记账

智能生成银行存款日记账，如图 4-115 所示。

银行存款日记账(外币)

账户名称：汇丰银行-美金账户　　原币余额：30,333.00　　人民币余额：181,723.89

日期	凭证号	内容	外币(美金)			汇币	人民币			记账
			借方	贷方	余额		借方	贷方	余额	
6月1日	转-001	收到货款	999.00		999.00	6.435	6,428.57	0.00	6,428.57	☑
6月2日	转-002	收到货款	888.00		1,887.00	6.436	5,715.17	0.00	12,143.73	☑
6月5日	转-003	收到货款	50,000.00		51,887.00	6.310	315,500.00	0.00	327,643.73	☑
6月21日	转-006	支付货款		20,000.00	31,887.00	6.800	0.00	136,000.00	191,643.73	☑

图 4－115　银行存款日记账

【任务总结】

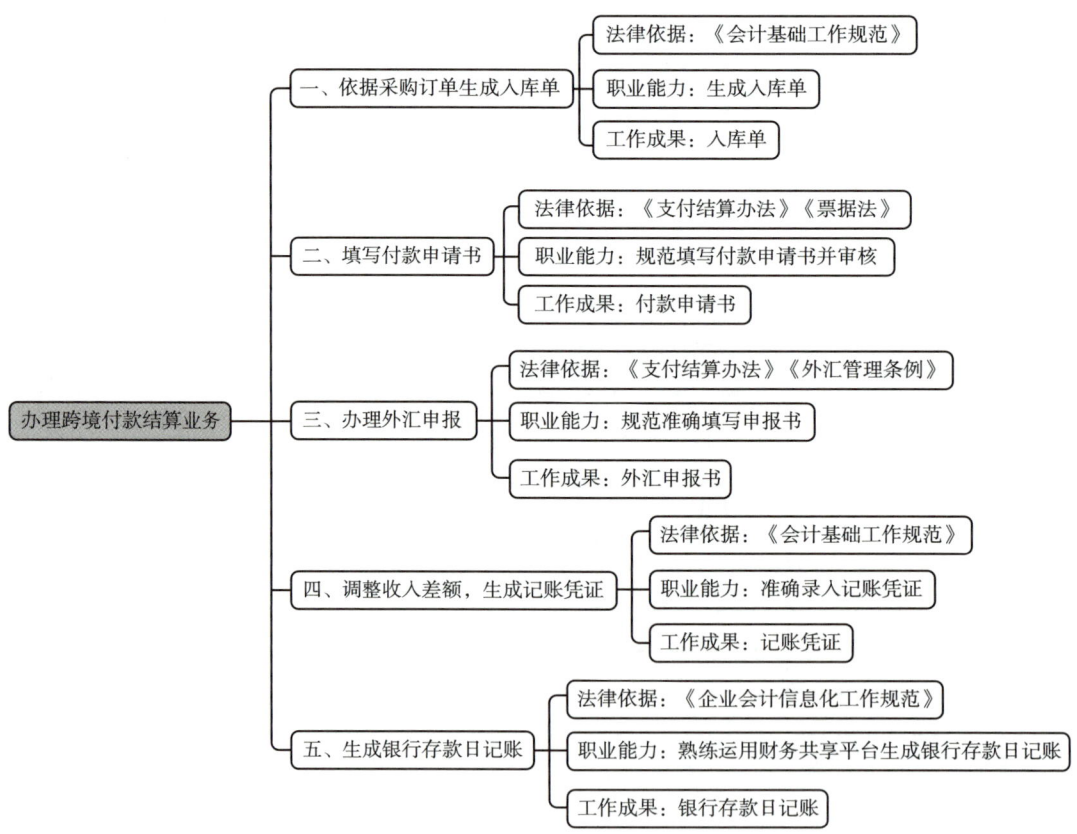

【实战训练】

（一）实战背景

2023 年 10 月 1 日，沃丰公司通过亚马逊平台向美国 YF 公司采购两台设备，价值 10 万美元，交易发生当日的汇率为 1 美元＝6.21 元人民币。11 月 15 日 YF 公司收到汇款，当日汇率1美元=6.13元人民币。

(二) 任务目标

出纳按照《支付结算办法》《外汇管理条例》《会计基础工作规范》的要求审核付款相关的原始凭证，准确录入付款信息，生成记账凭证及日记账，完成跨境付款结算业务。

(三) 任务实现

登录EPC理实互动平台，按照跨境付款结算的业务流程，完成跨境结算付款业务的办理。

任务七　办理银行对账业务

【学习目标】

- 明确银行存款清查盘点业务的重要性
- 明确银行对账的作用和目的
- 正确掌握银行对账的程序和方法
- 能够编制银行存款余额调节表

【任务布置】

(一) 任务描述

北京翔宏润达工贸有限责任公司（以下简称"翔宏润达公司"）出纳徐琳每月进行一次银行对账。2023年7月1日徐琳在银行存款日记账上录入期初数据，2日到企业开户银行领取银行对账单（或者在网银上下载6月的银行对账单），7月10日，将企业6月银行存款日记账与6月银行对账单进行核对。

要求：将企业6月银行存款日记账与6月银行对账单进行核对，找出未达账项，编制银行存款余额调节表。

(二) 工作要求

分别以出纳、会计、财务主管的身份完成以下工作：
(1) 能准确地掌握银行存款的使用情况；
(2) 核销已达账项（即账实相符情况）；

（3）找出未达账项；
（4）编制银行存款余额调节表。

（三）工作成果

（1）将银行存款日记账与银行对账单进行比对，核销已达账项；
（2）编制银行存款余额调节表。

（四）评价标准

依据《会计基础工作规范》《企业会计信息化工作规范》《小企业会计准则》等要求，规范进行账账、账证、账实核对。

【任务分析】

（一）工作思路

（1）出纳进行账证、账账核对；
（2）出纳领取银行对账单；
（3）核对银行存款日记账和银行对账单；
（4）确定未达账项；
（5）编制银行存款余额调节表。

（二）工作流程

银行存款对账主要由财务部徐琳（出纳）、李娜（会计）、方蓉佳（财务主管）来完成，需要企业销售部门的人员相互配合，基本工作流程如图4-116所示。

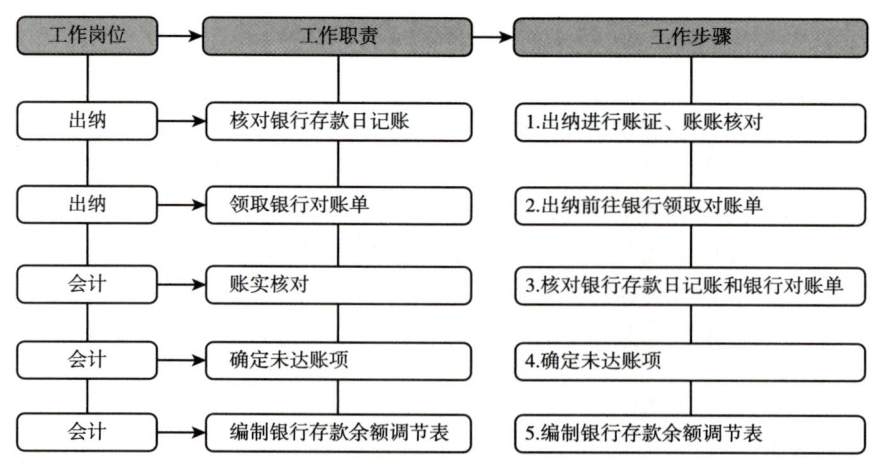

图4-116 办理银行存款对账工作流程图

（三）知识准备

1. 对账的目的

（1）能准确地掌握银行存款的使用情况；

（2）核销已达账项（即账实相符情况）；

（3）找出未达账项。

2. 核对银行对账单应注意的事项

《银行对账工作管理办法》

在月末与银行核对账目之前，企业出纳应将涉及的银行存款收支业务全部登入银行存款日记账，然后再将登记完毕的银行存款日记账的发生额、余额与银行转来的对账单进行逐笔核对，以检查两者是否相符。在与银行对账之前，应先检查本单位的银行存款日记账的正确性与完整性。通过核对，往往会发现双方账目不相符。其主要原因有二：一是双方记账可能有差错，如错账、漏账等，应及时查明更正；二是存在未达账项，这是正常的。为消除未达账项的影响，企业应根据核对后发现的未达账项，编制"银行存款余额调节表"。值得注意的是，由于未达账项不是错账、漏账，因此不需根据调节表做任何账务处理，双方账面仍保持原有的余额，待收到有关凭证之后（即由未达账项变成已达账项），再同正常业务一样进行处理。

3. 未达账项的种类

未达账项主要是因为企业和银行收到结算凭证的时间不一致所产生的。比如，企业委托银行向外地某单位收款，银行收到对方支付款项的结算凭证后，就记账增加企业的银行存款，再将结算凭证传递给企业，企业在收到结算凭证后再记录增加自己账上的银行存款。在银行收到结算凭证至企业收到结算凭证期间，就形成了未达账项。

企业和银行之间可能会发生以下四个方面的未达账项：

一是银行已经收款入账，而企业尚未收到银行的收款通知因而未收款入账的款项，例如委托银行收款等。

二是银行已经付款入账，而企业尚未收到银行的付款通知因而未付款入账的款项，例如借款利息的扣付、托收无承付等。

三是企业已经收款入账，而银行尚未办理完转账手续因而未收款入账的款项，例如收到外单位的转账支票等。

四是企业已经付款入账，而银行尚未办理完转账手续因而未付款入账的款项，例如企业已开出支票而持票人尚未向银行提现或转账等。

> **职场链接**
>
> **系统自动形成银行存款日记账的未达账项**
>
> 通过网银操作时，企业出纳每月初将系统启用前的银行存款日记账和银行对账单的期初未达账项录入计算机。必须将上个月银行开出的银行对账单输入计算机，存入"对账单文件"（使用账务处理系统处理日常业务后，系统将自动形成银行存款日记账的未达账项）。

（四）技能准备

1. 银行对账的种类

出纳在每月 15 日前采用自动对账和手工对账的方式将企业上月银行存款日记账与银行对账单进行核对，核销已达账项，找出未达账项。

微课：编制银行存款余额调节表

（1）自动对账：

依据："方向＋金额"或"结算方式＋结算号＋方向＋金额"在两账单上相同。即：两账单上的记录必须是"一对一"的。在两账单上满足上述条件的项目上自动打上"两清标志"。

（2）手工对账（自动对账的补充）：

手工对账的功能：用于核销非真实的"未达账项"。实际上"已达"，只是由于业务不规范等原因造成的而不能自动对账。

2. 人工挑选，强制核销的情况

（1）对账单中一条业务记录与银行存款日记账未达账项文件中多条业务记录相同。

（2）对账单中多条业务记录与银行存款日记账未达账项文件中一条业务记录相同。

3. 编制银行存款余额调节表的技能要求

（1）掌握银行存款余额调节表的编制原理和方法，能够根据银行对账单和企业银行存款日记账，编制银行存款余额调节表。

（2）能够分析未达账项的原因，并对其进行处理。

（3）能够熟练进行数据分析和整理，提高编制效率。

（4）能够认真细致地完成编制工作，并确保数据的准确性和完整性。

【任务实施】

银行对账工作任务主要由财务部徐琳（出纳）、李娜（会计）来完成。具体工作步骤如下：

第一步：出纳进行账证、账账核对

出纳根据现金收、付款凭证生成银行存款日记账，进行账证核对无误，同时将总账与明细账余额核对相符。

第二步：出纳前往银行领取对账单

出纳徐琳 7 月 2 日（每月 5 日以前）到企业开户银行领取银行对账单（或者在网银上下载上月银行对账单），如图 4－117 所示。

第三步：核对银行存款日记账和银行对账单

将"银行存款日记账"借方发生额与"银行对账单"的贷方发生额进行核对，如图 4－118 所示。

币种：人民币　　单位：元

2023年		摘要	结算凭证		借方	贷方	结余
月	日		种类	号数			
6	1	结余					700 000
	3	存入	支票	00439		280 000	980 000
	11	支取	支票	00127	500 000		480 000
	17	存入	支票	00649		120 000	600 000
	26	支取	支票	00193	20 000		580 000
	27	存入	支票	00187		60 000	640 000
	30	支取	支票	00198	90 000		550 000

图4-117　中国工商银行安定门支行对账单

银行存款日记账

2023年6月　　账号：14679

2023年		凭证	摘要	借方	贷方	余额
月	日					
6	1	略	略			10000
	3			20000		
	5			52000 ①		
	11				10000	
	20				30000	
	23				2000 ②	
	31				40000	

银行对账单

2023年6月　　账号：14679

2023年		凭证	摘要	借方	贷方	余额
月	日					
6	1	略	略			10000
	3				20000	
	6				50000 ③	
	11			10000		
	20			30000		
	25				5000 ④	
	31					35000

图中①②③④标号为未达账项。

企业记增加 → 企业记减少 → 核对 ← 银行记减少 ← 银行记增加
核对

图4-118　银行存款日记账与银行对账单进行对账

第四步：确定未达账项

将"银行存款日记账"贷方发生额与"银行对账单"的借方发生额进行核对，找出下列未达账项：

①企业记增加，银行未记增加52 000元；
②企业记减少，银行未记减少2 000元；
③银行记增加，企业未记增加50 000元；
④银行记减少，企业未记减少5 000元。

第五步：编制银行存款余额调节表

1. 登记期初余额

将上月银行对账单最末行余额和银行存款日记账余额登记到"银行存款余额调节表"上。会计在银行存款余额调节表上登记企业银行日记账余额 40 000 元和银行对账单余额 35 000 元，如表 4-2 所示。

表 4-2　　　　　　　　　　　银行存款余额调节表

2023 年 7 月 11 日

项目	金额	项目	金额
企业银行存款日记账余额 ＋银行已收企业未收 －银行已付企业未付	40 000	银行对账单余额 ＋企业已收银行未收 －企业已付银行未付	35 000
调节后余额			

2. 登记未达账项

将"银行存款日记账"贷方发生额与"银行对账单"的借方发生额进行核对，找出下列未达账项：

企业未达账项：①银行已收，企业未收：50 000 元

②银行已付，企业未付：5 000 元

银行未达账项：①企业已收，银行未收：52 000 元

②企业已付，银行未付：2 000 元

3. 分别计算调节后余额

将未达账项填入银行存款余额调节表，计算出调节后的余额，如表 4-3 所示。

表 4-3　　　　　　　　　　　银行存款余额调节表

项目	金额	项目	金额
企业银行存款日记账余额 ＋银行已收企业未收 －银行已付企业未付	40 000 50 000 5 000	银行对账单余额 ＋企业已收银行未收 －企业已付银行未付	35 000 52 000 2 000
调节后余额	85 000		85 000

> **职场链接**
>
> **企业可动用的银行存款**
>
> 调节后的余额为企业可动用的银行存款实际数，未达账项的会计处理是在实际收到有关结算凭证时进行，银行存款余额调节表不是原始凭证，不能作为记账凭证依据。

4. 财务主管审核

财务主管方蓉佳于 7 月 16 日（每月 20 日前）完成对银行存款余额调节表的审核工作，并对报出的银行存款余额调节表的真实性、准确性、及时性负责。

【任务总结】

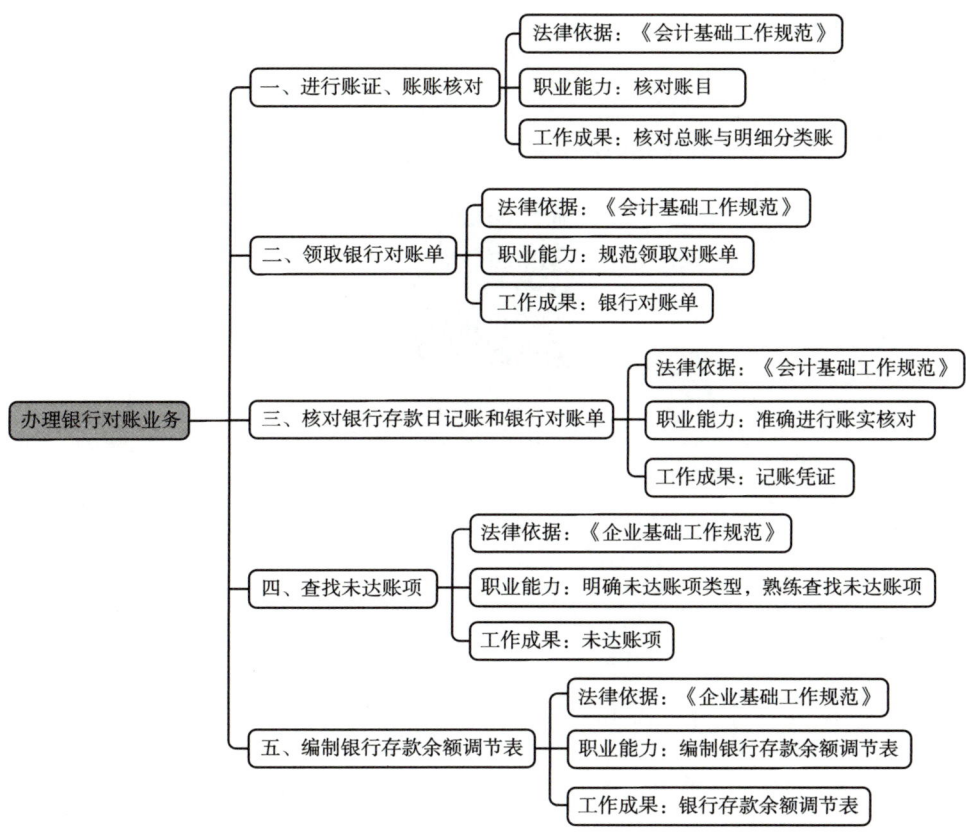

【实战训练】

（一）实战背景

华天公司 2023 年 10 月 31 日银行存款日记账为 70 000 元，银行对账单的余额为 73 150 元，经过双方逐笔核对后，发现存在以下未达账项：

（1）公司因采购材料开出转账支票一张，金额为 2 000 元，公司已入账，但持票人尚未到银行办理转账手续。

（2）公司因销售商品收到购货方开来的转账支票一张，金额为 58 850 元，将支票送存银行后公司做收入入账，但是银行尚未办理入账手续。

（3）公司委托银行代收外地销货款 12 000 元，银行已收款入账，但公司尚未收到收款通知。

（4）银行代为支付本月水电费 5 000 元，已入账，但是公司尚未收到付款通知。

（5）公司委托银行代收外地销货款 53 000 元，银行已收款入账，但公司尚未收到收款通知。

（二）任务目标

出纳按照《会计基础工作规范》的要求进行银行存款日记账与银行对账单的核对，编制银行存款余额调节表。

（三）任务实现

根据学校资源库平台中的任务指南完成操作。

项目四测试
（习题、答案）

项目五
企业日常费用核算与管理

本项目所讲的日常费用是指企业的管理费用、销售费用、财务费用，也称为期间费用，是维系企业经营运转的重要保障。新浪财经官网数据显示，贵州茅台2023年上半年期间费用率为7.74%，同期白酒行业该指标均值为23.67%，贵州茅台同期销售净利率为53.66%，白酒行业该指标均值为23.16%。日常费用管控对于企业降本增效，提高经济效益，增强企业核心竞争力起着积极的作用。随着费用控制系统的完善和财务共享中心的费用报销流程优化，企业能够有效地降低费用支出，提升日常费用管理科学度、精准度，促进企业实现高质量发展。本项目主要设计了三个工作任务：预算管理日常费用，核算与管理独立核算企业日常费用，核算与管理财务共享模式下企业日常费用。任务的主要知识点、技能点、素养点如图5-1所示。

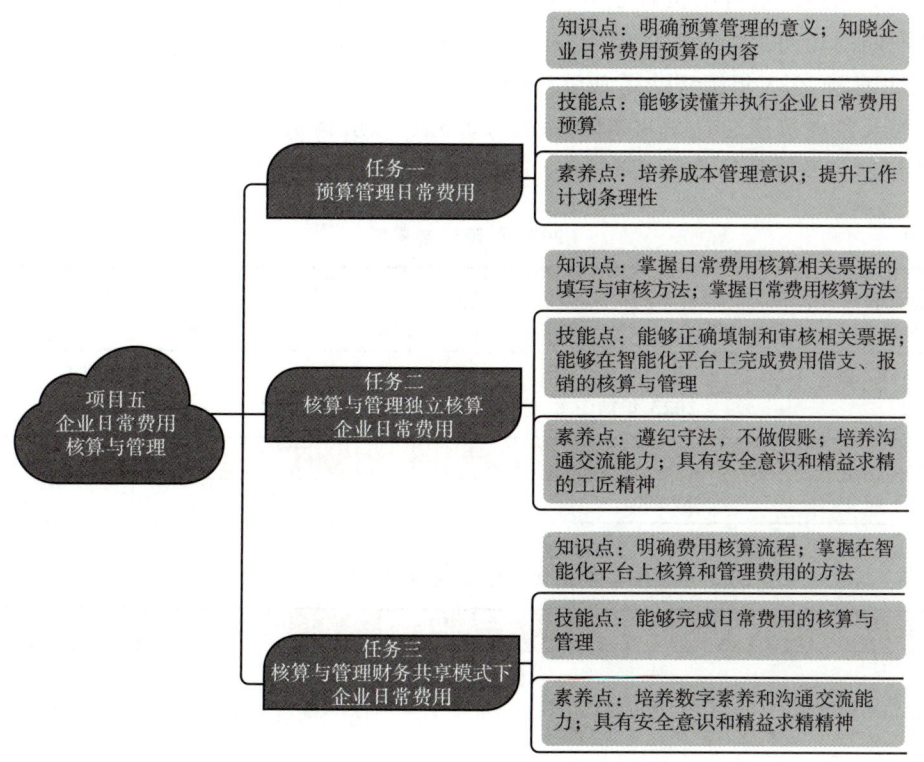

图5-1 项目五 知识、技能、素养要点

任务一　预算管理日常费用

【学习目标】

- 理解预算管理的重要意义
- 能够编制销售及管理费用预算
- 能够分析销售及管理费用预算执行情况

【任务布置】

（一）任务描述

北京翔宏润达工贸有限责任公司（以下简称"翔宏润达公司"）日常费用实行预算管理，预算期间的变动销售及管理费用按销售量进行分配，单位变动销售及管理费用为4元，2022年年底编制2023年销售费用和管理费用预算。预计销售量如表5-1所示，预计2023年固定销售及管理费用总计1 800 000元。2023年对预算执行情况进行监督，根据账簿资料，2023年前三季度预算实际情况如表5-2和表5-3所示。

表5-1　　　　　　　　　　　2023年预计销量表

项目	第一季度	第二季度	第三季度	第四季度	全年
预计销售量（件）	10 000	15 000	20 000	18 000	63 000

表5-2　　　　　　　　2023年前三季度销售及管理费用实际发生额

项目	第一季度	第二季度	第三季度	合计
实际发生额（元）	489 000	502 000	521 400	1 512 400

表5-3　　　　2023年前三季度销售及管理费用实际发生额（按明细）　　　　单位：元

科目类别	实际
销售费用	571 900
销售部门薪酬福利	271 000
差旅费	100 900
市场营销费	180 000
专业咨询费	20 000

续表

科目类别	实际
管理费用	940 500
其他部门薪酬福利费	622 000
差旅费	130 800
办公费	58 000
党组织工作经费和共青团工作经费	39 700
办公室物业管理费	40 000
网络维护费	30 000
审计费	20 000
合计	1 512 400

（二）工作要求

财务人员完成以下工作：

（1）编制2023年销售及管理费用预算；

（2）监控2023年度销售及管理费用预算执行情况；

（3）分析2023年前三季度销售及管理费用预算执行情况。

（三）工作成果

（1）编制销售及管理费用预算；

（2）分析日常费用预算执行情况。

（四）评价标准

依据《会计基础工作规范》《企业会计信息化工作规范》《小企业会计准则》《企业财务通则》《企业内部控制应用指引第15号——全面预算》等要求，进行日常费用预算编制、设计费用管理方法、费用审核流程、费用审核内容。

【任务分析】

（一）工作思路

（1）编制费用预算；

（2）完善费用支出审批制度、进行费用预算监控；

（3）实行费用预算分析、考核评价。

（二）工作流程

公司成立财务预算小组进行预算编制的组织和实施；日常预算监控由业务部门负责人、成本费用会计、出纳等进行；预算分析由财务预算小组进行。基本工作流程如图5-2所示。

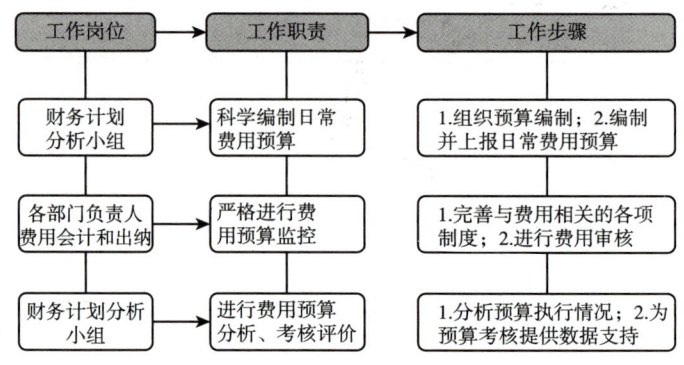

图 5-2 日常费用预算管理工作流程图

（三）知识准备

1. 日常费用

企业在一定时期内发生的用货币表示的生产耗费，称为费用。制造企业发生的各种费用按其经济用途分类，分为计入产品成本的生产费用和不计入产品成本的期间费用。不计入产品成本的期间费用包括销售费用、管理费用和财务费用。

> **温故知新**
>
> **辨析下列费用支出性质**
>
> 企业在筹建期间发生的开办费27万元；企业董事会和行政管理部门在企业经营管理中发生的费用（包括：固定资产折旧费、办公费、水电费、差旅费、管理人员的职工薪酬等）68万元；企业统一负担的公司经费（包括：工会经费、董事会费、聘请中介机构费、咨询费、诉讼费、业务招待费、绿化费等）36万元；企业生产车间固定资产修理费和折旧费29万元；企业在销售过程中发生专设销售机构费用23万元；在销售过程中发生的运输费、包装费、展览费、广告费、保险费等41万元；企业为筹资而发生的利息支出32万元；相关结算手续费14万元。
>
> 管理费用＝
>
> 销售费用＝
>
> 财务费用＝

2. 日常费用管理原则

费用管理应遵循"预算控制、权责分明、审批控制、手续完备"的原则。

（1）预算控制。根据企业成本费用的计划编制期间费用预算，并据此控制日常期间费用开支。各部门、各单位必须严格按照预算执行，不得突破预算标准，年终根据预算进行考核，并予以相应奖惩。

（2）审批控制。根据费用、预算和经济业务的性质，按照授权批准制度所规定的权限，对费用支出申请进行审批，不得超越审批权限。减少期间费用超额度、超标准、乱开口子和造假贪污等不正常现象的发生。

（3）归口分级控制，是企业控费增效的普遍做法。具体包括以下几点：

一是归口管理。按照管理权限和管理责任相结合的原则，合理安排单位内部各部门、各单位的权责，调动各部门、各单位管理好相关费用的积极性。

二是分级管理。各管理部门应当根据各项费用的具体情况，将费用控制责任层层分解，层层落实，让归口管理部门的所属单位和个人都对相关费用控制和管理负有责任，从而加强对期间费用的控制。

（4）手续完备。财务部门对期间费用实行统一管理。财务部门作为综合管理部门，应对期间费用进行统一管理，即所有期间费用开支都由财务部门统一办理借款报销手续。

3. 费用预算

费用预算应以销售预算为基础，由费用消耗部门根据费用预测结果进行编制。根据单位的经营总目标和预测期可能发生的各个影响因素，采用定量和定性的分析方法，确定标准费用、预计费用水平。

固定费用是指其总额在一定时期和一定业务量范围内不随业务量发生任何变动的那部分成本。变动费用是指其总额随着业务量成正比例变动的那部分成本。

企业应当以预算管理各流程为主线，从预算编制、预算执行、预算考评的各环节设计费用控制体系，将控制思想合理地融入企业的管理理念，实现对日常费用全过程的管控，如图5-3所示。

（1）事前日常费用管理阶段，主要是对未来的日常费用水平及其发展趋势所进行的预测与规划，一般包括日常费用预测、日常费用决策和日常费用计划等步骤；

（2）事中日常费用管理阶段，主要是对营运过程中发生的费用进行监督和控制，并根据实际情况对日常费用预算进行必要的修正，即日常费用控制步骤；

（3）事后日常费用管理阶段，主要是在日常费用发生之后进行的分析和考核，一般包括日常费用分析和日常费用考核等步骤。

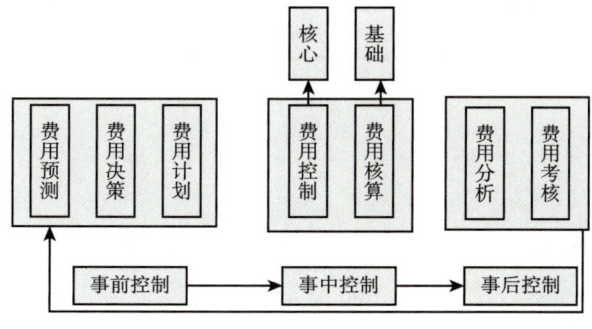

图5-3 费用管理的方法

（四）技能准备

1. 绘制独立核算企业费用审核的基本流程

费用支出采用事前审批的制度，坚持事前审批控制与事后控制相结合的原则。财务信息化下，整个费用报销流程全部实现在线处理、在线申请、在线审核、在线报销。所有流程节点和状态清晰,相关人员均可通过在线流程查看目前流程状态,通过企业管理制度对各个流程节点完结时间进行规定,可以极大提升审批时效和流程效率,极大减少流程持续时间。费用支出审批的基本流程如图 5-4 所示。

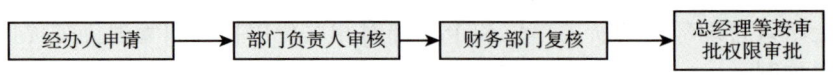

图 5-4 独立核算企业费用审批的基本流程

2. 财务共享下费用审核的职责划分

集团公司在财务共享模式下,财务人员将分为集团公司战略财务、子公司业务财务、共享中心财务。将费用报销业务流程进行具体职责切分,如表 5-4 所示,集团日常费用统一审批报销流程、统一报销标准。

表 5-4 财务共享下日常费用报销业务流程职责切分

序号	业务动作	公司业务部门	公司业务财务	共享中心财务	战略财务
1	制定费用政策与制度				√
2	填制报销单上传扫描件	√			
3	业务审批	√			
4	本地初审报销凭证		√		
5	审核报销凭证			√	
6	报销支付			√	
7	审核记账凭证			√	
8	报表			√	
9	分析		√		

【任务实施】

第一步:编制费用预算

1. 明确要求

(1)预测必须建立在充分的历史成本资料基础上,会计人员应为此提供真实、完整的资料。

(2)应当结合本单位的实际情况,选择适合本单位的费用预测方法。

(3)要避免直接把过去的费用水平略加修改就形成预测。

(4)要结合市场,结合单位成本费用控制水平,预测必须切合实际。

2. 编制预算

(1)编制时间为 2022 年年底。

(2) 编制依据：根据 2023 年销售预算编制，如表 5-5 所示。

表 5-5　　2023 年销量、销售及管理费用预算　　金额单位：元

项目	第一季度	第二季度	第三季度	第四季度	全年
预计销售量（件）	10 000	15 000	20 000	18 000	63 000
单位变动销售及管理费用	4	4	4	4	4
变动销售及管理费用	40 000	60 000	80 000	72 000	252 000
固定销售及管理费用	450 000	450 000	450 000	450 000	1 800 000
预计销售及管理费用	490 000	510 000	530 000	522 000	2 052 000

(3) 细化各项费用预算，如表 5-6 所示。

表 5-6　　2023 年销售及管理费用明细预算表　　单位：元

科目类别	第一季度	第二季度	第三季度	第四季度	全年
销售费用	170 900	180 400	208 700	222 000	782 000
销售部门薪酬福利	81 000	83 000	106 000	92 000	362 000
差旅费	35 000	37 000	38 000	50 000	160 000
市场营销费	50 000	51 000	59 000	40 000	200 000
专业咨询费	4 900	9 400	5 700	40 000	60 000
管理费用	319 100	329 600	321 300	300 000	1270 000
其他部门薪酬福利费	210 000	211 000	219 000	200 000	840 000
差旅费	40 000	51 000	49 000	40 000	180 000
办公费	19 000	20 700	20 300	20 000	80 000
党组织工作经费和共青团工作经费	15 000	15 000	10 000	15 000	55 000
办公室物业管理费	13 500	13 500	13 000	15 000	55 000
网络维护费	10 000	10 000	10 000	10 000	40 000
审计费	11 600	8 400	0	0	20 000
合计	490 000	510 000	530 000	522 000	2 052 000

第二步：费用预算执行

1. 签订日常费用预算责任书

每年，企业预算管理委员会和各预算执行单位应当将经过反复推敲而制定的费用预算以文件形式确定下来。预算责任书规定了预算期内各单位、人员的权利及义务，明晰了预算期内的禁止行为及"高压红线"。通过该环节可以使各预算责任单位明确自身的主人翁意识，提醒督促各预算责任单位履行好自身职责，严格执行费用预算。

2. 进行费用预算监控

为及时发现目标指标和实际指标的差距，企业应当为各个费用预算项目分别设置不同的预警区间，如绿灯区间、黄灯区间与红灯区间。当指标监控结果落在相应区间时，采取相应

措施，若指标落在了红灯区间，系统可以直接启动预警，如此既节约了资源，又能保障企业管理水平。同时，在下次预算监控时需要重点关注曾经处于红灯区间的指标。因为这些指标的风险点已经形成或具备形成基础，所以需要在预算监控过程中进一步追踪此类风险点，做到防患于未然。

3. 落实费用相关的各项制度

企业要想进行基于全面预算管理的费用控制，必须要建立一套涵盖全面、内容规范的管理制度，对费用管理起到指导作用。例如《费用报销办法》《差旅费管理办法》《业务招待费管理办法》等。

以办公费为例，公司将办公费预算按部门分配，办公费报销审批流程及涉及的原始单据如表 5-7 所示：

表 5-7　　　　　　　　　　　办公费预算情况表

序号	归口管理部门	管理内容
1	办公室	公司日常办公过程中发生的办公用品、刻章费、办公资料费等支出，负责办公费报销的审核与管理。其他部门报销此部分办公费时，除该部门领导审批外，还需要经过办公室负责人审批预算情况
2	信息文档部	公司日常办公过程中发生的电话费、网络使用费、印刷装订费、纸张及耗材、报刊订阅费、邮政费、快递费等支出，负责办公费报销的审核与管理。其他部门报销此部分办公费时，除该部门领导审批外，还需要经过信息文档部负责人审批预算情况
3	商务合同部	涉及办公用品等采购业务的经办部门

办公费申请报销时需要提供立项审批单（如有）、付款申请单（ERP 系统提交）、需求计划（ERP 系统）、采购申请表（ERP 系统）等，发票及明细、采购入库单（ERP 系统）等，如有合同的，还需提供合同，如需验收的，还需提供质检会签单（ERP 系统）或物项到货检验单（网报系统提交）、领用单（网报系统），经验收人员签字，在预算范围内履行审批程序后报销。具体报销流程如图 5-5 所示：

> **寓德于技**
>
> **加强成本费用相关舞弊和错报风险的控制**
>
> 据北京工商大学商学院教授王仲兵介绍，企业最核心的就是成本费用数据，成本费用数据最终又是商品产品的价格基础，不仅在一定程度上影响了市场资源配置效率，对我国企业经济也具有直接作用。成本费用数据兼具宏观与微观性质，精准的成本费用数据可以确定"降成本"的边界及加强对国有"僵尸"企业的辨识。
>
> 根据以往实际发生的事件来看，上市公司严重财务舞弊案中大多数都涉及成本费用核算。成本费用舞弊是上市公司财务造假的重灾区，需要进一步加强对成本费用核算准确性的重视。
>
> （中国会计报/2022 年 4 月 29 日/第 002 版）

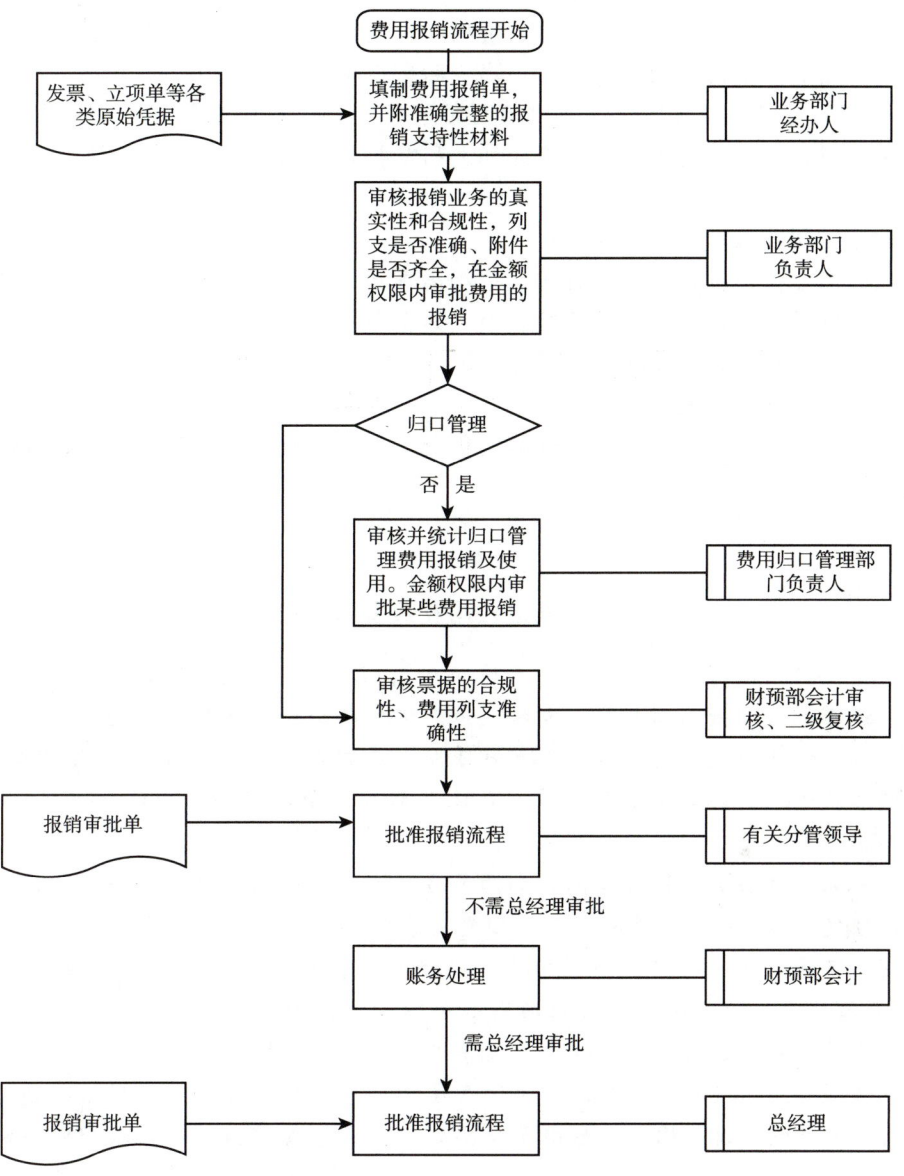

图 5-5 翔宏润达公司费用报销流程图

4. 严格费用审核

会计机构或人员在办理费用支出业务时，应根据经批准的费用支出申请，对发票、结算凭证等相关凭证的真实性、完整性、合法性以及合规性进行严格审核。具体审核内容如下：

（1）复核业务审批流程是否执行完毕。业务审批项目内容填写是否完整，审批人签章是否完整，审批意见是否一致通过。

（2）复核预算审批流程是否执行完毕。预算审批金额是否与报销金额一致，是否属于超费用计划，超费用计划项目是否按规定流程执行特殊审批程序。

（3）审核原始凭证是否合法、合理、真实、完整。如进行发票真伪辨认；报销单据是否填制完整，原始单据数量是否与贴票数量相同。发票金额是否与申请报销金额一致。申请报销金额是否与业务审批金额一致。大小写金额是否相同。

（4）审核列支费用项目。费用项目填写是否符合要求；原始凭证种类和发票开具项目是否与费用项目存在对应关系，原始凭证种类和发票开具项目所反映的经济活动是否与业务审批内容相同。

翔宏润达公司发票审核流程如下：

发票入账需要提供发票入账审批单、采购需求申请表、发票及明细、清单（如需）等，经相关人员签字的采购入库单、质检验收单，如有合同的，还需提供合同。

业务发起部门对所提供资料的真实性、必要性负责；财务预算部审核付款方式的合理性、发票及所需附件资料的完整性、真实性。

由经办人发起发票入账流程，经办部门负责人审批、财务会计审核、财务预算部负责人审核后发票予以入账。

学以致用

翔宏润达公司发票审核要点

（1）发票必须印有"全国统一发票监制章"，必须盖有开票单位的发票专用章。

（2）发票内容必须填写齐全，包括：付款单位的全称、所购商品的名称、规格、数量、单价、金额（含大小写金额）、填制日期、填制人姓名等。上述内容不全、涂改、挖补及发票的大、小写金额不相符等，会计人员有权予以退回，由收款单位进行更正、补充或重新开具。

（3）一次性购买大宗同类商品，如购置办公用品、劳保用品、办公设备、低值易耗品等，须在发票上逐一标明商品名称，因发票有限不能全部在发票上逐一标明商品名称的，在商品名称栏可填写"详见清单"，在原始发票后面附明细清单（加盖发票专用章），或是税控系统中打印的应税商品及劳务明细单，但清单内容必须与原发票实物一致，并且清单必须加盖与发票一致的"发票专用章"，否则不予报销。

（4）发票金额在1 000元及以上的除增值税专用发票以外的纸质发票，经办人员报销时需将网站查询验真截图打印后附于发票之后；电子发票报销的，报销时均需提供发票验真截图。

（5）票据应粘贴在《原始凭证粘贴单》上，同一类票据粘贴在一张《原始凭证粘贴单》上，保证排列整齐、薄厚均匀，不超过《原始凭证粘贴单》外围尺寸，不得混粘。

（6）如付款金额超过50万元，按照《大额资金使用管理》程序执行。

（7）增值税应税业务原则上要求取得增值税专用发票。

第三步：费用预算考评

1. 实行费用预算分析

企业会计部门按照成本费用归口、分级管理的原则，运用专门的方法，进行成本费用分析，通过分析，及时掌握成本费用升降的原因，采取纠正措施，或修订成本费用标准，以使以后的成本费用内部控制工作可以更好地进行。

开展预算执行分析，企业管理部门及各预算执行单位应当充分收集有关财务、业务、市场、技术、政策、法律等方面的信息资料，根据不同情况分别采用比率分析、比较分析、因素分析、平衡分析等方法，从定量与定性两个层面充分反映预算执行单位的现状、发展趋势及其存在的潜力。针对预算的执行偏差，企业财务管理部门及各预算执行单位应当充分、客观地分析产生的原因，提出相应的解决措施或建议，提交董事会或经理办公会研究决定。

2. 考核评价

企业必须建立一套完善的成本费用考核评价制度，使成本费用控制系统发挥积极作用，维持系统长期有效运行。通过定期比较目标成本的实现和成本计划指标完成情况，对企业的成本费用进行全面的审核和评价，并把考核评价结果同利益奖惩相结合，利用利益机制来激发成本中心完成目标的积极性。

翔宏润达公司2023年前三季度销售及管理费用预算执行情况分析如表5-8所示。财务部门根据数据进行分析，为管理决策提供支持：由于竞争激烈，2023年前三季度市场营销费超支20 000元，差异率达12.5%；管理部门减员增效，职工薪酬低于预算，公司缩减差旅费、办公费等。总体而言，前三季度预算节约1.15%。财务人员为了能够更深层次地理解业务、挖掘差异产生的原因，需不断转型，进行业财融合。可采用将费用进行逐年比较、计算成本费用占营业收入的比重等方法进行深入分析。

表5-8　　　　　　2023年前三季度销售及管理费用预算执行情况分析　　　　　　单位：元

科目类别	预算	实际	差异	差异率	预算完成率
销售费用	560 000	571 900	11 900	2.13%	102.13%
销售部门薪酬福利	270 000	271 000	1 000	0.37%	100.37%
差旅费	110 000	100 900	-9 100	-8.27%	91.73%
市场营销费	160 000	180 000	20 000	12.5%	112.5%
专业咨询费	20 000	20 000	0	0	100%
管理费用	970 000	940 500	-29 500	-3.04%	96.96%
其他部门薪酬福利费	640 000	622 000	-18 000	-2.81%	97.19%
差旅费	140 000	130 800	-9 200	-6.57%	93.43%
办公费	60 000	58 000	-2 000	-3.33%	96.67%
党组织工作经费和共青团工作经费	40 000	39 700	-300	-0.75%	99.25%
办公室物业管理费	40 000	40 000	0	0	100%
网络维护费	30 000	30 000	0	0	100%
审计费	20 000	20 000	0	0	100%
合计	1 530 000	1 512 400	-17 600	-1.15%	98.85%

注：差异＝实际－预算

差异率＝差异÷预算×100%

预算完成率＝实际÷预算×100%

【任务总结】

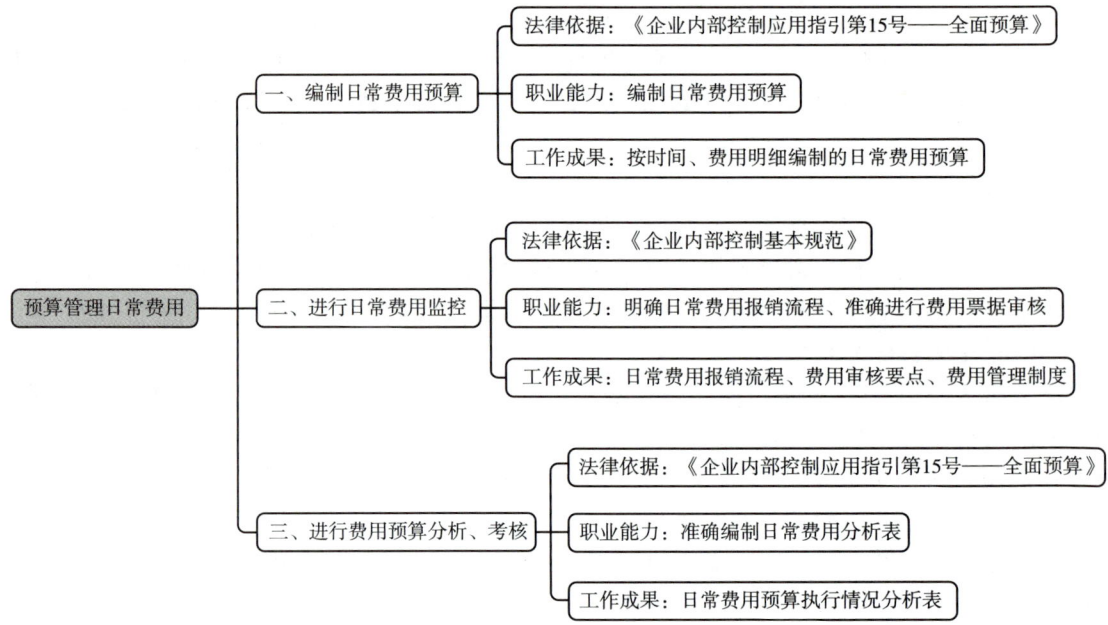

【实战训练】

（一）实战背景

天元公司 2022 年年底编制 2023 年销售费用和管理费用预算。变动管理和销售费用的单位产品标准费用额为 4 元，全年的固定管理和销售费用为 10 000 元。2023 年预计销售量如表 5－9 所示。

表 5－9　　　　　　　　　　　　　2023 年预计销售量

项目	第一季度	第二季度	第三季度	第四季度	全年
预计销售量（件）	1 000	1 000	1 300	1 200	4 500

（二）任务目标

依据《会计基础工作规范》《企业会计信息化工作规范》《小企业会计准则》《企业财务通则》《企业内部控制应用指引第 15 号——全面预算》等要求，进行日常费用预算编制、设计费用管理方法、费用审核流程、费用审核内容。

（三）任务实现

参考任务一的有关内容，编制费用预算、进行费用预算监控。

任务二　核算与管理独立核算企业日常费用

【学习目标】

- 明确备用金报销业务流程
- 知晓费用报销相关规定
- 能够正确填制、审核借款单、差旅费报销单、通用报销单
- 智能生成记账凭证及银行存款日记账

子任务 1　预借差旅费

【任务布置】

（一）任务描述

2023 年 8 月 17 日，翔宏润达公司行政人事部顾瑶到北京出差预借差旅费 3 000 元。（非定额备用金，报销时一次结清）

（二）工作要求

分别以出纳、会计、财务主管的身份完成以下工作：
（1）明确职工借款流程；
（2）能够正确填制、审核借款单；
（3）能够准确使用网银对员工借款进行支付；
（4）能够智能生成并审核记账凭证、银行存款日记账。

（三）工作成果

（1）审核"借款单"；
（2）在智能生成的记账凭证上签章；
（3）生成银行存款日记账。

（四）评价标准

依据《会计基础工作规范》《企业会计信息化工作规范》《小企业会计准则》《支付结算办法》《网上银行业务管理暂行办法》等要求，规范审核借款单，规范准确地进行网银支付，在生成的记账凭证上完成出纳签字、智能生成银行存款日记账。

【任务分析】

（一）工作思路

（1）业务经办人员填写借款单，并将借款单提交部门主管、公司主管、财务主管审批；
（2）出纳审核借款单无误后，使用网银支付借款并签章；
（3）财务主管进行网银复核；
（4）会计核算岗审核借款单、网上银行电子回执，生成记账凭证；
（5）财务主管审核记账凭证；
（6）出纳智能生成并查询银行存款日记账。

（二）工作流程

职工借款业务主要由财务部徐琳（出纳）、李娜（会计）、方蓉佳（财务主管）来完成，需要业务部门人员相互配合，基本工作流程如图 5-6 所示。

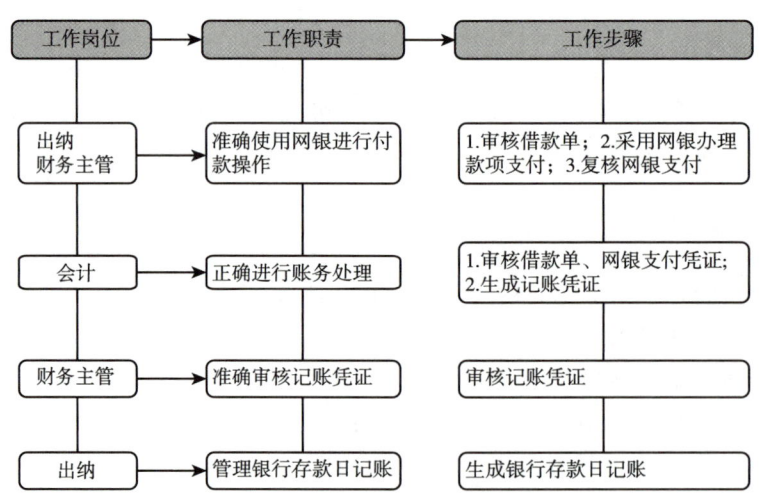

图 5-6 职工预借差旅费工作流程图

（三）知识准备

1. 备用金的概念及种类

备用金是付给单位内部各部门或工作人员用作零星开支、零星采购、售货找零或差旅费等支出的款项。备用金可以分为定额备用金和非定额备用金两种,其报销时账务处理有所不同。

定额备用金是指单位根据经常使用备用金的内部各部门或工作人员报销其零星开支、零星采购等实际需要而核定一个数额,并保证其经常保持核定的数额。

非定额备用金是指单位对不经常使用备用金的内部各部门或工作人员,根据每次业务所需要备用金的数额填制借款凭证,向出纳人员预借款项。使用后凭发票等原始凭证一次性到财务部门报销,多退少补,一次结清,下次再用时重新办理借款手续。

2. 职工借款流程

职工借款应先业务后财务,必须按照权限逐级审批,不能越级或超权限审批,具体流程如图5-7所示。现在很多公司启动诸如OA办公自动化系统,借款单上的领导审批是通过办公系统来完成的。

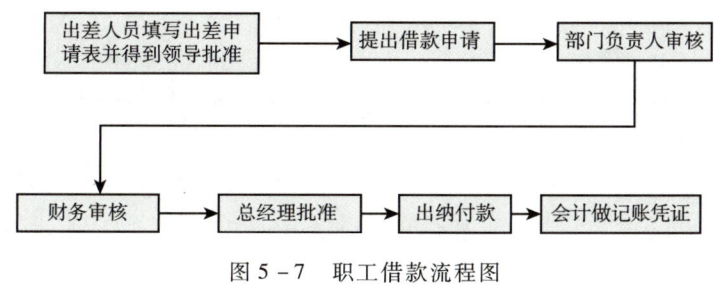

图5-7 职工借款流程图

(1) 企业各部门借款人填制"借款单",借款仅限业务所需。

(2) 借款人的部门负责人审核是否需要借款。各部门负责人以实际工作需要为主导,对各项业务的真实性、合理性负责。

(3) 财务部门应遵循"前款不清,后款不借"的原则,对是否有尚未归还的借款、借款范围、借款的上限金额等进行审核。

(4) 按公司费用管理制度规定的审批权限,由总经理等签批。

(5) 审批手续完成后出纳付款。

(6) 会计审核借款单、网银支付凭证,编制记账凭证。

各部门零星备用金一般不得超过规定数额,若遇特殊情况应履行特殊审批程序。

(四) 技能准备

1. 借款单填写

借款单是企业内部部门或员工预借款项的原始凭证。借款单由借款人填写,经审核批准后,前往财务部门预借款项,出纳审核后予以支付款项。借款单的样式如图5-8所示。

借 款 单

2023 年 08 月 17 日

资金性质：＿＿＿＿＿

部门	行政人事部
借款理由	到北京出差
借款金额	人民币(大写) 叁仟元整　　　　　￥3,000.00
领导批示　　同意　黄世园	财务主管　　同意　方蓉佳

部门主管：邢正　　　　出纳：徐琳　　　　领款人：顾瑶

图 5-8　借款单样式

行政部顾瑶到财务部门领取借款单，按照借款单所列的内容将其填写完整：

（1）日期：借款人实际办理借款手续的日期，本例为"2023 年 8 月 17 日"。

（2）部门：借款人所在的单位部门，本例为"行政人事部"。

（3）借款事由：简明扼要，本例为"到北京出差"。

（4）借款金额：借款人预借的金额，需大、小写，且大小写填写一致。本例大小写分别为"叁仟元整""￥3 000.00"。

（5）领款人：借款人姓名，本例为"顾瑶"。

顾瑶将填写完整的借款单送所在部门的领导和有关人员审查签字，顾瑶按照所在部门负责人、财务主管、单位负责人的签字审核顺序，分别送达、签字。

2. 网银付款

网银转账要注意每个细节合规，主管与出纳之间权责明确，各环节审查严格，就可以将风险控制在可控的范围内。用 U 盾登录网上银行后，先点击"转账付款"，然后再根据同行还是跨行等情况进行具体操作，最后，填写汇款方账户信息、付款金额、用途就可以了。

【任务实施】

第一步：出纳审核借款单无误后，使用网银支付借款并签章

1. 审核借款单

业务经办人员完成审批手续后，将借款单传递给出纳，出纳应当对借款单进行技术性审核，如借款单所列相关内容是否填写清楚，签名盖章等是否正确、完整和规范；部门负责人是否对业务的合法性和合理性进行审核；财务主管是否对业务符合企业制度的规定进行综合审核。

2. 使用网银支付借款并签章

网银 USBKey 的操作员权限一般由出纳拥有，主要负责信息的录入。出纳支付款项时，负责录入相关的交易信息，需要录入的信息包括以下三点：（1）收款人信息：收款人账号、名称、收款银行；（2）交易信息：即支付金额；（3）提交复核：以上信息输入并核对完毕后单击确定，输入 USBKey 密码并发送给复核员进行复核。

出纳付款后在借款单上签字并加盖"银行付讫"章，避免重复付款。然后登录智能核算云平台查询该业务记账凭证，完成出纳签字。

3. 财务主管复核网银付款

网银 USBKey 的复核员一般是会计经理或财务主管，主要负责审核出纳提交的付款信息。复核一般分为复核信息无误和复核信息有误两种情况。

（1）当复核员发现复核的信息无误时，只需单击提交并输入 USBKey 密码，再单击确定，如是二级复核，则款项支付成功。如是三级复核，则直接转发给管理员，由管理员进行三级复核。

（2）当复核员发现复核的信息有误时，单击拒绝支付并输入 USBKey 密码，再单击确定，则直接拒绝支付并返回给操作员即出纳进行相应的修改操作。

网上支付交易成功后，出纳就可以在网上银行查找付款信息并打印出盖有银行签章的回单；出纳也可以在交易成功后的第二天到开户银行领取回单。

第二步：会计核算岗审核借款单、网银付款单，生成记账凭证

1. 账户设置

信息化下企业启动诸如 OA 办公自动化系统，业务经办人员在 ERP 系统中填写借款事项，点击"提交"按钮。各环节审批人员点击"审批中心"——"未处理"，根据任务背景要求检查借款事项填报是否有误，检查无误则审批通过，否则驳回到制单人。未实行办公系统自动化的企业，业务经办人员到财务部门领取借款单，填写借款单后按要求履行审批流程。

出纳将审核通过的借款单交制单会计，会计核算岗查看财务系统中借款审批流程是否符合单位借款审批流程、借款单填写是否规范。

核算职工借款需设置"其他应收款"账户，该账户是资产类账户，用来核算企业除应收票据、应收账款、预付账款、应收股利和应收利息以外的其他零星发生的各种短期应收及暂付款项。账户结构如图 5-9 所示：

借方	其他应收款	贷方
本期发生的各种其他应收、暂付款项	其他应收款的收回或转销	
期末尚未收回的其他应收款项		

图 5-9 "其他应收款"账户的基本结构

2. 智能生成记账凭证

（1）会计核算岗在审核相关原始凭证无误后，智能核算平台会生成记账凭证，如图5-10所示。

（2）会计核算岗进入智能凭证中心查看已生成的记账凭证，如果发现问题，调整并及时修改错误数据、科目等信息。

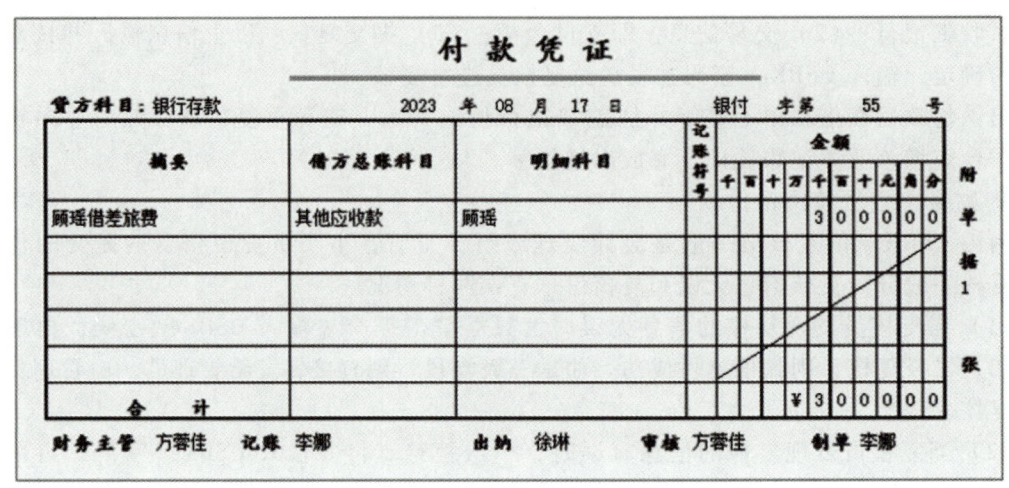

图 5-10　职工借款记账凭证

第三步：财务主管审核记账凭证

财务主管审核时进入智能核算云平台，重点审核自动生成的记账凭证应借应贷的会计科目是否正确，是否有原始凭证为依据，所附原始凭证的内容是否与记账凭证一致。审核无误后完成签字。

第四步：智能生成银行存款日记账

出纳人员主要登记现金日记账和银行存款日记账。在采用专用记账凭证时，银行存款日记账登记的依据是银行收款凭证、银行付款凭证和部分现金付款凭证（库存现金存入银行的业务）；在采用通用记账凭证时，登记的依据是涉及"银行存款"科目的记账凭证。

智能核算云平台自动生成银行存款日记账。出纳登录智能核算云平台，查询银行存款日记账，查看当日银行存款收入、付出合计数和结存数。

最后，出纳在借款登记簿上登记借款信息，如表5-10所示，及时催促报销，加强职工借款管理。

表 5-10　借款登记簿（2023年）　　　　　　　　　　　　　单位：元

序号	日期	借款人	借款理由	借款金额	还款时间	备注
1	8月17日	顾瑶	出差	3 000		

【任务总结】

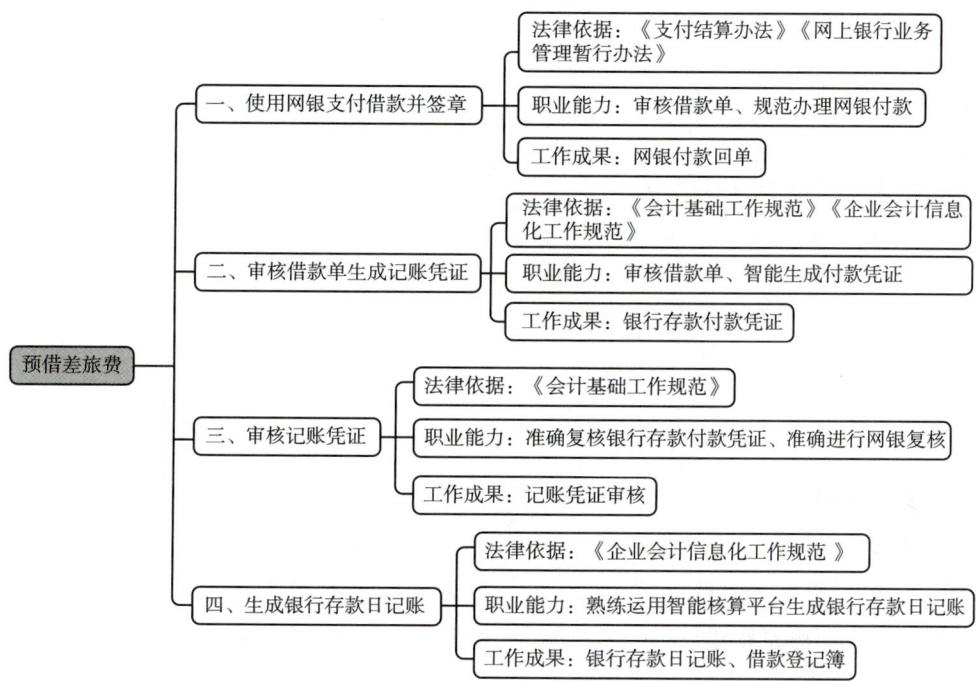

【实战训练】

（一）实战背景

2023年10月21日，蓝风叶公司出纳王浩使用网银支付办公室李金差旅费定额备用金5 000元。

（二）任务目标

出纳依据《会计基础工作规范》《企业会计信息化工作规范》《小企业会计准则》《支付结算办法》《网上银行业务管理暂行办法》等要求，规范审核借款单，准确进行网银支付，在生成的记账凭证上完成出纳签字、智能生成银行存款日记账、登记借款登记簿。

（三）任务实现

出纳参照任务二子任务1操作步骤，完成借款单审核、使用网银对员工借款进行支付、传递原始单据，在记账凭证上签字、查询管理银行存款日记账。

子任务 2　报销差旅费

【学习目标】

- 明确差旅费报销业务流程
- 知晓费用报销相关规定
- 能够正确填制、审核差旅费报销单
- 智能生成记账凭证及银行存款日记账

【任务布置】

（一）任务描述

翔宏润达公司行政人事部顾瑶 8 月 23 日出差归来报销差旅费，填写差旅费报销单、粘贴火车票、住宿发票等，报销金额 3 024 元，冲销预借差旅费 3 000 元，余款用网银支付。（补充：翔宏润达公司差旅费补助：市内交通补助按出差自然天数，每人每天补助 80 元，伙食补助按出差自然天数，每人每天 100 元；去程火车票：G7，返程票：G6，均为二等座，单程火车票均为 662 元；北京住宿：北京南站如家酒店，取得增值税专用发票，标明不含税价为 1 094.34 元，增值税税率为 6%，增值税为 65.66 元，价税合计 1 160 元。）

（二）工作要求

分别以出纳、会计、财务主管的身份完成以下工作：
(1) 明确差旅费报销流程；
(2) 能够正确填制、审核差旅费报销单；
(3) 能够准确进行预借款与实际报销金额间差异的处理；
(4) 准确核算差旅费中涉及的增值税；
(5) 能够智能生成并审核记账凭证、银行存款日记账。

（三）工作成果

(1) 审核"差旅费报销单"；
(2) 智能生成差旅费报销记账凭证；
(3) 生成银行存款日记账。

（四）评价标准

依据《会计基础工作规范》《企业会计信息化工作规范》《小企业会计准则》《支付结算办法》《网上银行业务管理暂行办法》等要求，规范审核差旅费报销原始凭证，准确办理余款支付，在生成的记账凭证上完成出纳签字、智能生成银行存款日记账。

【任务分析】

（一）工作思路

（1）会计审核差旅费报销单等原始凭证、生成记账凭证。

（2）出纳审核差旅费报销单等原始凭证、复核涉及银行存款账户的记账凭证无误后，使用网银补付余款并签章。

（3）财务主管审核记账凭证、进行网银复核。

（4）出纳智能生成并查询银行存款日记账。

（二）工作流程

职工报销差旅费冲销借款业务主要由财务部徐琳（出纳）、李娜（会计）、方蓉佳（财务主管）来完成，需要业务部门人员相互配合，基本工作流程如图5-11所示。

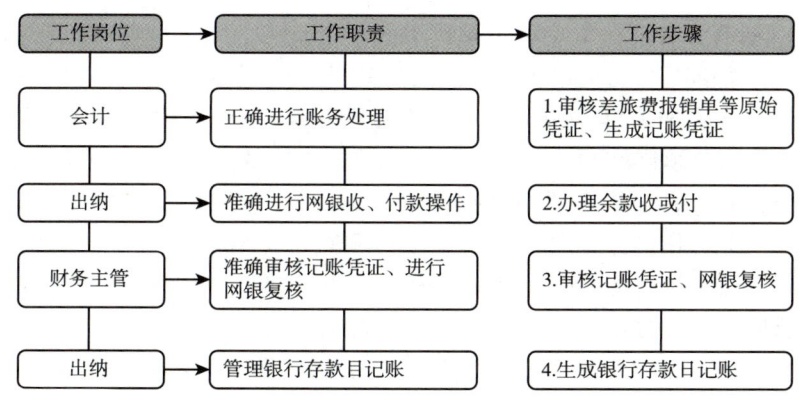

图5-11 报销差旅费业务工作流程图

（三）知识准备

1. 差旅费的报销范围

差旅费是指出差期间因办理公务而产生的交通费、住宿费和公杂费等各项费用，是行政事业单位和企业的一项重要的经常性支出项目。包括购买汽车、轮船、火车、飞机的票费、住宿费、伙食补助费、市内交通费及其他方面的支出。

一般情况下，单位补助出差伙食费就不再报销外地餐费，或者报销餐费就不再补助出差伙食费；单位补助市内交通费就不再报销出发地及目的地城市市内交通费，或者报销市内交通费就不再补助出差市内交通费。

2. 差旅费报销原则

（1）差旅费必须在各部门预算总额内控制开支，超预算不得开支。

（2）员工出差必须事前提出书面申请，填制出差申请单，经其直属上级批准。凡未事先批准的，一律不予报销。

（3）员工出差途中，因工作需要临时增加出差行程到新的出差地点，经出差签批人书面/邮件确认后，其增加的行程作为另一次出差时间，与原出差时间不连续计算。

（4）出差标准：员工出差乘坐交通工具、住宿、补助基本标准参照各单位差旅费报销管理制度。

中央国家机关和事业单位差旅费管理办法

3. 差旅费报销的流程

差旅费报销需多部门配合完成，要完善内部控制制度。差旅费一般报销流程如图5-12所示。

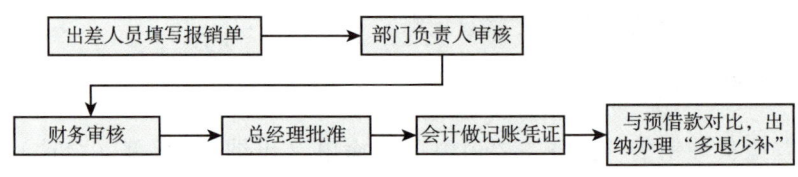

图5-12 差旅费报销流程

（1）员工填写差旅费报销单。员工填写差旅费报销单后，必须按照规定办理相关的审核批准手续。现在很多公司启动诸如OA办公自动化系统，现以用友NCC系统为例进行说明：第一，出差人员从NCC工作桌面打开"差旅费报销单"，根据任务背景要求填制差旅费报销单，差旅费报销单填制完成并检查无误后点击"保存"；第二，保存后点击"影像扫描"按钮进入影像系统，如果需要用高拍仪进行扫描，则点击"扫描"按钮将对应的纸质原始单据用高拍仪进行扫描，如果通过本地上传则点击"导入"按钮，将对应的原始单据影像扫入上传到影像系统，影像扫描完成后依次点击"保存"——"提交"按钮；第三，影像扫描完成后返回差旅费报销单填报界面点击"提交"按钮。

（2）按流程审批。部门负责人、财务人员、分管领导分别利用NCC系统进行审核的操作：从NCC工作桌面点击"审批中心"——"未处理"，根据任务背景要求检查差旅费报销单填报和上传的影像是否有误，检查无误则审批通过，否则驳回到制单人。

4. 差旅费中涉及的增值税问题

（1）符合税法规定的交通费可以抵扣进项税额。纳税人购进国内旅客运输服务，其进项税额允许从销项税额中抵扣，如表5-11所示。纳税人未取得增值税专用发票的，暂按以下规定确定进项税额：

①取得增值税电子普通发票的，为发票上注明的税额。

②取得注明旅客身份信息的航空运输电子客票行程单的，为按照下列公式计算的进项税额：航空旅客运输进项税额=（票价+燃油附加费）÷（1+9%）×9%。

③取得注明旅客身份信息的铁路车票的，为按照下列公式计算的进项税额：铁路旅客运输进项税额=票面金额÷（1+9%）×9%。

④取得注明旅客身份信息的公路、水路等其他客票的，为按照下列公式计算的进项税额：公路、水路等其他旅客运输进项税额=票面金额÷（1+3%）×3%。

表 5-11　　　　　　　　　　旅客运输发票抵扣规定

可以抵扣	高铁、飞机、火车	9%
	长途汽车、轮船	3%
	网约车（取得电子增值税普通发票）	正常税率
不可以抵扣	出租车、国际运输	

（2）下列情况不得抵扣进项税额：

①属于职工福利性范畴的，比如报销的员工探亲情况下发生的交通费。

②属于员工或股东个人消费。

③属于交际应酬给予客户等非企业员工等的报销。

④企业免税项目或简易计税项目编制人员出差发生的差旅费等。

出租车票能抵扣增值税吗？

职场链接

这项费用可以抵扣增值税吗

A 公司上个月市场部门业绩卓然，公司奖励市场部员工去厦门旅行，于是购买了 10 张"北京——厦门"的往返机票，这 8 张机票可以从销项税额中抵扣吗？

答案：不可以！根据《营业税改征增值税试点实施办法》（财税〔2016〕36 号文）第二十七条第（一）项规定，纳税人购买货物、加工修理修配劳务、服务、无形资产和不动产，用于集体福利或者个人消费项目的进项税额不得从销项税额中抵扣。A 公司用于奖励员工的 10 张机票，属于集体福利项目，对应的进项税额不得从销项税额中抵扣。

5. 差旅费的账务处理

（1）管理费用及其账户设置：

"管理费用"属于损益类账户，用来核算企业为组织和管理生产经营活动而发生的各项管理费用。结转后该账户应无余额。该账户按费用项目设置明细账，如职工薪酬、办公费、差旅费、业务招待费、修理费等。"管理费用"账户的基本结构如图 5-13 所示。

借方	管理费用	贷方
发生的各项管理费用	期末转入"本年利润"	

图 5-13　"管理费用"账户的基本结构

职场链接

如何根据票据判断费用类型

管理费用下设差旅费、交通费、办公费、业务招待费等二级明细科目，取得的原始凭证包括发票、出租车票等，下面介绍一些小技巧，帮助你判断管理费用的类型：

　　差旅费：外地的打车费，出差的火车票、汽车票、机票，外地的住宿费等。

　　交通费：市内通勤费、公交费、本地的打车票、IC卡充值票及市民卡，机场的大巴发票。

　　业务招待费：餐饮发票，在超市购买食品、购买大额日用品，招待客户购买的烟酒、茶叶、箱包、化妆品，本地住宿费，礼品，旅游，娱乐等。

（2）预借款多退少补账务处理：

对于公司的资金而言，预借的款项必须要归还。①借款人如取消出差，到借款期限如数偿还借款；②借款人用发票或其他有效票据报账，类似于报销冲账。报账的时候，发票对于出纳而言即是货币资金，预支多少现金，借款人回来报账（也可以叫冲账）必须有等额发票匹配。当然也有不对等的情况，也就是说借款人报账时候，拿来的发票与预借的金额不符，一种是预借的金额大于报账金额，另一种情况是预借的金额小于报账的金额。

（1）报销时实际发生的差旅费小于预借差旅费：

借：管理费用——差旅费
　　应交税费——应交增值税（进项税额）
　　银行存款
　　贷：其他应收款

（2）报销时实际发生的差旅费大于预借差旅费：

借：管理费用——差旅费
　　应交税费——应交增值税（进项税额）
　　贷：其他应收款
　　　　银行存款

职场链接

定额备用金的账务处理

1. 拨付备用金时：

借：其他应收款——备用金
　　贷：银行存款

2. 核准备用金的花费时：

借：费用类账户
　　贷：银行存款

3. 期末收回备用金时：

借：银行存款
　　贷：其他应收款——备用金

（四）技能准备

差旅费报销单一般格式如图 5-14 所示。

附单据 3 张（另贴）										2023 年 08 月 23 日		
摘　　要	金　　额									单位领导批示：	出差地点：	说明：出差时间从 08 月 18 日至 08 月 20 日止共 3 天
	百	十	万	千	百	十	元	角	分			
预借款数额			¥	3	0	0	0	0	0	同意 黄世园		
各 项 支 出	金　　额									审核意见：		
	百	十	万	千	百	十	元	角	分			
1. 车船费（火车票、汽车、飞机票等）				1	2	1	4	6	8	同意 方蓉佳		
2. 交通费					2	4	0	0	0			
3. 房租费				1	0	9	4	3	4			
4. 补助餐费					3	0	0	0	0	部门意见：		
5. 杂支										同意		
6. 其他（增值税）					1	7	4	9	8	邢正		
合　　计			¥	3	0	2	4	0	0			
各项支出合计（大写） 零万叁仟零佰贰拾肆元零角零分										报销人： 顾瑶		
应补领数（大写） 零万零仟零佰贰拾肆元零角零分												
应退还数（大写）　万　仟　佰　拾　元　角　分												

图 5-14　差旅费报销单

出差人顾瑶到财务部门领取差旅费报销单（或者在 OA 办公系统点击进入"差旅费报销单"），填写如下：

（1）部门：报销人所在的单位部门，本例为"行政人事部"。

（2）日期：报销人实际办理报销手续的日期，本例为"2023 年 8 月 23 日"。

（3）出发地与到达地以及日期：按照出差人员出发地点和出差地点填写，本例为 8 月 18 日到 8 月 20 日，上海和北京。

（4）交通费：该单位 80 元/人天包干，本例为 3×80＝240（元），交通费补助 240 元。

（5）补助餐费：按照企业差旅费报销标准填写，本例为 3 天，每天 100 元，计 300 元。

（6）车船费（车/船/机票费）：根据企业出差人员级别应乘坐的交通工具的费用填写，本例为往返火车票价"¥1 324.00"，火车票可抵扣 1 324÷(1+0.09)×0.09＝109.32（元）；计入管理费用金额：1 324－109.32＝1 214.68（元）。

（7）住宿费：根据出差住宿宾馆出具的凭证填写，本例为"¥1 160.00"，取得了增值税专用发票，增值税税率为 6%，可抵扣的增值税为 65.66 元，则此处房租费填写 1 160－65.66＝1 094.34（元），也就是不含税价。

（8）其他（增值税）：根据可抵扣的进项税额计算填列，本例是火车票可抵扣的进项税额＋住宿费可抵扣的进项税额＝109.32＋65.66＝174.98（元）。

（9）各项支出合计：根据差旅费报销单据的金额合计填写大写金额"叁仟零贰拾肆元整"。

（10）预支金额：填写原预借的现金金额，本例为"￥3 000.00"。

（11）应补领数（大写）：根据原借款金额与报销金额之差，确认应补领金额，本例为贰拾肆元整。

【任务实施】

第一步：审核原始凭证，生成记账凭证

1. 审核原始凭证

会计核算岗审核差旅费报销单及所附原始凭证，审核的关注点如下：

（1）出差是否有授权批准的出差申请表，是否与企业经营业务相关。

（2）复核出差线路是否合理，是否与出差申请表相符。

（3）检查所附发票、飞机票等的真伪。发票真伪查询可借助税务部门网站。

（4）复核差旅费报销的各种费用标准，关注是否存在超标报销的情况。

职场链接

差旅费超预算报销

销售员李军到广州出差，由于恰逢广交会，住宿紧张，导致超标准，报销审批时受费用预算预警型控制，报销系统会提示：费用报销超出报销标准，请检查。销售经理在审批时也会提示预警信息，则进入超标审批流程，由总经理进行审批，总经理审批时也会出现预警型提示：该报销超预算。总经理审批后，方可进行账务处理，如图5-15所示。

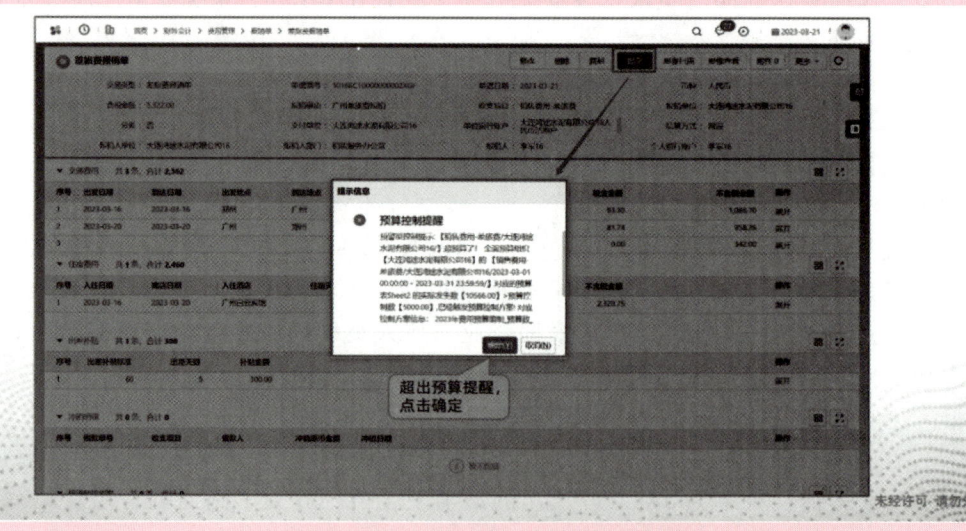

图5-15 费用报销预警提示

2. 生成记账凭证

（1）会计核算岗在审核相关原始凭证无误后，在智能核算平台生成记账凭证。在采用专用记账凭证情况下，该业务生成两笔记账凭证，如图5-16和图5-17所示。

（2）会计核算岗进入智能凭证中心查看已生成的记账凭证，如果发现问题，调整并及时修改错误数据、科目等信息。

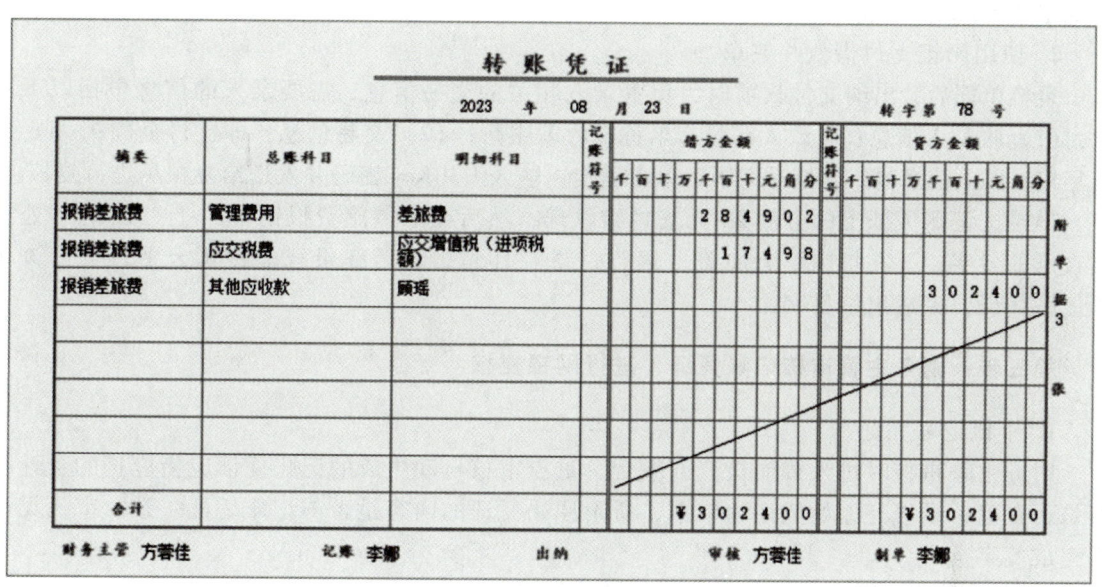

图5-16 报销差旅费冲销借款记账凭证1

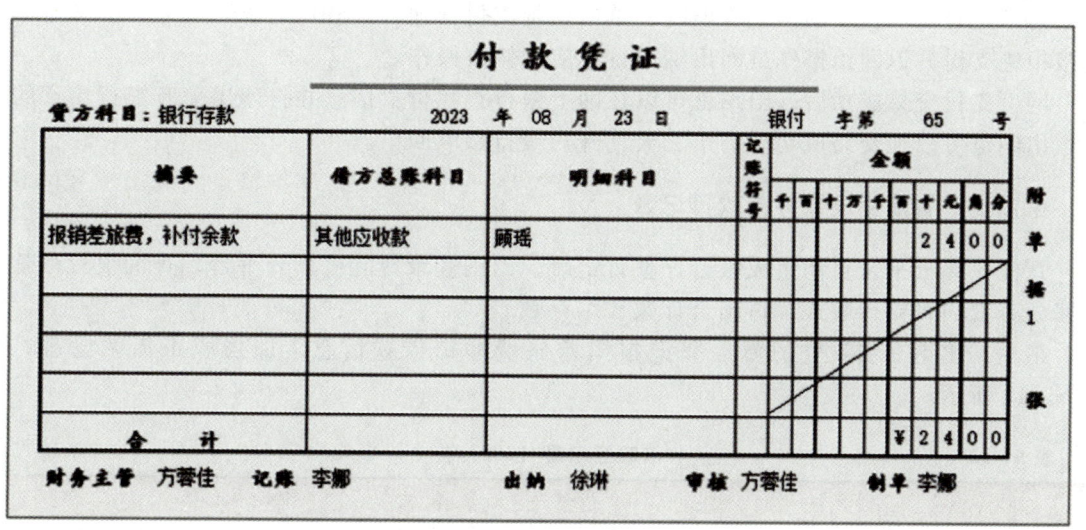

图5-17 报销差旅费冲销借款记账凭证2

第二步：运用网银办理余款收付

1. 出纳审核差旅费报销单及记账凭证

会计核算岗会计将差旅费报销单及记账凭证传递给出纳，出纳应当对差旅费报销单进行技术性审核，如差旅费报销单所列相关内容是否填写清楚，签名盖章等是否正确、完整和规范；部门负责人是否对业务的合法性和合理性进行审核；财务主管是否对业务符合企业制度的规定进行综合审核。

2. 使用网银支付借款并签章

复核单据后，出纳支付款项时，负责录入相关的交易信息，需要录入的信息包括以下三点：(1) 收款人信息：收款人账号、名称、收款银行；(2) 交易信息：即支付金额；(3) 提交复核：以上信息输入并核对完毕后单击确定，输入USBKey密码并发送给复核员进行复核。

出纳按记账凭证上的金额24元支付给顾瑶，然后在"差旅费报销单"上"出纳"处签上自己的名字，并在报销单上加盖"银行付讫"印章，然后登录智能核算云平台查询该业务记账凭证，完成出纳签字。

第三步：财务主管审核记账凭证、进行网银复核

1. 审核记账凭证

财务主管审核时进入智能核算云平台，重点审核自动生成的记账凭证应借应贷的会计科目是否正确，是否有原始凭证为依据，所附原始凭证的内容是否与记账凭证一致。审核无误后完成签字。

2. 复核网银付款

财务主管复核信息无误时，只需单击提交并输入USBKey密码，再单击确定，如是二级复核，则款项支付成功。如是三级复核，则直接转发给管理员，由管理员进行三级复核。

财务主管发现复核的信息有误时，单击拒绝支付并输入USBKey密码，再单击确定，则直接拒绝支付并返回给操作员即出纳进行相应的修改操作。

网上支付交易成功后，出纳就可以在网上银行查找付款信息并打印出盖有银行签章的回单；出纳也可以在交易成功后的第二天到开户银行领取回单。

第四步：智能生成银行存款日记账

智能核算云平台自动生成银行存款日记账。出纳登录智能核算云平台，查询银行存款日记账，查看当日银行收入、付出合计数和结存数。

最后，出纳在借款登记簿上登记报销差旅费冲销借款信息，加强职工借款管理，如表5-12所示。

表5-12　　　　　　　　　借款登记簿（2023年）　　　　　　　　　单位：元

序号	日期	借款人	借款理由	借款金额	还款时间	备注
1	8月17日	顾瑶	出差	3 000	8月23日	报销3 024元，补付24元

【任务总结】

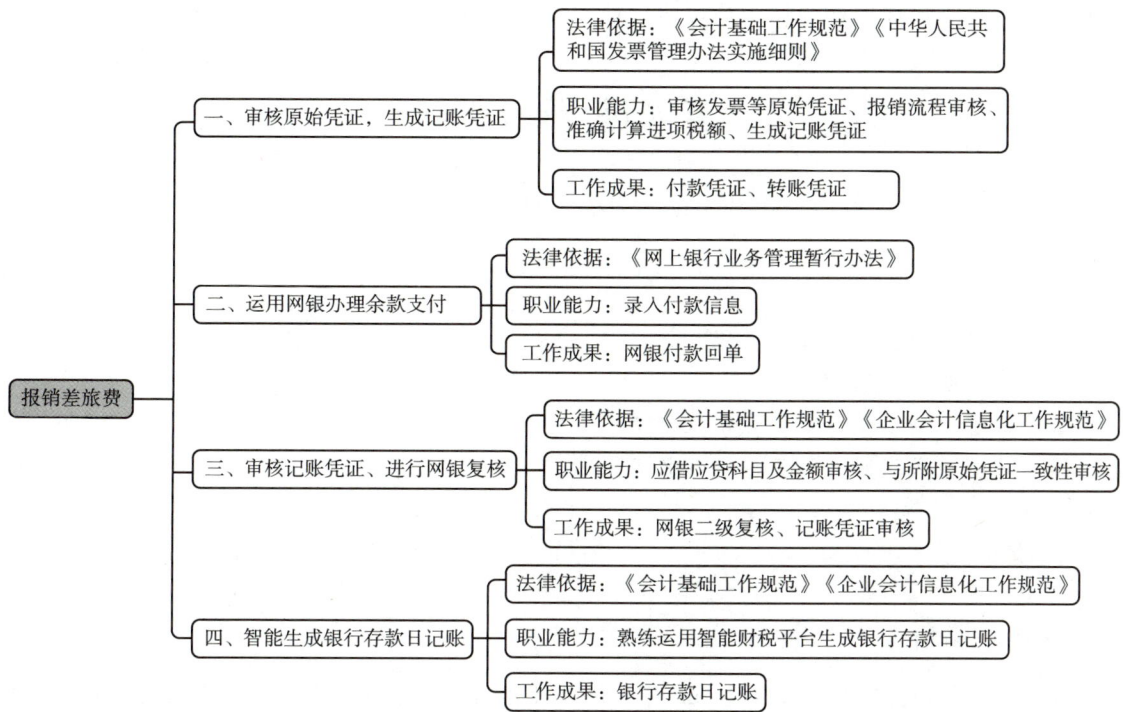

【实战训练】

（一）实战背景

2023年10月30日，蓝风叶公司办公室李金出差归来报销差旅费，他填写差旅费报销单、粘贴航空运输电子客票行程单、住宿发票等。

原始单据补充说明：2023年10月22日，去程飞机票显示票价1 500元，机场建设费50元，燃油附加费80元，返程票：10月25日，票价等与去程相同；北京住宿：北京南站如家酒店，取得增值税专用发票，标明不含税价为1 641.51元（每天住宿费580元，住宿3天），增值税税率为6%，增值税为98.49元，价税合计1 740元。（公司采用定额备用金制度）

（二）任务目标

出纳依据《会计基础工作规范》《企业会计信息化工作规范》《小企业会计准则》《支付结算办法》《网上银行业务管理暂行办法》等要求，规范审核差旅费报销原始凭证，准确办理款项支付，在生成的记账凭证上完成出纳签字、智能生成并查询管理银行存款日记账。

（三）任务实现

出纳参照任务二子任务2操作步骤，完成借款单审核、使用网银对员工定额备用金报销业务进行支付、传递原始单据，在记账凭证上签字、查询管理银行存款日记账。

子任务3　报销办公费

【学习目标】

- 明确办公费报销业务流程
- 知晓费用报销相关规定
- 能够正确填制、审核费用报销单
- 智能生成记账凭证及银行存款日记账

【任务布置】

（一）任务描述

翔宏润达公司行政人事部林致2023年8月26日报销购买办公用品费，取得增值税电子专用发票一张，标明不含税价为1 236.00元，增值税税率为13%，增值税为160.68元，价税合计1 396.68元。他填写费用报销单，粘贴发票，按公司费用审批制度履行报销手续。

（二）工作要求

分别以出纳、会计、财务主管的身份完成以下工作：
（1）明确办公费报销流程；
（2）能够正确填制、审核费用报销单；
（3）准确使用网银办理费用支付；
（4）能够智能生成并审核记账凭证、银行存款日记账。

（三）工作成果

（1）费用报销单及原始单据；
（2）记账凭证与所附原始凭证；
（3）银行存款日记账。

（四）评价标准

依据《会计基础工作规范》《企业会计信息化工作规范》《小企业会计准则》《支付结算办法》《网上银行业务管理暂行办法》《中华人民共和国发票管理办法实施细则》等要求，规范审核办公费报销原始凭证，准确办理款项支付，在生成的记账凭证上完成出纳签字、智能生成银行存款日记账。

【任务分析】

（一）工作思路

（1）业务部门业务人员根据原始凭证填制费用报销单据。
（2）财会部门审核会计审核费用报销单据，加盖审核章、名章。
（3）业务授权审批人、单位负责人审核费用报销单据，加盖名章。
（4）财会部门财务主管审核费用报销单据，加盖个人名章。
（5）财会部门出纳岗位审核后付款并在原始凭证上加盖"银行付讫"章及名章。
（6）财会部门财务主管进行网银复核。
（7）财会部门制单会计审核费用报销单，编制记账凭证并签章。
（8）财会部门财务主管审核记账凭证。
（9）出纳智能生成并查询银行存款日记账。

（二）工作流程

职工报销办公费业务主要由财务部徐琳（出纳）、李娜（会计）、方蓉佳（财务主管）来完成，需要业务部门人员相互配合，基本工作流程如图 5-18 所示。

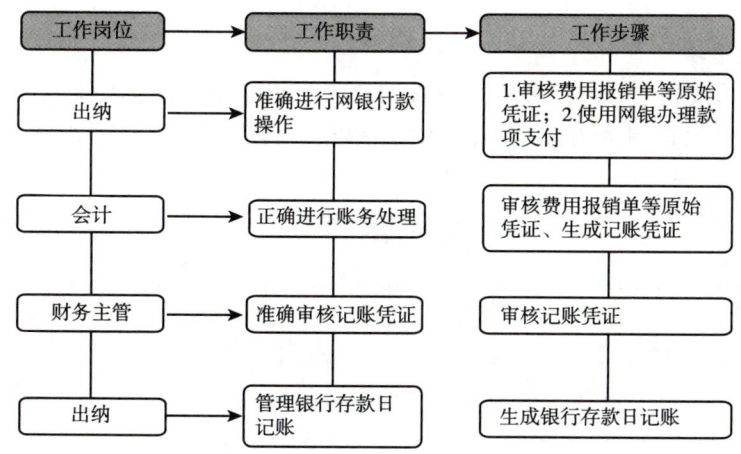

图 5-18 报销办公费业务工作流程图

（三）知识准备

1. 办公费报销的范围

办公费包括购买发票、办公用品、会计服务费、CA 证书、计算器、日用品、路由器、插线板、硒鼓（打印机装墨使用）、打印机、图书、标书、打印彩页、刻章等。

2. 费用报销原则

（1）预算管理原则：所有费用均纳入公司年度预算管理，按照公司预算管理规定实行额度控制；

（2）真实性原则：所有费用应以实际发生的经济业务为依据，支持性材料能够说明费用的开支范围和标准，报销时应提供能够说明经济业务详细内容的原始凭证；

（3）合规性原则：费用的原始凭证应符合要求；

（4）合理性原则：费用的标准应符合规定并满足公司业务需要，与公司业务无关的费用不得报销；报销时对外直接结算的费用，收款人应与原始凭证的开票方一致；

（5）及时性原则：经济业务结束后应立即取得原始凭证，应及时办理费用报销，原则上跨年报销最晚于次年1月报销，非经特殊审批程序，逾期将不再报销上年费用。

3. 费用报销流程

一切银行存款支付业务都应取得相应的付款单据，由经办人签名，经主管和相关人员审核，出纳人员才能据以付款，在付款后，应在原始凭证上加盖"银行付讫"戳记，妥善保管。一般企业报销审批流程如图5-19所示：

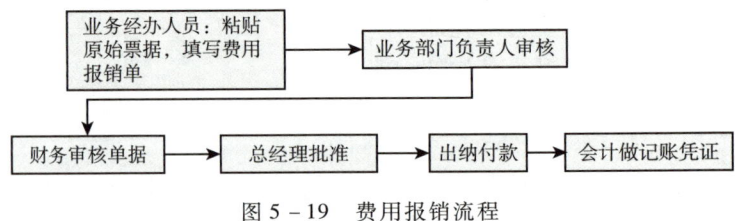

图5-19 费用报销流程

（四）技能准备

1. 费用报销单填写

行政人事部林致到财务部门领取费用报销单（或者在OA办公系统点击进入"费用报销单"），出纳指导林致填制费用报销单，并粘贴票据。费用报销单填写如图5-20所示。

报销部门：行政人事部			报销日期：2023年08月26日	
事由	项目	金额	总经理	同意 黄世园
购买办公用A4打印纸、签字笔	办公费	1,396.68		
			部门主管	同意 邢正
			报销人	林致
金额合计（大写）：壹仟叁佰玖拾陆元陆角捌分		小写：¥1,396.68 元		
核实金额（大写）		小写： 元		
已借/付款金额 ¥0.00 元	应退金额 元		应补金额 ¥1,396.68 元	
注：1、此报销单用于：费用报销（除差旅费）、采购报账、外协报账、运输费报销、资产购置；2、签字流程：报销人→部门负责人→会计→总经理→财务流程。				
会计：李娜	会计主管：方蓉佳		出纳：徐琳	

图5-20 费用报销单

（1）部门：报销人所在的单位部门，本例为"行政人事部"。
（2）日期：报销人实际办理报销手续的日期，本例为"2023年8月26日"。
（3）事由：填写报销事由，本例为"购买办公用A4打印纸、签字笔"。
（4）项目：填写报销项目，本例为"办公费"。
（5）金额：根据发票的金额合计，本例填写小写金额"1 396.68"。
（6）已借金额：填写原预借的现金金额，本例为"0"。
（7）应补领数（小写）：根据原借款金额与报销金额之差，确认应补领金额，本例为"1 396.68"。

2. 费用报销单的审核

部门负责人、财务人员、分管领导分别利用ERP（企业管理信息系统，如用友公司的NCC系统）进行审核的操作：从NCC工作桌面点击"审批中心"——"未处理"，根据任务背景要求检查差旅费报销单填报和上传的影像是否有误，检查无误则审批通过，否则驳回到制单人。如无信息管理系统，则业务经办人员履行线下审批流程。

（1）费用预算审核。实行信息化管理的企业，报销审批时受费用预算预警型控制，超出预算，则报销系统自动提示：费用报销超出报销标准，请检查。超出预算的费用需要得到授权。

（2）审批流程审核。审核费用报销单上报销人、部门负责人和财务负责人的签字是否完整。实行信息化管理的企业，系统自动提示审批流程完成情况。

（3）费用的真实性、合理性审核。该笔经济业务是否为经营活动必需的费用开支，其金额是否合理，有无超过正常金额范围。

（4）审核金额填写是否规范。①报销单的合计金额等于报销单所附发票的合计金额，予以报销。②报销单的合计金额小于报销单所附发票的合计金额报销时，以报销单上的金额为准并予以报销。③报销单的合计金额大于报销单所附发票的合计金额时，若补齐发票则予以报销；若不补齐发票则不予报销。④要求报销单金额合计正确；小写金额与人民币符号不得有空格，不得连笔；报销单金额不得涂改和勾抹，如有错误，需要重新填写；大写金额填写规范，无书写错误；大写金额与小写金额保持一致。

（5）审核项目填写是否完整。报销部门、报销时间、报销项目要填写完整。

3. 发票的审核

发票是指一切单位和个人在购销商品、提供或接受服务以及从事其他经营活动中，所开具和收取的业务凭证，是会计核算的原始依据，是税务机关控制税源，征收税款的重要依据。审核人员对取得的发票（见图5-21）应从以下三个方面对发票进行审核：

（1）查验发票真伪。可以通过全国增值税发票查验平台进行查验。

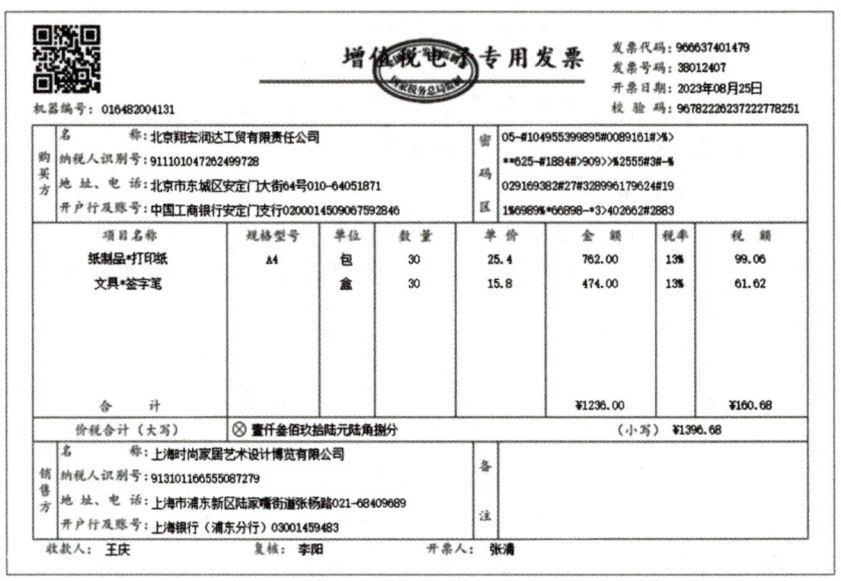

图 5-21 增值税电子专用发票

科技赋能

受票方收到电子专票后,应如何查验其发票真伪?

电子专票采用可靠的电子签名代替原发票专用章,采用经过税务数字证书签名的电子发票监制章代替原发票监制章,更好适应了发票电子化改革的需要。

纳税人可以通过全国增值税发票查验平台下载增值税电子发票版式文件阅读器,查阅电子专票并验证电子签名以及电子发票监制章有效性。

1. 验证电子签名具体方法如下:通过增值税电子发票版式文件阅读器打开已下载的电子专票版式文件,鼠标移动到左下角"销售方"相关信息处,点击鼠标右键,再点击提示框中的"验证"按钮,即可弹出验证结果。

如验证结果为"该签章有效!受该签章保护的文档内容未被修改。该签章之后的文档内容无变更",表明销售方的电子签名有效。

2. 验证电子发票监制章具体方法如下:通过增值税电子发票版式文件阅读器打开已下载的电子专票版式文件,鼠标右键点击发票上方椭圆形的发票监制章,选择"验证",即可显示验证结果。

3. 此外,纳税人还可以在全国增值税发票查验平台上,通过录入发票代码、发票号码、开票日期、发票校验码等字段,对电子专票信息进行查验。

(2) 常规审核:

①抬头是不是规范,是不是本单位全称,有无错别字或漏字;

②纳税人识别号是不是正确无误;

③涉及专票的,还要审核"地址、电话"以及"开户行及账号"两栏信息是否准确完整;

④涉及增值税普通发票的，还要看校验码是否完整；

⑤是否正确加盖发票专用章；

⑥税收编码选择是否正确。

（3）重点审核：

结合业务实质、合同协议、税收政策和税收编码等进行重点审核。主要是核查品名、数量、金额、税率、开票方式、备注栏、清单开票等相关信息。发票品名是否准确具体，是否符合行业惯例，有无含混不清现象，如管理费、办公用品、食品、礼品等，均不应接受；价税合计与费用报销单应支付金额是否一致；数量是否与验收单实际采购数量一致；税率或征收率是否正确，是否与实际业务相符。特定应税行为发票的备注栏有无正确填写，增值税专用发票若没按要求填写，则属不合规发票，不能作为抵扣凭证；清单开票的发票，销货清单是否自税控系统开出等。

【任务实施】

第一步：运用网银办理款项支付

1. 出纳审核费用报销单

出纳应当对费用报销单进行技术性审核，如费用报销单所列相关内容是否填写清楚，签名盖章等是否正确、完整和规范；部门负责人是否对业务的合法性和合理性进行审核；财务主管是否对业务符合企业制度的规定进行综合审核。

2. 使用网银支付款项并签章

复核单据后，出纳支付款项时，严格按合同、发票或有关依据记载的收款人进行付款。出纳人员应明确付款用途，对于不合法、不合理的付款应当坚决予以抵制，并向有关领导汇报，用途不明确的，出纳人员可以拒付。

出纳负责录入相关的交易信息，需要录入的信息包括以下三点：（1）收款人信息：收款人账号、名称、收款银行；（2）交易信息：即支付金额；（3）提交复核：以上信息输入并核对完毕后单击确定，输入USBKey密码并发送给复核员进行复核。

出纳将1 396.68元支付给林致，然后在"费用报销单"上"出纳"处签上自己的名字，并在报销单上盖"银行付讫"的印章。

3. 财务主管复核网银付款

财务主管发现复核的信息无误时，只需单击提交并输入USBKey密码，再单击确定，如是二级复核，则款项支付成功。如是三级复核，则直接转发给管理员，由管理员进行三级复核。

财务主管发现复核的信息有误时，单击拒绝支付并输入USBKey密码，再单击确定，则直接拒绝支付并返回给操作员即出纳进行相应的修改操作。

网上支付交易成功后，出纳就可以在网上银行查找付款信息并打印出盖有银行签章的回单；出纳也可以在交易成功后的第二天到开户银行领取回单。

第二步：审核原始凭证，生成记账凭证

1. 审核原始凭证

会计审核费用报销单及所附原始凭证，核实报销单上的要素是否完整，手续是否完备，附件是否合法，金额是否合理、审批签字是否全面等。

2. 生成记账凭证

（1）会计核算岗在审核相关原始凭证无误后，在智能核算平台生成记账凭证，如图5-22所示。

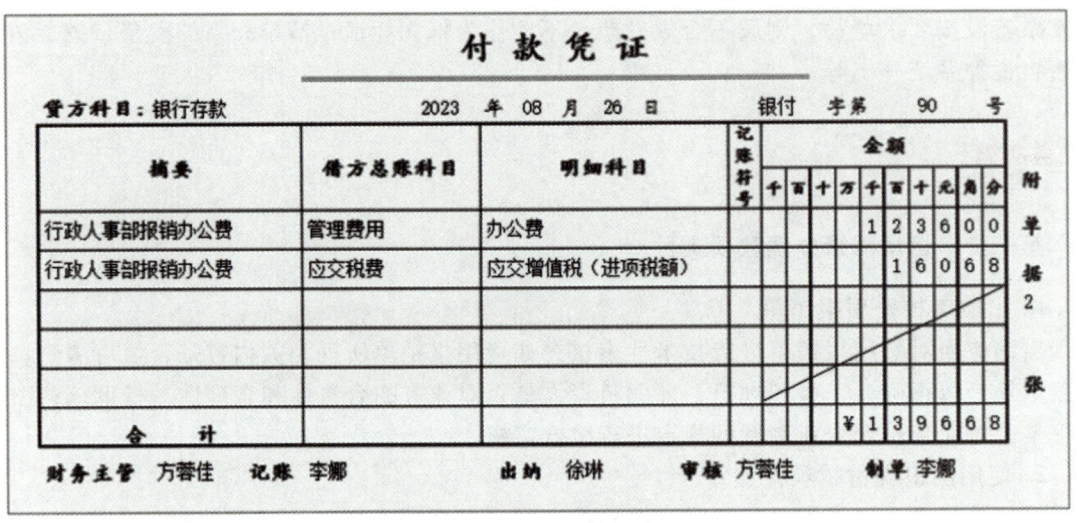

图 5-22 报销办公费记账凭证

（2）会计核算岗进入智能凭证中心查看已生成的记账凭证，如果发现问题，调整并及时修改错误数据、科目等信息。

> **学以致用**
>
> **受票方应如何防范电子专票的纸质打印件重复报销入账的风险？**
>
> 电子专票的纸质打印件只是承载电子专票发票信息的载体，不具备物理防伪功能，具有可复制的特点。为避免电子专票的纸质打印件重复报销入账，各单位应建立完善的内控机制，严格按照财会〔2020〕6号文规定。如果以电子专票的纸质打印件作为报销入账归档依据的，必须同时保存打印该纸质件的电子专票。同时建议各单位在报销入账时对发票代码、号码进行查重处理。对于已经使用财务信息系统的单位，可以通过建立发票数据库的方式，升级系统功能，利用系统进行自动比对；对于尚未使用财务软件实行纯手工记账的单位，可以通过电子表格等方式，建立已入账发票手工台账，有效防范重复报销、虚假入账等风险。

第三步：财务主管审核记账凭证、出纳进行签字

1. 审核记账凭证

财务主管审核时进入智能核算云平台，重点审核自动生成的记账凭证应借应贷的会计科目是否正确，是否有原始凭证为依据，所附原始凭证的内容是否与记账凭证一致。审核无误后完成签字。

2. 完成出纳签字

出纳登录智能核算云平台查询该业务记账凭证，完成签字。

第四步：智能生成银行存款日记账

智能核算云平台自动生成银行存款日记账。出纳登录智能核算云平台，查询银行存款日记账，查看当日银行存款收入、付出合计数和结存数。

【任务总结】

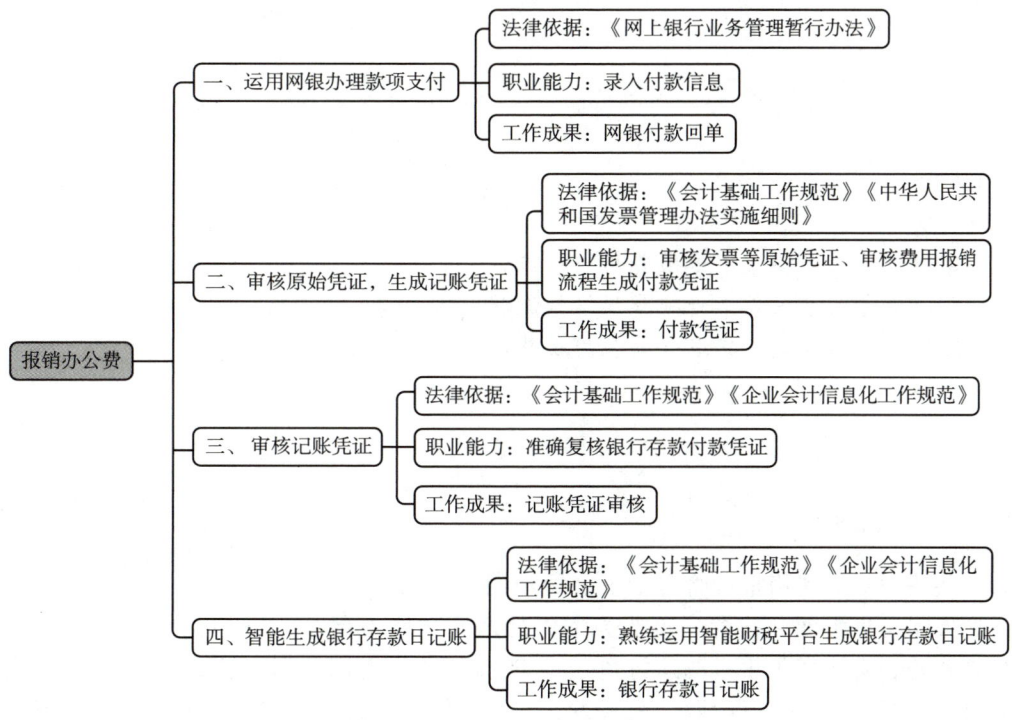

【实战训练】

（一）实战背景

2023年10月30日，北京翔宏润达销售部于娟报销展览费，取得增值税电子专用发票一张，标明不含税价为20 000.00元，增值税税率为6%，增值税为1 200.00元，价税合计

21 200 元。她填写费用报销单，粘贴发票，按公司费用审批制度履行报销手续。

（二）任务目标

出纳依据《会计基础工作规范》《企业会计信息化工作规范》《小企业会计准则》《支付结算办法》《网上银行业务管理暂行办法》等要求，规范审核展览费报销原始凭证，准确办理款项支付，在生成的记账凭证上完成出纳签字、智能生成并查询管理银行存款日记账。

（三）任务实现

出纳参照任务二子任务3操作步骤，完成费用报销单审核、使用网银对销售费用业务进行支付、传递原始单据，在智能财税核算平台完成记账凭证出纳签字、查询管理银行存款日记账。

任务三　核算与管理财务共享模式下企业日常费用

【学习目标】

- 掌握财务共享模式下专项费用申请流程
- 掌握财务共享模式下专项费用报销流程
- 在财务共享模式下完成专项费用核算

【任务布置】

（一）任务描述

财务共享模式下费用报销将以如下公司为例：

鸿途集团是集水泥、旅游、铸造为主体的多元化股份制企业（包括鸿途集团、鸿途水泥、鸿途旅游、鸿途煤焦化、鸿途铸造），鸿途集团水泥有限公司下辖16家子公司，旗下公司覆盖河南、辽宁、山东、山西、内蒙古、安徽、新疆、天津等省市。集团公司实现财务共享，采用用友集团NCC信息化平台，统一集团费用报销流程与报销标准，由共享中心财务统一报销支付、生成并审核记账凭证。

2023年3月15日，水泥协会在大连举办"2023年水泥技术及装备展览会"，鸿途集团水泥有限公司组织大连属地的子公司参加，会务费2万元，鸿途集团水泥有限公司统一支付，但具体由大连鸿途水泥有限公司等5家子公司承担。具体分摊比例如表5-13所示：

表 5-13　　　　　　　　　　　费用分摊比例

公司	分摊比例
大连鸿途水泥有限公司	30%
鸿途集团京北水泥有限公司	15%
鸿途集团金州水泥有限公司	46%
大连金海建材集团有限公司	3%
海城市水泥有限公司	6%

2023年3月5日，鸿途集团水泥有限公司综合办公室专员发起费用申请，费用承担部门是各家单位的销售服务办公室，经鸿途集团水泥有限公司综合办公室经理、总经理和业务财务审批，通过后生效。3月16日，鸿途集团水泥有限公司综合办公室专员发起会务费支付，支付给会展承办方白云国际会议中心20 000.00元；由上述五家公司的销售服务办公室承担各家公司的会务费。

（二）工作要求

1. 专项费用申请任务

分别以鸿途集团水泥有限公司综合办公室专员、综合办公室经理、总经理、业务财务的身份完成以下工作：

（1）熟悉专项费用审批流程；

（2）能准确在NCC系统填写"费用申请单"并提交；

（3）能够准确检查"费用申请单"填写是否有误并完成审核。

2. 专项费用报销业务

分别以鸿途集团水泥有限公司综合办公室专员、综合办公室经理、总经理、业务财务、共享费用初审岗、共享中心出纳岗、共享中心总账主管岗的身份完成以下工作：

（1）熟悉专项费用报销流程；

（2）能准确在NCC系统生成"通用报销单"，扫描、上传原始单据并提交；

（3）能够准确检查"通用报销单"及所附原始凭证，并完成审核；

（4）生成并审核记账凭证，完成出纳付款，管理银行存款日记账。

（三）工作成果

（1）费用申请单；

（2）通用报销单；

（3）支付会议费，取得结算单；

（4）生成并审核专项费用报销记账凭证。

（四）评价标准

依据《会计基础工作规范》《企业会计信息化工作规范》《小企业会计准则》《支付结算办法》《网上银行业务管理暂行办法》等要求，规范审核专项费用申请及报销原始凭证，准确办理款项支付，在生成的记账凭证上完成出纳签字、智能生成银行存款日记账。

【任务分析】

(一) 工作思路

(1) 业务财务初审"通用报销单"及所附会议费发票等原始凭证。

(2) 财务共享中心费用初审岗对"通用报销单"及所附会议费发票等原始凭证、报销流程完成情况进行共享初审。

(3) 财务共享中心费用复核岗对"通用报销单"及所附发票等原始凭证、报销流程完成情况进行共享复核,生成记账凭证。

(4) 财务共享中心出纳岗审核"通用报销单"及所附发票等原始凭证、复核涉及银行存款账户的记账凭证无误后,使用网银支付款项并在记账凭证上完成出纳签章。

(5) 财务共享中心总账主管岗审核记账凭证。

(二) 工作流程

专项费用报销业务主要由鸿途集团水泥有限公司业务部门、业务财务以及财务共享中心费用岗、财务共享中心出纳岗配合完成,基本工作流程如图 5-23 所示。

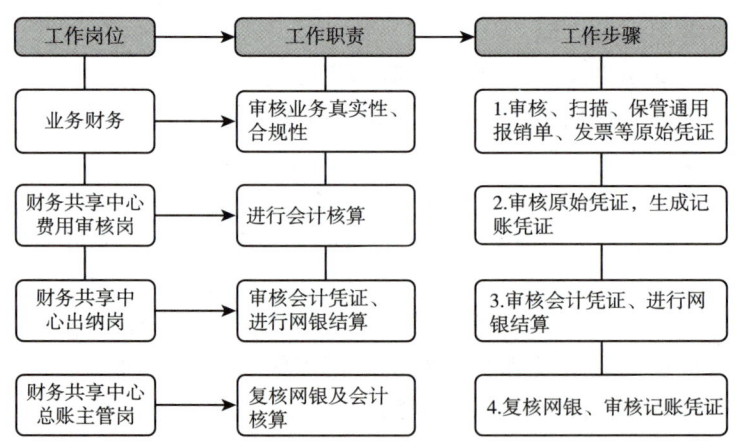

图 5-23 集团公司财务共享模式下专项费用报销工作流程图

(三) 知识准备

1. 财务共享中心的职责定位

财务共享服务中心是集团的财务服务平台,是各成员单位的会计业务运作中心、财务管理中心和服务中心。集体公司财务共享下,集团财务部、分子公司财务部及业务部、财务共享中心职责定位如下:

(1) 集团财务部。具有预算管理、财务分析、风险控制、资产管理、资金管理的总部财务职能。对财务共享服务中心提供指导及风险控制。

（2）业务部门。向共享服务中心提供真实、合规、完整的单据。在规定时间内将单据等信息传递到共享中心。审核业务的真实、合规性。

（3）分公司、子公司财务部。按规定扫描原始单据；将原始单据与影像单据匹配；审核单据的真实、完整、合规性；原始单据保管。

（4）财务共享服务中心。从财务复核、会计核算、资金支付三个方面提供服务。

2013年《企业会计信息化工作规范》第34条；2014年《关于全面推进管理会计体系建设的指导意见》

科技赋能

财务共享模式下财务责权划分（见图5-24）

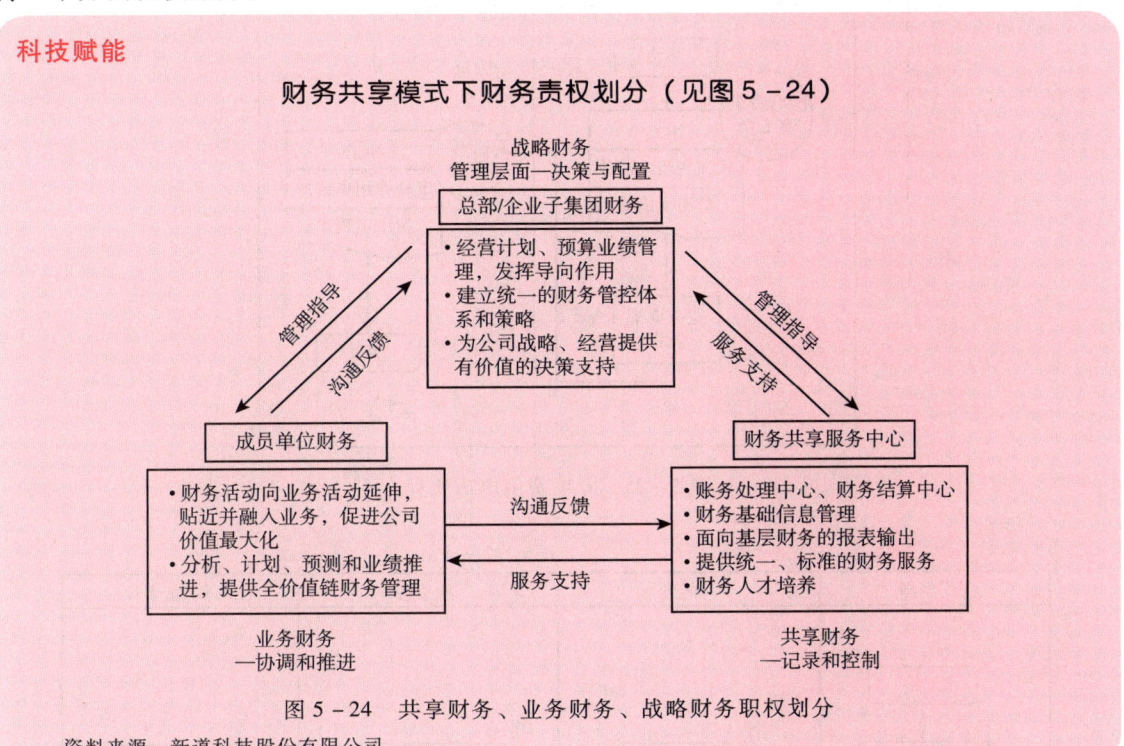

图5-24 共享财务、业务财务、战略财务职权划分

资料来源：新道科技股份有限公司。

2. 专项费用报销流程

专项费用适用于因工作需要发生的广告、宣传、印刷、咨询、会议、培训等费用。企业为达到费用事前控制的目的，要求在某些业务报销之前需要先申请才能办理。集团专项费用实行预算单项控制，报销时必须对应正确的预算项目。超过1万元（含）的市场活动、培训等所有的费用必须事前进行专项预算审批。业务审批权限如表5-14所示：

表5-14　　　　　　　　各部门经营支出审批权限（含借款）

业务审批人	财务审批人	交通费/通讯费	招待费	差旅费	其他支出/借款
部门经理	分管财务会计——财务经理	0.04万元（不含）以下	0.1万元（不含）以下	0.5万元（不含）以下	1万元（不含）以下
总经理		0.04万—0.06万（不含）	0.1万—0.2万（不含）	0.5万—0.8万（不含）	1万—3万元（不含）
副总裁		0.06万—0.1万（不含）	0.2万—0.3万（不含）	0.8万—1万（不含）	3万—5万元（不含）
公司总裁/董事长		≥0.1万元	≥0.3万元	≥1万元	≥5万元

（1）专项费用申请流程。鸿途集团水泥有限公司综合办公室专员从 NCC 工作桌面打开"费用申请单"，根据任务背景要求填制费用申请单，填制完成并检查无误后依次点击"保存"——"提交"按钮；

鸿途集团水泥有限公司综合办公室经理、总经理、业务财务分别从 NCC 工作桌面点击"审批中心"——"未处理"，根据任务背景要求检查费用申请单填写是否有误，检查无误则审批通过，否则驳回到制单人。专项费用申请流程、审批流程如图 5-25 和图 5-26 所示。

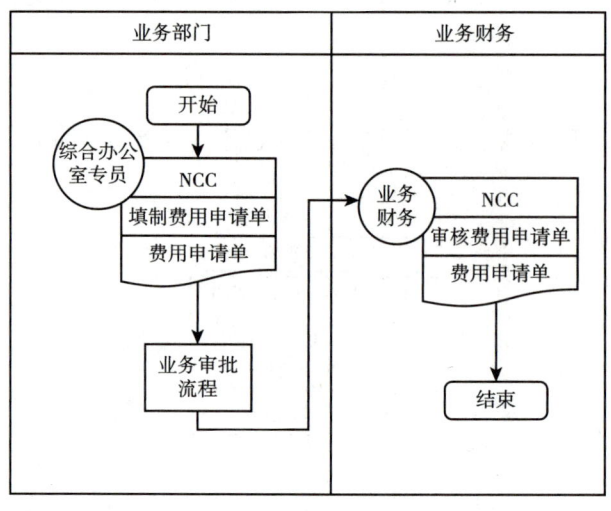

图 5-25 专项费用申请流程

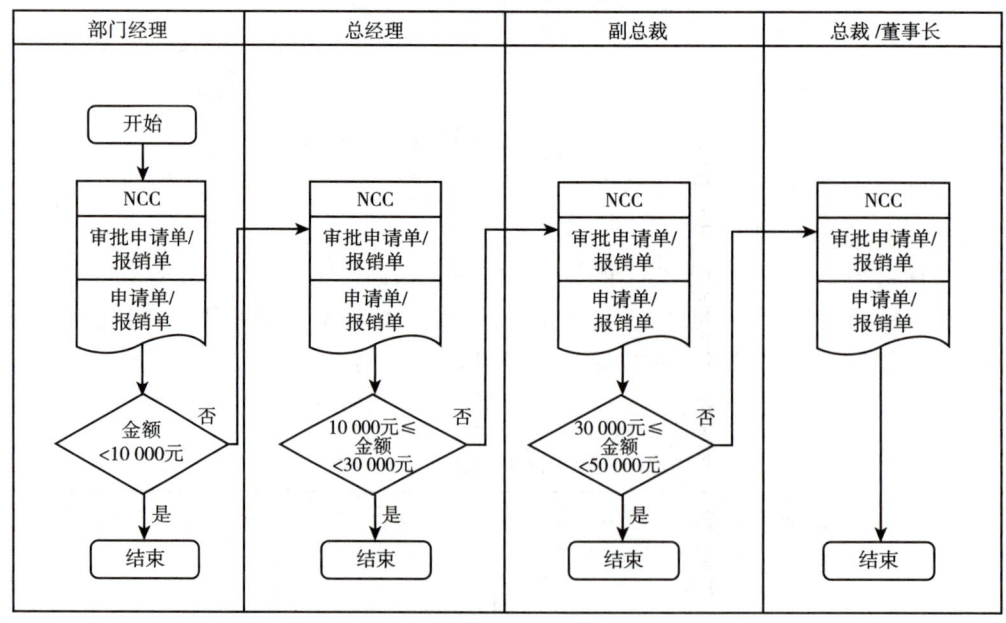

图 5-26 专项费用审批流程

（2）专项费用报销流程。鸿途集团水泥有限公司综合办公室专员从 NCC 工作桌面打开"通用报销单"，根据任务背景要求参照对应的费用申请单生成通用报销单，填制完成并检查无误后点击"保存"。保存后点击"影像扫描"按钮进入影像系统，如果需要用高拍仪进行扫描，则点击"扫描"按钮，将对应的纸质原始单据用高拍仪进行扫描；如果通过本地上传则点击"导入"按钮，将对应的原始单据影像扫描上传到影像系统，影像扫描完成后依次点击"保存"——"提交"按钮；影像扫描完成后返回通用报销单填报界面点击"提交"按钮。影像扫描系统如图 5-27 所示。

图 5-27 影像提交

鸿途集团水泥有限公司综合办公室经理、总经理、业务财务从 NCC 工作桌面点击"审批中心"——"未处理"，根据任务背景要求检查通用报销单填报和上传的影像是否有误，检查无误则审批通过，否则驳回到制单人。

然后，财务共享中心进行账务处理及款项支付。专项费用报销流程如图 5-28 所示。

（四）技能准备

1. 费用申请单填写

（1）根据比例计算各子公司分摊的费用，分摊结果如表 5-15 所示。

（2）填写费用申请单。鸿途集团水泥有限公司综合办公室专员登录平台，填写费用申请单。准确填写事由（本例为报销会议费）、金额（本例为 20 000.00 元）、各费用承担单位（采用增行的方式输入各承担单位）、费用承担部门（本例为销售服务办公室）、收支项目（本例为销售费用——会务费）、各单位分摊金额（本例为表 5-15 计算金额）。费用申请单填写如图 5-29 所示。

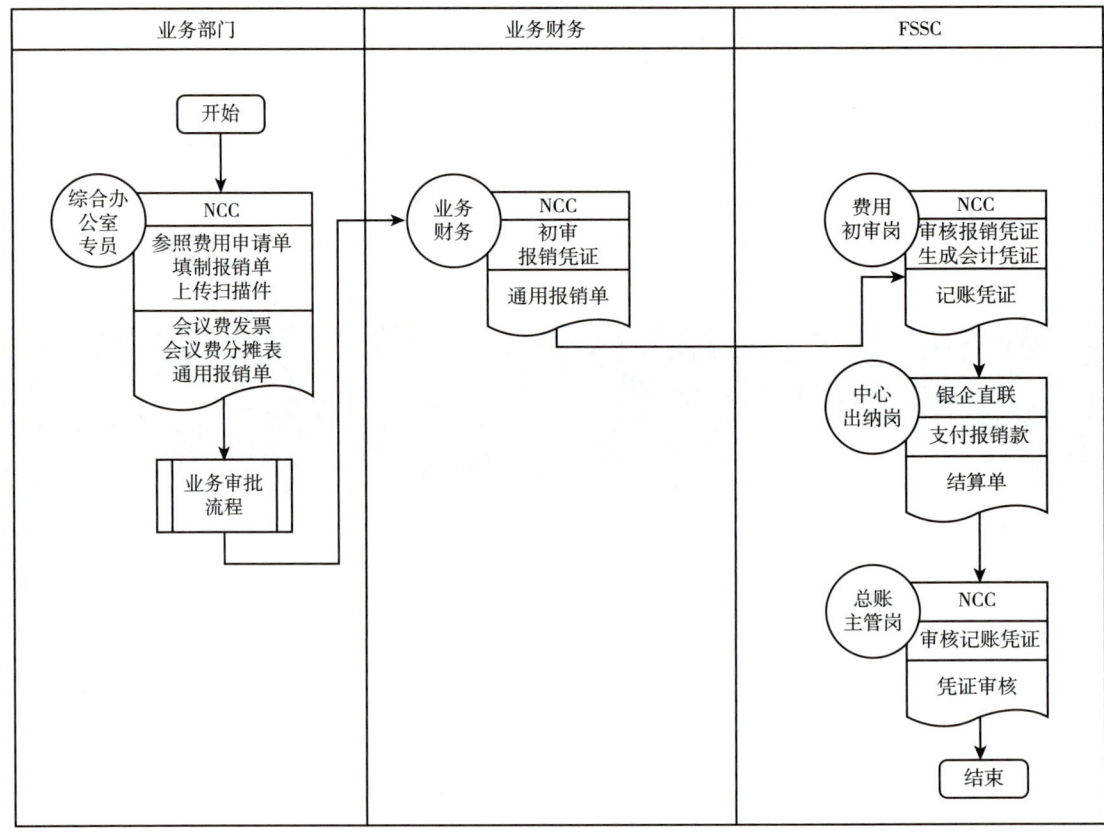

图 5-28 专项费用报销流程

表 5-15　　　　各子公司应分摊的费用金额

公司	分摊比例	分摊金额
大连鸿途水泥有限公司	30%	6 000.00
鸿途集团京北水泥有限公司	15%	3 000.00
鸿途集团金州水泥有限公司	46%	9 200.00
大连金海建材集团有限公司	3%	600.00
海城市水泥有限公司	6%	1 200.00

图 5-29 填写费用申请单

2. 生成通用报销单

鸿途集团水泥有限公司综合办公室专员发起会务费支付，登录平台，选择"通用报销单"，生成并填写。

（1）选择申请单，生成报销单。从 NCC 工作桌面打开"通用报销单"，如图 5-30 所示，根据任务背景要求参照对应的费用申请单生成通用报销单。

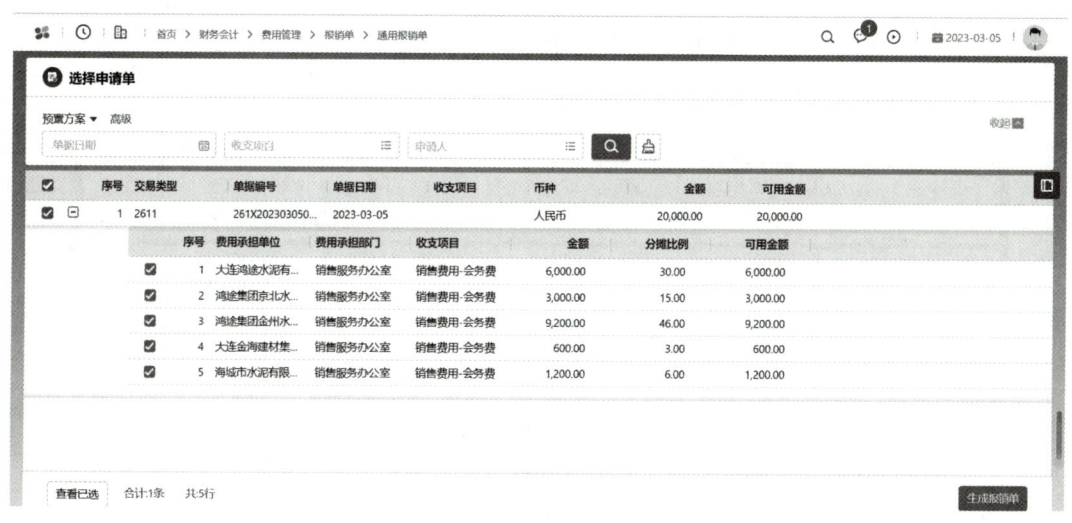

图 5-30　通用报销单

（2）填写付款信息。在"通用报销单"页面补录"单位银行账号"（本例为鸿途集团水泥有限公司账户）；"结算方式"（本例为网银）；"收款对象"（本例为白云国际会议中心）；"供应商"（选择供应商）；"客商银行账户"（本例为白云国际会议中心银行账户）等字段，如图 5-31 所示。

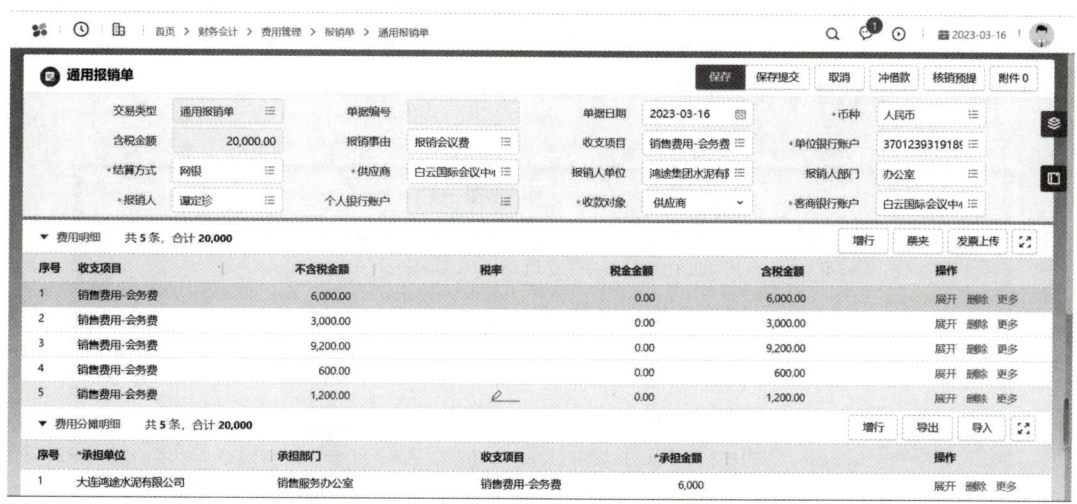

图 5-31　在报销单上填写付款信息

【任务实施】

第一步：业务财务初审

业务财务初审"通用报销单"及所附会议费发票等原始凭证。审核经济业务真实、合理性、预算控制。点击影像查看业务部门上传的发票影像，与"通用报销单"核对，审核通过则点击"批准"，如图5-32所示。

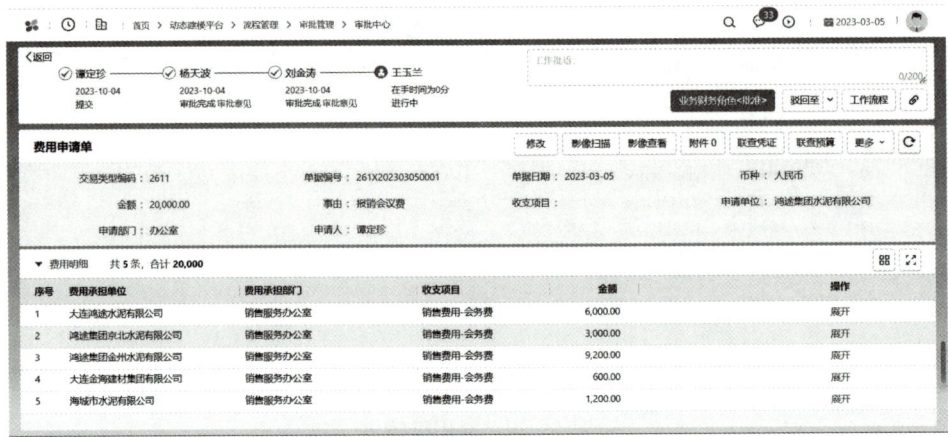

图5-32 业务财务审核费用报销单

第二步：财务共享中心费用岗审核，生成记账凭证

财务共享中心费用初审岗对"通用报销单"及所附会议费发票等原始凭证、报销流程完成情况进行共享初审。如设计了财务共享中心费用复核岗进行二级复核，则财务共享中心费用复核岗对"通用报销单"及所附发票等原始凭证、报销流程完成情况进行共享复核，点击"批准"，生成记账凭证，如图5-33所示。

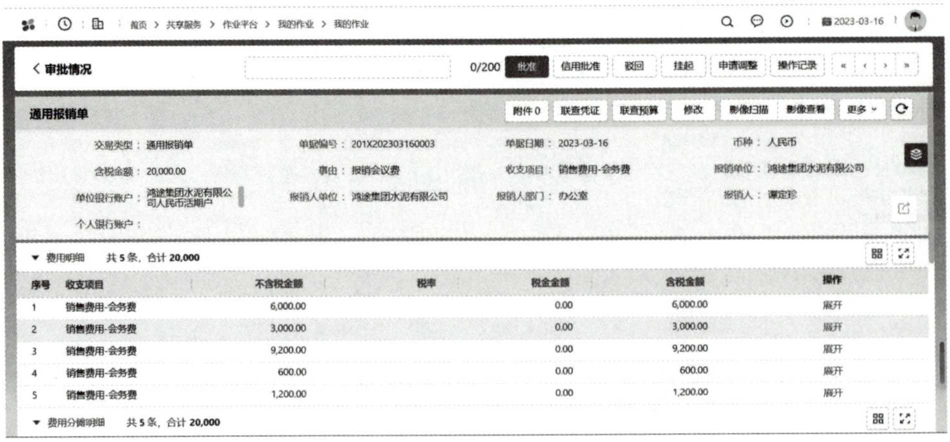

图5-33 财务共享中心费用岗审核费用报销单

第三步：财务共享中心出纳岗付款

财务共享中心出纳从 NCC 工作桌面点击"结算"，在搜索框输入查询条件：查询日期区间为经济业务发生期间（本例为"2023-03-01~2023-03-31"），在"待结算"页签中点击"业务单据编号"进入结算详细信息界面，审核"通用报销单"及所附发票等原始凭证，检查无误后点击"支付"——"网上转账"进行结算，如图 5-34 所示。

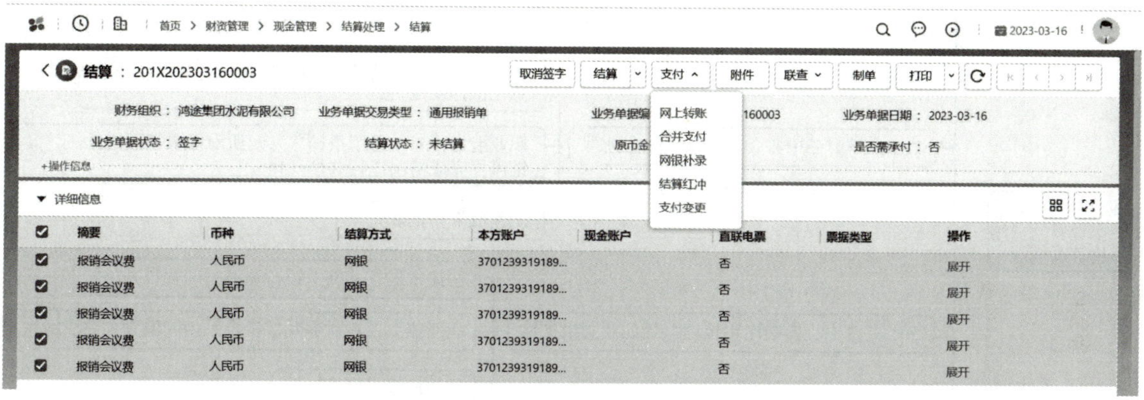

图 5-34　财务共享中心出纳进行付款结算

第四步：财务共享中心总账主管岗审核记账凭证

财务共享中心总账主管岗点击"进入系统"按钮跳转进 NCC 系统；从 NCC 工作桌面点击"凭证审核"，在搜索框输入查询条件：财务组织选择"鸿途集团水泥有限公司"，查询日期区间为经济业务发生期间（本例为"2023-03-01~2023-03-31"），审核状态为"待审核"，检查凭证，检查无误后点击"审核"，如图 5-35 所示。

出纳需要在涉及银行存款的记账凭证上签字，生成银行存款日记账等操作与独立核算单位相同。

图 5-35　财务共享中心总账主管岗审核记账凭证

【任务总结】

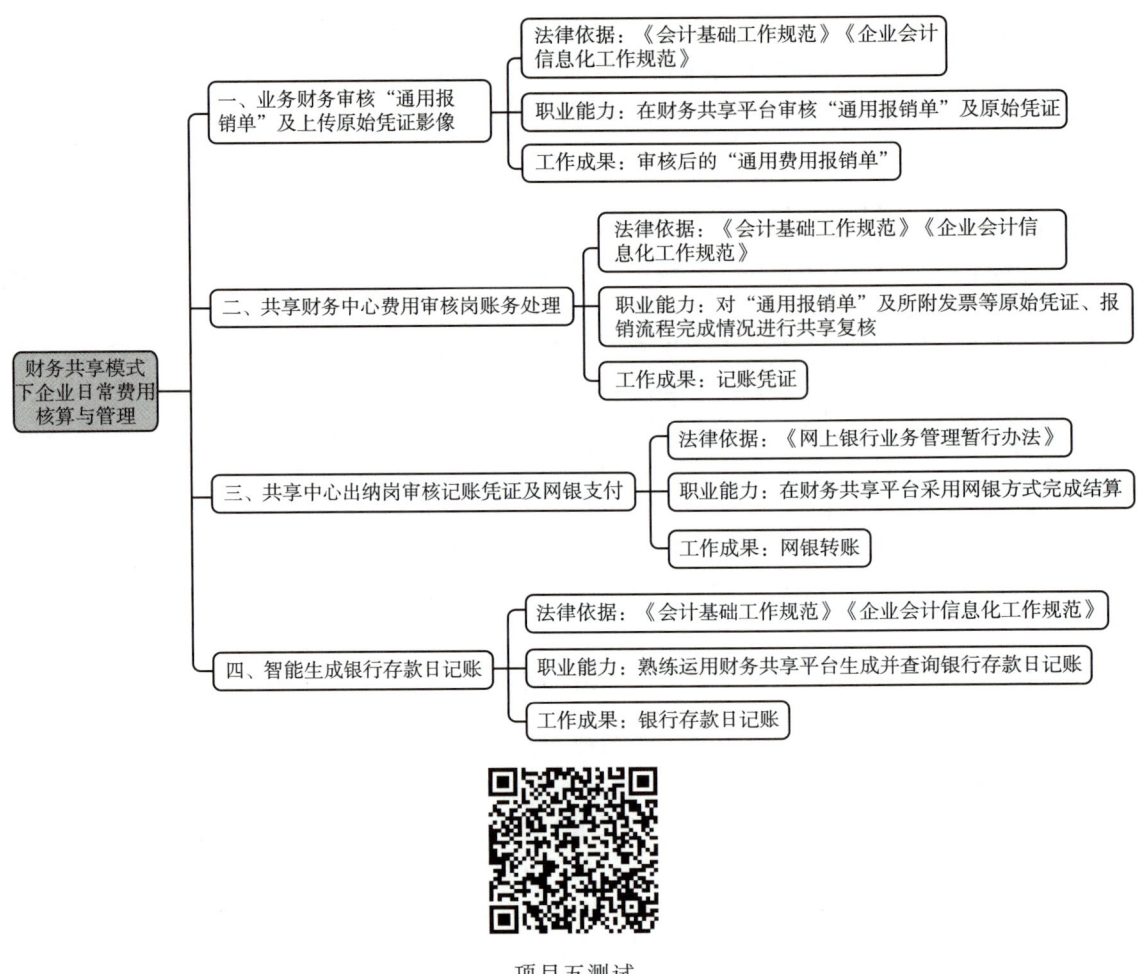

项目五测试
（习题、答案）

【实战训练】

（一）实战背景

鸿途集团实现财务共享。集团公司下属的鸿途集团水泥有限公司 2023 年 5 月 5 日发生中标服务费，鸿途集团水泥有限公司综合办公室专员发起费用申请，经鸿途集团水泥有限公司综合办公室经理、总经理和业务财务审批，通过后生效。5 月 6 日，鸿途集团水泥有限公司综合办公室专员发起会务费支付申请，申请支付给北京方正招标公司 20 000.00 元。

（二）任务目标

业务财务、共享中心财务人员依据《会计基础工作规范》《企业会计信息化工作规范》《小企业会计准则》《支付结算办法》《网上银行业务管理暂行办法》等要求，规范审核专项费用申请及报销原始凭证，准确办理款项支付，在生成的记账凭证上完成出纳签字、智能生成银行存款日记账。

（三）任务实现

参考任务三的有关内容，鸿途集团水泥有限公司综合办公室专员在集团公司财务共享系统生成"通用报销单"，扫描、上传原始单据；业务财务初审"通用报销单"及所附会议费发票等原始凭证；财务共享中心费用初审岗、费用复核岗对"通用报销单"及所附发票等原始凭证、报销流程完成情况进行共享初审及复核，生成记账凭证；财务共享中心出纳岗使用网银支付款项；共享中心总账主管岗审核记账凭证。

项目六
企业资金内部控制与管理

企业资金内部控制与管理是指在整个企业的生产经营活动中，建立适合企业的管理制度及机制，从而合理调控与使用企业内部资金，在保证安全完整的情况下，满足企业生产经营活动的资金需求；与此同时，在时间价值下，高效调控与使用企业内部资金，能够提高企业内部资金的使用价值和使用效益，促进企业稳步提升企业价值与经济收益。

本项目设计了四个工作任务：归集与管理企业货币资金；管理网银U盾与电子账户；管理财务印鉴；编制资金日报表。任务的主要知识点、技能点、素养点，如图6-1所示。

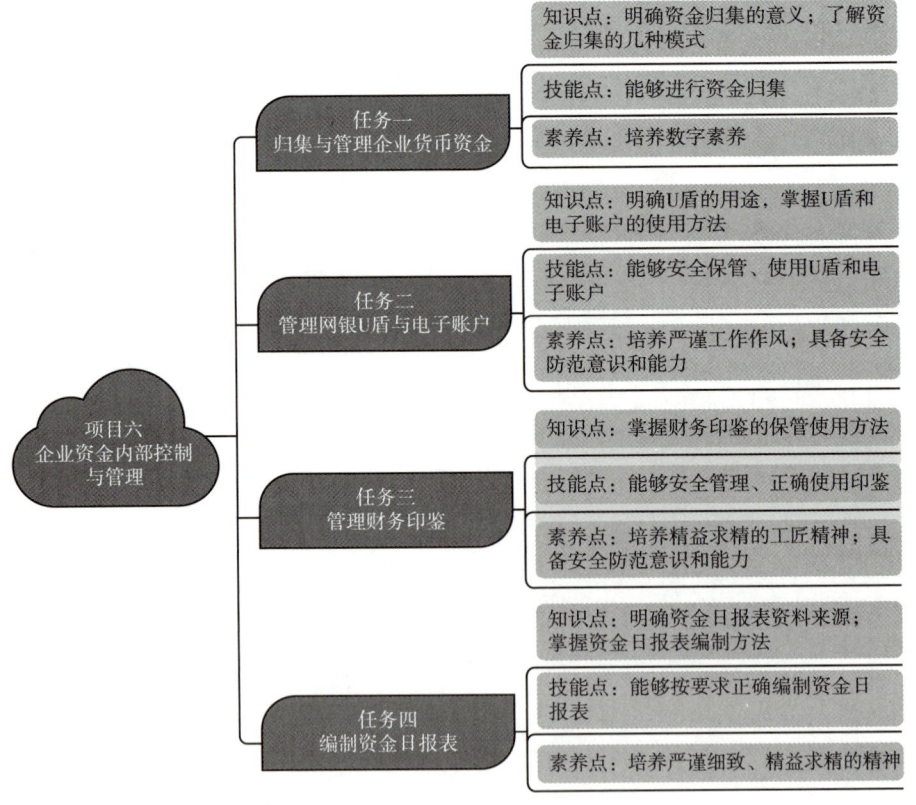

图6-1 项目六 知识、技能、素养要点

任务一 归集与管理企业货币资金

【学习目标】

- 理解货币资金内部控制与管理内容
- 理解企业货币资金管理模式
- 掌握货币资金归集与划拨的账务处理

【任务布置】

（一）任务描述

2023年8月15日，北京翔宏润达工贸有限责任公司（以下简称"翔宏润达公司"）将子公司上海新能源高新科技有限责任公司的资金1 500 000元进行实时归集至指定账户，同时，总公司将800 000元划拨给上海新能源高新科技有限责任公司，作为项目A研发资金。

根据上述情况，请完成翔宏润达总公司与子公司上海新能源高新科技有限责任公司的货币资金账务处理。

（二）工作要求

分别以出纳、会计、财务主管的身份完成以下工作：
1. 理解货币资金统一管理模式；
2. 查看银行回单，录入银行收款、付款凭证；
3. 智能生成银行存款日记账。

（三）工作成果

1. 银行回单；
2. 银行收款、付款凭证；
3. 银行存款日记账。

（四）评价标准

依据《现金管理暂行条例》《人民币银行结算账户管理办法》《支付结算办法》等要求，规范处理资金归集与划拨账务，生成记账凭证及银行存款日记账。

【任务分析】

（一）工作思路

1. 出纳查看银行回单，将审核无误后的银行回单交与会计人员；
2. 会计岗根据归集与划拨资金业务，录入收款、付款凭证；
3. 智能生成银行存款日记账。

（二）工作流程

资金的归集与划拨业务总公司业务由财务部徐琳（出纳）、李娜（会计）、方蓉佳（财务主管）完成，而子公司资金上划与收到下拨资金业务由财务部王琳（出纳）、陈媛（会计）、李慧（财务主管）完成，基本工作流程如图6－2所示。

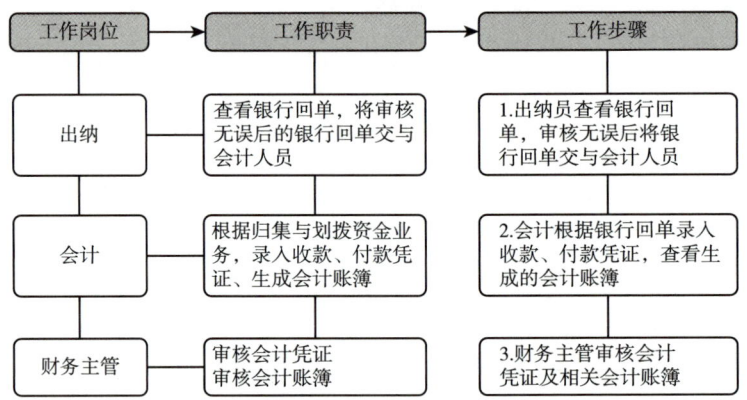

图6－2　资金归集与划拨业务工作流程图

（三）知识准备

1. 企业货币资金内部控制管理基本内容

按照一定的权限和程序，对企业货币资金运动过程中的关键点进行监控，其目的是规范资金管理行为，保证企业资金活动的安全性，确保资金安全，提高资金使用效率。主要包括货币资金收入、支出、筹资及投资管理。

（1）资金收入管理。资金收入管理包括现金收入、支票收入、应收账款收入、银行存款账户收入及其他货币资金收入，如票据和有价证券等的管理。

> **职场链接**
>
> 出纳如何妥善管理票据与有价证券
>
> 出纳人员管理的票据与有价证券主要包括汇票、本票及支票等银行票据。具体管理内容包括购买管理、使用管理及保存管理。

> 购买管理主要是指在购买时，出纳需要依据公司资金使用预算情况购买支票等票据，并利用票据登记簿对票据予以登记，购入票据需记录购入日期、票据起止编号，并由出纳及审核人员签章；使用管理是指在票据使用时，出纳依据票据使用情况，做好票据申请审批及登记簿的记录，及时保存票据存根及领用人签章。当收到票据需要进行背书转让时，需执行审批程序。出纳对票据编号、金额、付款单位等信息进行登记，同时注明被背书人名称，并对票据进行复印，与发票等一并作为原始凭证保管，以便登记往来账簿。当收到支票、银行承兑汇票等票据时，需由出纳人员记录收票时间、金额、到期日等信息，并由出纳及审核人员签章。票据到期应及时办理收款手续；保存管理是指出纳人员对于空白票据要进行妥善保管，避免丢失、被盗、挪用等情况。票据及登记簿由审核人员每季度审核。出纳每月需要在监控人监督下对票据进行盘点，编制票据盘点表，确保票据保存完好无损，监控人与出纳签字确认。

（2）资金支出管理。资金支出管理包括银行账户支出控制，付款审批流程下的现金支出，付款计划、付款申请、付款方式、付款期限等具体内容、调控资金支出管理、支付业务管理。

（3）资金账户管理。资金账户管理主要是针对公司在银行和财务公司开立的办理资金收付结算的各类存款账户及在其他金融机构开立的各类资金账户进行有效管理。主要包括账户的开立、变动及注销，禁止私设小金库类账户；加强资金各账户的日常收付、清查管理，原则上同一家银行不得开立两个以上相同性质的账户；加强闲置资金管理，及时查看各银行账户余额，除专款专用要求必须长期存款的银行账户外，其他非经常使用账户不得长期保留存款。

（4）资金风险管理。资金风险管理主要是建立资金风险点汇报制度及流程，主要风险情况如下：

①资金支付出现重大困难，无法完成经济业务需要的正常支付费用。
②资金的偿债能力不足，无法支付贷款或相关负债资金。
③银行账户或其他账户出现异常、被冻结或查封。
④财务人员或其他成员涉及舞弊或违法行为。
⑤存款金融机构出现重大危机及其他重大事件，造成存款或资金损失。

当遇到以上资金风险情况时，需要及时向总公司或集团财务部门进行汇报。同时，要对全体财务人员定期进行职业道德、财经法律法规及经济犯罪案例主题教育培训。加强财务人员的职业道德素养，树立良好的职业品质，遵行严谨的工作作风，提高对资金舞弊、资金犯罪等行为的防范意识，尽心尽责保障公司资金安全。

（5）筹资与投资活动管理。筹资活动管理包括借款与其他筹资方式的管理。企业借款需要建立完善的授权审批制度，筹资计划编制与审批人、经办人及保管人员，计算利息人员与支付人员等不同职权岗位，做到权责分离。企业通过正确流程向金融机构借款，到期履行偿还和付息的现时义务。与此同时，企业通过发行股票或债券获得更多的筹资，应建立企业债券与股票的发行、登记及管理人员的权责分离制度。

投资活动管理主要包括投资项目的授权审批制度，投资预算及计划编制人员、审批人员、经办人员及负责人员、办理投资人员及记录管理人员要进行权责分离，不能一人多岗，降低企业投资活动出现舞弊风险的可能。

2. 货币资金内部控制制度与要求

（1）货币资金内部控制管理制度：

①严格执行职责分离制度。严格规范货币资金各个岗位职责，形成严密的内部控制牵制制度，减少和降低货币资金管理上舞弊情况的发生。

②实行收付交易分开制度。企业货币资金的管理主要是资金的收付，对于货币资金的收入业务与支出业务要实行严格的分开路径处理，防止将货币资金收入直接用于货币资金支出或坐支行为。

③实施内部稽核制度。内部稽核制度主要是在企业内设置稽核单位或人员，建立内部稽核制度，以统一对货币资金管理的监督，及时发现货币资金管理中存在的问题，及时改进对货币资金的管理与控制。

④实施定期岗位轮换制度。对于涉及货币资金管理与控制的业务人员实行定期轮换轮岗制度。通过轮换岗位，减少货币资金管理与控制中产生可能存在的舞弊情况，及时发现舞弊行为或相关舞弊人员。

（2）出纳人员对货币资金管理的岗位制度：

出纳人员需要明确企业资金收付管理的财务制度。作为资金收付管理的第一人，需要严格按照法律规定及企业内部制度完成库存现金、银行存款及印鉴或票据的收取、保管和账务处理。在货币资金管理中遵循以下六项工作原则。

①钱账分管原则。通过明确职责分离制度，出纳人员要明确管钱的职责，而会计人员要管理好账簿。职责分明有利于不同岗位发挥专业职能，做到相互核对与制约，降低舞弊行为。

②先收款后记账。出纳人员在收到货币资金时，要先收妥现金或银行收款凭据，再进行相关账户的登记，做到账实相符。

③收付分开原则。出纳人员要始终坚持收付分开原则，对于货币资金的收入业务与支出业务要实行分开路径处理，防止将货币资金收入直接用于货币资金支出或坐支行为。

④双人经办原则。为了更好完成货币资金的管理工作，出纳人员需要坚持同时双人管理，双人相互监督，以避免出现差错和意外事故。

⑤复核制度原则。货币资金管理工作需要由专人复点，付款工作须由专人复核。

⑥交接手续和查库原则。出纳人员在进行工作交接时，需要按照规定办理交接手续，将货币资金管理的情况进行交接，分清职责。同时，出纳人员还要不定期查库或查看银行账户，确保账实相符。

> **寓德于技**
>
> 出纳人员的职业意识
>
> 出纳人员作为货币资金管理的责任人，需要具备法律意识、规则意识、保密意识及风险意识四大职业意识。

首先，作为出纳人员要具备较强的法律意识，能够熟知相关会计的法律法规，在日常的工作中严守法律法规要求。其次，出纳人员要遵守公司的财务制度、收付审批程序及财务数据编制报告制度，按照各项规章制度办理日常业务。再次，出纳人员要做好"管家工作"，具有较强的保密意识，即保守数据信息秘密，管好相关物品，做好财务资料整理等工作；最后，出纳涉及货币资金管理存在丢失、盗窃等安全隐患，因而出纳人员要具有风险意识，通过用好保险箱、用好点钞机及仔细查验报销手续等方式处理好日常的收付、保管及整理工作。

3. 企业货币资金集中管理模式

企业货币资金管理模式主要分为统一收支模式、收支两条线模式、备用金模式、结算中心模式、内部银行模式、资金池模式等。

（1）统一收支模式。统一收支模式是指企业的货币资金收付活动集中在总公司（集团）财务部门和统一的银行账户中，各个分公司或子公司不单独设立账户，所有的收款全部归入统一的银行账户中，所有的现金支出都通过统一的财务部门指定账户支付，即货币资金的收入完全集中在总公司或集团。这种模式有助于企业实现全面的货币资金控制，提升货币资金的使用效率，有效防控资金的支出与收入的合规性、合理性及安全性；但问题在于不够灵活，容易影响子公司与分公司的业务运作与发展。

（2）收支两条线模式。收支两条线模式是指企业的货币资金收入与支出分别使用互不影响的两套路径，即收到的资金直接进入回款账户，而支付时在完成合规的审批后，直接进行支出结算。以保证货币资金的收入与支出的安全、有效监控货币资金的收付，减少货币资金使用的舞弊行为。此管理模式适用于企业子公司众多、业务繁杂、难以进行日常的监控和管理的企业集团。

（3）备用金模式。备用金模式是指企业按照一定的规定，定期拨给子公司或分公司一定数额的现金，作为备用金。各个子公司或分公司在发生现金支出后，持相关凭证到总公司财务部门报销并补足备用金。而各个分支机构或分公司不需要单独设立财务部门，所有业务通过总公司的财务部门办理，但各子公司具有一定的资金使用权限。此模式比较适合于个人、办事处或分公司的财务活动，由于备用金模式金额总量受限，不适合法律主体履行收付款业务的子公司。

（4）结算中心模式。结算中心模式是指总公司（集团）财务部门设立结算中心专门机构，用于办理总公司内部、各成员公司的现金收付及往来结算业务。在收入结算方面，各个分公司根据结算中心核定资金存量限额，定期将高于限额的现金转入结算中心的银行账户，结算中心集中集团与分公司的现金。而在支出结算方面，结算中心核定各分公司的日常所需资金后，统一拨付给各子公司，同时监控资金的使用与调控。为了更好获得银行服务与信贷业务，结算中心统一协调银行的各项收支业务及筹资业务，各个成员公司拥有独立财务部门，有独立的账户（二级账户），能够进行独立核算。因此，结算中心模式只是监控各个分公司或子公司的收付账户，在保持各子公司具有决策权和资金经营权的前提下，提升资金流动、筹资及投资等事项的决策集中化管理。

（5）内部银行模式。内部银行模式是指引进商业银行的信贷、结算、监督、调控、信息反馈职能，并成为企业和下属单位的往来结算中心、信贷管理中心、货币资金信息管理中心。内部银行模式要求成员公司必须在内部银行开设账户，且要求所有经营交易都通过内部银行办理结算，而不能直接对外现金结算。所有下属公司都需要按照内部银行统一的结算方式及时间，严格规范结算行为，而内部银行严格进行结算的监督与审核，及时发现问题并纠正。同时，各个成员企业无权对外融资，只能通过内部银行进行筹资，集团或总公司统一核定各个成员企业的筹资金额及利息额度，统一调控资金使用情况。

（6）资金池模式。资金池模式是指将集团与各子公司的资金进行集中管理。按照集团账户的虚实情况，具体分为两种情况，一种情况为"实体现金池"，是指集团在相同的银行设立一级账号和若干个二级子账户。银行每日定时将各子公司所有二级账户的余额自动划入一级账户，保持二级账户处于零余额或目标余额，当各子公司需要资金时，通过审批，资金从一级账户直接划拨到各子公司的二级账户中，从而保证各子公司的正常经营活动需要。另一种情况为"虚拟现金池模式"，是指合作银行为总公司或集团建立一个虚拟的银行账户，各成员公司在合作银行办理指定账户，集团通过虚拟账户，能够实时汇总显示各成员公司的账户余额及收付明细情况，从而能够监控资金收入与支出情况，保证集团与各成员企业资金的完整性与合规性。同时，当有项目计划筹资时，集团能够通过虚拟账号使用或划拨各成员企业银行账户中的资金。各成员企业的账户存款资金会按照一定利息率定期获得利息收入。

以上两种资金池模式还可以统一办理各成员企业的信贷及筹资业务。首先，各成员企业向集团提出筹资申请，经集团审核通过后，集团通过资金池为成员企业提供信贷业务，提高各成员企业信贷业务效率并降低利息成本。其次，当各成员公司出现对外支付账户余额不足时，银行将会根据一级账户的资金储备进行限额透支支付，集团总账户为子公司提供透支担保业务。通过资金池模式，集团与各成员企业的资金建立起一系列的关联体系，能够办理集团账户与子账户余额上划下拨、子账户的日间透支、主动拨付、总账户与子账户之间委托贷款等业务，从而对集团货币资金进行全程监控。

以上六种资金集中管理模式通过不同方式的管理与控制，能够监督管理货币资金运动过程，从而保证资金的合规性，提高货币资金的使用效率与经济效益，严格控制企业货币资金的收支，保证货币资金的安全性及完整性。

【任务实施】

依据翔宏润达公司的相关信息，本公司选用的货币资金集中管理模式为资金池模式，即总公司在指定银行设立一级账号与子公司的二级分账户之间直接划拨资金，达到资金归集与划拨支付。资金的归集与划拨业务包括总公司办理资金归集与划拨业务和子公司的资金归集与划拨业务，主要包括以下两个子任务的账务处理。

业务一 总公司办理资金归集与划拨业务

总公司办理资金归集与划拨业务主要由财务部徐琳（出纳）、李娜（会计）、方蓉佳（财务主管）来完成。具体工作步骤如下：

第一步：录入归集资金银行存款收款凭证

出纳徐琳查看公司工商银行账户由子公司上海新能源高新科技有限责任公司二级账户转

来 1 500 000 元银行信息，将银行回单交予会计李娜，会计李娜根据资金归集业务录入银行存款收款凭证。收款凭证提交后，由财务主管方蓉佳进行审核。如图 6-3 和图 6-4 所示。

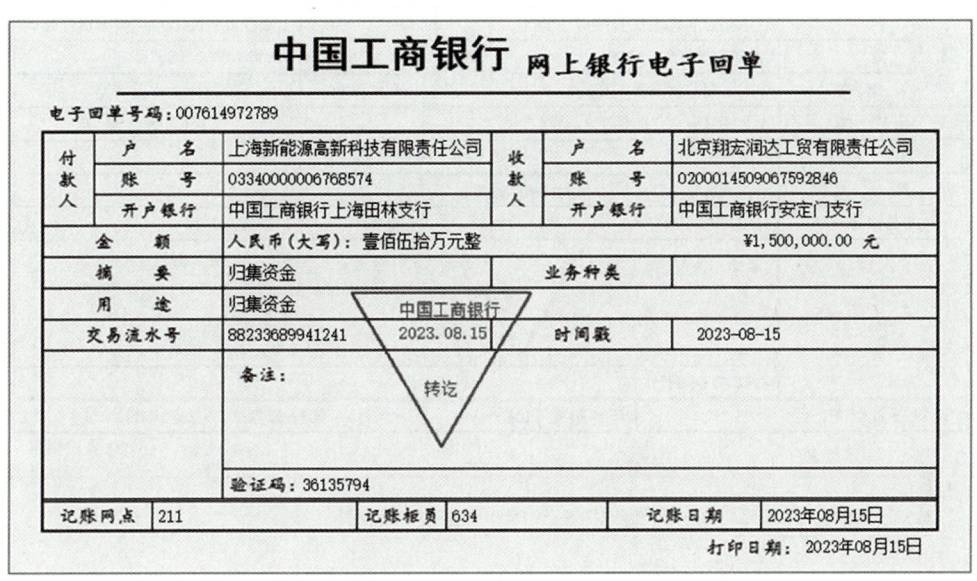

图 6-3　中国工商银行回单

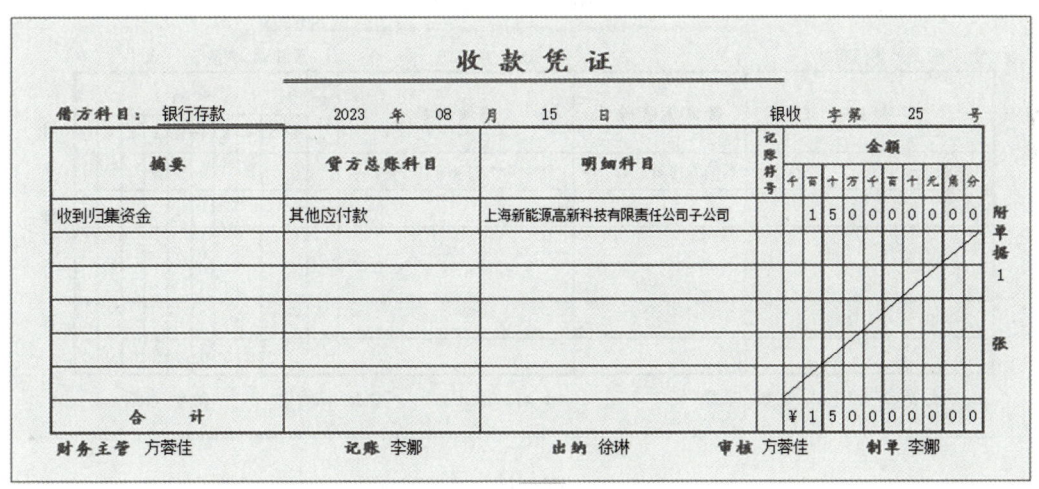

图 6-4　银行存款收款凭证

第二步：录入划拨资金银行存款付款凭证

出纳徐琳采集公司工商银行账户划拨到子公司上海新能源高新科技有限责任公司二级账户 800 000 元银行信息，将银行回单交予会计李娜，会计李娜根据总公司资金划拨给子公司业务录入银行存款付款凭证，付款凭证提交后，由财务主管方蓉佳进行审核。如图 6-5 和图 6-6 所示。

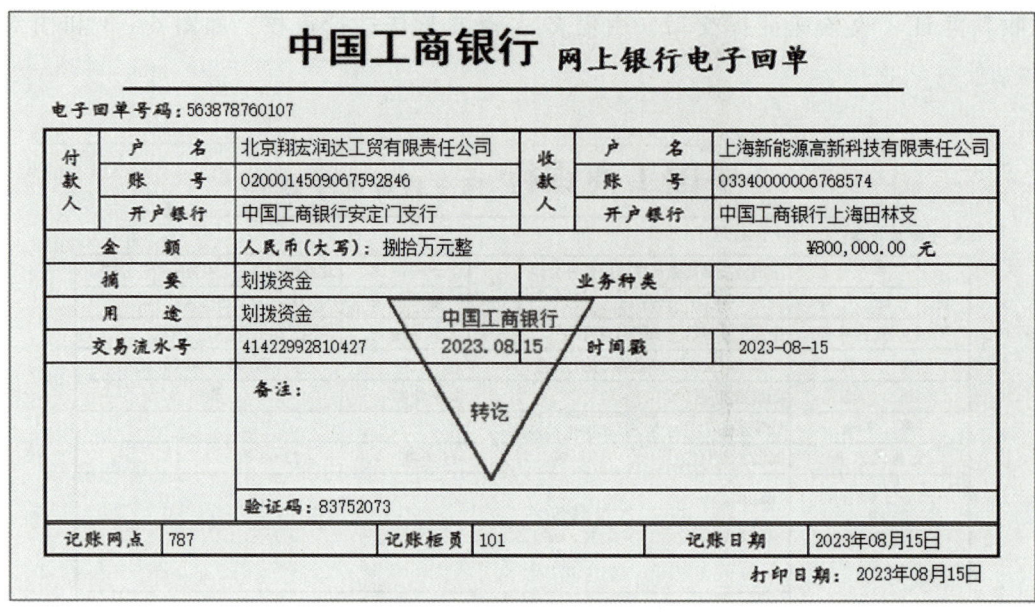

图6-5 中国工商银行回单

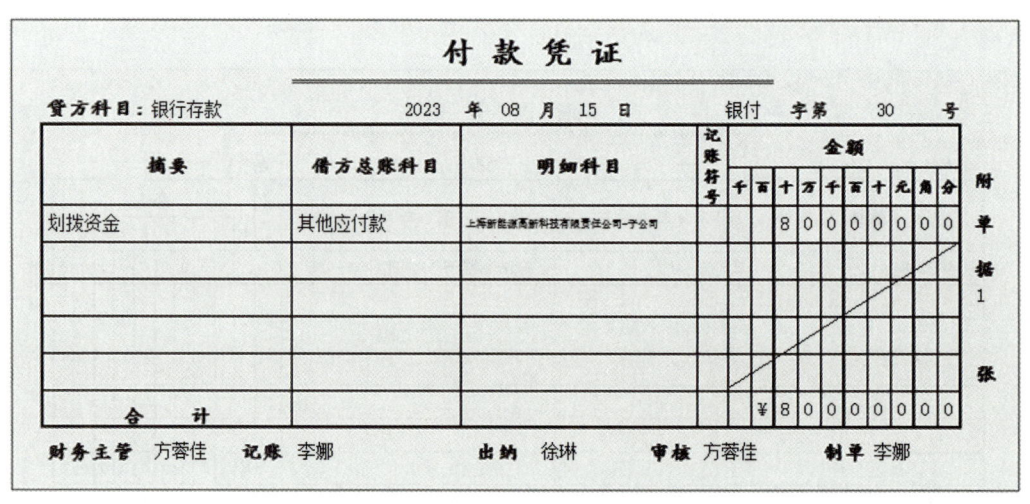

图6-6 银行存款付款凭证

第三步：智能生成银行存款日记账

出纳徐琳根据审核无误的记账凭证生成银行存款日记账，查询银行存款日记账的余额，关注企业资金的动态，适时提出合理化建议。如图6-7所示。

银行存款日记账

开户行:	中国工商银行（安定门支行）
账号:	0200014509067592846

2023 年		记账凭证		对方科目	摘要	结算凭证		借方	贷方	借或贷	余额
月	日	字	号			种类	号码				
8	15				……						4,654,000.00
8	15	银收	25		收到归集资金	转账		1,500,000.00			6,154,000.00
8	15	银付	30		划拨资金	转账			800,000.00		5,354,000.00

图 6-7　银行存款日记账

业务二　子公司办理资金归集与划拨业务

子公司上海新能源高新科技有限责任公司办理资金归集与划拨业务主要由财务部王琳（出纳）、陈媛（会计）、李慧（财务主管）来完成。具体工作步骤如下：

第一步：录入归集资金银行存款付款凭证

出纳王琳查看本公司账户 1 500 000 元，确认转入总公司一级账户的银行信息，经过财务主管审核后，将银行回单交予会计陈媛，会计员陈媛根据资金归集业务录入银行存款付款凭证。付款凭证提交后，由财务主管李慧进行审核。如图 6-8 和图 6-9 所示。

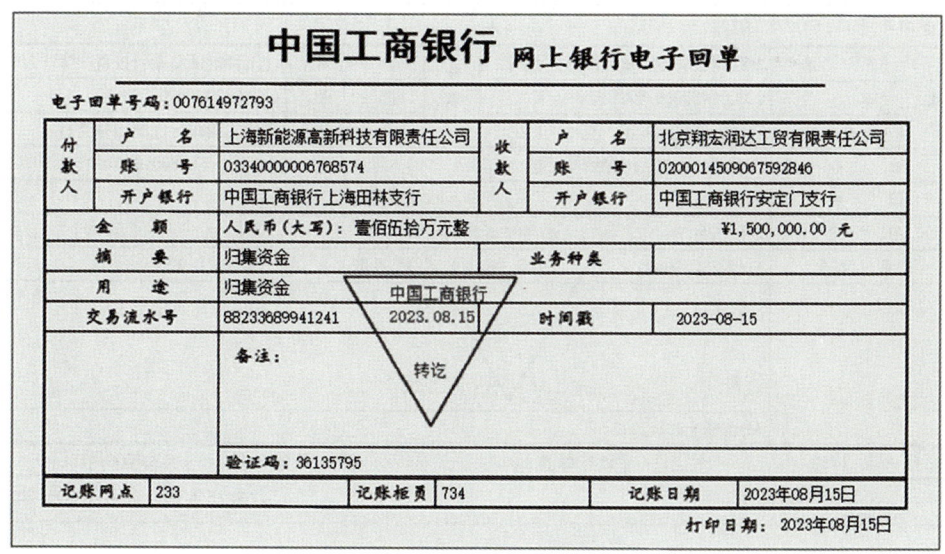

图 6-8　中国工商银行回单

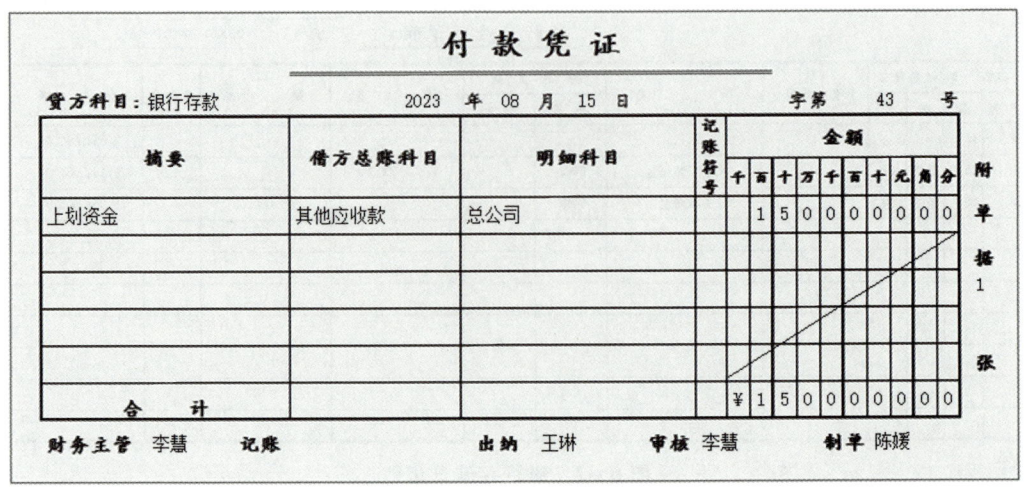

图6-9 子公司银行存款付款凭证

第二步：录入划拨资金银行存款收款凭证

子公司出纳王琳查看本公司基本账户收到总公司一级账户转来800 000元银行信息，将银行回单交予会计员陈媛，会计陈媛根据总公司资金划拨给子公司业务录入银行存款收款凭证，收款凭证提交后，由财务主管李慧进行审核。如图6-10和图6-11所示。

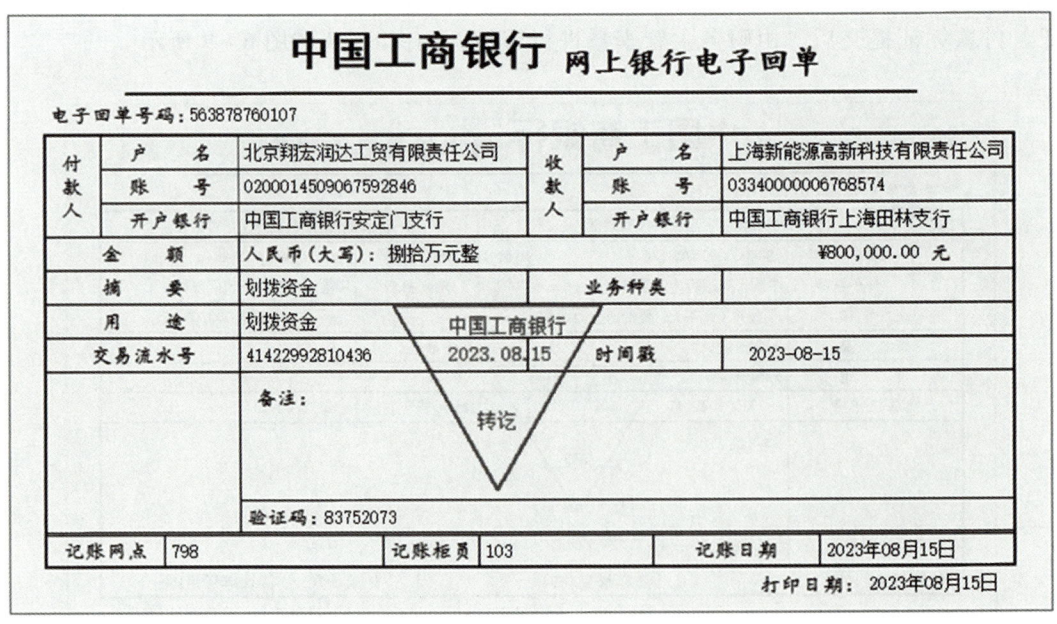

图6-10 中国工商银行回单

收 款 凭 证

借方科目：银行存款　　2023 年 08 月 15 日　　银收 字第 25 号

摘要	贷方总账科目	明细科目	记账符号	千	百	十	万	千	百	十	元	角	分
收到下划资金	其他应收款	总公司				8	0	0	0	0	0	0	0
合　计					¥	8	0	0	0	0	0	0	0

附单据 1 张

财务主管 李慧　记账　出纳 王琳　审核 李慧　制单 陈媛

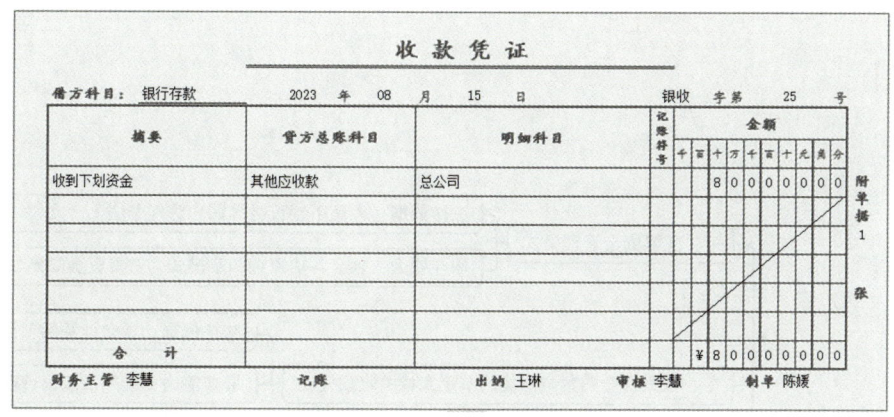

图 6－11　银行存款收款凭证

第三步：智能生成银行存款日记账

子公司出纳王琳根据财务主管审核无误的记账凭证，生成银行存款日记账，查询银行存款日记账的余额，关注企业资金的动态，适时提出合理化建议。如图 6－12 所示。

银行存款日记账

开户行：中国工商银行(上海田林支行)
账号：03340000006768574

2023 年 月	日	记账凭证 字	号	对方科目	摘要	结算凭证 种类	号码	借方	贷方	借或贷	余额
8	15				……					借	1,500,000.00
8	15	银付	25		上划资金	转账			1,500,000.00	平	0.00
8	15	银收	30		收到划拨资金	转账		800,000.00		借	800,000.00
					……						

图 6－12　银行存款日记账

职场链接

资金池模式下资金归集至子公司指定账户的账务处理

在资金集中管理的资金池模式下，资金的归集与划拨因指定的账户不同，所进行的账务处理也不同。当资金归集与划拨不是通过集团一级账户与子公司二级账户的互转，而是将资金的归集与划拨都在子公司的指定账户上完成时，此时集团总公司无须进行账务处理，而子公司需要做账务处理。

当归集资金到子公司的指定账户时，做如下账务处理。

借：银行存款——归集账户

　　贷：银行存款——划款账户

【任务总结】

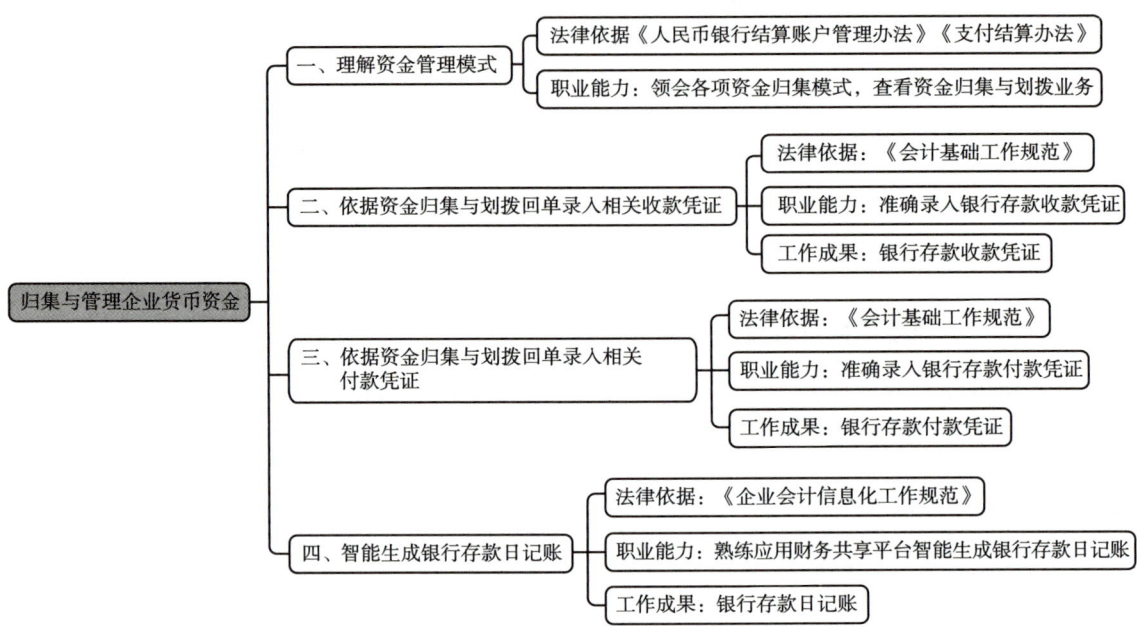

【实战训练】

（一）实战背景

2023 年 8 月 15 日，翔宏润达总公司收到子公司宁德思康新能源有限公司的销售收入 200 000.00 元，资金通过账户实时归集至总公司指定银行账户。

（二）任务目标

子公司出纳按照《票据法》《会计基础工作规范》《支付结算办法》的要求，审核银行回单，查询账户资金归集情况及账户余额，完成资金归集的业务处理。

（三）任务实现

出纳根据任务一子任务 1 操作步骤，完成银行回单的审核、传递原始凭证，并对资金的归集进行账务处理，在记账凭证上进行出纳签字，查询管理银行存款日记账。

任务二　管理网银 U 盾与电子账户

【学习目标】

- 理解网银 U 盾管理的内容
- 掌握网银 U 盾交接管理流程
- 防范网银保管风险，提升信息安全意识

【任务布置】

（一）任务描述

2023 年 8 月 18 日，翔宏润达公司子公司上海新能源高新科技有限责任公司出纳王琳根据公司要求将领取回来的中国工商银行网银 U 盾与会计人员陈媛进行交接。

（二）工作要求

分别以出纳、会计、财务主管的身份完成以下工作：
1. 理解网银 U 盾管理内容及要求；
2. 办理网银 U 盾交接手续；
3. 妥善保管网银 U 盾。

（三）工作成果

网银 U 盾交接表。

（四）评价标准

根据《会计基础工作规范》《企业会计信息化工作规范》《小企业会计准则》及网银 U 盾管理要求规范完成网银 U 盾交接管理工作。

【任务分析】

（一）工作思路

1. 妥善将领取的网银 U 盾交予持有人；
2. 填写网银 U 盾交接表。

(二) 工作流程

办理网银U盾交接业务,主要由子公司财务部王琳(出纳)、陈媛(会计)、李慧(财务主管)来完成,基本工作流程如图6-13所示。

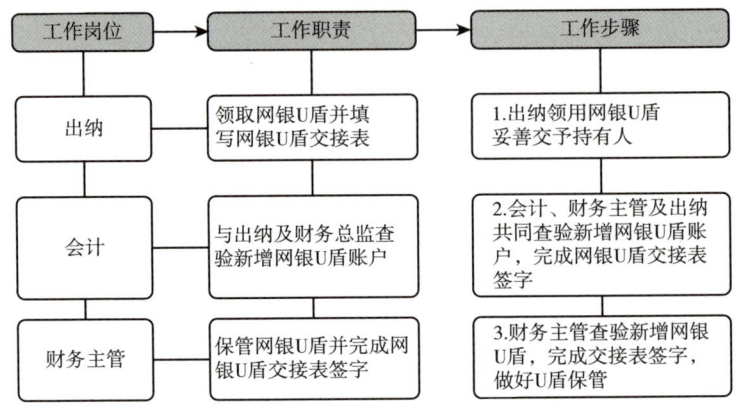

图6-13 办理网银U盾交接业务工作流程图

(三) 知识准备

1. 网银U盾与电子账户管理基本内容

网银U盾与电子账户管理是为了规范网银U盾和电子账户使用行为,规避资金内部管理风险,确保公司资金安全。具体来说,网银U盾是指办理网上银行业务过程中的高级别安全工具,采用信息加密、数字认证和数字签名技术,用于防范支付风险,确保网上资金及对账等交易的真实性、完整性和不可否认性。而电子账户是指银行或非银行金融机构提供的电子账户管理等网上操作的金融服务,具有网银U盾的大部分功能,但无须使用实体U盾,依靠账号和密码即可完成认证。

网银U盾与电子账户管理主要包括启用管理、日常管理、注销及变更管理等。

(1) 网银U盾与电子账户启用管理。办理增设网银U盾或电子账户业务前,应与金融机构联系取得相应资料清单,根据金融机构要求准备相应材料,并办理用印审批手续;持有人取得网银U盾或电子账户后应第一时间修改密码。

(2) 网银U盾与电子账户日常管理。网银U盾与电子账户的管理要严格执行责任人制度,持有人应妥善保管网银U盾与电子账户,防范资金业务风险。

①网银U盾与电子账户管理岗位制度。严格执行不相容岗位的相互分离,同时选择具备从业资格、廉洁自律、责任意识强的合格财务人员作为资金业务处理人,财务部对货币资金关键岗位财务人员进行定期轮岗轮换。

财务部门定期组织财务人员进行职业道德教育、财经纪律宣贯、经济犯罪警示教育和业务技能培训,提高财务人员对资金舞弊、资金犯罪等行为的防范意识,尽心尽责保障各单位资金安全。

②网银U盾与电子账户保管与监督要求。各级网银U盾应分开保管并置于保险柜内,持有人在取放网银U盾时应注意遮挡,妥善保管保险柜钥匙,网银U盾一经

损毁或遗失，需要及时上报并履行挂失手续，电子账户的账号和密码不得随意透露给他人。

财务部门应加强对公司账户余额的监控，资金处理人需每月查询其持有的网银U盾对应账户的余额和交易明细，一经发现存在挪用等情况，应立即向公司财务部负责人、公司负责人、公司法人或其他有权机构反映相关情况。

网银U盾和电子账户应当定期修改密码，网银U盾或电子账户一经移交，接收人应当立即修改密码，不得出现网银U盾或电子账户经手多人未进行密码修改的情况。

当发现持有的网银U盾或电子账户出现无法使用的情况时，网银U盾持有人应及时联系金融机构核对真实情况并查询资金余额和近期资金明细，确保不存在网银U盾或电子账户被他人私自补办并盗取或挪用资金的情况。

③网银U盾与电子账户的资金支付业务管理。企业开立的所有网上银行业务均应执行录入人、复核人、签认人三级付款流程，即出纳人员按照手续齐备的会计凭证如实提交网银指令后将会计凭证转交复核人，复核人应仔细核对，确保录入的收款人、收款账号、收款人开户银行等付款信息与相应原始凭证的付款信息一致后将会计凭证转交签认人，经财务主管审核付款信息无误并签认后，出纳才能对外支付。

（3）网银U盾与电子账户变更及注销管理。当出现变更、注销网银U盾或电子账户时，办理人在办理变更或注销前应与金融机构联系，明确需要提交的相应资料清单，根据金融机构要求准备相应材料，并办理用印审批手续。

2. 网银U盾与电子账户管理的职责分工

网银U盾与电子账户管理在财务部门需要财务部门负责人、出纳及复核人员参与管理工作。具体来说，财务部门负责人主要负责网银U盾和电子账户的日常管理及网银支付业务的签认；出纳主要负责协调网银U盾和电子账户使用过程中与银行等金融机构的对接工作、办理公司网银U盾和电子账户的启用、领取、变更、注销等业务及资金支付业务的录入；复核人员主要负责网银支付业务的复核工作。

网银U盾与电子账户资金支付业务管理流程

3. 网银U盾与电子账户管理交接流程

出纳人员主要负责领取网银U盾或开立电子账户，领取网银U盾后，需要及时交接给持有人，共同查验无误后办理交接手续，填写网银U盾交接单。持有人在取得网银U盾或电子账户后应第一时间修改密码；代领网银U盾或电子账户尚未进行交接的，该账户严禁办理除手续费的划转、扣收以外的资金业务，因此，领取人与持有人在交接网银U盾时需要共同查验确认。

【任务实施】

办理网银U盾交接工作，主要由财务部王琳（出纳）、陈媛（会计）、李慧（财务主管）来完成。具体工作步骤如下：

第一步：出纳将领取的网银 U 盾交予财务主管

出纳王琳根据中国工商银行要求，按时到银行取回本银行的网银 U 盾，并及时交予财务主管李慧。财务主管、出纳王琳及会计陈媛共同通过中国工商银行的网银 U 盾查验账户是否未进行除手续费的划转、扣收以外的资金业务。

第二步：填写网银 U 盾交接表

出纳王琳在与财务主管李慧确认网银 U 盾账户正常后，填写网银 U 盾交接表，分别由出纳作为移交人、财务主管李慧作为接收人及监交人会计陈媛签字确认。如图 6-14 所示。

交接时间：	2023 年 8 月 18 日			
交接原因：	领取更新版中国工商银行网银U盾			
预计归还时间：				
交接内容	序号	网银盾名称	数量合计	状态
	1	中国工商银行网银U盾	1	未启用
	2			
	3			
	4			
未处理事项说明	无			
移交人	王琳			
接收人	李慧			
监交人	陈媛			
实际归还时间				

图 6-14　网银 U 盾交接表

【任务总结】

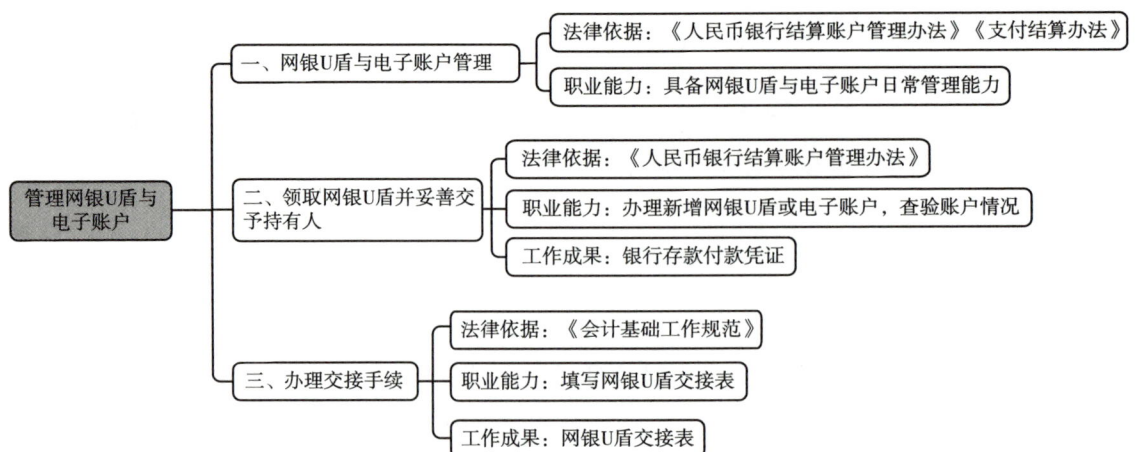

项目六 企业资金内部控制与管理

【实战训练】

(一) 实战背景

2023年10月28日,北京翔宏润达子公司宁德思康新能源有限公司销售部门申请报销费用60 000.00元,销售专员按照企业网银支付审批流程要求,在系统中录入费用报销相关信息,提交费用申请与费用报销单,在完成网银付款审批流程后,交由财务部门出纳人员处理该业务。

(二) 任务目标

网银支付是由企业开立的网上银行业务,应执行录入人、复核人、签认人三级付款流程,在复核人审核无误后,最终经财务主管审核付款信息无误并签认后,出纳才能用网银完成支付。

(三) 任务实现

根据网银U盾与电子账户报销费用流程,简述网银U盾与电子账户支付业务的管理要求。

任务三 管理财务印鉴

【学习目标】

- 理解财务印鉴管理的内容
- 掌握财务印鉴日常使用管理流程
- 防范印鉴保管风险,提升财务安全意识

【任务布置】

(一) 任务描述

2023年8月16日,北京翔宏润达子公司上海新能源高新科技有限责任公司出纳王琳领用并签发现金支票,填写印鉴登记使用表并使用财务印鉴,完成业务提取现金备用金2 000.00元。

（二）工作要求

分别以出纳、会计、财务主管的身份完成以下工作：
（1）领取并签发现金支票；
（2）规范记录印鉴登记使用表并使用财务印鉴；
（3）根据支票存根录入付款凭证；
（4）智能生成库存现金日记账。

（三）工作成果

（1）现金支票；
（2）财务印鉴登记使用表；
（3）付款凭证；
（4）库存现金日记账。

（四）评价标准

依据《会计基础工作规范》《企业会计信息化工作规范》《小企业会计准则》等要求，规范填写现金支票，按照要求填写财务印鉴登记使用表，生成记账凭证及库存现金日记账。

【任务分析】

（一）工作思路

（1）领取现金支票，提交至财务主管审核签字；
（2）签发支票，填写印鉴登记使用表并加盖印鉴，提交至财务主管审核签字；
（3）根据现金支票存根录入付款凭证；
（4）智能生成库存现金日记账。

（二）工作流程

办理提取备用金业务，主要由财务部王琳（出纳）、陈媛（会计）、李慧（财务主管）来完成，基本工作流程如图6-15所示。

（三）知识准备

1. 财务印鉴的概念及使用范围

财务印鉴是指公司在金融机构开户时所盖的预留财务印鉴；用于公司和金融机构进行业务活动时，给金融机构授权的证明，金融机构对公司预留的财务印鉴与业务办理时加盖的财务印鉴核实无误，方可为公司办理资金支付等业务。财务印鉴主要包括财务专用章和法人章。

财务印鉴使用范围主要包括公司发生的真实、合法、手续完备的财务业务，在财务印鉴使用登记表上登记后方可加盖财务印鉴。财务印鉴加盖时应当位置恰当、端正整洁、图形清晰。

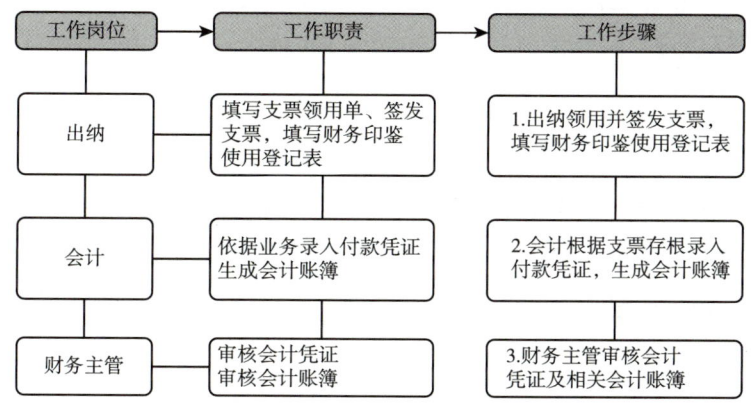

图 6-15 提取备用金使用财务印鉴工作流程图

2. 财务印鉴日常管理

（1）财务印鉴需要由双人分别管理。财务印鉴必须由双人分别妥善保管，不得由一个人保管全部财务印鉴，不得转借他人；印章持有人应建立财务印鉴使用登记表，用印前应如实登记并经部门负责人审核后，加盖印鉴使用。印鉴持有人务必亲自加盖，不得擅自交付与他人使用。

财务印鉴使用的具体范围

（2）财务印鉴使用保险箱进行保管。财务印鉴应使用专门配备的保险柜等安全设备存放，随用随取，用后即存；持有人在取放财务印鉴时应注意遮挡，妥善保管保险柜钥匙。

（3）持有人变更需要进行财务印鉴交接手续。持有人因出差、休假等原因暂离岗位，应经部门负责人同意，在离开前办理交接手续，填写财务印鉴交接表，并在回归岗位后检查财务印鉴使用情况和登记情况。

（4）财务印鉴使用要求。

①财务印鉴尽量在办公场所内使用，不准携带印章外出使用；如确属工作需要携带使用印章，持有人必须填写并办理相关手续，经公司财务主管、分管领导及总经理批准后，直线往返，外出时需由两人以上分别独立携带和使用，保障财务印鉴的安全。

②财务印鉴的使用必须严格依照公司程序进行，违反程序规定，给公司造成损失或不良影响的，将追究相应责任；严禁在空白票据、空白纸张上加盖财务印鉴。

③财务印鉴的管理应定期进行监督审查。独立于印鉴管理的人员定期检查公司财务印鉴持有情况，并需要经办人、复核人、部门负责人签字确认检查情况。

3. 财务印鉴的变更及注销管理

（1）当财务印鉴发生损毁时，必须及时向财务部负责人报告，申请报废，废章移交管理部门并填写相应手续，由管理部门重新联系制作并移交用印鉴保管人启用；

（2）当财务印鉴丢失时，应向本部门、公司领导书面报告，同时申请报废、挂失、重新办理印章刻制手续，并应调查原因，作出相应处理。

（3）当公司或机构撤销、名称变更时，印章应及时交综合管理部门办理注销手续，并移交所废止印章的使用登记簿;单位名称、相关人员发生变动时,应在两个月内完成财务印鉴变更工作。

【任务实施】

办理提取备用金业务,主要由公司财务部王琳(出纳)、陈媛(会计)、李慧(财务主管)来完成。具体工作步骤如下:

第一步:领取现金支票

领取现金支票需要填写"现金支票领用登记簿",以子公司上海新能源高新科技有限责任公司提取备用金为例,填写出票日期"2023.08.16",支票号码"20230816",金额"2 000.00",用途为"提取备用金",经手人是会计人员"陈媛",领用人是出纳"王琳"。如图6-16所示。8月16日,出纳王琳领用现金支票,先办理支票领用手续,填写"现金支票领用登记簿",并报财务主管审批。

现金支票领用登记簿

日期	购入支票号码	使用支票号码	领用人	金额	用途	备注
2023年08月16日	1020001619112706	1020001008505981	王琳	2,000.00	提取备用金	

图6-16 领用现金支票登记簿

第二步:签发支票,填写印鉴使用登记表并加盖印鉴

出纳王琳出签发现金支票。以"提取备用金"为例,出纳运用支票打印机,规范填写现金支票内容,按照提取备用金业务,出纳人员王琳在使用财务印鉴前,规范填写财务印鉴使用登记表,在财务主管李慧审核签字后,加盖预留银行印鉴,经审核无误后,将支票送至银行,办理现金支票提取备用金手续,如图6-17和图6-18所示。

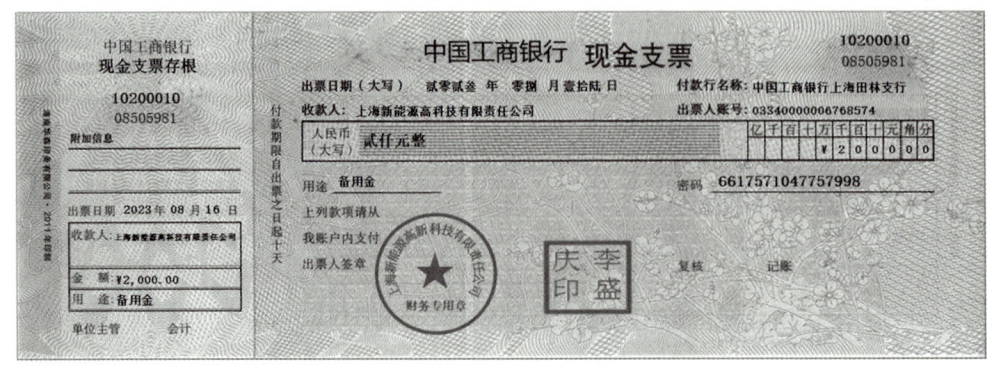

图6-17 签发现金支票

财务印鉴使用登记表（财务专用章/法人章）

序号	使用日期	用途	用印部门	经办人	用印部门负责人	审批人	印章持有人	用印次数	备注
1	2023.08.16	提取备用金	财务部门	王琳	李慧	李慧	王琳 李盛庆	1	使用财务专用章及法人章

图 6-18　财务印鉴使用登记簿

第三步：根据现金支票存根录入付款凭证

出纳王琳将现金支票存根交给会计陈媛，会计陈媛根据现金支票存根录入银行存款付款凭证。会计陈媛将出纳王琳交来的支票存根联交由财务部负责人审核后，录入银行存款付款凭证，如图 6-19 所示。

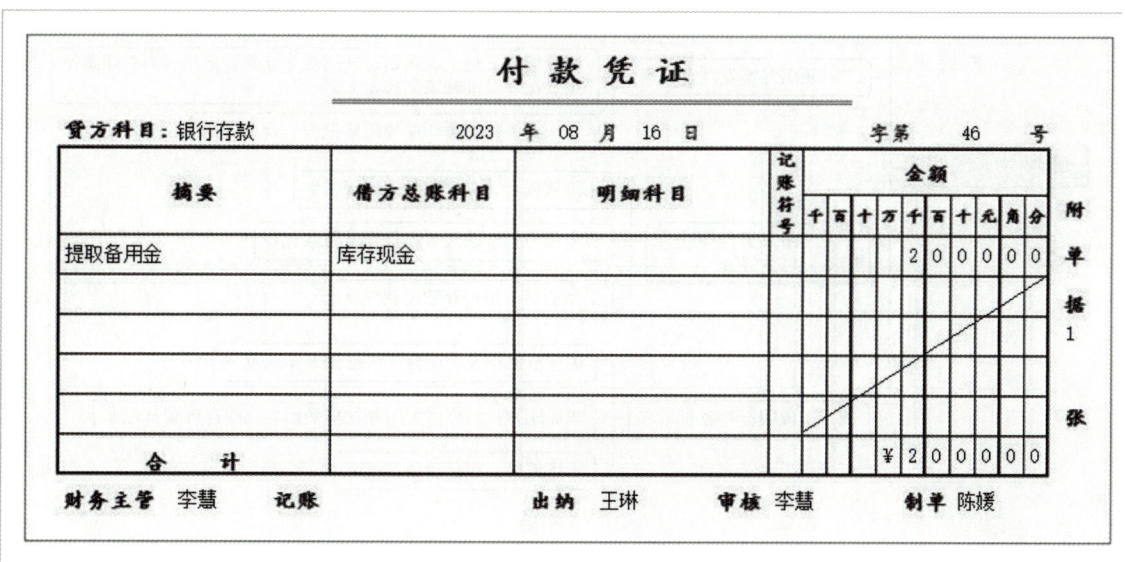

图 6-19　银行存款付款凭证

第四步：智能生成库存现金日记账

出纳王琳根据审核无误的付款凭证生成库存现金日记账，查看当日库存现金日记账的余额，核对库存现金数额，做到账实相符。如图 6-20 所示。

库存现金日记账

年		记账凭证		对方科目	摘要	借方	贷方	√	余额
月	日	字	号			千百十万千百十元角分	千百十万千百十元角分		千百十万千百十元角分
08	16				承前页				3 0 0 0 0 0
08	16	银付	46	银行存款	提取备用金	2 0 0 0 0 0			5 0 0 0 0 0
08	16				……				

图 6-20 库存现金日记账

【任务总结】

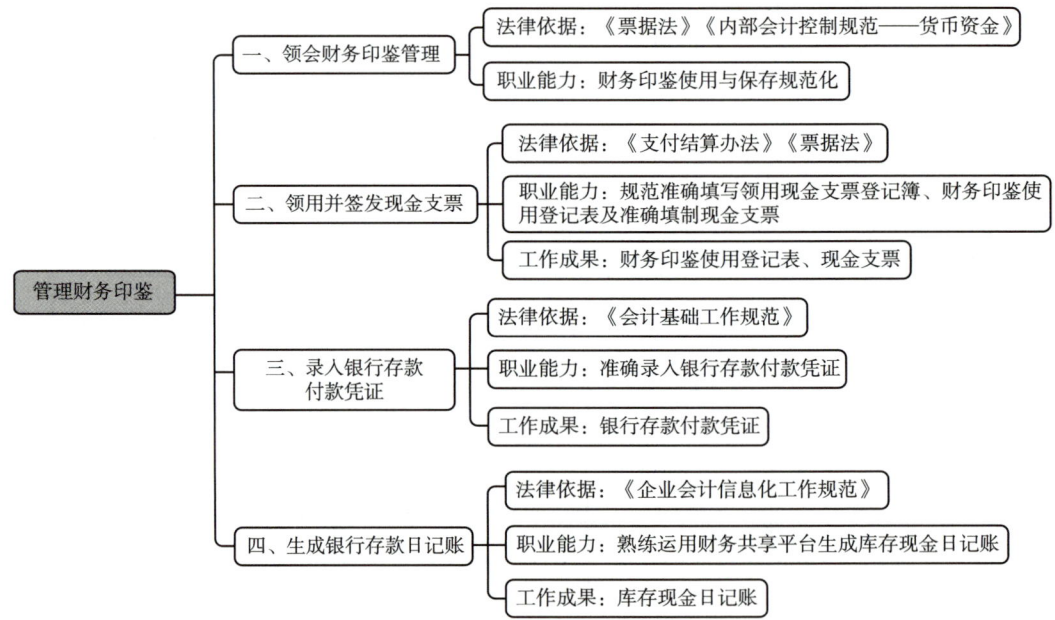

【实战训练】

（一）实战背景

2023 年 11 月 12 日，北京翔宏润达子公司宁德思康新能源有限公司财务部门人员调整，暂时调离原出纳至其他核算岗位，新出纳与原出纳在复核人与负责人的监督下完成财务印鉴交接工作。

（二）任务目标

财务印鉴是企业重要的资源，当持有人因暂离岗位时，需要应经部门负责人同意，在离开前妥善办理交接手续。

（三）任务实现

根据财务印鉴管理要求，新旧出纳在办理财务印鉴的交接工作中，请规范填写财务印鉴交接表，并简述如何在第三人或负责人的监督下完成财务印鉴交接工作。

任务四　编制资金日报表

【学习目标】

- 理解企业资金管理内容
- 明确编制资金日报表流程
- 掌握编制资金日报表要求与方法

【任务布置】

（一）任务描述

2023 年 8 月 17 日，北京翔宏润达工贸有限责任公司（以下简称"翔宏润达公司"）子公司上海新能源高新科技有限责任公司，出纳王琳要根据公司当日的银行存款日记账与银行账户信息、库存现金日记账及库存现金情况编制资金日报表。

（二）工作要求

分别以出纳、会计、财务主管的身份完成以下工作：
（1）核对各个银行账户余额与银行存款日记账；
（2）核对库存现金与库存现金日记账；
（3）编制资金日报表。

（三）工作成果

资金日报表。

（四）评价标准

根据《会计基础工作规范》《企业会计信息化工作规范》《小企业会计准则》等要求，结合银行存款日记账、银行账户信息及库存现金日记账，规范编制资金日报表。

【任务分析】

（一）工作思路

1. 出纳核对银行存款日记账与库存现金日记账；
2. 出纳编制资金日报表；
3. 会计审核当日资金报表各项信息是否准确。

（二）工作流程

编制资金日报表主要由财务部王琳（出纳）、陈媛（会计）、李慧（财务主管）来完成，需要企业销售部门的人员相互配合，基本工作流程如图 6-21 所示。

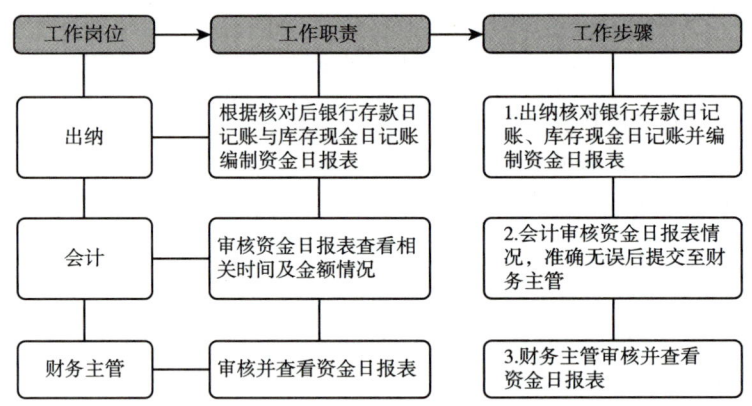

图 6-21　编制资金日报表工作流程图

（三）知识准备

1. 货币资金管理

货币资金主要包括库存现金、在途资金（其他货币资金）、银行存款等，具体内容如下：

（1）库存现金是指企业持有的现金，是由企业财务部门人员管理的现金额度。

（2）银行存款是指存在银行账户中的货币金额。

（3）在途资金也称未达账项，是指通过对方银行向异地的付款单位或个人在本行收取的票据。在途资金在未妥善收到前属于占用资金，且由于通常在途时间较短，妥善收到后成为同业存款，因此视为现金资产。

2. 货币资金报表

货币资金报表由财务部门编制，用来反映企业在一段时期的现金、银行存款及应收账款的收支汇总情况，及时准确地编制货币资金报表可为管理层经营决策提供有效依据。而货币资金日报表是反映库存现金和银行存款科目当日借贷方发生额及余额情况的报表。通过查看资金日报表，可以得知资金收付的金额、方向及当日的余额情况，使管理层更好地掌握企业资金的运行情况，加强货币资金的管理与控制。具体内容如图6-22所示。

资金日报表

日期： 年 月 日

序号	现金		银行存款（中国农业银行上海新开区分行）		银行存款（中国工商银行南京东路分行）	
	昨日余额		昨日余额		昨日余额	
	本日收入摘要	金额（元）	本日收入摘要	金额（元）	本日收入摘要	金额（元）
1						
2						
3						
4						
5						
6						
	本日收入合计		本日收入合计		本日收入合计	
	本日支出摘要	金额（元）	本日支出摘要	金额（元）	本日支出摘要	金额（元）
1						
2						
3						
4						
5						
6						
	本日支出合计：		本日支出合计：		本日支出合计：	
	本日现金日记账余额：					
	本日现金与银行存款实际可用余额共计：					—
	审核：			制表：		

注：个人银行卡中存款按库存现金列示；个人银行卡数据和报表数据不一致为未达账项。

图6-22 资金日报表图

3. 资金日报表编制流程

（1）编制日报表前准备。在编制货币资金日报表前，出纳需要查看企业各个银行账户信息，根据当日发生业务核对银行存款日记账、库存现金日记账记录是否准确，在确定准确无误后，按照一定格式编制货币资金日报表。

（2）记录金额内容。编制货币资金日报表需要分别记录库存现金、银行存款及其他货币资金的上日结余、本日收入及本日支出。具体来说，库存现金主要记录上日的现金余额、本日库存现金收入和本日库存现金支出；而银行存款除了要记录上日结余、本日收入及本日支出，还要明确对应银行存款账户名称及余额信息，为查验银行存款账户金额及数据信息奠定基础；对于应收账款情况需要单独列表说明应收账款的对应公司及回款情况，作为在途资金的报表。计算公式：本日资金结余＝上日结余数＋本日收入合计－本日支出合计。

4. 资金日报表编制要求与方法

（1）准备工作。出纳根据当日的业务内容按照顺序逐笔完成银行存款日记账与库存现金日记账登记，查验银行存款日记账与库存现金日记账情况，根据库存现金、银行存款信息编制货币资金日报表。

（2）数据的填写。根据银行存款或库存现金的上日结余及当日的收支情况，填写表中的收入、支出、余额项，并且在余额栏加入公式：本日余额＝上期余额＋本日收入－本日支出。合计栏用求和公式求出本列合计金额。

（3）摘要的填写。摘要主要是填写库存现金或银行存款的收支事项或业务情况，如本日收入里可以写"收到甲公司回款""收到乙公司货款"等；本日支出可以写"支付丙公司材料费""支付银行手续费"等。

（4）目前企业的收支资金大多集中在银行账户中，但对于企业的现金和票据是需要在货币资金日报表中单独罗列出来的。企业收到的票据大多数都是承兑汇票，需要纵向单独列出，它可以不加入本日余额中，但需要单独算在本日票据余额里。

（四）技能准备

1. 查验错账方法

出纳在每日结账时，可能会出现日记账的期末实际余额与期初余额加本期收入总数减去本期支出总数的合计数不一致，或日记账期末余额与总账期末余额不符的情况。当差额较大时，出纳首先要保持冷静，按照账簿顺序计算一遍金额。若准确无误，将当日的业务按照时间顺序重新进行查验，查看是否遗漏当日业务，或查看对应原始凭证，审查是否存在录入凭证错误情况。

2. 错账更正法——红字更正法

当发现由于记账凭证错误而导致账簿记录的错误时，可以选择应用红字更正法进行冲销。

红字更正法主要适用以下两种情况：一是当记账后发现记账凭证的借方与贷方会计账户或记账方向发生错误；二是当记账后发现记账凭证上记录借方或贷方金额大于应记的金额。对于以上情况的更正方法是应用红字填写一张与原错误记账凭证内容完全一样的记账凭证，并用红字登记入账，冲销原有的日记账上的错误记录；再用蓝字填制一张正确的记账凭证，并以蓝字记账。

3. 出纳账簿结账审查

（1）结账前审查是否将本期经济事项全部入账。

（2）结账时，审查是否按照规定结出每个账户的期末余额和本期发生额。

（3）年末或月末时，审查是否将各账户余额按规定方法转入下年或下月初。

（4）审查结账时间是否符合规定。按照规定，结账时间应当在月末、季末或年末进行，不能提前或延后。

【任务实施】

编制资金日报表工作任务主要由财务部王琳（出纳）、陈媛（会计）、李慧（财务主管）来完成。具体工作步骤如下：

第一步：核对银行存款日记账与库存现金日记账

出纳王琳审核银行存款日记账和各银行账户信息，核对实际现金数与库存现金日记账是否相符，保证所有经济业务全部按照时间逐笔记录并准确无误后，查看库存现金日记账与银行存款日记账的上日余额，如图6-23、图6-24和图6-25所示。

银行存款日记账

开户行：中国工商银行（上海田林支行）
账号：03340000006768574

2023年		记账凭证		对方科目	摘要	结算凭证		借方	贷方	借或贷	余额
月	日	字	号			种类	号码				
8	17				承前页			875,000.00		借	875,000.00
8	17	银付	48		上划资金	转账			875,000.00	平	0.00
8	17	银收	35		收到划拨资金	转账		34,000.00		借	34,000.00
8	17	银付	49		支付材料款	转账			32,000.00	借	2,000.00
8	17	银付	51		提现备用	现支			2,000.00	平	0.00

图 6-23 银行存款日记账——中国工商银行

库存现金日记账

2023年		记账凭证		对方科目	摘要	借方	贷方	√	余额
月	日	字	号						
08	16				承前页	945.00	330.00		615.00
08	17	银付	51	银行存款	提取备用金	200.00			815.00
08	17	现收	46	其他应收账款	收到赔偿款	150.00			965.00
08	17	现付	44	管理费用	报销市内交通费		35.00		930.00
08	17	现付	45	管理费用	报销差旅费		150.00		780.00
08	17				本日合计				780.00

图 6-24 库存现金日记账

第二步：编制资金日报表

出纳王琳根据现金日记账情况，填写昨日的现金余额、本日库存现金收入和本日库存现金支出余额情况，填写当日正确的摘要信息；出纳王琳根据银行存款日记账信息和各个银行存款信息规范填写银行存款收入、支出业务的摘要信息及金额信息，依据银行存款日记账正确填写昨日银行存款金额、本日收入及本日支出金额情况。依据计算公式：本日资金结余 = 上日结余数 + 本日收入合计 - 本日支出合计，完成本日资金结余金额的计算。如图 6-26 所示。

第三步：审核资金日报表的编制情况

会计陈媛根据当日经济业务及总账账户情况审核出纳提交的资金日报表情况，重点审查摘要情况、时间、现金及银行存款各账户的金额情况。确认无误后将资金日报表提交至财务主管李慧查看。

资金日报表

日期：2023 年 8 月 17 日

序号	现金		银行存款（中国工商银行上海田林分行）	
	昨日余额	6,150.00	昨日余额	0.00
	本日收入摘要	金额（元）	本日收入摘要	金额（元）
1	提取备用金	2,000.00	收到货款	875,000.00
2	收到赔偿款	1,500.00	收到总公司划拨资金	34,000.00
3				
4				
5				
6				
	本日收入合计	3,500.00	本日收入合计	909,000.00
	本日支出摘要	金额（元）	本日支出摘要	金额（元）
1	报销市内交通费	350.00	上划资金至总公司	875,000.00
2	报销差旅费	1,500.00	支付材料款	32,000.00
3			提取备用金	2,000.00
4				
5				
6				
	本日支出合计：	1,850.00	本日支出合计：	909,000.00
	本日现金日记账余额：	7,800.00		0.00
	本日现金与银行存款实际可用余额共计：			7,800.00
	审核 陈媛		制表 王琳	

注：个人银行卡中存款按库存现金列示；个人银行卡数据和报表数据不一致为未达账项。

图 6-25 编制日报表图示

【任务总结】

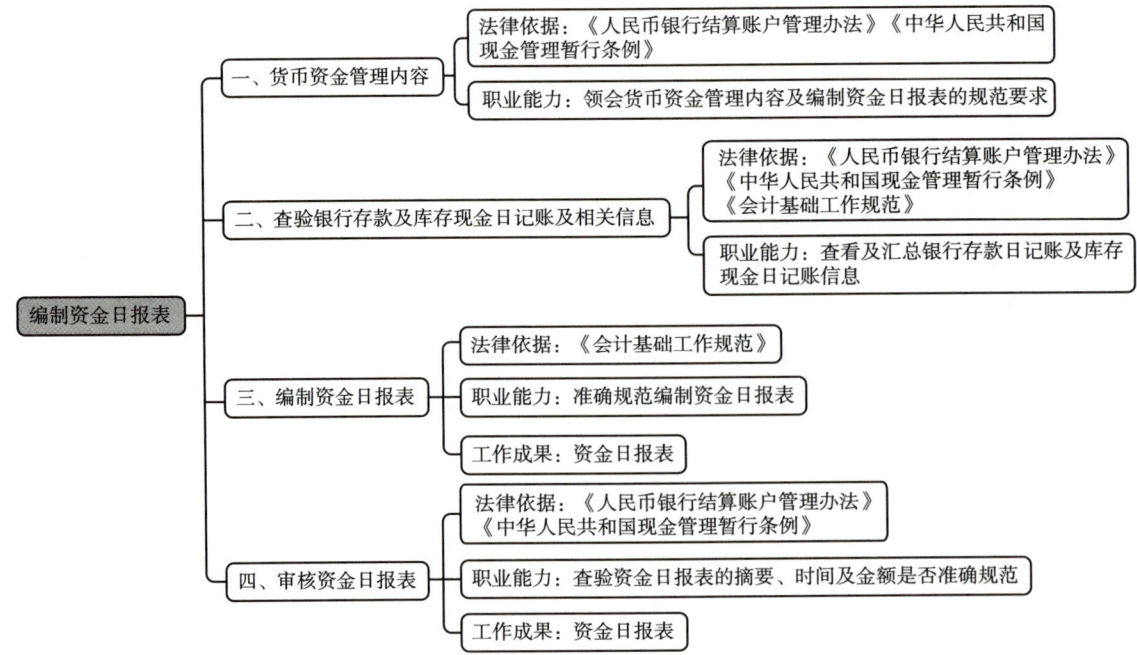

【实战训练】

（一）实战背景

2023 年 11 月 12 日，北京翔宏润达子公司宁德思康新能源有限公司当日银行存款信息及库存现金信息如表 6-1 所示：

表 6-1　　宁德思康新能源有限公司 2023 年 11 月 12 日银行存款及库存现金信息

日期	库存现金日记账余额		银行存款日记账（交行）		银行存款日记账（农行）	
11 月 11 日	3 050.00 元	昨日余额	62 000.00 元	昨日余额	300 000.00 元	昨日余额
11 月 12 日	300.00 元	收到罚金	31 500.00 元	收到工会费	300 000.00 元	归集资金划至总账户
11 月 12 日	540.00 元	支付办公用品	26 700.00 元	支付工会福利费	180 000.00 元	收到总账户下划资金
11 月 12 日	2 810.00 元	当日余额	66 800.00 元	当日余额	180 000.00 元	支付采购货款
11 月 12 日					0.00 元	当日余额

（二）任务目标

出纳人员根据相关信息编制企业 2023 年 11 月 12 日的资金日报表。

（三）任务实现

出纳人员依据《会计基础工作规范》《企业会计信息化工作规范》等要求，根据银行存款日记账、银行账户信息及库存现金日记账信息，规范编制资金日报表。

项目六测试
（习题、答案）

项目七
其他业务办理

在小微企业中,出纳岗位工作内容综合性很强,所从事的工作不限于办理库存现金、银行存款业务,还包括发票管理、社保增减员、银行结算账户变更等其他与出纳岗位相关的业务。本项目主要就与出纳岗位相关联的其他业务进行学习。主要设计了四个工作任务:领用与开具发票;办理社会保险业务;变更银行结算账户;交接出纳工作。任务的主要知识点、技能点、素养点如图7-1所示。

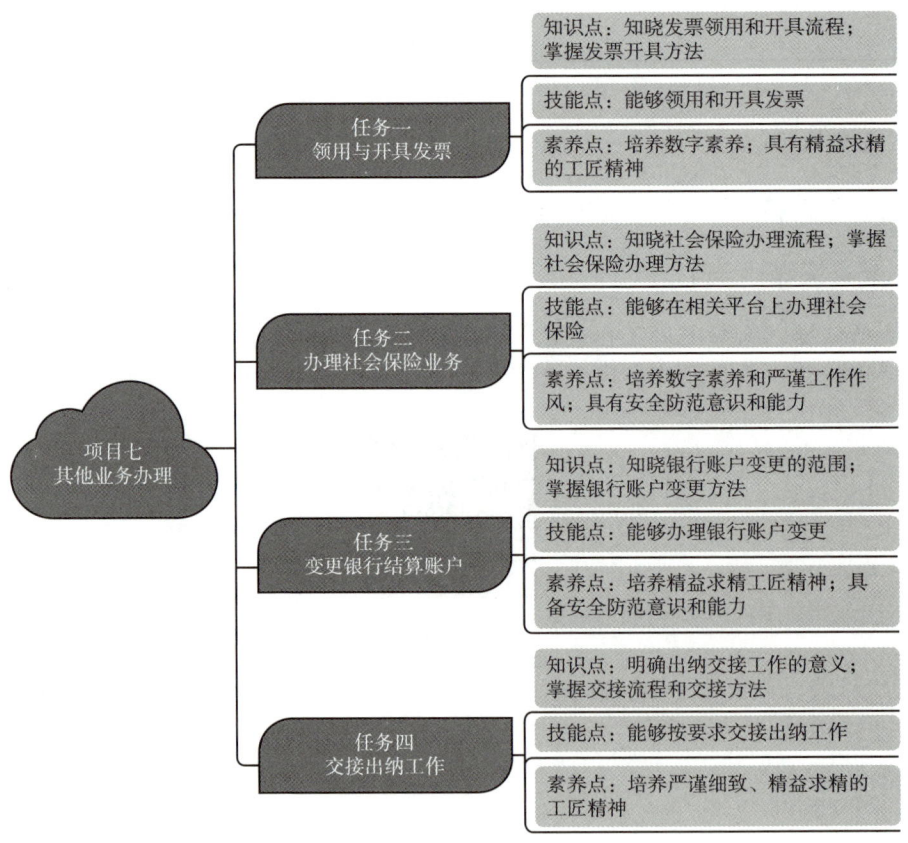

图7-1 项目七 知识、技能、素养要点

本项目使用的模拟主体企业相关信息如表7-1所示。

表 7-1　　　　　　　　　　模拟主体企业相关信息

企业名称	北京翔宏润达工贸有限责任公司
法人代表	黄世园
成立时间	2019 年 8 月
公司地址及电话	北京市东城区安定门大街 64 号
基本户开户银行及账号	中国工商银行安定门支行 0200014509067592846
统一社会信用代码	911101047262499728
企业性质	民营高新技术公司
经营范围	集成电路芯片及有关电子产品的研发、加工、生产、销售业务
纳税人身份	2023 年 6 月公司达到增值税一般纳税人认定标准
公司主要部门设置	总经理办公室、财务部、行政部、生产部、研发部、销售部、采购部
财务部相关责任人	财务主管（方蓉佳）、出纳（徐琳）、会计（李娜）
企业效益	公司始终以"以人为本、诚信经营"为宗旨，坚持"质量上乘、客户至上"的经营理念，在日益激烈的竞争环境下不断开拓进取，积累了稳定的客户群体

任务一　领用与开具发票

【学习目标】

- 明确发票领用、使用、管理的相关法律规定
- 知晓增值税发票领用业务流程
- 明确增值税发票开具流程

子任务 1　领用发票

【任务布置】

（一）任务描述

2023 年 6 月，为使公司顺利开展业务，北京翔宏润达工贸有限责任公司（以下简称"翔宏润达公司"）首次向主管税务机关申请领用增值税专用发票，出纳徐琳兼任购票员。

（二）工作要求

以出纳身份完成以下工作：

(1) 核定票据种类；
(2) 领用发票。

（三）工作成果

领用的增值税发票。

（四）评价标准

根据《中华人民共和国发票管理办法实施细则》等要求，办理发票的领用。

【任务分析】

（一）工作思路

(1) 明确发票领用工作流程；
(2) 在北京电子税务局网站完成发票票种核定；
(3) 在北京电子税务局网领用发票。

（二）工作流程

办理发票领用业务主要由出纳人员来完成，但需要税务部门的工作人员配合，基本工作流程如图7-2所示。

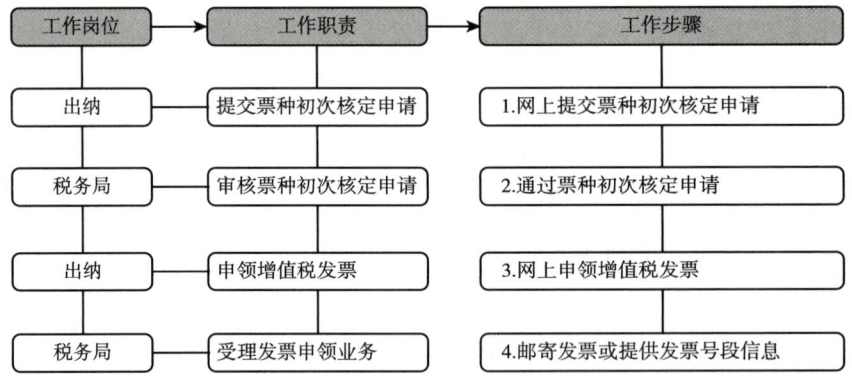

图7-2 发票领用业务工作流程图

（三）知识准备

1. 什么是发票

发票是指一切单位和个人在购销商品、提供或接受服务以及从事其他经营活动中，所开具和收取的业务凭证，是会计核算的原始依据，也是审计机关、税务机关执法检查的重要依据。在实际工作中，很多企业的发票使用与管理工作，是由出纳人员负责。

2. 发票的种类

发票分为税控发票和非税控发票。税控发票即增值税发票开票软件开具的发票，主要包括：增值税专用发票（折叠式）、增值税电子专用发票、增值税普通发票（折叠式、卷式、电子发票）、机动车销售统一发票（折叠式）和二手车销售统一发票（折叠式）。非税控发票即不适用增值税发票开票软件开具的发票，主要包括：通用机打发票（折叠式、卷式）、定额发票（订本式）和其他特殊发票。

发票种类图

（1）增值税专用发票。增值税专用发票由国家税务总局设计印制，既作为纳税人反映经济活动中的重要会计凭证，又是兼记销货方纳税义务和购货方进项税额的合法证明；是增值税计算和管理中具有重要性、决定性、合法性的专用发票。小规模纳税人可以申请代开或自行开具增值税专用发票，如图7-3所示。

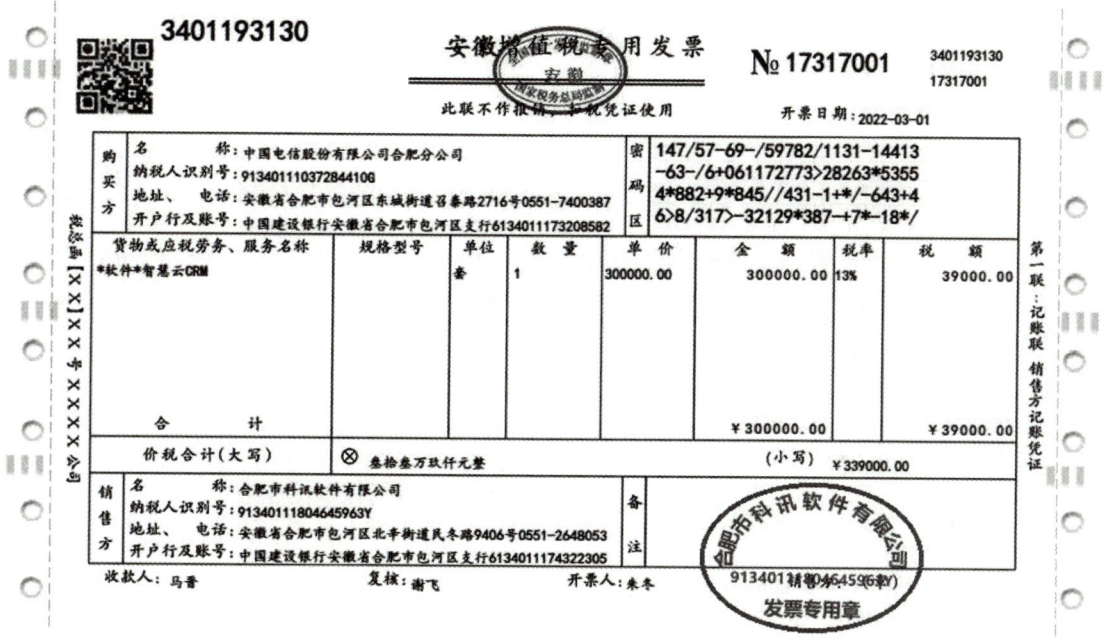

图7-3 增值税专用发票

增值税专用发票的基本联次共三联，各联规定的用途如下：

第一联为记账联，是销货方核算销售额和销项税额的主要凭证，即销售方记账凭证。

第二联为税款抵扣联，是购货方计算进项税额的证明，由购货方取得该联后，按税务机关的规定，依照取得的时间顺序编号，装订成册，供税务机关备查。

第三联为发票联，收执方作为付款或收款原始凭证，属于商事凭证，即购买方记账凭证。

（2）增值税普通发票。增值税普通发票是指增值税专用发票以外的纳税人使用的其他发票。增值税普通发票的基本联次共二联，各联规定的用途如下：第一联为记账联，是销货方核算销售额和销项税额的主要凭证，即销售方记账凭证。第二联为发票联，收执方作为付款或收款原始凭证，属于商事凭证，即购买方记账凭证。增值税普通发票和专用发票的区别如表7-2所示。

表 7-2　　　　　　　　　增值税普通发票和专用发票的区别

不同点	增值税专用发票	增值税普通发票
主体不同	通常情况下，只有增值税一般纳税人才可以申领和开具增值税专用发票，小规模纳税人可以到税务机关进行代开也可以自行开具，没有登记注册的自然人或机关事业单位不能代开专用发票	只要是登记注册的增值税纳税人都可以申领普通发票，自然人或机关事业单位也可以去税务机关代开增值税普通发票
作用不同	专用发票不仅是一种商事凭证，还是一种扣税凭证	普通发票只是一种商事凭证
票面内容不同	增值税专用发票票面上带有"增值税专用发票"字样 需要填写详细的购货方信息	普通发票不能抵扣进项税，票面上带有"增值税普通发票"字样 不需要填写详细的购货方信息，可以只填写公司抬头及纳税人识别号
联次不同	记账联（销售方记账凭证） 抵扣联（购买方扣税凭证） 发票联（购买方记账凭证） 其他联次用途由一般纳税人自行确定	第一联为记账联（销售方记账凭证） 第二联为发票联（购买方记账凭证）
税率不同	专用发票常见的税率有13%、9%和6%	小规模纳税人的征收率为3%，减按1%征收

（3）增值税电子发票。增值税电子发票是指在购销商品、提供或者接受服务以及从事其他经营活动中，按照税务机关发票管理规定以数据电文形式开具、收取的收付款凭证。电子发票的法律效力、基本用途与纸质发票相同，任何单位和个人不得拒绝电子发票的合法合规使用。增值税电子专用发票如图 7-4 所示。

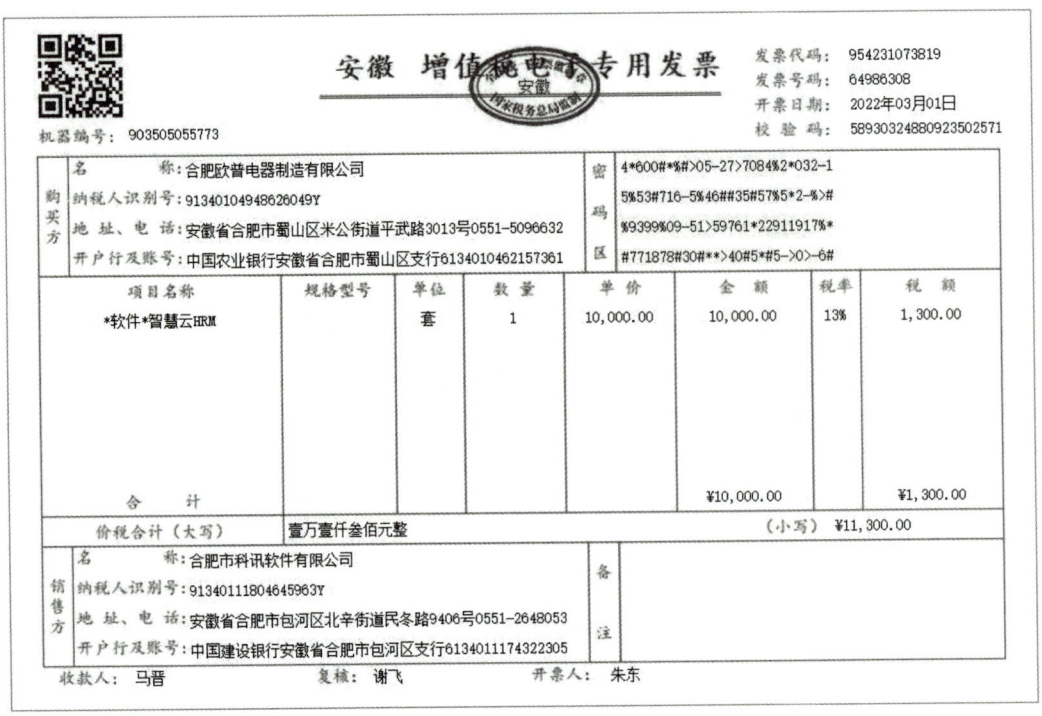

图 7-4　增值税电子专用发票

科技赋能

"数电票"来了！

2023年10月27日，北京、安徽、山东、湖南、贵州、宁夏、青海七地发布《关于开展全面数字化的电子发票试点工作的公告》，自2023年11月1日起开展数电票试点。至此，全国大部分地区都已进入数电票开票试点范畴，数电票真正开始快速推广落地。

全面数字化的电子发票（简称全电发票、数电票）是与纸质发票具有同等法律效力的全新发票，不以纸质形式存在、不用介质支撑、无须申请领用、发票验旧及申请增版增量。纸质发票的票面信息全面数字化，多个票种集成归并为电子发票单一票种，全国统一赋码、开具金额总额度管理、自动流转交付。

"数电票"无须申领，不用税控盘、U-key等常用介质，但与纸质发票具有同等法律效力，既能有效防范发票造假，也极大提高了发票的便利性。

视频：再见了，纸质发票！数电票来了！

（四）技能准备

纳税人有开具增值税发票需求时可主动在主管税务机关申领发票。主管税务机关根据纳税人的经营范围和规模，确认领用发票的种类、数量、开票限额等事宜。《中华人民共和国发票管理办法》规定，领用发票的纳税人范围如下：

（1）依法办理税务登记或领取营业执照的单位和个人，可以申请领用发票，属于法定的发票领购对象。

（2）依法不需要办理税务登记或领取营业执照而需要临时使用发票的单位和个人，凭销商品、提供或接受服务及从事其他经营活动的书面证明、经办人身份证明，直接向经营地税务机关申请代开发票。

（3）临时到本省、自治区、直辖市以外从事经营活动的单位或个人，向机构所在地的税务机关填报跨区域涉税事项报告表。按规定需要领用经营地发票的，应在按要求提供保证人或缴纳保证金的前提下，从经营地税务机关领用。

（4）已办理发票票种核定的纳税人，当前领用发票的种类、数量或者开票限额不能满足经营需要的，可以向主管税务机关提出调整。

发票领用的有关规定

职场链接

高效管理，提前控制税务风险

近日，福建省闽清声华电器有限公司办税员在办税过程中出现数据申报错误，因不熟悉操作流程，迟迟未完成撤销。在发现这一情况后，税务工作人员第一时间联系企业办税员，发送相关视频教程，一对一辅导操作，帮助企业及时规避退税风险，快速享受政策红利。

——人民网 2023-09-05

请分析：什么是办税员？办税员的岗位职责是什么？税务机关应该如何帮助办税员提高业务水平？

办税员是指纳税单位具体办理纳税事项的人员。办税员既可以设专职的，也可由会计或出纳兼任。办税员的基本职责如下：

（1）按照税法的规定，正确及时地办理本单位应纳税款的纳税手续，不得弄虚作假；

（2）正确处理国家与企业的利益关系，维护国家税收收入；

（3）同违反财经纪律和税收政策法令的行为作斗争。

税务机关应经常帮助、辅导办税员搞好计税纳税工作，提高办税质量和办税水平。对于积极护税、协税、办税的办税员，可予以表彰和奖励。

【任务实施】

领用发票的工作任务主要由出纳徐琳来完成。

第一步：网上提交发票票种初次核定申请

1. 出纳徐琳打开国家税务总局北京市电子税务局网站。登录后依次点击"我要办税""发票使用"，如图7-5所示。

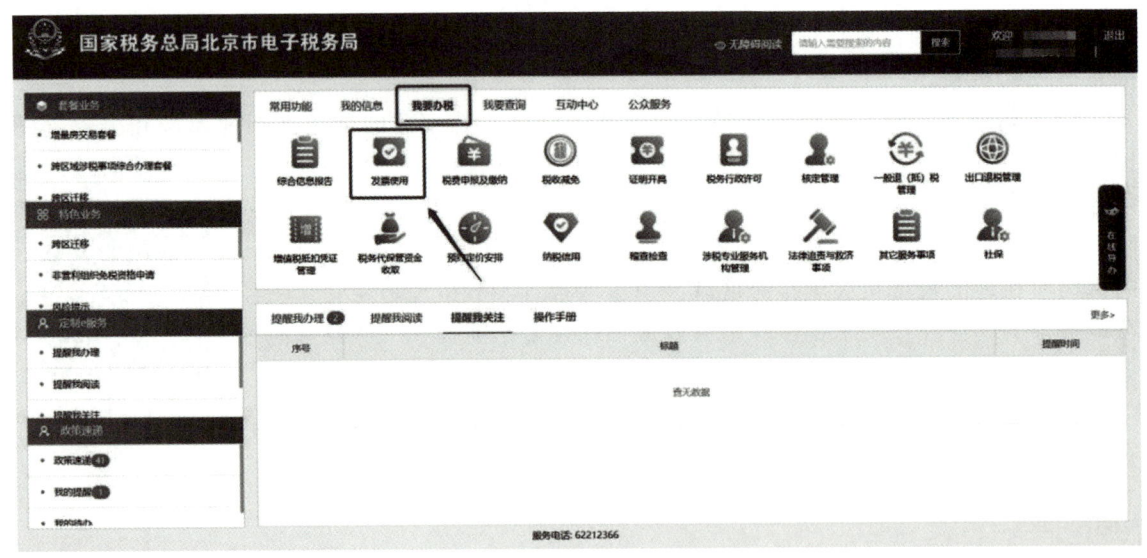

图7-5 发票使用

2. 在发票使用页面依次点击"发票票种核定""票种初次核定申请"，如图7-6所示。

3. 根据企业实际情况填写"发票票种核定申请表"如表7-3所示。并上传经办人身份信息资料即可。

项目七 其他业务办理

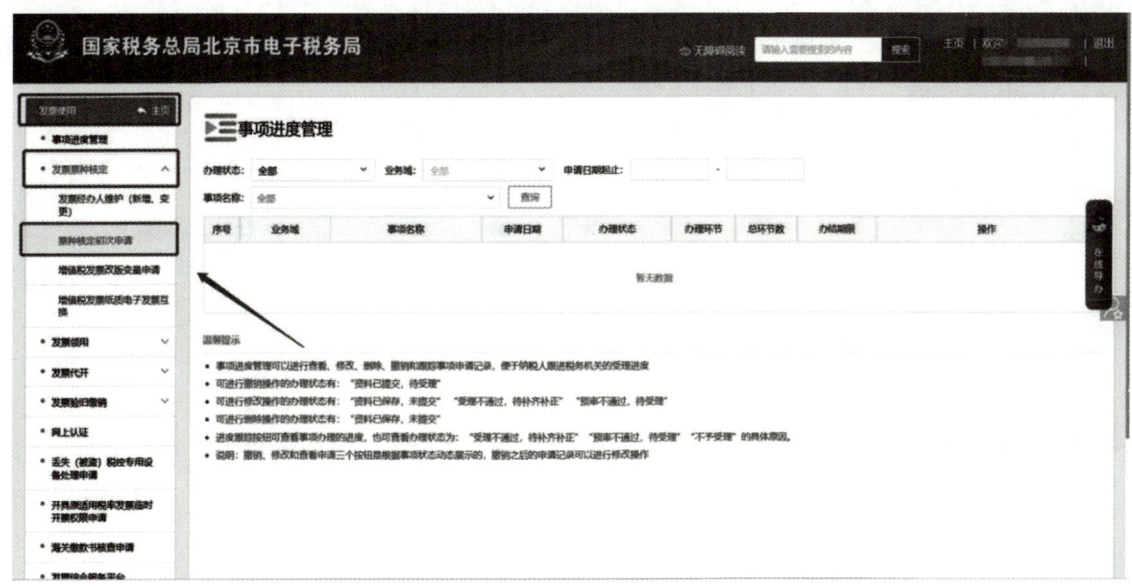

图 7-6 票种初次核定申请

表 7-3 发票票种核定申请表

购票人	联系电话	证件类型	证件号码
徐琳	13984169871	身份证	110108199203049721
纳税人识别号	911101047262499728		
纳税人名称	北京翔宏润达工贸有限责任公司		
申请人电话	010-64051871		
	发票名称	最高开票限额	最高持票数量
增值税普票			
增值税专票	增值税专用发票（中文三联无金额限制版）	10万元以下	25 份

说明：核定超过十万元版的增值税专用发票，请到税务大厅办理。

第二步：税务局通过票种初次核定申请

税务局一般会在一个工作日内通过票种初次核定申请。出纳可于一个工作日后，在电子税务局查询受理结果，下载回执并打印留存。

第三步：网上申领增值税发票

1. 出纳徐琳登录国家税务总局北京市电子税务局网站，点击"我要办税""发票使用"，如图 7-7 所示。

2. 点击发票使用界面"发票领用"菜单下的"票 E 送"，如图 7-8 所示。

3. 点击"新增"，选择领取方式，填写申领数量，点击保存后填写邮寄地址等信息并核

263

图 7-7　发票使用

图 7-8　票 E 送

对提交申领记录，如图 7-9 所示。提交成功后等待业务受理。

第四步：税务局邮寄发票或提供发票号段信息

如申领的是纸质发票，待状态显示为配送中后，打印发票领取确认单；如领取的是电子发票，提交成功后在领取记录中点击红色申请单号即可看到领取的发票号段信息。

【要点提示】首次申领增值税专用发票也可以通过电子税务局"套餐业务"——"发票套餐"进行发票票种核定申请、领票人维护、增值税发票改版变量、票 E 送的一站式套餐办理。

项目七 其他业务办理

国家税务总局北京市电子税务局 申领发票

增值税发票申领

发票种类	单位	申领数量	备注
增值税普通发票（二联折叠式）	份	10	
增值税专用发票中文三联电脑版	份	10	

为了能够足额地申领发票，请及时联通网络上传数据，完成系统验旧。（上传次日完成验旧）

纳税人信息

纳税人信息	*纳税人识别号：	911101047262499728
	*纳税人名称：	北京翔宏润达工贸有限
领票人信息	*姓名：	徐琳
	*手机号码：	13984169871
配送地址	*北京市	东城区
	*详细地址：	北京市东城区安定门大街64号
	*邮政编码：	100009
是否自提		○ 是　● 否
支付方式		货到付款
送票时间		预计发售成功后次日送达（特殊要求请在留言栏说明）
留言	留言内容：	

保存

图7-9 新增增值税发票领用信息

> **科技赋能**
>
> ## "e窗通"统一服务平台
>
> 　　北京市政府非常重视新办企业领票便捷程度，2020年实现发票智能审批，同时提供邮寄服务，推广"e窗通"统一服务平台，业务办理简单、便捷，不到20分钟即可线上提交办理营业执照登记、刻公章、领发票（含电子发票）、免费领取税务U-key、办社保等事宜，并在完成所有申请流程之后，可在当日收到业务办结通知。

【任务总结】

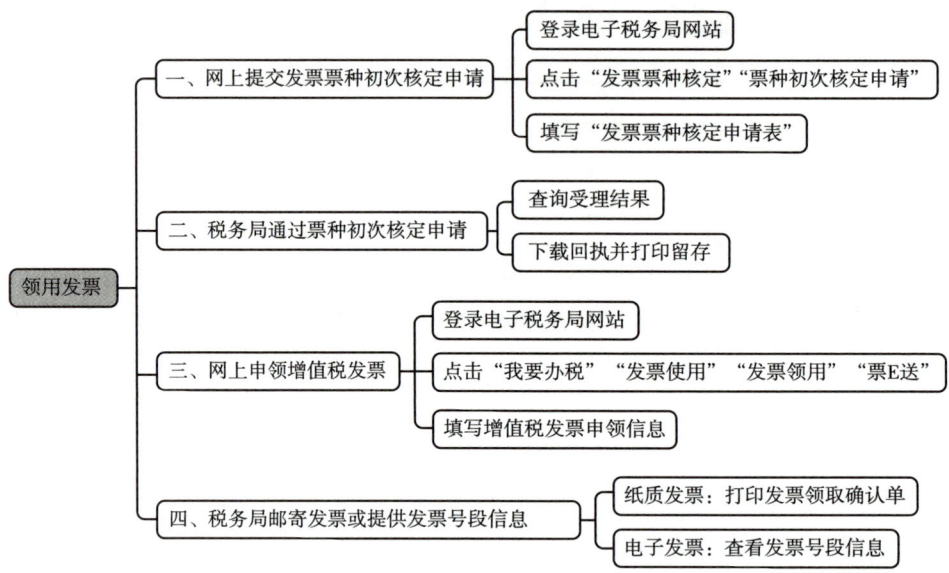

子任务 2 开具发票

【任务布置】

（一）任务描述

北京翔宏润达工贸有限责任公司于 2023 年 6 月 8 日采用赊销方式销售商品一批，销售通知单、出库单及销售提货单已传递到财务部，出纳徐琳协助开具增值税专用发票。

（二）工作要求

以出纳身份完成以下工作：
（1）获取开票申请单；
（2）开具发票并盖章。

（三）工作成果

开出的增值税专用发票。

（四）评价标准

根据《中华人民共和国增值税暂行条例》《中华人民共和国税收征收管理法》等要求，开具增值税发票。

【任务分析】

（一）工作思路

（1）明确发票开具工作流程；
（2）取得开票申请单，明确开票信息；
（3）出纳开具发票，加盖发票专用章，将发票联交给开票申请人。

（二）工作流程

办理发票开具业务主要由出纳人员来完成，基本工作流程如图7－10所示。

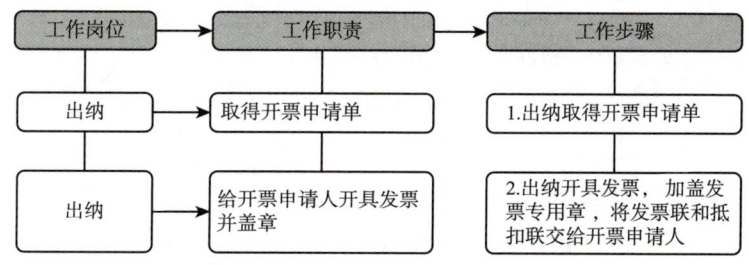

图7－10　发票开具业务工作流程图

（三）知识准备

一般纳税人销售货物，包括视同销售货物应税劳务和应当征收增值税的非应税劳务，以下简称销售应税项目，应按规定向购买方开具增值税专用发票。根据《中华人民共和国增值税暂行条例》规定，下列情形不得开具增值税专用发票：

（1）不得向消费者个人开具增值税专用发票。
（2）免征增值税的跨境应税行为。
（3）向旅游服务购买方收取并支付的旅游费用。
（4）免征增值税的农村电网维护费。
（5）免征增值税的债转股企业投入到新公司的实物资产。
（6）增值税零税率应税服务。
（7）商业企业一般纳税人零售的消费品。
（8）代理进口免税物向委托方收取并代为支付的款项。
（9）销售自己使用过的固定资产、旧货。
（10）金融商品的转让。

（四）技能准备

1．增值税专用发票开具方法的规定

（1）发票的基本内容。发票的基本内容包括：发票的名称、发票代码和号码、联次及用途、客户名称、开户银行及账号、商品名称或经营项目、计量单位、数量、单价、大小写金额、税率（征收率）、税额、开票人、开票日期、开票单位（个人）名称（章）等。增值税专用发票的票面构成要素如图7-11所示。

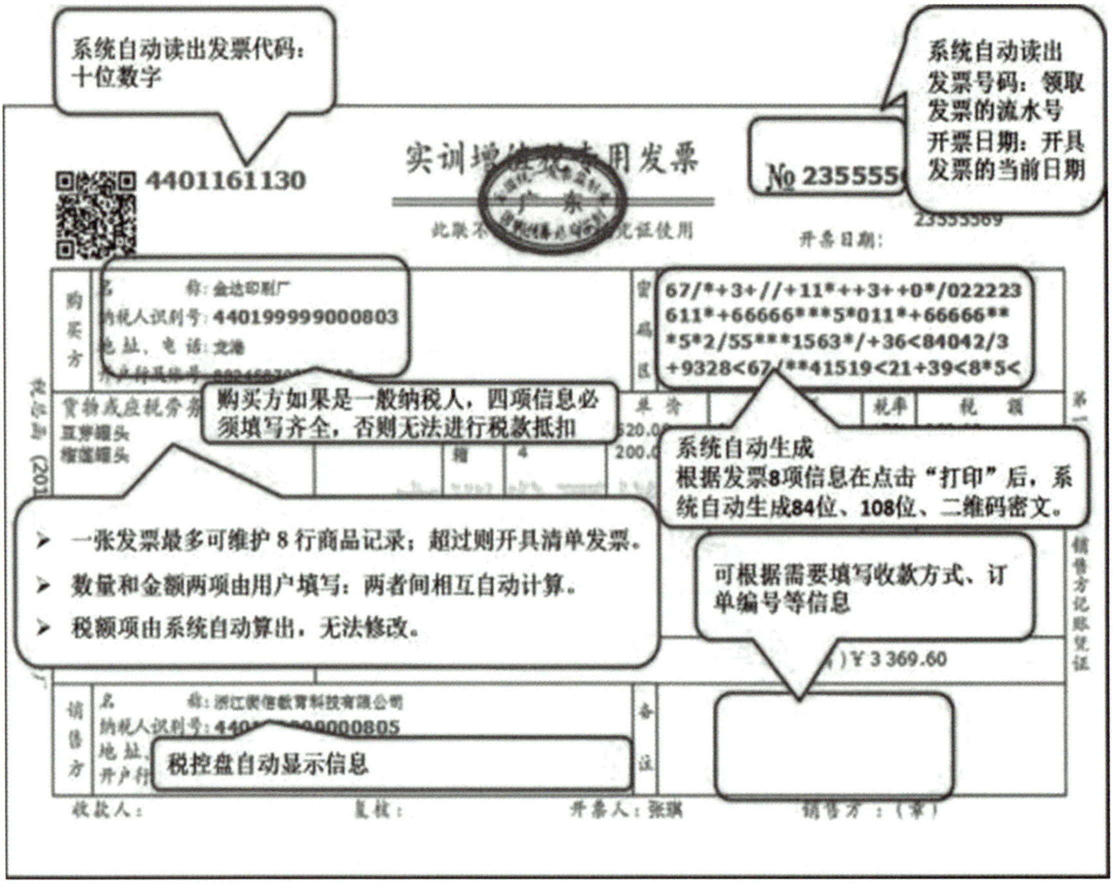

图7-11 增值税专用发票的票面构成要素

（2）发票填开注意事项。根据国税发〔2006〕156号文件第十一条规定，增值专用发票应按下列要求开具：

①项目齐全，与实际交易相符；
②字迹清楚，不得压线、错格；
③发票联和抵扣联加盖发票专用章；
④按照增值税纳税义务的发生时间开具。

对不符合上列要求的专用发票，购买方有权拒收。

（3）税收分类编码。税收分类编码是指货物、商品、应税劳务和服务类别的身份编号。纳税人通过增值税发票管理新系统开具增值税发票（包括：增值税专用发票、增值税普通发票、增值税电子普通发票）时，商品和服务税收分类编码对应的简称会自动显示并打印在发票票面"货物或应税劳务、服务名称"或"项目"栏次中。纳税人开具发票时票面上的商品应与税务总局核定的税收编码进行关联，按分类编码上注明

税收分类编码

的税率和征收率开具发票，便于税务机关统计、筛选、分析、比对数据等，以加强征收管理。

> **温故知新**
>
> 增值税发票单价栏如何填写？
>
> 　　货物或应税劳务的不含增值税的单价。纳税人以含税单价销售货物或应税劳务的，应换算成不含税单价填开增值税专用发票。如果换算使单价、销售额和税额等项目发生尾数误差的，应按以下方法计算填开：
> - 销售额计算公式如下：销售额＝含增值税总收入／（1＋税率或征收率）
> - 税额计算公式如下：税额＝含增值税总收入－销售额
> - 不含税单价计算公式如下：不含增值税单价＝销售额/数量
> - 按照上述方法计算开具的增值税专用发票，如果票面货物数量×不含税单价＝销售额这一逻辑关系存在少量尾数误差，可以作为购货方的扣税凭证。

2. 发票清单

发票清单是指汇总开具增值税发票时，后面所附的应税销售行为具体经济业务的清单。

在现实经济业务交往中，有些企业发生应税销售行为时，因品种、规格、型号多种多样，但一张增值税发票的版面最多可以罗列出八行，当一次交易业务超过八行时，可在增值税发票之后附上销售清单加以佐证。

【任务实施】

通过防伪税控系统开具发票的工作任务主要由出纳徐琳来完成。

第一步：取得开票申请单

开票申请单是开票申请人向公司申请为客户开具增值税发票的凭证。开票申请单上的信息来自销售订单，记载了开票日期、申请开票的种类、购货单位信息、商品信息等内容，经部门负责人、总经理及财务人员确认后传递至开票人员。

徐琳收到开票申请单后，仔细阅读开票申请单上的内容，明确发票开具时间、所开发票类型、购货方信息、商品信息等内容。开票申请单如图7－12所示。

第二步：通过防伪税控系统开具增值税专用发票

徐琳运行税控系统，根据开票申请单的内容，开具增值税专用发票。

1. 登录税控盘软件

徐琳登录增值税发票税控开票软件（金税盘版），如图7－13所示。

2. 设置参数

徐琳点击系统设置，填写营业地址、电话、开户行、银行账号等信息，如图7－14所示。

开票申请单

申请日期	20230608			开票编号	S00000010
申请开票的种类	□普通发票 ☑专用发票 □电子普票 □电子专用 □机动车发票				
合同编号/订单号	S00000010				
购货单位名称	北京市东方贸易有限公司				
纳税人识别号	911101547662350658				
地址、电话	北京市昌平区北七家镇010-9410881			此栏专用发票必填	
开户行及账号	中国工商银行天通范支行0200019620063921123				
项目名称	规格型号	单位	数量	单价（不含税）	金额
*黑色金属冶炼压延品*螺纹钢	25#	吨	700	3,823.00	2,676,100.00
合计	--	--	--	--	2,676,100.00
备注：					
开票申请人	张毅		部门负责人	凌钢	
总经理	王洋		财务确认	李娜	

图 7-12　开票申请单

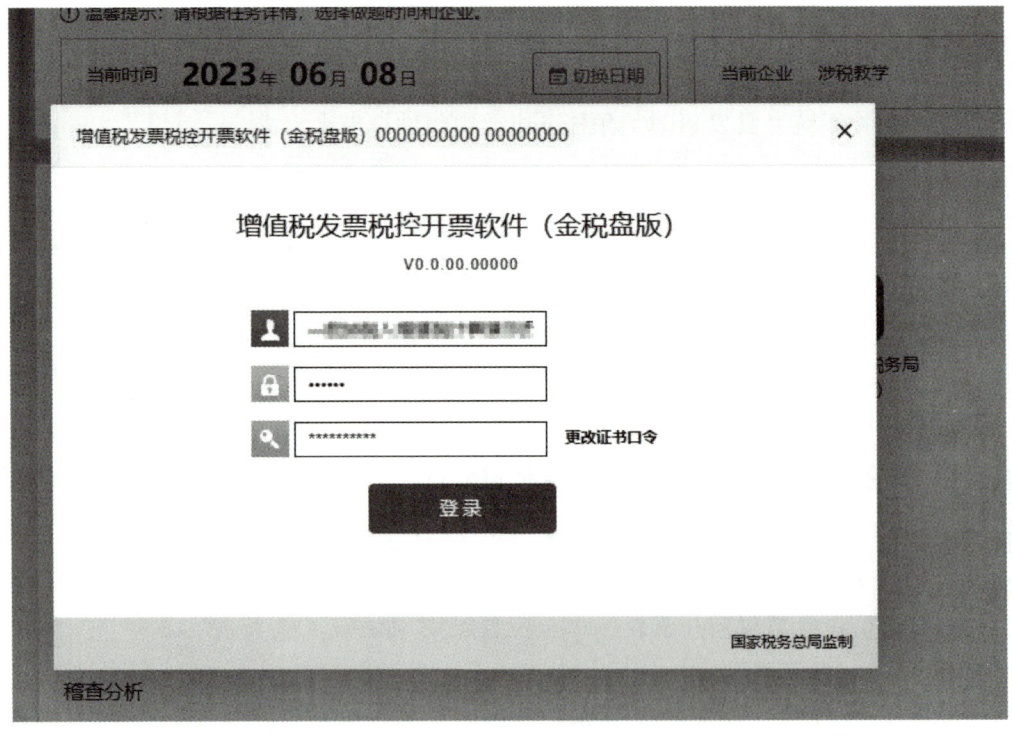

图 7-13　登录税控盘软件

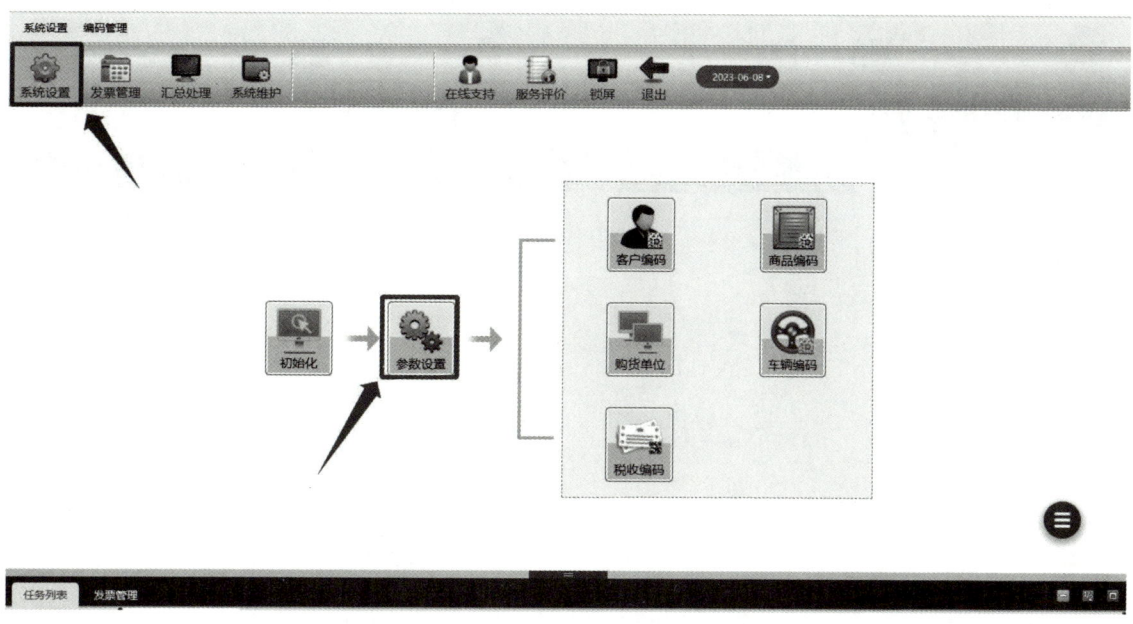

图 7-14 系统设置

3. 新增客户信息

（1）徐琳点击"客户编码"。如图 7-15 所示。

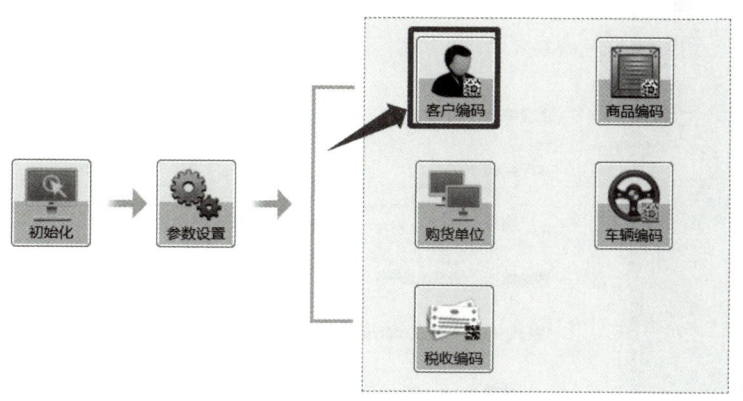

图 7-15 客户编码

（2）徐琳点击增加。如图 7-16 所示。

（3）添加客户编码。

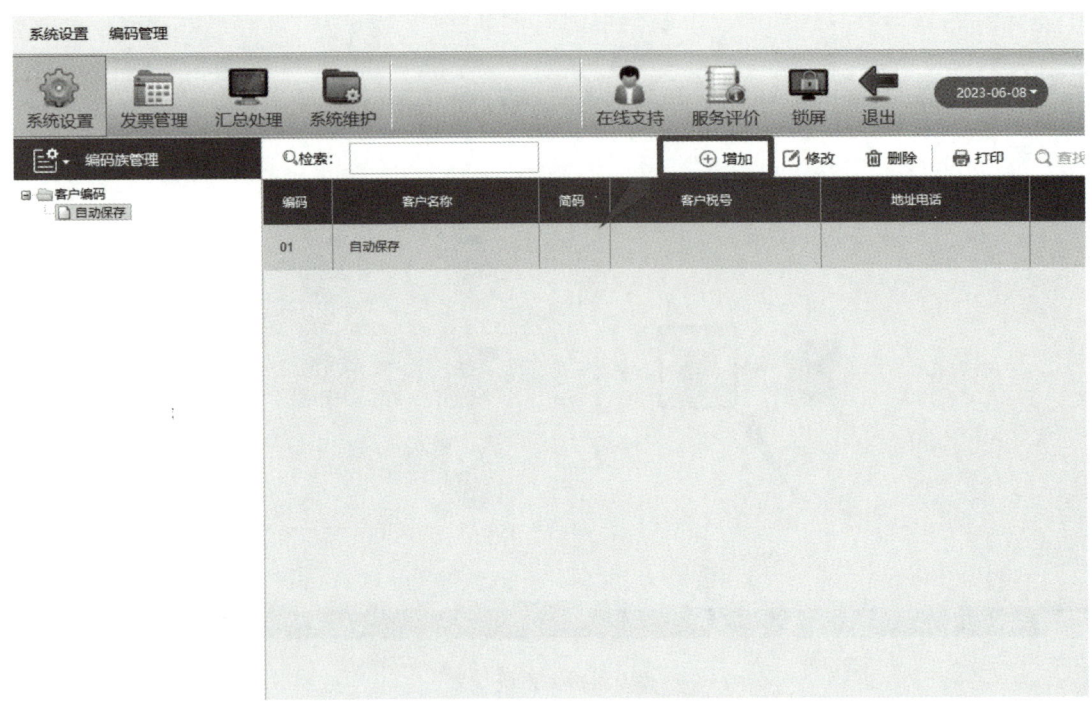

图 7-16 增加客户编码

如果开具增值税普通发票，只需要填写客户名称和客户税号；如果开具增值税专用发票，除了必填的内容外，客户的税号、地址电话、银行账号必须填上。如图 7-17 所示。

图 7-17 填写客户编码信息

4. 新增商品信息

（1）徐琳点击商品编码，如图7-18所示。

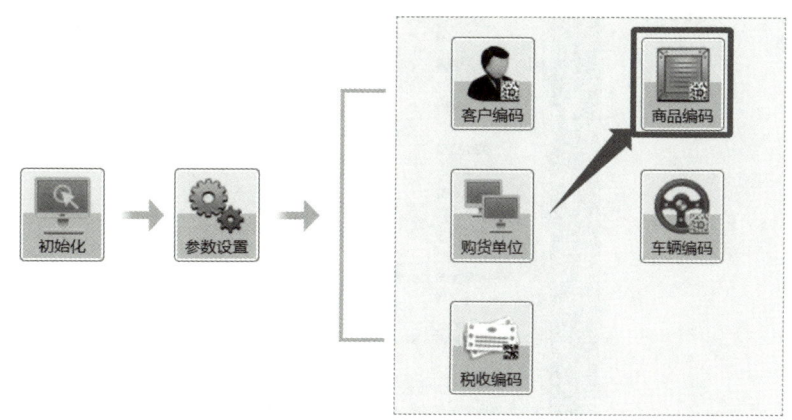

图7-18　商品编码

（2）徐琳点击"增加"。如图7-19所示。

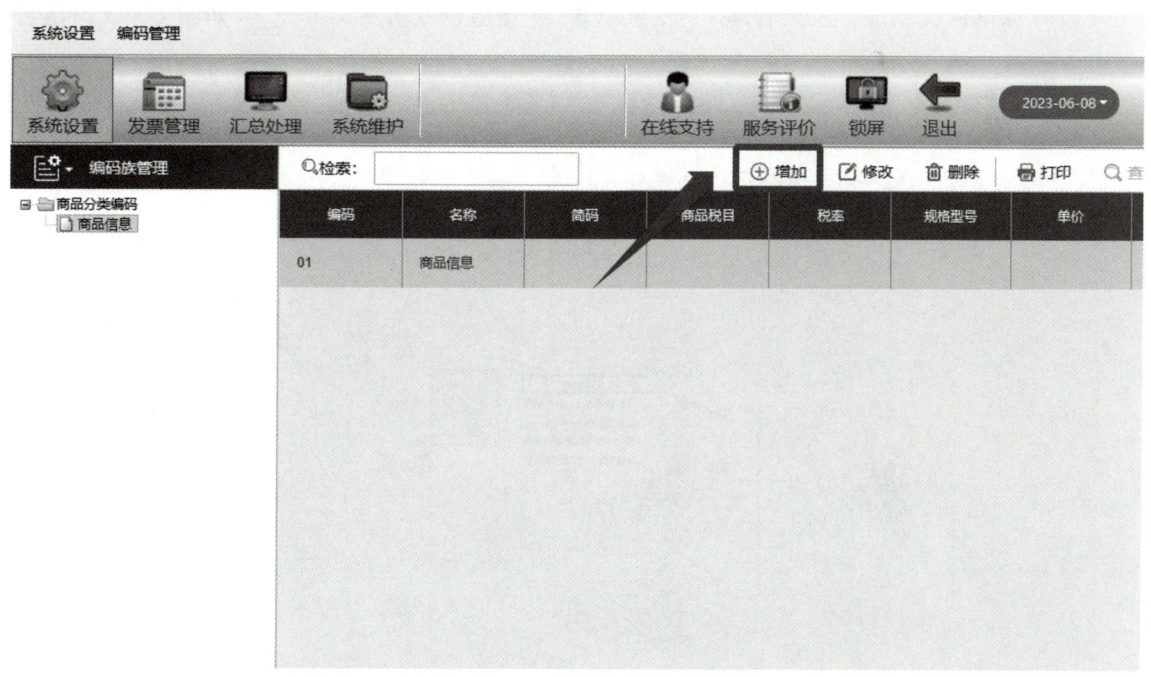

图7-19　增加商品分类编码

（3）添加商品编码。徐琳录入商品名称、规格型号、计量单位、税率、单价等信息。如图7-20所示。

图7-20　填写商品信息

5. 发票填开

（1）徐琳依次点击"发票管理""发票填开""增值税专用发票填开"。如图7-21所示。

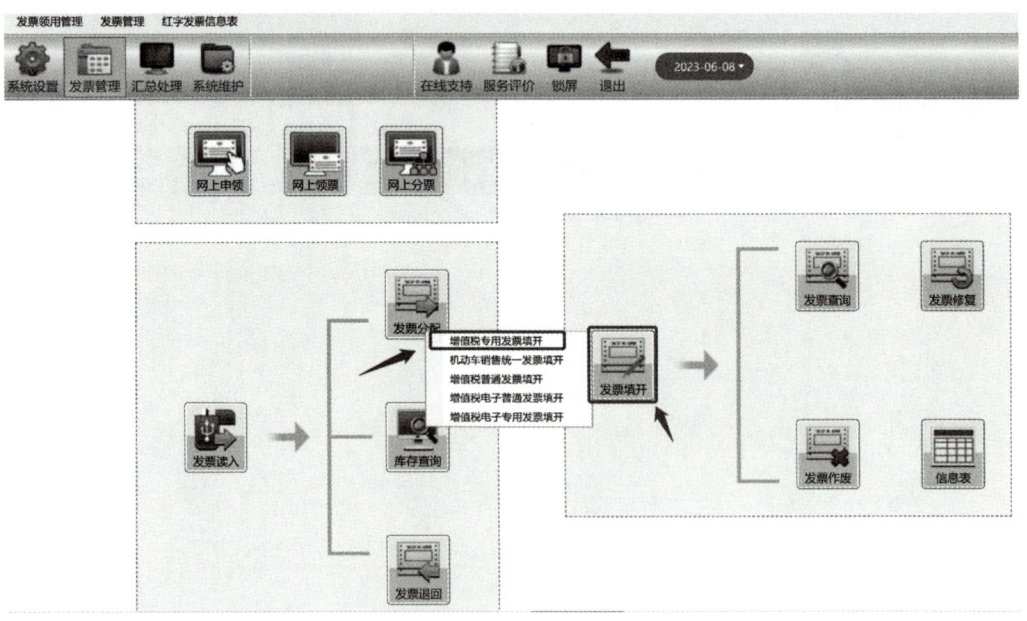

图7-21　增值税专用发票填开

（2）系统显示所开发票种类、代码和号码，徐琳点击"确定"。如图7-22所示。

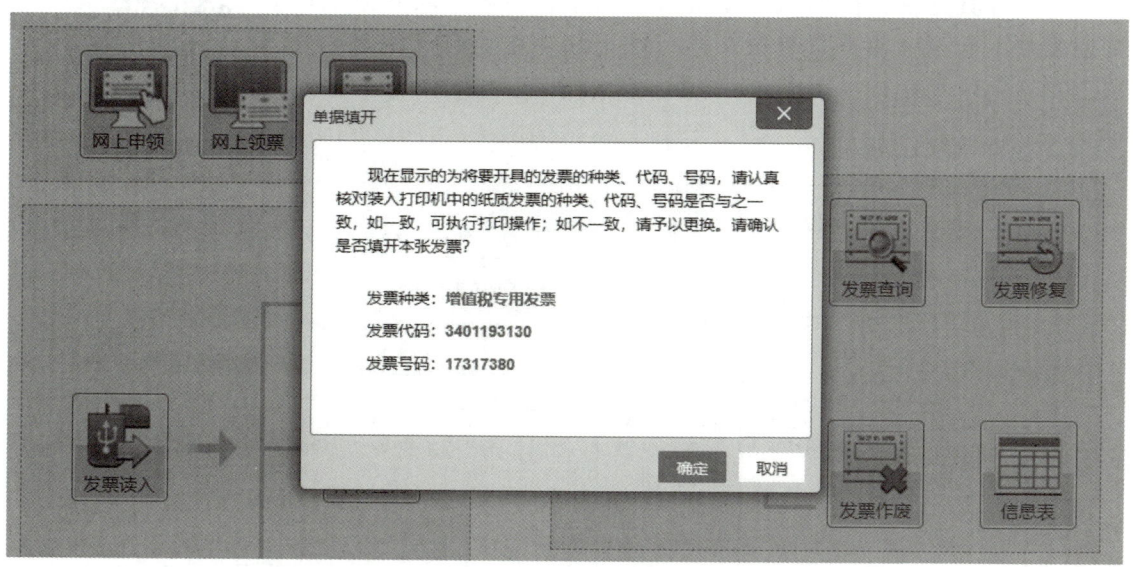

图7-22 发票种类、代码和号码

6. 填写票面信息

徐琳填写购货单位信息、货物或应税劳务名称、数量、金额。如图7-23所示。

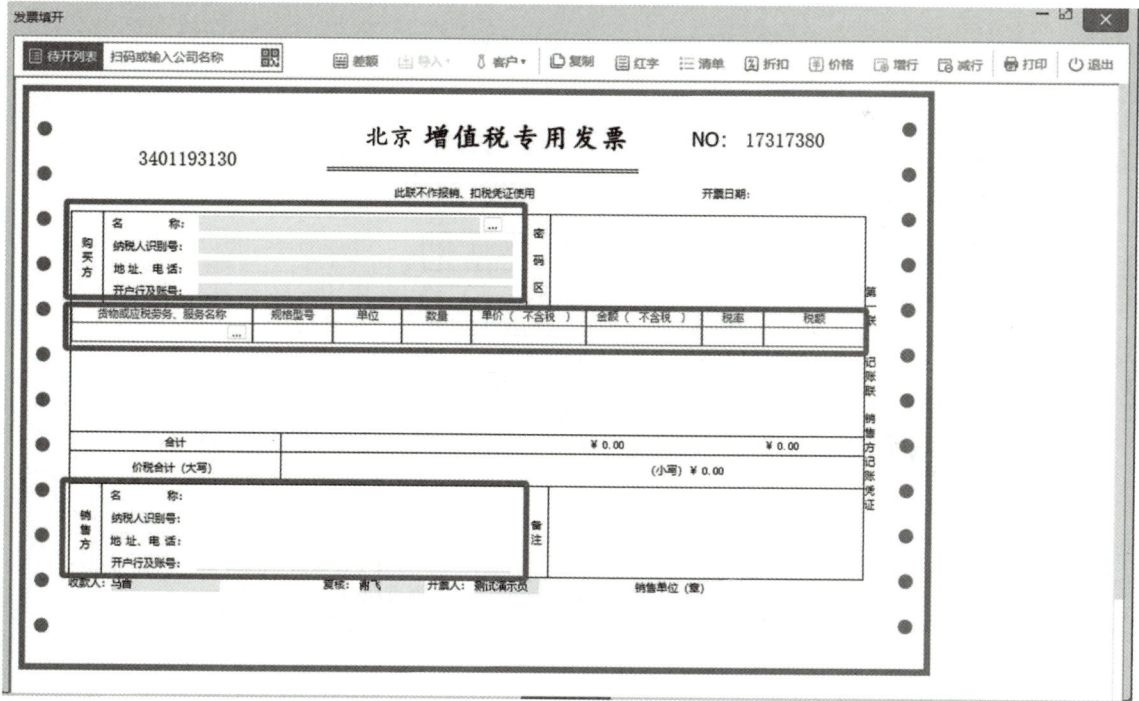

图7-23 填写票面信息

7. 打印发票

发票开具完成，徐琳从打印机取出发票，在第二联和第三联加盖发票专用章，给购货单位，第一联记账联企业自己留存。发票如图7-24所示。

发票保管和缴销

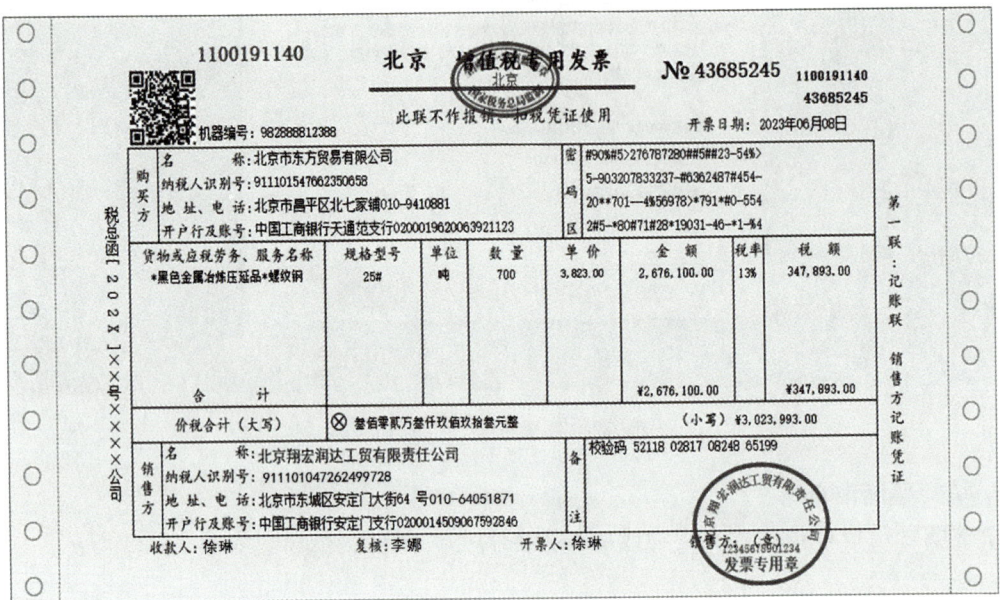

图7-24　打印发票

【任务总结】

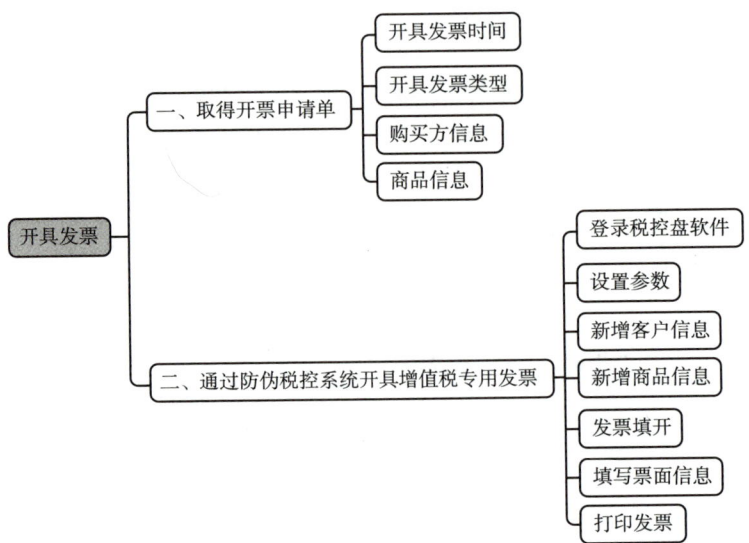

【实战训练】

（一）实战背景

合肥市科讯软件有限公司属于软件和信息技术服务业，是增值税一般纳税人。企业基本信息如图7-25所示：

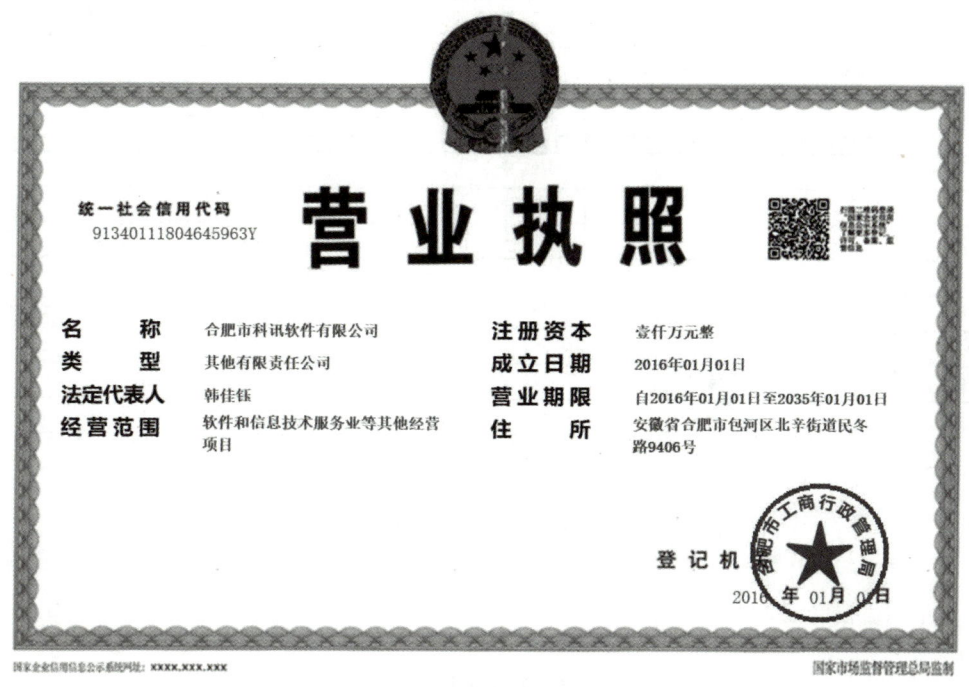

图7-25　合肥市科讯软件有限公司营业执照

地址、电话：安徽省合肥市包河区北辛街道民冬路9406号　0551-2648053

开户行及账号：中国建设银行安徽省合肥市包河区支行　6134011174322305

（二）任务目标

出纳根据开票申请单所列开票日期、开票种类、购货方信息以及商品信息等内容，按照《中华人民共和国增值税暂行条例》要求，完成增值税发票开具工作。开票申请单如图7-26所示。

（三）任务实现

出纳登录金税三期平台，根据开票软件操作指南，或参照子任务2操作步骤，在增值税发票税控开票软件（金税盘版）中完成任务操作。

开票申请单

申请日期	2022-05-01		开票编号	H00000012	
申请开票的种类	☑ 普通发票　□ 专用发票　□ 电子普票　□ 电子专用　□ 机动车发票				
合同编号/订单号	H00000012				
购货单位名称	合肥金米装饰设计有限公司				
纳税人识别号	913401038855542153				
地址、电话	安徽省合肥市庐阳区屏裏门街道民治路9499号0551-2919361			此栏专用发票必填	
开户行及账号	中国银行安徽省合肥市庐阳区支行6134010305731858				
项目名称	规格型号	单位	数量	单价（不含税）	金额
*软件*智慧云OA		套	1	600000.00	600000.00
合计	--	--	--	--	￥600000.00
备注：					
开票申请人	杨淳		部门负责人	姜红	
总经理	韩佳钰		财务确认	谢飞	

图 7－26　合肥市科讯软件有限公司开票申请单

任务二　办理社会保险业务

【学习目标】

- 明确我国社会保险制度主要内容
- 知晓办理社会保险增员业务流程
- 能够通过"北京市企业服务e窗通平台"（简称"e窗通"平台）办理社会保险业务

【任务布置】

（一）任务描述

2023年8月6日，北京翔宏润达工贸有限责任公司因业务需要，招聘员工顾丽丽担任业务员。出纳徐琳为其办理社会保险增员业务。

(二) 工作要求

以出纳身份完成以下工作：
(1) 在"e窗通"平台"增加新员工"并编辑"参保信息"；
(2) 在"e窗通"平台提交申报信息；
(3) 查询申报结果。

(三) 工作成果

增员申报反馈结果。

(四) 评价标准

根据《中华人民共和国社会保险法》等要求，由用人单位和本人按照规定缴纳社会保险费。

【任务分析】

(一) 工作思路

(1) 明确社保增员工作流程；
(2) 在"e窗通"平台完成社保增员操作；
(3) 获取增员申报反馈结果。

(二) 工作流程

办理社会保险开户登记业务主要由出纳人员来完成，但需要社保机构的工作人员配合，基本工作流程如图 7-27 所示。

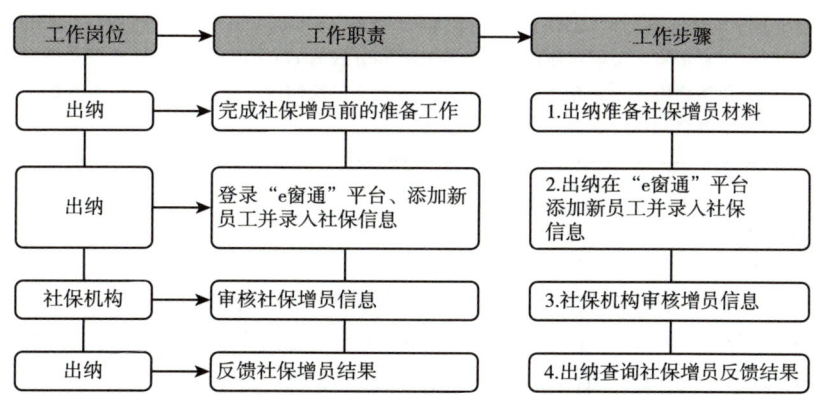

图 7-27 办理社会保险业务工作流程图

(三) 知识准备

1. 社会保险的定义

社会保险是国家通过立法建立的一种社会保障制度，目的是在劳动者因"生""老""病""死""伤残""失业"等原因，暂时或永久丧失劳动能力或劳动机会，使本人或家属减少或失去生活来源的时候，能从国家和社会获得经济补偿和物质帮助，保障其基本生活。

2. 社会保险的种类

社会保险包括的险种有：基本养老保险、基本医疗保险、失业保险、工伤保险、生育保险，具体概念如表7-4所示：

表7-4 社会保险险种及概念

险种	概念
基本养老保险	基本养老保险，是国家根据法律、法规的规定，强制建立和实施的一种社会保险制度。在这一制度下，用人单位和劳动者必须依法缴纳养老保险费，在劳动者达到国家规定的退休年龄或因其他原因而退出劳动岗位后，社会保险经办机构依法向其支付养老金等待遇，从而保障其基本生活
基本医疗保险	基本医疗保险，是为了补偿劳动者因疾病风险造成的经济损失而建立的一项社会保险制度。通过用人单位与个人缴费建立医疗保险基金，参保人员患病就诊发生医疗费用后，由医疗保险机构对其给予一定的经济补偿
工伤保险	工伤保险，是指劳动者在工作中或在规定的特殊情况下，遭受意外伤害或患职业病导致暂时或永久丧失劳动能力以及死亡时，劳动者或其遗属从国家和社会获得物质帮助的一种社会保险制度
失业保险	失业保险是指国家通过立法强制实行的，由用人单位、职工个人缴费及国家财政补贴等渠道筹集资金建立失业保险基金，对因失业而暂时中断生活来源的劳动者提供物质帮助以保障其基本生活，并通过专业训练、职业介绍等手段为其再就业创造条件的制度
生育保险	生育保险，是国家通过立法，在怀孕和分娩的妇女劳动者暂时中断劳动时，由国家和社会提供医疗服务、生育津贴和产假的一种社会保险制度，国家或社会对生育的职工给予必要的经济补偿和医疗保健的社会保险制度

(四) 技能准备

用人单位应当自成立之日起三十日内凭营业执照、登记证书或者单位印章，向当地社会保险经办机构申请办理社会保险登记。依据《劳动合同法》第三十八条的规定：用人单位未依法为劳动者缴纳社会保险费的，劳动者可以解除劳动合同。社保缴费金额＝缴费基数×缴费比例。北京市2023年社会保险缴费基数上下限标准及缴费比例如图7-28所示：

项目七 其他业务办理

险种	基数上下限标准	缴费比例和金额	
		单位部分	个人部分
基本养老保险	上限：33891元 下限：6326元	16%	8%
失业保险		0.5%	0.5%
工伤保险		0.2%~1.9%	不缴
基本医疗保险（含：生育保险）		9.8%	2%+3元

图7-28 社会保险缴费工资基数标准

寓德于技

及时缴纳社会保险费

2022年5月，原告吴某与被告步飞公司签订劳动合同，劳动合同期限为2022年5月16日至2023年5月15日，月工资2.5万元。劳动关系存续期间，步飞公司未为吴某缴纳社会保险费。2023年1月，吴某以用人单位未购买社会保险为由，向步飞公司邮寄解除劳动关系通知书。后吴某申请仲裁，要求支付经济补偿金。劳动人事争议仲裁委员会裁定不予受理，原告起诉至忠县法院。忠县法院经审理认为，原被告系合法的劳动关系主体，双方之间的权利义务关系依法受劳动法保护。根据《劳动合同法》第三十八条、第四十六条、第四十七条规定，用人单位未缴纳社会保险费的，劳动者可以解除劳动合同，用人单位应当向劳动者支付经济补偿。经济补偿按劳动者在本单位工作年限支付，超过六个月不满一年的按一年计算。

——忠县法院2023年8月22日

启示：劳动者的合法权益应得到充分的法律保障，这个案件的判决，为规范企业依法缴纳社会保险费行为、营造用人单位依法参保缴费的良好氛围、提高企业依法缴纳社会保险的法律自觉具有良好的社会效应。

【任务实施】

办理社会保险增减业务主要由财务部徐琳（出纳）及社保机构工作人员来完成。

第一步：出纳准备社保增员材料

在办理增员之前，徐琳需要提前准备好这四类基本材料：
（1）顾丽丽的劳动合同。用于确定参保人员"工人"或"干部"身份。

（2）顾丽丽的户口簿首页及本人页。用于判断参保人员的"缴费人员类别"。

（3）顾丽丽的电子版一寸照片（首次在京参保人员提供）。电子照片用于制作社保卡，应符合格式要求：本人近期一寸、正面、免冠、彩色、白底、服装与背景的颜色反差要大，jpg 格式，宽度：358 像素，高度：441 像素；文件不小于 9KB，不大于 20KB。

（4）顾丽丽的银行账号信息（银行名称和账号）及手机号。便于后期待遇的发放和参保人网上自助办理部分信息变更、查询权益记录等。

第二步：出纳在"e 窗通"平台添加新员工并录入社保信息

1. 徐琳登录"e 窗通"平台，选择"法人服务"，使用"电子营业执照登录"，扫描二维码后进入网上办事页面。如图 7-29 所示。

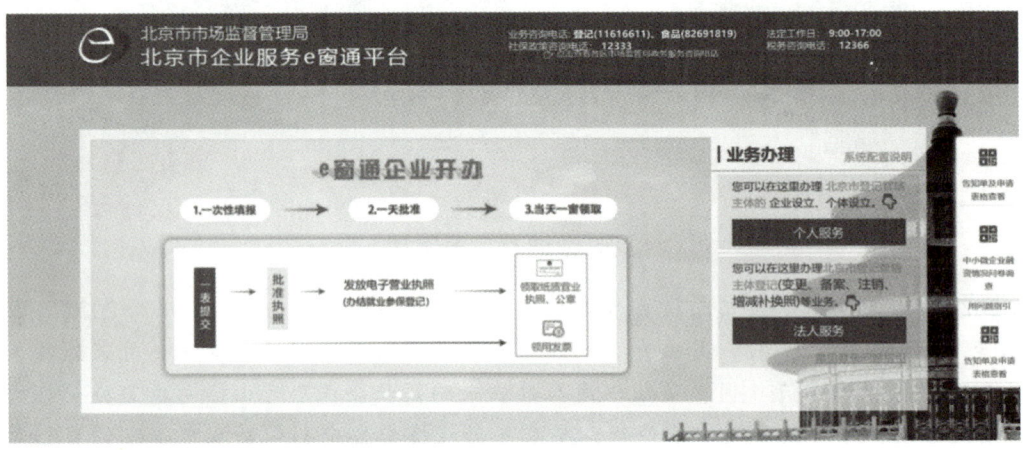

图 7-29　登录"e 窗通"平台

2. 徐琳点击"员工登记"模块后进入"聘用员工"页面，点击"添加新员工"。（新办企业可在申请企业开办的同时一并填报员工信息，办理员工五险一金业务。）如图 7-30 所示。

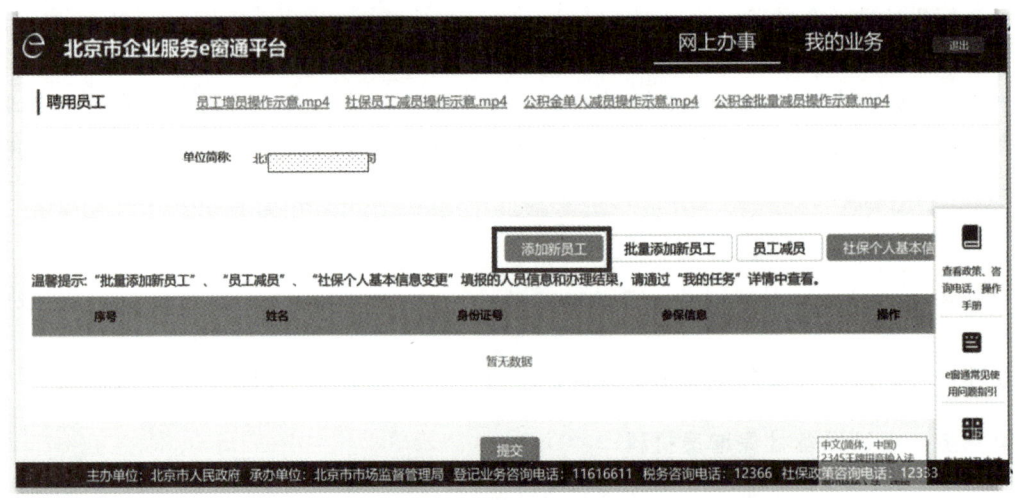

图 7-30　添加新员工

3. 徐琳在添加新员工页面录入新员工信息。如图 7-31 所示。

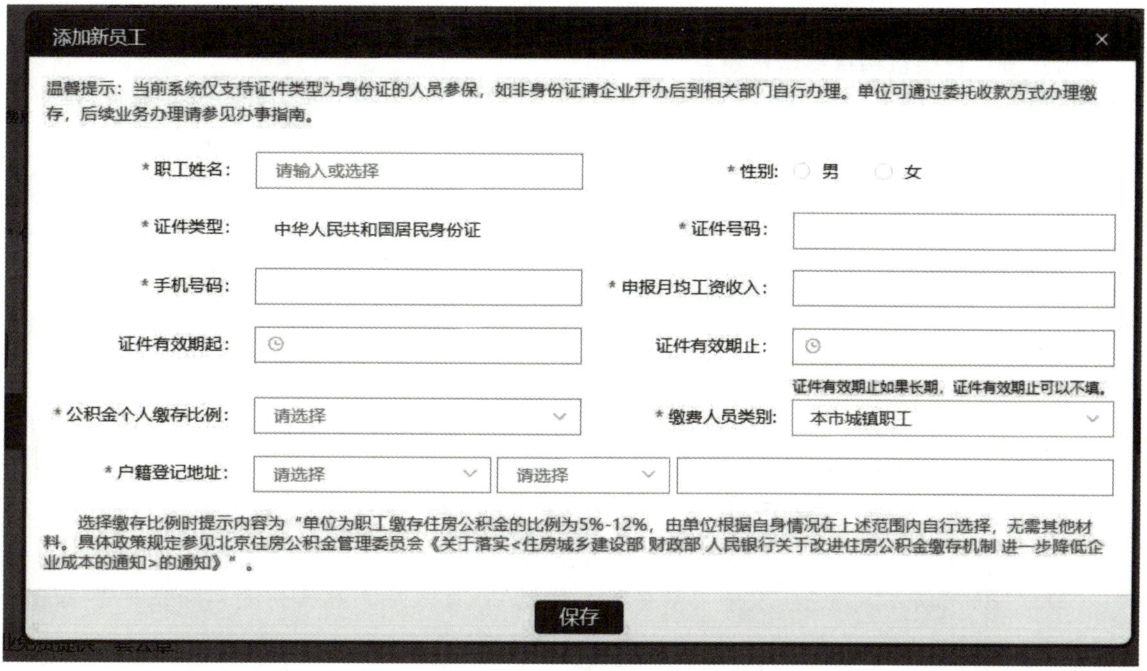

图 7-31　录入员工信息

4. 徐琳点击"参保信息"，为新员工录入"参保信息"。如图 7-32 所示。新参保人员必须上传照片。

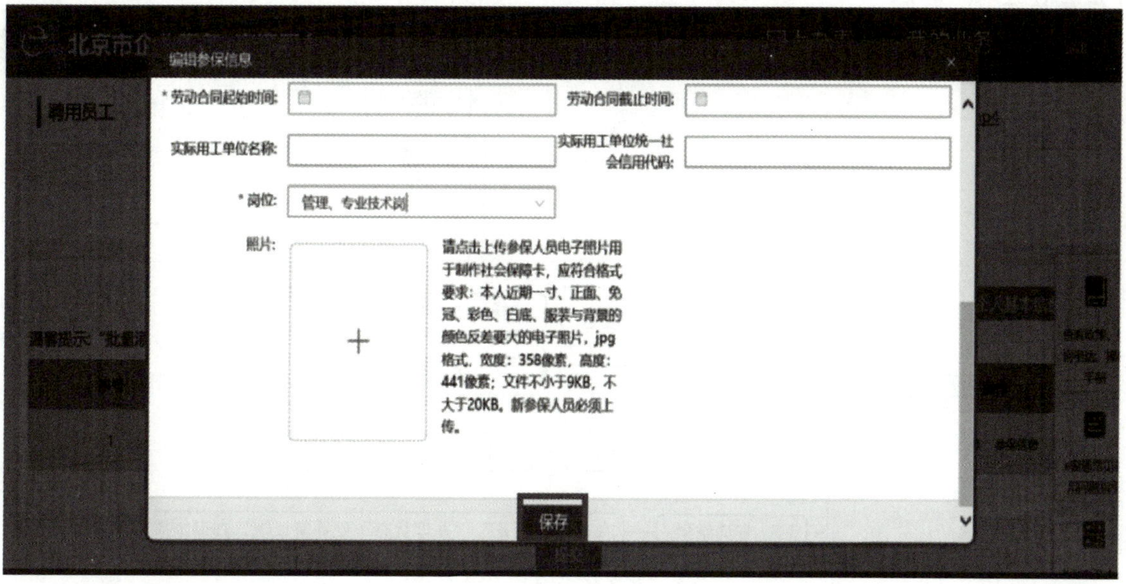

图 7-32　录入参保信息

5. 信息录入完毕后点击保存并提交。弹出提示窗口："您的增员业务已提交,请稍后在我的业务中查看办理结果。"

第三步：社保机构审核增员信息

社保机构通常在四个小时左右完成社保增员的审核。

第四步：出纳查询社保增员反馈结果

徐琳在"我的业务""办理状态"处等待反馈,查询结果。完成新增社保人员申请。

> **职场链接**
>
> **社保减员处理**
>
> 北京翔宏润达工贸有限责任公司员工何爱华移民赴美需要进行社保减员,出纳徐琳应该如何办理?
>
> 提示：登录"e窗通"平台,在"员工登记"模块办理,具体操作如下：
>
> 1. 点击"员工减员",选择"社保员工减员"。录入员工姓名何爱华和证件号码后点击确认并继续。
>
> 2. 在员工基本信息页面选择"个人停止缴费原因"："本人愿意解除劳动合同",选择停止缴费的险种："基本养老保险""失业保险""工伤保险""生育保险"和"基本医疗保险"。

【任务总结】

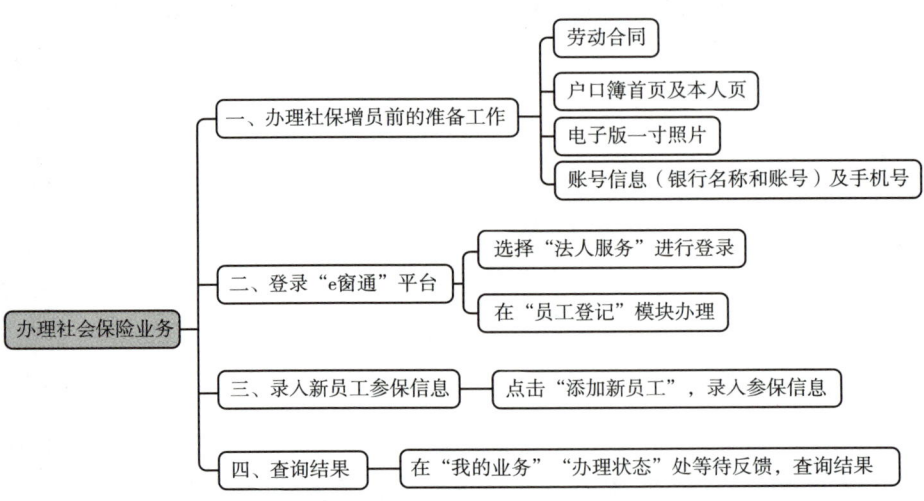

【实战训练】 办理社会保险业务

（一）实战背景

2023年8月6日，东方公司因业务需要，招聘员工杨丽坤担任业务主管。出纳张敏根据"新入职人员信息表"为其办理社会保险增员业务。

新入职人员信息表

姓名	杨丽坤
性别	女
身份证号	110102199001087623
手机号码	13909972303
月工资收入	12000元
公积金个人缴存比例	12%
缴费人员类别	本市城镇职工
户籍登记地址	北京市西城区
劳动合同起止时间	2023年8月6日至2026年8月6日
录用岗位	管理人员

（二）任务目标

出纳张敏根据《中华人民共和国社会保险法》的要求在"e窗通"平台"增加新员工"编辑"参保信息"提交申报信息并查询申报结果。

（三）任务实现

出纳张敏按照社会保险增员业务工作流程，参考任务二填写"参保信息"等内容，完成社会保险增员业务操作。

任务三　变更银行结算账户

【学习目标】

- 明确银行结算账户变更的范围
- 知晓银行结算账户变更的业务流程

🔻 能够办理银行结算账户变更业务

【任务布置】

(一) 任务描述

2023 年 8 月 10 日，北京翔宏润达工贸有限责任公司由于增加有形资产经营性租赁业务，需要到工商局办理变更手续，变更营业执照。由出纳填写"变更银行结算账户申请书"，加盖单位公章，并带齐有关资料到中国工商银行安定门支行办理。

(二) 工作要求

以出纳身份完成以下工作：
(1) 授权委托书签字盖章；
(2) 填写变更银行结算账户申请书；
(3) 提交资料及相关文件；
(4) 银行备案。

(三) 工作成果

银行备案资料。

(四) 评价标准

根据《人民币银行结算账户管理办法》等要求，在规定时间内向开户银行提出银行结算账户的变更申请，并出具有关部门的证明文件。

【任务分析】

(一) 工作思路

(1) 明确银行结算账户变更工作流程；
(2) 授权委托书签字盖章；
(3) 填写变更银行结算账户申请书；
(4) 提交资料及相关文件；
(5) 银行备案。

(二) 工作流程

办理银行结算账户的变更主要由出纳人员来完成，但需要财务部门及开户银行的工作人员配合，基本工作流程如图 7-33 所示。

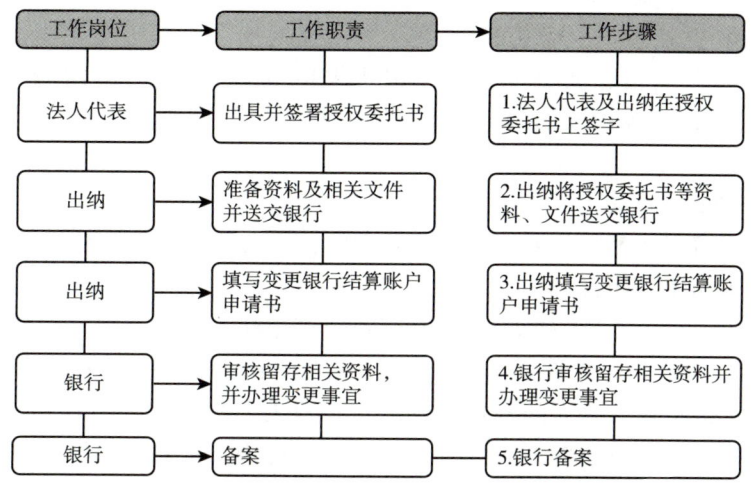

图 7-33 变更银行结算账户业务工作流程图

(三) 知识准备

已开立银行存款账户的存款人需变更以下内容时,应向其开户银行提出申请变更银行账户:

(1) 存款人名称。
(2) 法定代表人姓名、法定代表人身份证件种类及编号。
(3) 工商营业执照注册号。
(4) 证明文件种类及证明文件编号。
(5) 地址、邮政编码、电话。
(6) 经营范围。
(7) 注册资金币种、注册资金金额。
(8) 行业归属 (产业分类)。

【要点提示】

(1) 单位银行结算账户性质变更应向开户银行申请变更手续,同时保留原来账号。
(2) 存款人变更存款人类别及账号,应按重新开户处理。

(四) 技能准备

1. 存款人申请变更

银行结算账户的存款人名称、法定代表人或单位负责人发生变更的,存款人应及时到开户银行申请办理开户资料信息变更手续,填写"变更银行结算账户申请书",并加盖单位公章,连同相关证明文件在5个工作日内提交开户银行。

银行在受理存款人的变更申请时,应对存款人提交的变更申请资料的真实性、完整性、合规性进行审查,于2个工作日内将存款人的"变更银行结算账户申请书"以及有关证明文件报送中国人民银行当地分支行。

2. 变更姓名、身份证件种类及号码、地址、邮编、电话

单位存款人变更姓名、身份证件种类及号码、地址、邮编、电话的，应及时到开户银行申请办理开户资料信息变更手续，并按要求填写"变更银行结算账户申请书"，加其个人签章，连同相关证明文件在 5 个工作日内提交开户银行，由开户银行办理变更手续。

3. 更换预留公章或财务专用章

单位存款人申请更换预留公章或财务专用章的，应向开户银行出具书面申请、原预留公章或财务专用章等相关证明材料。

单位存款人申请变更预留公章或财务专用章，可由法定代表人或单位负责人直接办理，也可授权他人办理。由法定代表人或单位负责人直接办理的，除出具相应的证明文件外，还应出具法定代表人或单位负责人的身份证件；授权他人办理的，除出具相应的证明文件外，还应出具法定代表人或单位负责人的身份证件及其出具的授权书，以及被授权人（代办人）的身份证件。

> **职场链接**
>
> **撤销银行结算账户的范围**
>
> 单位因机构调整、合并、撤销、停业等原因，需要撤销、合并账户的，应向银行提出申请，经银行同意后，首先要同开户银行核对存贷款户的余额并结算全部利息，全部核对无误后开出支取凭证结清余额，同时将未用完的各种重要空白凭证交给银行注销，然后才可办理撤销、合并手续。有下列情形之一的，存款人应向开户银行提出撤销银行结算账户的申请：
> （1）被撤并、解散、宣告破产或关闭的。
> （2）注销、被吊销营业执照的。
> （3）因迁址需要变更开户银行的。
> （4）其他原因需要撤销银行结算账户的。
> 存款人有本条第（1）、（2）项情形的，应于 5 个工作日内向开户银行提出撤销银行结算账户的申请。
>
> 撤销银行结算账户的相关规定

【任务实施】

银行存款账户变更任务主要由财务部出纳徐琳来完成。

第一步：法人代表及出纳在授权委托书上签字

授权委托书是委托他人代表自己行使自己的合法权益，委托人在行使权力时需出具委托人的法律文书。法人代表黄世园委托出纳徐琳办理银行存款账户变更业务，需要签署授权委托书，如图 7-34 所示。

授 权 委 托 书

中国工商银行股份有限公司：
我单位（公司）现委托下属（受委托人）作为我方代理人到你行办理以下业务：
委托人：
法定代表人：黄世园
企业（单位）名称：北京翔宏润达工贸有限责任公司
受委托人：
姓名：徐琳　　　　　　　　　　　　　　性别：女
证件类型：身份证　　　　　　　　　　　证件号码：（略）
一、授权权限
现委托上述受委托人作为我方的代表人。代理权限为：
（一）代理我方在你银行办理以下业务：
☐开户　　☐注销　　☐印鉴变更　　☑账户变更　　☐其他
（二）代理我方向你行提供证件资料及复印件如下：
1. 营业执照（正本、副本）
2. 印章：公章、财务专用章、法人私章
3. 法人身份证（原件）、经办人身份证（原件）
4. 存款印鉴卡片、更换印鉴授权书（印鉴变更业务使用）
5. 企业法人变更登记核准通知书
二、授权期限
上述授权权限自签发之日 2023 年 08 月 01 日起至 2023 年 08 月 15 日止。

图 7-34　授权委托书

第二步：出纳将授权委托书等资料、文件送交银行

除授权委托书外，徐琳还需要准备的相关证明资料包括：
（1）营业执照正本和复印件；
（2）企业法人变更登记核准通知书；
（3）法人身份证原件，复印件 2 张；
（4）被授权人身份证原件，复印件 2 张；
（5）法人授权书；
（6）携带新、旧公章，财务章和法人章，如果旧章被销毁，携带公安机关出具的旧章收回证明。去银行填写银行结算账户管理协议和预留印鉴卡片即可。

第三步：出纳填写变更银行结算账户申请书

出纳徐琳填写"变更银行结算账户申请书"，如图 7-35 所示，加盖单位公章，并带齐有关资料到中国工商银行安定门支行办理相关手续。

填写"变更银行结算账户申请书"时，涉及变更事项的，填写变更后内容；事项未变更的，不填写。变更后内容应当与营业执照等证明文件保持一致。

变更银行结算账户申请书

账户名称		北京翔宏润达工贸有限责任公司		
开户银行机构代码			账号	02000145090675928 46
账户性质		基本(√) 专用( ) 一般( ) 临时( ) 个人( )		
变更事项及变更后内容如下：（选择发生变更的事项，填写变更后内容即可。未发生变动的事项，无须填写。）				
账户名称				
地址				
邮政编码				
电话				
注册资金金额				
证明文件种类				
证明文件编号				
经营范围		五金产品零售；服装服饰批发；日用百货销售；有形资产经营性租赁等。"与变更后营业执照一致"		
法定代表人或单位负责人	姓名			
	证件种类			
	证件号码			
关联企业		变更后的关联企业信息填列在"关联企业登记表"中。		
上级法人或主管单位的基本存款账户核准号				
上级法人或主管单位的名称				
上级法人或主管单位法定代表人或单位负责人	姓名			
	证件种类			
	证件号码			
本存款人申请变更上述银行账户内容，并承诺所提供的资料真实、有效。 存款人(签章) 2023年8月10日		开户银行审核意见： 经办人(签章) 开户银行(签章) 年 月 日		人民银行审核意见： 经办人(签名) 人民银行(签章) 年 月 日

图 7-35 变更银行结算账户申请书

第四步：银行审核留存相关资料，并办理变更事宜

银行受理结算账户变更申请，并对相关资料进行审核，如果资料齐全且符合要求，通常会在当天就完成账户变更的手续。

在账户变更完成后，出纳徐琳需要通过手机银行或者网上银行确认公司的账户信息是否已经更新。

第五步：银行备案

经中国人民银行当地分支行审核其变更申请并备案。

银行结算账户的撤销流程

【任务总结】

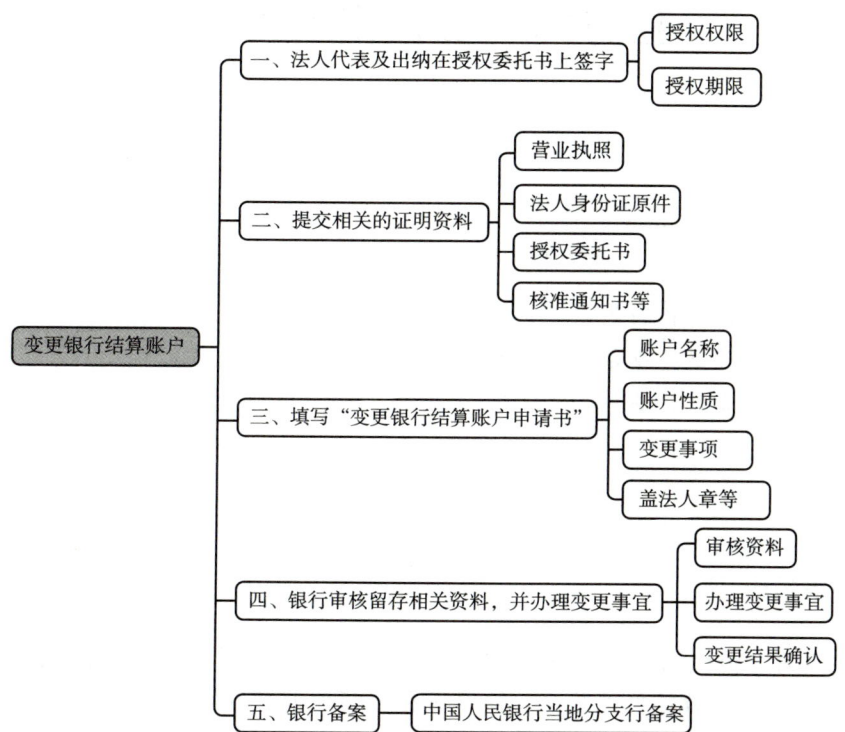

【实战训练】

（一）实战背景

2023年12月12日，东风机械股份有限公司法人代表李晶因人事变动调离该厂，由陈春担任该厂的法人代表，其身份证号码为430304196511280000，其他信息不变。

（二）任务目标

法人代表李晶授权公司出纳，按照《人民币银行结算账户管理办法》的要求准备银行结算账户变更所需资料并填写"变更银行结算账户申请书"，在规定时间内完成银行结算账户的变更。

（三）任务实现

出纳根据变更银行结算账户业务工作流程，参考任务三填写"变更银行结算账户申请书"等内容，完成"变更银行结算账户申请书"的填写。

任务四　交接出纳工作

【学习目标】

- 明确交接出纳工作的相关规定
- 知晓出纳工作交接业务工作流程
- 正确填写移交表、编制移交清册

【任务布置】

（一）任务描述

2023年10月31日，北京翔宏润达工贸有限责任公司出纳徐琳离职，将出纳工作移交给徐霞，由财务主管方蓉佳负责监交。徐琳按移交清册向接交人徐霞点清，然后由交、接、监三方签字盖章。移交表作为会计档案进行保管。

（二）工作要求

分别以出纳、财务主管身份完成以下工作：
（1）登记相关账项；
（2）清点移交清册及物品；
（3）编制移交清册表；
（4）清点款项及物品；
（5）财务主管监交；
（6）填写移交清册并签字。

（三）工作成果

（1）移交清册；
（2）交接单。

（四）评价标准

依据《会计基础工作规范》《会计法》等要求，办理出纳工作交接。

【任务分析】

（一）工作思路

（1）明确交接出纳工作的工作流程；
（2）出纳将全部业务登记入账；
（3）出纳清点需要移交的清册及物品；
（4）出纳编制移交清册表；
（5）新老出纳清点款项及财物；
（6）新老出纳在交接单上签字，以明确责任。

（二）工作流程

办理出纳工作交接主要由出纳人员来完成，但需要财务部门的工作人员配合，基本工作流程如图7-36所示。

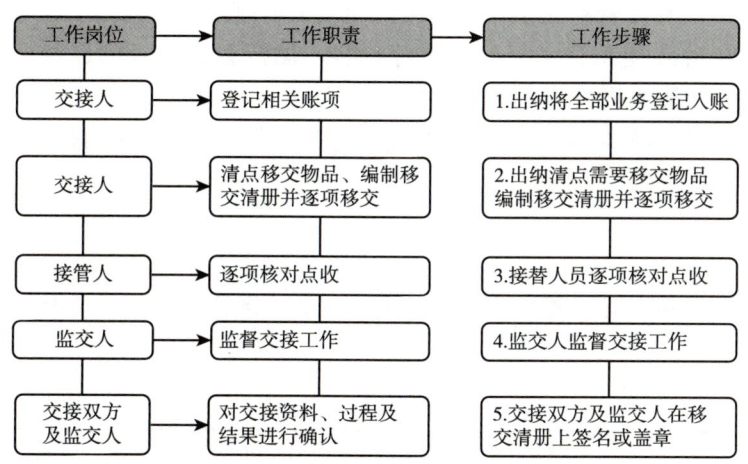

图7-36 交接出纳工作流程图

（三）知识准备

1. 准备出纳工作交接

会计人员工作调动或者因故离职，必须将本人所经管的会计工作全部移交给接管人员，没有办清交接手续的，不得调动或者离职。接管人员应当认真接管移交工作，并继续办理移交的未了事项。

《会计法》第二十七条规定，会计人员办理移交手续前，必须及时做好以下工作：
（1）已经受理的经济业务尚未填制会计凭证的，应当填制完毕。
（2）尚未登记的账目，应当登记完毕，并在最后一笔余额后加盖经办人员印章。
（3）整理应该移交的各项资料，对未了事项写出书面材料。

（4）编制移交清册，列明应当移交的会计凭证、会计账簿、会计报表、印章、现金、有价证券、支票簿、发票、文件、其他会计资料和物品等内容；实行会计电算化的单位，从事该项工作的移交人员还应当在移交清册中列明会计软件及密码、会计软件数据磁盘（磁带等）及有关资料、实物等内容。

移交清单具体内容

2. 办理出纳工作交接

会计人员办理交接手续，必须由监交人负责监交。一般会计人员交接，由单位会计机构负责人、财务主管人员负责监交；会计机构负责人、财务主管人员交接，由单位领导人负责监交，必要时可由上级主管部门派人会同监交。

交接完毕后，交接双方和监交人员要在移交注册上签名或者盖章，并应在移交注册上注明：单位名称，交接日期，交接双方和监交人员的职务、姓名，移交清册页数以及需要说明的问题和意见等。移交清册一般应当填制一式三份，交接双方各执一份，存档一份。

3. 移交人和接管人的相关责任

（1）移交人根据要移交会计资料和实物的清点结果，编写交接清单（或清册）。

（2）接管人应认真接管移交工作，继续办理未了事项。

（3）接管人应继续使用移交后的账簿等资料，保持会计记录的连续性，不得自行另立账簿或擅自销毁移交资料。

（4）移交后，移交人对自己经办的资料负完全责任，不得以资料已移交为借口推脱责任。

《会计法》关于交接出纳工作的有关规定

（四）技能准备

移交人员在办理移交时，要按移交清册逐项移交；接管人员要逐项核对验收。具体要求如表7-5所示。

表7-5　　　　　　　　　　　　交接要求

交接内容	交接要求
现金、有价证券	根据会计账簿有关记录进行点交。库存现金、有价证券必须与会计账簿记录保持一致。不一致时，移交人员必须限期查清
会计凭证、会计账簿、会计报表和其他会计资料	必须完整无缺。如有短缺，必须查清原因，并在移交清册中注明，由移交人员负责
银行存款账户	银行存款账户余额要与银行对账单核对，如不一致，应当编制银行存款余额调节表调节相符
各种财产物资和债权债务的明细账	各种财产物资和债权债务的明细账户余额要与总账有关账户余额核对相符；必要时，要抽查个别账户的余额，与实物核对相符，或者与往来单位、个人核对清楚
票据、印章和其他实物等	移交人员经管的票据、印章和其他实物等，必须交接清楚

移交工作运用信息技术手段完成的，移交双方需要在相关平台系统的实际操作下对电子数据档案进行交接。

> **职场链接**
>
> **出纳外出学习是否要办交接**
>
> 　　龙腾商贸有限公司是以商品流通为主营业务的贸易公司，公司出纳李艳雯需要参加为期一个多月的培训学习。出纳李艳雯是否需要与他人办理交接手续？
>
> 　　出纳人员在婚假、产假、病假、事假、休假及外出学习、公差等临时离岗期间，由他人暂时顶替工作，也应该办理部分交接手续。如临时离岗时间较长，工作较多，时间也较长，除办理现金交接手续外，还可给顶替人员留好已盖印戳的现金支票，并在交接条据上写明所留现金支票的张数与起止日期；如果需顶替人员处理账务的还要为顶替人员刻一名章，及时到银行更换跑银行人员印鉴。然后，将现金出纳登记簿、银行存款日记账、现金支票本、转账支票本等办理日常业务的账本、单据书面移交顶替人员，出纳回来后再作书面移交手续。特别需要指出的是，出纳人员不能将自己的名章交由顶替人员随意使用。

【任务实施】

交接出纳工作主要由出纳徐琳来完成。

第一步：出纳将全部业务登记入账

已经受理的经济业务尚未填制会计凭证的应当填制完毕，结出余额，并在最后一笔余额后加盖徐琳的印章，如图7-37所示。

库存现金日记账

2023年		记账凭证		对方科目	摘要	借方	贷方	借或贷	余额
月	日	字	号						
10	01				期初余额			借	88,000.00
10	04			银行存款	提取备用金	200.00		借	88,200.00
10	08			应付职工薪酬	发上月工资		79,821.45	借	8,378.55
10	13			管理费用	报销张星办公费		200.00	借	8,178.55
10	16			银行存款	提取备用金	2,000.00		借	10,178.55
10	23			管理费用	报销王涛		3,897.36	借	6,281.19
10	28			销售费用	报销顾丽丽业务招待费		205.00	借	6,076.19
10	31				本月合计	2,200.00	85,923.81	借	6,076.19 徐琳

图7-37　登记库存现金日记账

出纳日记账与现金、银行存款总账核对相符，现金账面余额与实际库存现金核对一致，银行存款账面余额与银行对账单无误。如有不符，要找出原因，弄清问题，加以解决，务求在移交前做到相符。

在库存现金日记账和银行日记账的账簿启用表上填写移交日期，并加盖名章，如表7-6所示。

表7-6　　　　　　　　　　账簿启用和经管人员一览表

使用者名称		北京翔宏润达工贸有限责任公司		印鉴	
账簿名称		库存现金日记账			
账簿编号		1			
账簿页数		本账簿共100页			
启用日期		2023年6月1日			
责任者		主管 方蓉佳	会计 李娜	出纳 徐琳	审核 王刚
经管人姓名及交接日期	徐琳	经管 2023年10月1日		方蓉佳	
		交出 2023年11月1日　　　徐琳			
		经管　　年　月　日			
		交出　　年　月　日			
		经管　　年　月　日			
		交出　　年　月　日			
印花税票					

第二步：出纳清点需要移交物品、编制移交清册并逐项移交

徐琳整理应移交的各种资料，点算要移交的会计资料和实物，并详细填写交接清单，如图7-38所示。

第三步：接替人员逐项核对点收

出纳徐琳的离职交接必须在10月31日期限内，向接管人徐霞移交。具体操作如下：

1. 移交人徐琳将库存现金根据库存现金日记账记录向接管人徐霞点交，接管人徐霞逐一点算并与库存现金日记账账面数核对一致。

2. 接管人徐霞核对银行存款账户余额要与银行对账单相符。在核对时发现疑问，移交人徐琳和接管人徐霞一起到开户银行当面核对，并取得银行存款余额调节表等。

3. 在银行存款账户余额与银行对账单余额核对相符的前提下，移交有关支票和登记簿及印章，同时由接管人徐霞更换预留在银行的印鉴。

4. 出纳凭证、出纳账簿和其他会计核算资料与交接清单一致、完整无缺。

5. 移交人徐琳将保险柜密码、钥匙、办公桌和办公室钥匙一一移交给接管人徐霞。接管人徐霞在接交完毕后，立即更换保险柜密码及有关锁具。

出纳工作交接清单

北京翔宏润达工贸有限责任公司原出纳员徐琳因工作调动，财务部已决定将出纳工作移交给徐霞接管。现办理如下交接：

一、交接日期
2023年11月1日

二、具体业务的移交
1. 库存现金，10月31日账面余额6076.19元，实存相符，日记账余额与总账相符；
2. 银行存款余额152760万元，经编制"银行存款余额调节表"核对相符。

三、移交的会计凭证、账簿、文件
1. 原始凭证共十二份；
2. 本年度库存现金日记账一本；本年度银行存款日记账两本；
3. 空白工商银行现金支票十张（2266号至2275号）；
4. 空白工商银行转账支票十三张（8888号至8900号）；
5. 支票领用备查登记簿一本；
6. 银行对账单每月一本；月份未达账项说明一份。

四、移交印鉴
1. 北京翔宏润达工贸有限责任公司财务部转讫印章一枚；
2. 北京翔宏润达工贸有限责任公司财务部现金收讫印章一枚；
3. 北京翔宏润达工贸有限责任公司财务部现金付讫印章一枚；
4. 发票专用章一枚。

五、移交物品
1. 保险箱钥匙一把；
2. 银行U盾一个；
3. 金税盘一个；
4. 硬盘一个。

六、移交信息系统权限
信息系统账号密码说明一份。

七、交接前后工作责任的划分
2023年10月31日前的出纳责任事项由徐琳负责，2023年11月1日起的出纳工作由徐霞负责。以上移交事项均经交接双方认定无误。

八、本交接书一式三份，双方各执一份，存档一份

移交人：（签名盖章） 徐琳　　接管人：（签名盖章） 徐霞
监交人：（签名盖章） 方蓉佳　　北京翔宏润达工贸有限责任公司（公章）

图7-38　出纳工作交接清单

第四步：监交人监督交接工作

交接过程中，单位财务主管方蓉佳负责监交，并明确下列问题：
1. 库存现金日记账和银行日记账是否账实相符。
2. 会计账簿、会计凭证、报表和其他会计资料是否完整无缺。
3. 财务专用章、收据、空白支票、发票、科目印章以及其他物品等是否交接清楚。
4. 未了事项交接清楚，由监交人方蓉佳签字盖章。

第五步：交接双方及监交人在移交清册上签名或盖章

交接完毕后，交接双方徐琳和徐霞以及监交人方蓉佳都要在移交清单上签名或盖章。移交清册一般一式三份，其中徐琳和徐霞各执一份，另一份作为会计档案，在交接结束后归档保管。

> **链接职场**
>
> **千万不要忘记变更税务信息**
>
> 出纳人员在办理离职时，要督促单位负责人和现任出纳人员，在电子税务局"我的信息"→"用户管理"页面变更办税员信息，如图7-39所示。
>
>
>
> 图7-39 变更办税员信息

【任务总结】

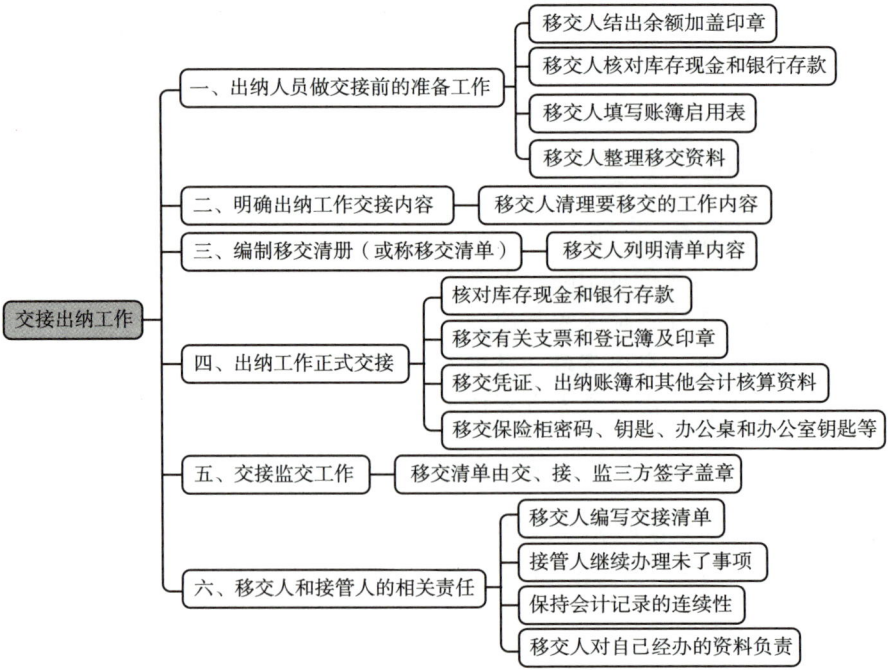

项目七测试
（习题、答案）

【实战训练】 交接出纳工作

（一）实战背景

12月12日，东风机械股份有限公司出纳张敏因人事变动调离该厂，由张萍担任该厂出纳。东方公司出纳张敏离职前与接管人张萍交接，张萍发现银行存款账户余额与银行对账单不一致，再核对银行存款余额调节表还是相差1 000元，查了一整天也找不出原因。财务主管见这几天工作多，要求张萍先交接，以后再复查。

（二）任务目标

出纳张敏根据《会计法》中关于出纳人员交接手续办理有关规定，履行出纳人员工作交接手续，完成出纳人员工作交接。

（三）任务实现

出纳张敏根据出纳人员工作交接工作流程，完成工作交接。参考任务四的有关内容，判断财务主管要求是否正确，并详细说明出纳人员工作交接的步骤。